퇴마일기 1

공구 지음

다솜출판사

머리말

(큼! 맨 처음에는 제 주위에만, 그리고 나중엔, 그 TV 라디오 등의 전파를 타고, 대대적으로 사람들에게, 저에게 붙은 귀신들이 했는데, 큼! 여기서 그건, 제 죄가 아니라, 저에게 붙은 귀신들의 죄입니다. 큼! 그리고 저는, 그런 저에게 붙은 귀신들이, 그 TV, 라디오 등의 전파를 타고, 대대적으로 사람들에게 악영향을 줄 때, 큼! 저는 그럴 때, 계속 글일 활동을 해 왔습니다. 여기서 저는 18살 때 오락실에서 귀신들이 들렸습니다. 여기서 저는, 제가 그렇게 된 이유를 오랫 동안 몰랐습니다. 여기서 제가 그러면서, 고생 고생 하며 살면서, 어느 때에 부터 그런 이유를 조금씩 알아 갔었습니다. 여기서 저에게 귀신들이 붙어 있으니까, 여기서 그 귀신들이, 저와 제 주윗 사람들에게 악영향을 줍니다. 여기서 남들은, 그들 각자가 귀신 하나 이상이 안 들렸으니까, 큼! 그로 그들 각자는, 그들 끼리 서로 간에, 그 귀신 하나 이상이 없으니까, 큼! 여기서 그들 주위에서, 그런 귀신들의 이상함 악영향, 그런게 없습니다. 그런데 여기서 저는, 그 귀신들이 들려 있으니까, 여기서 저에게 붙은 귀신들이, 저에게 악영향 이상함, 그런것 들을 주고, 큼! 그리고 그 제 옆에 사람들에게도 그런 것들을 주니까, 큼! 여기서 제가 사람들에게 나가기가 민망 합니다. 큼! 그런데 여기서 그런 제가 사람들에게 나가면, 여기서 사람들에게서 냄새가 심하게 납니다. 여기서 아마도 그 이유는? 즉 저에게 붙은 귀신들이, 그 저와 그 제 주윗 사람들에게 이상함과 악영향을 줍니다. 여기서 아마도 사람들이, 그 저에게 붙은

귀신들의 이상함 악영향, 그런것들을 받으니까, 여기서 그런 냄새를 안 피우면 안 되는 모양이더라구요. 여기서 저는, 그런 사람들과 같이 하면서, 여기서 그런 저는 저에게 귀신들이 붙어 있으니까, 여기서 제가 가는 곳곳 마다에서, 그 저와, 그리고 제 옆에 사람들이, 그 귀신들의 이상함 악영향을 받습니다. 여기서 그런 와중에 사람들에게서 냄새가 많이 납니다. 여기서 저는 제가 가는 곳곳 마다에서 그렇게 됩니다. 여기서 남들은, 그들이 다들 귀신들에 안 들렸기 때문에, 큼! 그로 그들 각자 사이에서 그 귀신 하나 이상의 악영향 이상함, 그렇게 없습니다. 여기서 제가 그런 식으로 살다가 어느날 부터 그런 저에게 붙은 귀신들 목소리인, 환청이 들리기 시작 했고, 큼! 그리고 그 때 부터 그 TV, 라디오 등의 전파를 타고, 저와 사람들 대대적으로, 그 저에게 붙은 귀신들이 느껴지고, 여기서 그 귀신들의 악영향을, 저와, 그리고 그 TV, 라디오 등의 전파를 타고, 대대적으로 사람들이, 그 악영향 이상함을 받습니다. 여기서 사람들 사이에서 냄새가 납니다. 여기서 저에게 붙은 귀신들이, 저와, 그리고 제 주위에나, 아니면 저와, 그 TV, 라디오 등의 전파를 타고, 대대적으로 사람들에게 이상함 악영향을 준거는, 즉 저의 죄도 아니고, 그렇다고 사람들 누구의 죄도 아니고, 여기서 그 죄는, 즉 저에게 붙은 귀신들의 죄입니다. 여기서 저는, 그런 TV, 라디오 등 전파에서, 대대적으로, 저와 사람들에게, 이상함 악영향을 줄 때, 그럴 때 어느 날 부터, 공부를 시작 했고, 그리고 계속 그 공부를 해 왔습니다. 여기서 전에는, 그 TV, 라디오, 그런것들을 피해 왔습니다. 이는 왜냐면? 즉 그런 것들을 보고 들으면, 저에게 붙은 귀신들이, 저와, 거기에 나오는 사람들을, 이상함 악영향, 그런것 들을 주니까요. 그런데 요즘에는, 그렇게 그 TV, 라디오를 보고 듣기가 이상 하더라도, 그래도 계속 그런 TV, 라디오를 보고 듣고 합니다. 즉 여기서 그렇게 하니까, 그 라디오를 계속 듣게 되더라구요. 여기서 그렇게 그 라디오를 들으니까, 옆에서 냄새가 덜 나는것 같고요. 여기서 밖에 나갈 때는 휴대폰에 라디오를 이어폰으로 들으면서 다녀야 겠습니다. 여기서 이 저에게 붙은 귀신들이, 맨 처음에는 제 주위에만, 그리고 나중엔 TV, 라디오 등의 전파를 타고, 대대적으로 사람들에게, 저에게 붙은 귀신들이 했는데, 여기서 그건 제 죄가 아니고, 그리고 누구의 죄도 아니고, 여기서 그 죄는, 저에게 붙은 귀신들의 죄고, 그리고 그런 저는 사람들에게 미안 할 것이 없습니다. 여기서 그건 제가 그렇게 한 게 아니라, 저에게 붙은 귀신들이, 저와 사람들에게, 이상함 악영향을 줬으니까요. 여기서 원래 그 귀신들이 들려 있는 상태에서, 여기서 환각 현상, 즉 환시, 환청, 환후, 환시, 환촉, 즉 이런 것들 중 어느 하나가 나타나면, 여기서 그 사람은 원래가, 그 TV, 라디오 등에서, 그 본인과, 그 TV, 라디오 등의 전파를 타고 대대적으로 사람들에게 느껴 집니다. 여기서 그런 현상이, 저만 그렇게 되는게 아니라, 원래가 그 귀신 하나 이상이 들린 사람에게, 환각 현상 어느것 하나가 나타나면, 여기서 그런 그 환각 환자는, 즉 그에게 붙은 귀신 하나 이상이, 그 본인과, 그 본인 외에 TV, 라디오 등의 전파를 타고, 대대적으로 사람들에게 느껴집니다. 여기서 대부분의 그런 환자들은, 그런 그 현상에서 도망을 간다고 합니다. 여기서 그런 현상이 있다는 어느 환자 분의 예기를 들어 보면, 즉 그런 그가 TV를 보다가, 그 본인에게 붙은 귀신 하나 이상이, 그 TV에 나오는 사람들에게 느껴지니, 여기서 그 사람이 보던 그 채널을, 다른데로 돌린적이 있다고 하더라구요. 그런데 여기서 제 경우는, 즉 그 귀신들 들린게 심한 편이라 할 수 있습니다. 그

3

건 왜냐면? 제 경우는, 즉 그 TV, 라디오를 보고 들을 때, 저에게 붙은 귀신들이, 거기 TV, 라디오에 나오는 사람들에게서 느껴지니까요. 여기서 그런 현상들에서 도망을 많이 갔었습니다. 여기서 그 일은, 즉 그 TV, 라디오 등을 보고 듣는걸, 딴 데로 틀던지, 아니면 꺼 버리던지 그랬지요. 그런데 요즘은, 그런 TV 나, 라디오를 보고 들을 때, 저에게 붙은 귀신들이, 이상함 악영향을 줘도, 그래도 끝 까지, 그 라디오 같으면, 그 라디오를 계속 듣고 있으면, 여기서 그런 귀신들의 이상함 악영향을 주는게 덜 해 지더라구요. 여기서 제가 귀신들에 들려 있고, 여기서 그 귀신들이, 제가 가는 곳 곳 마다에서, 저와 사람들에게, 이상함 악영향을 주는데, 여기서 그거는 제가 하는게 아니라, 저에게 붙은 귀신들이 하는거기 때문에, 어쩔 수가 없습니다. 여기서 제 일은, 글을 써서 책으로 내는 일을 합니다. 여기서 병원 안에서는, 글을 공책에 써 놓다가, 그리고 그 병원에서 퇴원을 할 때에, 그 글 쓴 공책을 가지고 나올 수 있습니다. 여기서 그 병원에 입원류가, 즉 이 3 가지가 있는데, 그건, 즉 보호자 입원, 행정 입원, 자위입원 입니다. 여기서 보호자 입원과, 행정 입원은, 즉 본인의 보호자가 퇴원을 시켜 주지 않으면, 평생 그 병원에서 못 나갑니다. 큼! 그런데 여기서 자위입원은, 즉 본인의 의사에 의해서, 외출, 외박, 퇴원, 그런것 들이 본인 맘대로 됩니다. 여기서 그 자위입원은, 본인 스스로가 병원에 들어와 입원 하는 겁니다. 여기서 저는 자위입원으로 병원에 입원 했다가, 여기서 그 병원 안에서 글 원본을 만들어 놓고, 큼! 그리고 여기서 그 원본이 어느 정도 만들어 지면, 여기서 그 나머지 책 내는 작업을 하려면, 사회로 나와야 됩니다. 여기서 병원 안에서는 책을 출판 하는게 법으로 금지가 된 모양입니다. 여기서 제가 책을 내려면, 사회로 나와야 됩니다. 여기서 그 사회에 어디에 있는 집에서 컴퓨터로, 그 원본에 글을 북팔에 다 띄우는 작업을 하고, 그리고 그 띄운 글을, 출판사에 가져 가서, 그 북팔에 띄운 글로, 책을 내는 작업을 마치고, 그리고 저는, 다시 앞에 입원한 병원에, 자위입원을 하고, 그 다음 다시 그 병원 안에서 글 원본을 작성 하고, 즉 여기서 책 내는 일을 저는 그런 식으로 합니다. 또 그런 식으로 해야 되고요. 여기서 제가 사회에서 있는 것은, 제가 귀신들에 들려 있지만, 글일 때문에 사회에 있는 것이니, 여기서 사람들은, 그런 저를 이해해 주십시요! 하이튼 좋은 작품을 많이 내겠습니다! 큼! 여기서 그 정신과 환자는, 사회에 계속 있으려면, 그 어떤 일로 그 병원에 강제로 입원이 되기 쉽상 이더라구요. 즉 여기서 일이 중요한거지, 사회에 계속 있는게 중요 하겠습니까? 큼! 저는 오랜 글 일과 함께, 요즘에는 저도, 나이가 들었습니다.

차례

마약의 유혹에 빠지지 마라 / 11

유명인사가 / 135

마귀들 소리 / 138

성욕 / 140

결혼의 선택 / 150

죄값 / 155

소문 / 158

마약의 유혹에 빠지지 마라 정상적인 글 / 162

수학의 분수 / 165

마귀는 있다 / 174

4자리 5자리의 좋은 번호 고르는 방법 / 189

이름 / 198

관상 / 200

만족 / 211

돈 / 221

힘 / 231

삶 / 256

금연 하는 방법 / 262

섹스 / 297

작가 소개

큼! 공구 작가는, 77년 생 현제 미혼으로, \큼! 과거 평범 하게 살아오다가, 18살경 본인이 전혀 모르게, 큼! 오락실에서, 마귀들에 들려, 빙의에 걸림. 즉 여기서부터 정신장애자가 됨. 큼! 그리고 정신병원에 가서, 입원 치료를 받고 나오면, 그 뭔가 모를 마귀들 들린 병이 낫는단 망상에 걸림. 큼! 그리고 그런 와중에, 중졸 검정고시에 합격을 함. 큼! 그리고 20대 초반에 환청이 들림. 그리고 여기서부터 본인의 의도 없이, 큼! TV, 라디오, 그런 메스컴 전파에 본인이 느껴짐. 그리고 그리 살다가, 20대 중반에, 어느 직계 가족들의 의해서, 정신병원에 입원. 그리고 거기 생활 하루 지나, 정신병원에 입원을 해 치료를 받고 나오면, 큼! 본인의 병이 고쳐진다는 망상이 깨임. 그리고 3년 만에, 어느 직계 가족에 의해서 그 병원을 퇴원. 큼! 그리고 앞에 중졸 검정고시 합격을 요령으로, 불교를 믿고 공부를 계속 해 가며, 일기도 씀. 그리고 현제 20년 정도 그 활동 중임. 큼! 현제 기독교를 믿음. 고향이 통영이고, 현제 부산에서 작품 활동 중임. 정신장애자로, 일반인들과 크게 다르지만, 큼! 그래도 이를 잘 알아 대처를 해 가며, 계속 작품 활동을 할 것임. 큼! 고맙습니다!

마약의 유혹에 빠지지 마라

마귀가 씌잇는데, 이를 모르모 완전 폐인 된다. 알면 그서 부터 알아 대처 하는데, 이기 전문 용어론 빙의라고 한다. 퇴마사들이 이 마귀들을 그들의 전문 용어론 악귀라 쿠는데, 그들은 이 나쁜 걸 쫏는 일을 하는 사람들이고, 보모 보통 악마 해샀코, 아이모 어느 종교에서나 예기하는 악마, 이런기 내나 이런 마귀, 이런 것 예긴데, 보모 불교, 또 대순진리교, 또 여기서 딴 종콘 모르고? 즉 이런 종교들은 악마, 이런 내용이 거의 없다. 그래서 그런데 믿꼬 다닌지 10년이 되도, 악마 이런 걸 그 종교에선 모른다. 불교, 대순진리교에서, 즉 그 종교들은 악마, 이런 예기가, 그냥 재미로 꾸민 허구로 그런 예기 같던데, 불교 보모 석가모니, 이 분이 고생 끝에 앎을 이루는데, 그 앎 이룸이 다 되 갈 때, 여기서 마왕 파순이 나타나 그 앎을 못 이루게 방해를 한단 예기가 있는데, 근데 이런 기 그냥 재미로 지어 낸 이야기 긋따! 이렇게만 알았다. 그 불교 수행 함에, 그런 내용의 불교 책을 여러번 반복적으로 읽곤 했는데, 그 때 그런 내용이 소설처럼, 허군 줄 만 알았따. 내가 빙의가 있는, 즉 마귀들에 들렸는데, 이런 내 병을, 그 종교 믿으면서는 몰랐다. 또 불교, 그 종교는 마귀 이런 걸 마구니 해샀코, 즉 이런 기 단순히 공부에 방해 되는 그런 피로, 께으름, 이런 긴 줄 알았써. 또 그 종콘 마구니, 즉 이기 마귀고 아주 위험한 긴데, 이를 하찬케 보는 식이다. 즉 그 종교에선 마구니도 중생이다. 그러니 그들도 부처님의 자비로 앎에 이르게 해야 된다. 즉 이런 식으로 그 불교, 우리는 그런 식으로 귀신한테도 자비를 베푸는 착한 종곤데, 그런데 기독교에선 귀신들을 쫓아만 내고 치아더라. 즉 그들 불교에서는 이리 해석을 한다. 보모 정신병이란 거는? 빙의가 정신병이다. 딴 건 다 상식선인데, 이는 상식 밖이다. 마귀들 들린 것. 허나 최고 중요한 건, 본인 환자의 병식이다. 이 앎과, 모름이, 하늘과 땅 차인데, 모르모 이 걸리기 전과 뭔가 다르고 이상한 세상이다. 여기서 모르니까 완전 나가 떨어진다. 뭔가 할라 쿠는데, 이상한 세상이고, 이로 그 본인의 세상 일체가 어둠으로 간다. 술, 담배, 나태, 감옥 골인, 여기서 마약을 모르고 이에 마약의 유혹이 오면, 거기에 쉽게 빠진다. 아까 예기 한데로, 즉 그런 마귀들 들리고 이를 모름에서 그 환자는 어딜 최고 믿느냐? 바로 정신병원이다. 즉 거기 의사, 간호사들이 세계 4대 성인보다 더 훌륭히 본다. 즉 아까 예기처럼 그가 좋은 덴지 착각을 한다. 정신병원, 이런데도 여러 종류가 있따. 보모 다 똑같은 덴데, 보모 정신병원, 또는 정신요양원, 또는 노인 치매 병원, 또 개인 정신과 의원, 이들이 다 정신병원이다. 여기들은 보모, 즉 외뢰 진료는 모르는데, 입원 진료, 이건 처음 들어가 보기가 아주 애렵따. 이 어려움이, 행정고시 합격 보다 더 할꺼다. 일단 거기 처음 들어 갈려면 병원비가, 매달 100만원 정도고, 또 이리 저리 서류 절차도 까다롭꼬, 또 첨 들어 가기가 겁이 되게 난다. 거기가 안 좋탄 소문이 있어서, 그렇타고 거리에서, 뭔 미친짓도 못 하고. 또는 감옥, 청소년 재판 받는 감옥이라던지, 또는 성인 재판 받는 감옥이나, 즉 이런데에 마귀들 들리고, 이를 모르는 환자가, 우찌 돌아 데이다 감옥에 억울히 죄 안 짓고 갈데 없써 그 감옥에 골인이 됐따, 이에 그 재판 과정에서, 정신병원으로 가겠따. 이 주장을 해도, 앞에 어디 정신병원 갔따 나온 그 서류상 기록이 없으모 절대 글로 안 빠진다. 내나 우리나라 정신치료 감옥은, 공주치료 감호소와 진주치료 감호소, 이 2군데 가 있다. 그리고 그 가서 정신병이, 이 마귀 들린 병, 즉 빙의 이런 뭔가 모를 병을 고치끼라꼬 하며, 또 형벌도 받고 하려는데, 허나 거기가 안 가진다. 그래서 정신병원이, 첨 들어 가기가 그리 어렵따. 교도소는 때 되모 사회 내 놓는데, 그런데 정신병원은 1번 들어가면 일단 무기 징역이다. 밖에 있는 직계 가족인 보호자가 퇴원을 시켜 데리고 나가야 그 환자가 그 병원을 빠지 나가는데, 이기 안 되모 그 입원 된 병원에서 평생 입원이다. 보모 6개월 되모 사회 내 준단 그런 정신병원도 있따던데, 그는 모르긋따. 또 보모 자위 입원이라고 있는데, 이는 즉 본인 스스로 입원이다. 이런 입원시는 1일을 있든, 2일을 있든, 본인 의사에 의해, 언제든 퇴원이 되나, 그러나 이런 경험은 1번도 없어, 자위입원은 모르긋따. 그 병원 입원 중에, 그런 자위입원 환자가 종종 있다. 그 정신병원은, 그게 일체 직원들에게 환자들이 감시 당하는 식이다. 그게 의사, 간호사들이, 이 환자는 이렇고, 저 환자는 저렇고, 뭔 서류에다 기록을 해 놓코, 또 매일 인계라 케서, 아침 쯤에 그 간호사들이 모여 수근 거리 듯이, 이 환자는 이렇코, 저 환자는 저렇코, 이리 수다 떨 듯이, 수근 거리는 일도 있따. 이도 그들 업무다. 인계라 해서. 즉 이런 식으로 어느 환자가, 그들 직원에게 기분이 나쁘게 보이면, 주로 약으로 쪼르기 당한다. 뭐 상태가 미쳤단 이유로. 약 처방이, 그 정신과 약을, 그 담당 의사가 결정 한다. 여기서 그 의사 스타일에 따라 약을 달리 주는데, 즉 약을 많이 먹이는 의사, 아님 적게 먹이는 의사, 또 의사에 따라, 이 환자, 저 환자, 특별히 좋케도 보고, 나쁘게도 보는 관점이, 좀 다르다. 또 의사 면담이라고 있는데, 그서 의사가 환자 예기만 듣고 그 환자 상탤 판단한다. 또 환자의 뭔 어떤 행동의 결과로도 그 환자를 판단 한다. 그래서 그게 의사는, 즉 그 환자의 말이나, 행동 결과를 보고, 그 환자 상탤 판단 한다. 즉 환자의 겉을 보곤 모른다. 즉 말 안 하고 가만히 있으면 모른다. 그 환자 상태. 그게 의사, 간호사들이 환자들 관리를 하는기 있고, 또 보호사라고 있는데, 그들은 환자들을 통제 하는 식이다. 여기서 어떤 정신병원은, 그 보호사들 보고 선생님 한다 하기도 하고. 그들은 주로 완력 있는 중년의 남자들을 쓴다. 그 직원들 실상이라고 들어 보면, 즉 그런 정신병원 식당에 근무 했딴 어떤 아줌마 예기가, 즉 그들 직원들은 밖에서 뭐 먹을 때, 상다리 부러지게 채리 묵는단다. 그런데 그게 환자들은 식사도 넘 안 좋고, 간식도 쫄 쫄 굶꼬, 이리 굶주리는데. 또 환자들 보면 거기 병실에 처박힌 식이다. 그리고 거기 환자들이 그 안에서 간식이다, 이런 저런 생필품들을 본인 돈으로 사서 쓴다. 그 돈은 그 환자 직계 가족인 그 보호자들이 그 병원 통장에다가 은행 송금으로 돈을 붙여 주는데, 보통 그 비용 사용이 달에 한 7만 정도, 여기서 담배 피우면 한 10만원에서 15만원 정도, 그런 금액을 매달 쓴다. 거긴 물건들이 비싸다. 이 물건 신청을, 그 병원과 거래를 하는 수퍼에서 파는데, 보모 비싸게 팔고, 이도 자준 못 사 묵꼬, 평균 1주일에, 2, 3번 정도로 사 먹는다. 그리고 그 병원 측에서 이리 저리 그 수퍼에 소스를 넣기도 하고, 또 그런 병원 룰이라, 그리 자준 못 사 먹게 한다. 또 보모 그는 피검사다 케서, 환자 팔뚝에다, 한 주사기씩 생피를 뽑아 가는데, 이는 당뇨다, 그 외에 이런 저런 몸 검사 이윤데, 이기 원래는 6개월에 1번씩 하는 모양인데, 보모 1년이나 6개월이 되모 아침 메 자고 일난 신선한 몸으로 몇 이 불리 나가 줄 서가 피 뽑힌다.

"누가 먼저 하낌니까?"

그 불려 나간 사람들 겁난다.

어떤 간호산,

"OO씬, 혈관이 잘 나왔네!"

이리 피 뽑 힌다.

또 보모 그게 복지사, 이런 것도 있따. 즉 복지사가 환자들 이리 저리 하라꼬, 프로그램 운영을 하고 하는데, 그게도 특별한 건 없꼬, 가봐야 별 없꼬. 거기 가는 환자가? 100, 200명 중, 10, 20명 정도 되고, 또 그

가는 환자들만, 계속 당골 식으로 간다. 그 외 딴 환자들은 아예 안간다. 환자 간식비를 붙이는 보호자가, 100명에 20명 정도다. 나머진 근근히 주거나, 아예 안 주거나 이렇타. 그는 담배를 흡연자들이, 그 본인의 금전으로 사서 피우는데, 보모 흡연 시설이 아주 열악해서, 비흡연자들은 그 담배 연기 피해 때메, 그 중 힘들다. 그는 집단 생활이라, 개인 생활이 애럽따. 보모 옆에 환자들에게나, 즉 시기 비슷한 이런 이유로, 즉 환자들에게 괴롭힘 받기도 하고, 또는 일부 직원 한테도, 이런게 있다. 그리고 거기가 최고 힘든기, 그 정신과 약 복용인데, 아까 예기처럼, 그런 직원들에 의해 약이 떨어지고, 이 결정은 의사가 한다. 이기 보모 많이 먹는 환자, 적게 먹는 환자, 각자 다른데, 즉 적게 먹는 환잔 2, 3알, 많이 먹는 환잔 1번에 10알 정도, 약도 여러 종륜데, 보면 아주 독한거, 덜 독한거 일타. 그 약을 많이 묵으모, 생활에서 몸을 못 움직인다. 즉 기어 다닌다. 보통 자해 식으로 난동을 부리거나, 되게 애럽께나 하모, 이리 약으로 쪼른다. 그 약을 먹으모 정신이 맑아지, 뭐 우찌 좋아지는기 아이고, 기억력이 아주 감퇴 되고, 각종 부작용이 있는데, 기억력 감퇴는 그 복용 당시 기억력이, 30%, 많켄 60% 정도의 기억력이 감퇴 되서, 그 약 복용 할 때 있었떤 일들이 생각이 잘 안 난다. 또 그 외의 부작용이, 즉 잠이 되게 오거나, 여기서 이게 심하겐 하루 24시 중 14시간, 이리 하루 종일도 잔다. 이리 자모, 또 잔다꼬 직원들에게 잔소리 듣고. 또 보모 변비, 그게 환자들 일체가 안 나온다. 변비 이기 심한 분도 있꼬, 보통 1주일에 1, 2번 변을 보는데, 이기 보통이고, 이 보다 심한 환자들도 많타. 항상 속이 불편타. 변이 너무 안 나오면 똥이 위 까지 찬단다. 이는 어느 스님, 그 분의 수행 자전소설에서 봤는데, 보모 그 분이 변비가 너무 심하다가, 그 똥이 위 까지 차더란, 이런 내용의 책을 읽었는데, 이로써 토하고, 그 분이 한 번은 그런 큰 어려움이 있떠란다. 뭔 위장약인가? 부작용으로 걸렸단다. 이리 똥이 위 까지 차서 토하고 죽게 되는 경우도 있꼬 한데, 그런 사태 까진 그게 정신병동에선 없는 모양이다. 그게 병원 변비약이다, 사회 변비약이다, 정 요구 하모 거기 병원에서 주는데, 내나 무도 큰 효꽌 없따. 이리 변비로 고생 한다. 즉 이 2가지, 즉 잠 오는거와 변비, 이는 부작용의 기본이다. 또 딴 부작용은? 입과 손을 덜 덜 떤다. 이런 사람은 종이에 글씰 쓰모, 그 글씰 못 쓴다. 손을 덜덜 해서. 또 보면 침을 질 질 흘리는 것도 있다. 또는 입이 짜다던지, 이런 식의 각종 정신과 약 부작용 있다. 보면 인터넷에 어느 퇴마사 글을 보면, 정신병원 안에가 빙의 환자가 아주 많탄다.

"그 환청 소린, 딴 데서 나는기 아이고, 본인의 뇌에서 나는 거예요!"

"아인데요, 뭔가 지 맘데로 소리가 들리는 데요!"

하룬 거기 의사와 면담에서.

보면 환각 증상이 정신과에서는, 즉 이는 마귀, 귀신 이런 게 아니라, 즉 본인의 뇌가 물리적으로 잘 못 된 거라드라. 거기 의사 예기가. 내나 정신병인 환각 현상, 이기 마귀들 들린 것이다. 이 마귀들이 1번 들리모, 보통 평생 가고 잘 안 떨어진다. 이는 각종 안 좋은 것만 있지, 전혀 좋은기 없꼬, 저주의 세상이 된다. 이리 되모 보통 사람 보다 3배 더 고생 한다. 이 정신병 실상이, 마귀들의 저주다. 즉 마귀, 이기 바로 악마고 이런긴데. 이것이 사람 몸에 침입을 하고, 이것이 빙의라고도 하는데, 이기 마귀들 들린 거고. 이 마귀들은 그본이 선한 쪽으론 안 된다. 즉 무조건 악인데, 이 선이 불가능한 모양이다. 보면 감사가 안 되고, 은혜가 안 된 단다. 보면 이것들이 피가 없따. 또 눈알이 없따. 즉 아마도 형상은 없는 그런 모양일거다. 최고 편해 하는 데가 사람의 몸이다. 즉 사람 몸이 그냥 집이다. 그냥 머물기 위해서다. 이 마귀들 성질이 잔인하고, 정이 없고 파괴적이다. 민간에선 옛부터 그렇고, 또 기독교에선 이를 아주 경계하고, 안 좋아한다. 이것들이 하나님과 예수님의 반대 세력이다. 여기서 기독교 말씀으론, 즉 악 이런걸, 마귀들을 말하는 거다. 보면 마귀가 포효하는 사자 처럼 으르렁 거리며, 항상 삼킬자를 두루 찾아 다닌 다는데, 이 마귀들은 지옥이 결정났따.

"하나님 믿으모, 천국 간다!"

내 붙어먹는 마귀들 중.

내가 환청이 있꼬, 이것이 빙의고, 내나 환청 소리가 마귀들의 말이 다. 이 마귀들은 그들이 지옥에 감을 잘 안다. 어느 종교에선, 마귀들의 수명이 1000년이란다. 내나 저승엔 하나님의 심판이 기다리고 있는데, 내나 이 세상에서 죄만 짓꼬 돌아 다녔으니까, 그들이 지옥 간다고 보는 모양이다. 그들은 지옥을 각오하고 있따. 그 지옥의 유황불을.

"지옥의 유황불이, 엄청 뜨겁습니다. 제발 예수 믿꼬 천국 가세요!"

어떤 죽었따 살아난 사람이 지옥에 갔따 왔따는데, 그 간증.

마귀들이, 물 귀신 식으로, 그 집으로 악용 당한, 죄 없는 사람을, 같 이 지옥으로 데리고 갈려고 한다.

"니는 꼭 데꼬 가야 되긋따!"

내 붙어먹는 마귀들 중.

보면 정신과에서는, 환청 소릴 무시 해야, 그 병이 낮는다는데, 보면 이 마귀들이 되게 신경 쓰이게 하고, 이를 무시 하는게 도저히 애럽따. 여기서 그들은 교묘히, 뭔 수도 쓰고, 또 꾀도 쓰고 해서, 그들이 무시를 안 당할라꼬 한다. 이 마귀들을, 주위의 사람들 처럼 무시 함이 애럽따. 그들이 신경 쓰이게 하기 때문이다. 즉 정신병원 의학에선, 마귀 들린 걸 환각 증상이라고 한다. 그리고 그 환각 증상을 무시하는게, 그 병이 낮는다 그리 본다. 여기서 그 환각 증상이란? 즉 그 환자의 오감에서 오 는, 그 환자 주위엔 아무 자극이 없는데, 그 환자에만 자극이 오는 현상, 즉 환시, 환청, 환후, 환미, 환촉, 보면 환시, 이건 주위 자극이 상식엔 없 는데, 그 환각 환자에게만 뭔가가 보인다. 나도, 뭔 환시를 1번 본 경험 이 있는데, 이는 마치, 미래 사회에서 과학 발달로, 공중에서 TV가 보이듯이, 그리 사람 얼굴이 잠깐 보이다가 사라지더라. 또 환청, 내가 환청이 있다. 사회도 보모 드물게, 이 환청이 있다는 환각 환자들이 가끔 있떠라. 내 주위엔 마약 중독잔데, 이 분도 환청이 있따데. 마약은 1번 하면 못 끊는다. 담배는 아닌데. 마약은, 딱 1번 하면 그걸로 끝이다. 담배는 끊었딴 사람이 있꼬. 나도 끊었따. 즉 이런 담배 끊은 분 예가, 종종 있꼬. 내가 끊은지 10년 정도 됬는데, 그런데 마약이, 담배 10배의 중독성 이란다. 이 마약 중독자가, 한동안 그 약을 안 한단 말은 들었어도, 아예 끊었딴 말은 1번도 못 들었따. 그 약 경험자가, 물론 그들도, 내나

"아, 나도 인자, 마약을 안 하는 평범한 삶을 살자!"

물론 마음은 이렇다는데, 즉 이리 마약이 없어 마약을 안 하고 있다가,

"나도 좀 줘!"

옆에 그 약 하는 사람이 보이면, 얼른 손을 급히 내밀고, 눈을 부릅 뜬단다.

마약, 이는 1번 경험에, 그 좋턴 기분을 못 잊어, 그 중독자 본인이 죽을 때 까지 해야 된다. 내나 인간 파멸인데, 이런 삶은 지옥 일지도 모른다. 즉 마약 마귀가 데리고 갈 수 있지? 기독교 말씀에, 즉 태초에 아담과 하와 있었꼬, 그 때 하와가, 뱀에게 속아도, 결국 선 악과를 따 먹으니, 죄는 내나 받았다. 그래서 즉 마귀들 때문에 죄를 지어도, 벌을 내나 받는다. 그래서 우린, 무슨 일에서도, 죌 안 지어야 겠지? 여기서 마귀들이 약간은 물리적인 힘을 가 할 수 있따. 그리 쌔겐 못 하고. 이도 통증이 오고 아프다. 이도 고문이다. 즉 이리 저리, 약간 물리적인 피해도 준다. 이 마귀들의 목적은? 즉 그놈들 들린 환자의 영혼 파멸이다. 즉 지옥으로 같이 감이 목적이다. 마귀들은 이미 지옥이 결정났따. 그들은 이를 사람들 보다 더 잘 안다.

"같이 가야긋따!"

내 붙어먹는 마귀들 중.

그래서 우리는, 이리 지옥 안 가기 위해, 노력하고. 하나님 이것이 진리다. 불교, 대순진리교, 이는 진리가 아니다. 사람이 죽으모, 천국과 지옥의 심판이 기다린다. 보면 마귀가, 사람이 죄를 짓는데서, 고정이 되고 안 간단다. 또 처음 집 삼을 사람 고름이, 즉 죄가 심하고, 그 중 약자에게 잘 붙는다. 보모 청소년기의 방황기, 이런 10대들, 그들 중, 특히 잘 붙고, 그 청소년들 중에도, 학업 잘 하고, 야무진 애들한텐 잘 못 붙고, 즉 죄 많코, 이런 애들에게 잘 붙는다. 뭐 껄렁하이 돌아 데이고, 오데 섹스나 하러 그런 이성 먹일 찾아 데이고, 이런 난잡하고 어둔 애들에게, 그 중 잘 붙꼬, 또 술, 담배, 나태, 여기서 마약은, 누구에게나 직방으로 붙는다. 또는, 뭔 음란, 난잡, 이런 어둠이 심한자 한테, 역시 그 중, 잘 붙꼬. 그리고 한 번 붙으모 집으로 삼끼 는데, 안 간다. 안 가. 보통 평생 간다. 혹 우찌 쪼까 낸데도, 내나 앞에 집 된 사람을 아니까, 또 그 탐색이 됐고 했으니까, 그로 그 집으로 다시 찾아 오는 경우가 많단다. 보모 마귀들도 이 세상에, 내나 사람들 있는 식에, 그들도 그렇게 산재해서 돌아 데이는데, 그러다 그들끼리 만나서 이리 저리 말도 하고 해서, 서로 의논을 모아, 어떤 사람 집에서 쫓겨 났으면, 앞에 그 집에 있던 놈이, 지 보다 쌘거, 딴 몇 마귀놈들을 데려와, 다시 쫓겨 났던 그 집 보러 오기도 한단다. 내나 어떤 집 된 사람에게서 쫓끼나면, 다시 알던 그 집으로 잘 간단다. 보모 마귀가, 내나 말을 한다. 내 붙은기 남자 3놈, 여자 3놈 정돈데, 보모 이들 각각 목소리가 다르다. 일반 사람들 목소리와 같다. 내나 옆에 사람 목소리다. 그 마귀놈 들을 그들 각각의 목소리로 구분이 되고, 내 붙은 놈들이, 싹다 경상도 말씨다. 보모 이들도 각기 사투리를 쓴다. 즉 지역마다, 보모 사람들 사는데, 언어 하고 똑같다. 즉 경상도, 충청도, 경기도, 등 등, 또 나라별로도, 한국, 일본, 중국, 몽골, 등 등, 즉 각 나라별로 다 말이 다르다. 즉 이 마귀도, 즉 한국 마귀가 일본 가모, 내나 일본 마귀와 언어가 안 통한다. 내나 사람들 언어 소통하고 똑같다. 이 환청 소리가, 마귀 소린데, 그 마귀 소리가 같은 한국말로 들리고, 이는 되도 않는데, 상댈 못 한다. 이 마귀들이 조직력이 강해, 그들끼린 안 싸운다. 보모 그 마귀들 들린 환자의 그 주위 사람들, 그들과의 사이를 이간 해서, 불화를 주로 만든다. 그래서 그 마귀들 들린 환자와 그 주윗 사람, 1명 이상의 사람과 서로 싸워, 그 주위 사람들이, 그 집된 사람에게서 흩어짐을 잘 노리고, 그리고 그 틈을 잘 파고든다. 이리 그 놈들 뜻대로 그들 들린 환자와 그의 주윗 사람, 1명 이상의 사람이, 서로 불화로 싸우고, 이리 되모 마귀들이 힘을 내고, 그래서 내나 그 틈을 파고든다. 이 마귀들이 몸이 없꼬, 영만 있꼬, 피 없꼬, 눈알 없꼬, 뭔 특별 형상은 모르긋따. 그리고 정신이 있다. 즉 알고 모리고, 그런 정신이 있다. 그리고 이런 저런 생각, 판단, 꾀, 이런 것들의 능력이, 생각보다 쎈 모양이다. 기독교에선 이리 주장이고, 즉 사람의 힘으론 마귀들 쫓음이 불가능 하니, 이에 하나님, 또 예수님을 믿꼬, 이들을 대적 할 수 있꼬, 쫓아 낼 수 도 있딴다. 여기서 선과 악이 있꼬, 내나 어둠과 밝음, 우린 천국으로 가고 싶따! 지옥은 그리 고통이란다. 예수님도 마귀를 1번은 쫓아 내셨따. 마귀가 항상 우릴 노리고 있따. 이 들린 사람이 있따. 나도 그렇게 됐는데. 그런데 마귀들 들린 사람이 우찌 이리 저리 해서, 그 마귀 놈들을 쫓아내는 경우도 있단다. 보모 환각 증상이라고, 즉 정신과에서 주장하는 그 5감 중, 환청이 제일 많타. 담은 환시. 이 외에는 거의 드물다. 즉 정신과에서 이 환각 증상을, 무시 하란다. 이를 무시하고 나가는기, 그 병하고 멀어지는, 즉 병이 호전 되는 것이란다. 즉 정신병원 그 안에 입원 중에, 그 의사의 회진 면담이 어느 병원, 거긴 1주일에 1회 이상의 회진이 있꼬, 그 회진이란? 즉 내나 환자들이 앉아 있고, 그 의사가 점오 식에, 담당 의사의 집단 면담이다.

"이, 환청 무시가 잘 안 되서, 그냥 대충 있는 식에 있씸니다."

"아, 이 심각하네!"

그리 하루는, 내 담당 의사의 회진 면담에서, 이 말 듣던 그 의사가, 그 표정이 왠지 심각히?

즉 정신과에선, 이 환각병을 낮는 길이? 그 환각을 무시 하란다. 즉 그 환청 소릴 무시하면, 그 병이 낮는단다. 즉 이리 계속 되면, 그 무시에서 그 환청 병이 낮는단 주장이다. 허나 이 환청, 이기 마귀 소린데, 이 소리가 무시가 애럽따. 즉 옆에 보이는 사람들관 달리 이것들의 무시가 안 된다. 즉 마귀들 저거가 이를 당하모 안 된단 걸 그런 대가린 있써. 그래서 그 무시 안 당할라꼬, 마귀들이 이리 저리 신경 쓰이게 한다. 즉 계속 신경 쓰이게 말인데, 보면 계속 반복적인 어떤 단어, 즉 염불 하듯이, 즉 계속 어떤 같은 단어 반복, 아이모 노래 부르기, 또 이것 저것 말도 걸어 오기도 하고,

"이거 해라, 저거 해라!"

아이모 명령.

이 마귀들이, 사람을 봐 가면서, 그에 따라 나오는데, 보모 그 집 된 사람, 이는 벌써 파악이다. 또 그 집 된 주위 사람, 그들과 그 집 된 사람과 이간 되야, 저거가 붙어 묵끼 좋으니까,

'아, 이 놈은, 이 집 된 이 놈과 어떤 관계며, 내나 그 집 된 사람과, 또 저 놈은 성격이고, 또 서로 사이가 좋다, 나쁘다, 즉 불화냐, 화목이냐?'

파악!

여기서 불화모 그 틈을 파고 들고, 화목이모 그 벽에 막힌다. 이 화목이 겁내는 것 중 하나다. 그리고 마귀, 그 1놈 이상이, 그 집 된 사람의 영혼을 지옥으로 끌꼬 감이 목적이다. 허나 이 방어막이 기독교고, 그 하나님을 믿음이다. 우리 기독꼰, 신을 믿는 종교다. 진짜 신은 있따. 즉 마귀가 이 세상엔 있는데, 이 반면 선의 신, 즉 하나님이 우릴 조종하시고, 그 기도를 하면 진짜 들어 주신다. 즉 세상의 실상이 우리가 모르는 영의 세계에서, 즉 우릴 조종하시는 신이 있따. 나도 전엔 내 자신을 믿

었따. 이로 불골 믿꼬, 이도 나름에 추굴 했따. 이 믿고 그 수행에, 불교가 일이 잘 안 풀리더라고. 기독교에서 말하는 신이 있다. 이 예로, 즉 90년대 정도에 유전자 염색체, 즉 지놈, 게놈, 이걸 누가 개발 했따. 그래서 이 보도가 그 당시 떠들썩 했따. 그 이론이, 즉 마약에 관련 된 이론이더라 알고보면. 즉 여기서 우리 몸엔 체내 마약이라고, 즉 사람이나, 동물은, 다 그 몸에 있따. 그리고 그 몸 속에서, 그 몸 주인이 어떤 행동을 하면, 그 행동 결과로 어떤 물질이 쫙 쫙 분비가 된다. 이 현상이 어떤 식이냐면? 즉 우리가 착한 일 하면 살 수 있께 되는 체내 마약이 분비 된다. 반면 나쁜 일을 하면 죽게 되는 체내 마약이 분비 된다. 우리는 현제 인간의 능력 에너지는 100%, 그 잠제력 중, 20%의 잠제력을 사용하고 있다. 여기서 마약을 맞게 되면, 그 사람의 잠제적 에너지가 100%까지 올라 간다. 이렇게 되면 평소 보다 힘이, 5배로 쌔진다. 내나 그 5배의 잠제적인 힘이 나오는데, 보통 우리가 1일만 굶어도 배가 고파 못 참꼬, 3일 굶으모 굶어 죽는다. 허나 이 마약을 맞으면 힘이, 5배로 쎄지는데, 여기서 3일 밥을 안 먹어도, 끄떡이 없따. 허나 이리 마약을 맞아 놓으모 그 댓갈 치르는데, 그 에너지를 쓴 만큼 늙어진다. 이는 도저히 복구가 불가능 하다. 즉 한번 늙어진건 젊게 못 한다. 이런 식의 파괴. 또 몸에 딴데도 그렇는데, 특히 그 마약 한 몸은, 이 3군데의 장기가 파손이 되고 늙어 진다. 그 곳 들은, 즉 간, 췌장, 신경계. 그리고 이 마약을 맞은 상태선 기분이 그리 좋은데, 이기 그 몸에 그 약기운이 5시간 돈단다. 그 시간 넘언 깨는데, 그 깰 땐 완전 축 처져 끝난단다. 이 마약 독을 간에서 해독을 하는데, 그 마약을 맞꼬 나서, 아주 축 처져 있을 때, 그 약 한 사람 본인이 거울로 본인 자신의 모습을 보는데, 그 때 그 얼굴을 보모, 완전 파랗케 되 있는 모습!

'이, 안 해야지!'

그 좋던 기분을 못 잊어, 계속 하고, 또 잊을만 하모, 또 하고, 내나 이 반복이다. 이리 평생을 살다 아무리 오래 살아도 40을 못 넘기고 늙어 죽는다. 이 마약을 맞으면 마약 마귀가 바로 올라 붙는데, 이 마약 마귀가, 마귀들 중 최고 쌔단다. 이 마약 중독 하나로 모든게 파멸이다. 가정, 사회, 직장, 가족, 싹 다 파멸이다. 그 마약만 안 하모 되는데, 그 것이 안 된다. 그래서 마약은 절대 1번 경험 하면 안 된다. 이 마약을 하모, 최소 수명이 30년, 40년, 단축이다. 보통 40을 못 넘기고 늙어 죽는다. 이 마약 중독자, 그들은 그들 주위에 그들끼리 논다. 유유상종. 또 이 마약 1방 맞는기 전에 90년대엔 10만원 했단다. 요센 20만원이란다. 요즘이 2016년도다. 이기 보모, 돈 있는 사람들에게 주로 그 유혹의 손이 뻣쳐 지는데, 이도 가난한 사람한테는 그 유혹이 잘 안 온다. 내 한테도 마약 유혹이 안 오던데, 나도 이런 마약의 심각성을 모르고, 그 마약의 유혹이 오면, 내나 앞에 담배 배았 뜻이, 배울 수 있었찌? 불교 주장은, 즉 알모 부처고, 성자고, 고통을 여읜단다. 이를 알아 절대 하모 안 된다. 보모 돈 없는 사람에겐 이 마약 유혹이 잘 안 오고, 주로 돈 있는 사람에게 잘 온다. 이도 장사라 가난한 사람에겐, 그 유혹이 잘 안 뻣친다. 우리 몸 속엔 기분이 좋아지모 그 몸 속에서 그런 물질이 분비 되는데, 이기 마약 성분인데, 즉 그것을 체내 마약이라고 한다. 보모 허준 알지? 동의보감. 즉 그 허준이가 침을 딱 꽂을 때, 그 침 꽂는게 그 환자의 몸 속에 체내 마약을 유발 시키려고 그 침을 꽂는 거다. 그 체내 마약으로 그 환자 병을 다스린다. 그런 식의 침술로 허준은 위암도 고친적이 있다. 또 보모 석가모니가 6년 고행 끝에 앎에 이른다. 이 때 좌선 중, 방해꾼인 마군을 항복 받고 아는데, 그 때 하늘의 별 떨어지는 걸 보며 보리수 아래서 앎, 쾌감! 즉 그 때 그 기분 좋음, 이기 그 분 몸 속에 체내 마약 성분이 분비가 된거다. 이 체내 마약이란기 신기한게! 즉 우리가 좋은 일을 한다, 그러면 그 몸 속에서 살 수 있게 되는 그런 체내 마약이 분비 된다. 반면 나쁜 일을 하모, 그의 그 몸 속에서, 살지 못 하게 되는 체내 마약이 분비 된다. 이 선과 악에 행동에 원인의 의해, 삶과 죽음의 체내 마약이 각 각 분비 된다. 즉 우리가 살아 가면서 누구나 알고 다들 알지만, 즉 우리가, 남을 나쁘게 하고, 아님 어중간 히나, 그리 남에게 악하게 하고 하모, 이는 당장은 오히려 좋을 수 있꼬 한데, 이기 세월이 좀 흐르면 그 결과가 드러나고, 그 냉엄한 현실은, 본인도 못 피하는 평간데, 즉 결국 그것은 파멸이다. 반면 착하모, 그 반대 현상이다. 즉 뒤가 뭔가 다행이다. 그래서 이 90년대 그 때 떠들썩 했던 지놈, 게놈, 이기 보모 개놈 엑스표 해놓고, 게놈 적힌 어느 신문 광고에 이 연구 결과가? 즉 마약과 관련 된 것이다.

"이 세상엔, 우릴 조종하시는 신이 있따! 난 그 신을 믿꼬 착하게 살다 죽겠다!"

이 지놈, 게놈 학문 이룬 학자가 이런 말을 했딴다.

즉 그래서 이 세상엔, 선과 악이 있따. 이 두 2길 중, 1길이다. 즉 착한 일엔 살리는 체내 마약 물질이 몸에서 분비 된다. 반면 나쁜 일을 하면, 그 몸 속에서 못 살게 되는 체내 마약이 분비 된다. 이 삶과 죽음의 체내 마약도, 쌓이고 쌓인다. 내가 환청, 즉 마귀들에 들렸다. 여기서 보모, 이런 마귀도 있꼬, 이 반대파인 선의 신이 없끗나? 그래서 하나님, 예수님이, 선의 신이다. 즉 여기서 기독교의 말씀을 보모, 즉 우리가 기도를 하모 그 성령의 힘으로 기적이 일어 난단다. 즉 이리 저리 막혔던 일들이 뚫히고, 또 이런 저런 계획이나, 즉 이런 식에 큰 일이나, 작은 일이나, 다 풀리고, 또는 사경에 처한 암도 났단다. 즉 방금 예기한 지놈 게놈 학문 이룬 학자, 그의 말씀대로, 진짜 우리가 기도를 하면, 내나 그런 신이, 그 기도의 응답을 주신다. 내 경험엔, 즉 불교 믿을 땐, 되는 일이 거의 없떤데, 최종적으로 기독교로 바꾸고, 하나님을 믿다 보니, 여러 일들이 잘 풀리고, 진짜 일이 성공 한다. 또 보모, 환미, 환후, 환촉, 이런 환각 증상들, 이 3가지는 경험 없는데, 이 현상들은 보편적으로 드물단다. 이도 걸리모 생활에 큰 지장이라네. 이 외에 안 좋은 중독되는 약물이, 즉 대마, 담배, 가스, 본드, 등 등, 즉 이들을 1번 살펴 보자! 보면 대마, 이를 하모 기분이 팍 깔아진 단다. 보모 노래가 그리 잘 불러진 다쿠고. 이도 내나 중독이낀데. 이도 1번 경험에 평생 달고 살아야 되끼다. 내나 담배 식에. 보면 TV 가수들이 많이 해서 잡혀 가던데, 노래 잘 부를라고 하는가?

대마는 담배 흡연 하듯이, 내나 그 식에 대마 흡연인데, 이 증상이, 노래를 부른다면 그 노래의 음정 박자가 그리 잘 잡혀서, 기분이 쫙 깔아지면서, 그리 노래가 잘 불러 진단다. 그래 보모 가수들 중에, 이를 많이 들 하는 모양이더라. 그래서 줄 줄이 굴비 역이듯이 잽히 입건 되기도 한다 하고. 이 대마도 보모, 마약 맨치 영혼을 팔아 묵는 긴 모양이라. 그 대마도 할 때 기분 좋음이, 본인의 앞에 생명에서 빌리 쓰고, 늙어지는, 그런건가 모르겠다. 이도 하다 걸리모 입껀이다. 이 대마를 하모, 위장이 5배로 늘어 난단다. 보통 사람이, 평소엔 짜장 곱배기 1그릇 먹으면, 위가 만땅 인데, 이 대마 흡연 후에는, 그 위가 5배로 늘어나고, 내나 위가 5배로 늘어나니, 짜장 곱배기가 5그릇이 들어간다. 평소엔 짜장 곱빼기를 2그릇도 못 먹꼬, 평소엔 짜장 곱배기를 5그릇 무모 위가 째져 죽는다. 즉 위가 5배로 늘어나 버리니, 배가 자동 고프고, 이로 음식을 먹게 되는데, 방금 예기처럼, 식사를 5배로 먹는다. 이 대마도 했다는, 어떤 마약 중독자 분 예기가, 즉 그 분이 다른 1분과 같이 대마 하고 나서, 그들이 배가 고파, 그 2분이서 노점에서, 오뎅 꼬지나 떡복이를 사 먹는데, 그 선 자리에서, 몇 만원치를 사 먹었다는데, 보통 몇 천원치 사 먹고 나면 배가 불러 못 먹게 되는데, 계속 안 그치고, 결국 몇 만원치를 먹으니, 그 가게 주인이, 좀 놀래 하는 모습을 보곤 한단다. 그 가게 주인은, 매상이 되니 좋겠지만. 이 다음 똥을 누모 엄청 나온단다. 이 위에 엄청 무리가 오겠지?

'에이, 어차피 망가진거!'

보모 마약 하는 사람들이, 주로 대마도 같이 한단다. 보모 이 마약과 대마는 암암리에 거래가 된다. 보모 마약 하는 사람, 대마 하는 사람이, 따로 있는기 아이라, 즉 마약과 대마를 같이들 하는 모양이다.

'에이, 어차피 망가진거!'

여기서 또 다른 마약류도, 여러 가지로 한다. 즉 2중, 3중, 4중으로 중독이 된다. 이 마약도 장사다. 그 판매 가격이, 90년도엔 1대 10만원 했따는데, 요즘 16년도는 그 약 값이 2배로 오른, 1대에 20만원이란다. 이 마약은, 1번 경험에, 이 약 기운이 떨어지모, 계속 해야 되니, 이 약 기운이 5시간 간다네. 대마는 1대 흡연 하는데, 몇 만원 하끼다.

'이, 안 해야지!'

즉 대마도 못 끊을 것이다. 이리 평생이고. 또 돈도, 계속 구해야 되고. 그 약 기운이 떨어지모, 또 해야 되고, 생활이 온통 이리로 빠진다. 보모 마약 하모, 대마도 하곤 한다더라. 여기서 즉 가정 주부, 또는 부부끼리도 한다 쿠고. 또는 의사, 변호사, 회사원들도 한다 하고. 몇 일 전 라디오 뉴스를 들어 보모, 요즘 10대, 20대의 마약 중독자들이, 전 보다, 2배 이상으로 늘었단다. 보모 무직자, 회사원, 농업 종사자 순으로 많단다. 즉 이를 하는 사람과, 그 판매자 중, 특히 판매자가 처벌이 쎌 것이고, 이 안 잽히 갈라고, 절대 그 사실을 비밀로 한다. 마약, 대마 중독자, 즉 그들 주위나, 아니면 인터넷 뒤지면 이런 판매 유통 경로가 있꼬. 이 유혹이 오는 사람이 있따. 이 중독자로 만들려는 건데, 그 중 돈 있는 사람에게 그 유혹이 잘 들어 온다. 즉 이도 남아야 그 돈으로 본인 생활을 하는 장사라, 그로 돈이 없는 사람에겐 그 유혹이 잘 안 올 것이다. 아이모 쾌락으로, 같이 마약 맞꼬 성행위 할라고 마약을 가르치기도 하고, 그 중 동성 끼리도 있씨끼고, 또 도박의 길의 끝은, 필히 본인이 싫든 좋든 마약을 배운다는데, 그 노름 하는데, 계속 데이고 하면 배운

단다. 즉 처음엔 본인 몰래? 음료, 음식, 술, 이런데 마약을 타서, 이를 속이고, 먹게 해서, 가르친단다. 즉 마약을 먹어도 그 약효가 난단다. 여기서 먹으모 그 약효가 서서히 난단다. 그리고 물에 희석시킨 마약을 주사기에 넣고 그 주사 바늘을 혈관에 꽂아서 하면 직통으로 그 약효가 온단다. 또 주위에 마약 중독자가 있씨모, 그와 같이 데이모 안 된다. 즉 마귀 식으로 같이 지옥에 가자고 나올 수 있으니까? 즉 그렇게 하려면 꾀를 써서, 몰래 가르치니, 같이 데이모 안 되고, 또 그 중독자가 뭔 음료다 그런 것 주모, 혹시 안에 그 약을 탓을 수 모르니? 그런 것 무모 안 되고.

철물점 가서 적당한 거 몇개 이상 골란다.
"이, 얼맘니까?"
"2000원요!"
보통 이 가격이끼다.
"봉지 담아 주이소!"
아무도 없는 어디에 들어 가, 딴 사람 모리게, 그 안에 문 잠그고 그 비닐 봉지 안에 본드 싹 짜 넣코, 그 본드 냄새 흡입을 목적으로 그 비닐 봉지 안에 본드 냄새가 옆으로 안 새게 비닐 봉지 입구를 입 주위에 봉합
"하, 후, 하, 후!"
목이 딱 막힘을 뚫꼬! 여기서 약효!
본드는 일반 철물점 아무데나 가모 있씨끼다. 이도 중독이끼다. 여기서 10대 때 소년 감별소, 거기 가 보모, 즉 유해 화학이란 죄목으로 들어온 청소년들이, 그 중 꾀 있꼬. 이는 동종 전과가 3번째, 이렇게 재범률이 높은 모양이더라. 이로 보모 본드가, 중독이라 볼 수 있꼬, 또 담배보단 그 중독 강도가 어떤가 모르겠꼬? 이도 마약 맨치 생명을 파는긴가는 모르긋꼬? 본드는 법으로 금지 시킨기고, 이 재범률도 높으니, 아마도 역시 그 중독성이 있는 모양이다. 또 그 기분 좋음이, 공짜로 되는

기 아이고, 그 기분 좋음을 받은 만큼의, 그 본인의 앞으로 살아 갈 생명에서 땡기 쓰는, 즉 마약 처럼 아마도 그런기 끼다. 이도 맞드리 놓으모, 계속 하는 모양이라.

"사장님 본드는 말입니다, 돈 없는 고등학생들이 많이 합니다!"

즉 앞에, 내 돈 벌이 일 하던데, 그 가게 손님들 중, 마약 중독자인데, 그 분과, 잠깐 예기한 내용이다.

나 한테는 1번은 본드의 유혹이 왔써. 이 본드를 내 스스로 배울라 했꼬. 그 할라다가 애러바서 못 하고 넘어간 적이 있었는데, 큰일 날 뻔 했써! 그 배웠으모. 만약 그 때 본드 배워 놓으면, 내나 요즘도 그 본드 중독자가 되서, 지금까지 본드 할지도 몰라? 이기 담배 보다 더 못 끊는 모양이더라. 또 담배 보다 더 엉망이 되는 모양이더라. 여기서 마귀들 들리기 전 10대 때, 하룬 집 나와서, 같이 집 나온 또래 친구들 4명이, 남들 안 보이는 어느 공간 안에, 그들 4명 다 있는 중, 평소 앞면이 2, 3번 있꼬, 객지 앤데. 여기서 그들은 나와 비슷한 나이들이고, 그 애가 작은 검은 비닐 봉지를 꺼내고 그 안에 본드를 짜 넣는다.

'아, 이 애가 말로만 듣던 본드 하는 애구나!'

그 애가 나 보고,

"함 해 봐라!"

본드 담긴 그 비닐 봉질 준다.

'아, 이기 기분이 그리 좋다는데, 함 해 보까?'

그가 하란데로 본드가 안에 있꼬, 그 냄새가 옆으로 안 새게, 그 봉지 끝을 입 주위에 봉합.

"하 — 억!"

목구멍이, 꽉 막히고 아프다.

"아이, 못 하긋따! 목이 아파서."

"하모 되는데 와!"

그가 그 비닐 봉질 받아 가드마,

"하, 후, 하, 후!"

그가 내게 가르친 식으로 그 본인이 그 본드를 한다. 그 옆에 딴 애들도, 아무도 안 했써. 큰 일 날 뻔 했찌! 여기서 그 목 막히던 담 단계로, 본격 본드 효과가 나는 모양이라. 그 목 막힘이, 첨엔 그 강도가 심하던데, 여기서 그걸 뚫고! 계속 본드를 하다 보모, 거기서 본드 약효가 나고, 거기서 본드 중독이 될 꺼다. 그 목 막히는 강도는 그 본드를 몇 번 하다 보면은, 점 점 약해지는 모양이다. 내나 담배도 첨 배울 때, 목이 꽉! 막힌다. 허나 그 본드 보단 그 강도가 약하다. 제 경험에. 즉 담배 보다 본드가 2배 정도의 그 목 막히는 강도가 쎄다. 즉 처음 본드를 누구한테 배우고, 그 다음 본인 혼자 있을 때 본인 혼자서, 또 해 보는데, 이 경험 성공에, 여기서 완전 본드 중독 고정 일 것이다. 이 담배는 그 목 막힘을 넘기모, 그 기분이 나고, 그 담배 중독 증상이 거기서 부터 시작이 된다. 즉 거기서 부터 흡연자가 된다. 이 본드가, 담배 보다 더 끊지 못 하끼다. 이제 담배에 대해 설해 보자! 즉 여기서 저는 담배 끊은지 10년이 됐꼬, 20년 정도 피다가 끊었꼬, 그래서 이 담밸 첨 부터 안 배운 사람 보다 이 담배에 대해 더 잘 안다. 또 담배를 피우며 못 끊고 있는 분 보다, 또 담배에 대해 더 잘 안다. 여기서 그 담배도 내나 중독이니, 이를 짚어 보자! 여기서 담배는 니코틴 중독이다. 그 니코틴이 뇌를 자극 한다. 그 흡연 이후에, 1, 2시간 경과로 그 흡연자 본인의 뇌가 다시 같은 양의 니코틴을 요구 한다. 내나 같은 식으로 흡연! 다음 본인의 뇌에게 니코틴 주입! 이리 계속 주기적 반복이다. 이기 평생이다. 즉 뇌가 니코틴이 떨어지모, 그 니코틴 요구를 어찌 하느냐? 즉 불안, 초조, 허무, 이 증상들을 준다.

'아, 또 뇌가 니코친을 요구하는 구나! 또 그걸 충족 시켜 줘야지! 난 담배의 노예니까.'

이런 식으로 흡연자 본인이, 그 담배의 패배를 인정 하며, 또 담배를 1대 핀다.

'이, 안 해야지!'

이 안 좋단 걸, 흡연자 본인이 누구 보다도 잘 안다. 그러나 담배를 어쩔 수 없이 계속 핀다. 즉 안 피모 금단 증상 때메, 즉 불안, 초조, 허무, 이것들이 고통 스러워서. 이 담배가 흡연자 본인에게 생활이다. 즉 흡연자가, 본인의 뇌에게 니코틴을 주모, 그 뇌가 그 흡연자에게 정상을 준다. 그 시간이 2시간 정도. 그 넘어 까진 정상을 안 주고, 또 그 뇌가 1, 2시간 경과가 지나면 다시 같은 양의 니코틴을 요구 하는데, 그 때 그 흡연자가 니코틴을 안 주모, 그 흡연자의 뇌가 그 흡연자에게 금단 증상인 금단 고문을 준다.

"니코틴 내 놔라, ○○야!"

흡연자가 이 요굴 받고

"아, 알았씸니다! 잘 봐주이소! 여깃 씸니다. 더 주까요?"

뻑, 후 —!

즉 이런 삶이 정상이 아닌데, 즉 건강이 아주 염려 된다. 즉 이 흡연이 죄라 볼 순 없는데, 이는 중독이니까. 이기 30년 넘게 피모, 이에서 오는 큰 병을 얻을 수 있따. 즉 폐암, 버거병, 중풍, 뇌 혈관 파열, 등 등, 즉 담배가 이런 여러 죽을 병을 유발 시키고, 그리고 실제 그런 큰 병으로 죽는 사람들이 우리 주위엔 있다. 여기서 흡연자들이 금연을 할 수 있다. 즉 나도 끊고 사는데 뭐, 여기서 소가 지나 간 길은, 말도 지나 간다고, 즉 남이 이룬 일은, 누구나 노력을 하면 그 일 이룬 사람처럼 그 일을 이룰 수 있따. 즉 여기서 어떤 흡연자도, 즉 담배 안 피던 정상적인 인생으로 다시 삶을 살 수 있따. 여기서 담배 마귀들의 목적은, 즉 그 흡연자를 파멸 시킴이다. 즉 같이 지옥에 끌꼬 갈려고 저주를 주는거다. 즉 마귀들은, 이미 지옥이 결정 났따. 즉 같이 죽자고, 같이 가자고. 즉 여기서 이들의 목적은, 뭐 돈이나, 뭔가 모를 그런기 아이고, 즉 파멸 시킴과 그로 같이 지옥에 가자고 하는 거다. 여기서 우리는 하나님을 믿어야 된다.

"야, 빨리 피워라! ○○야!"

담배 마귀, 이들도 말 한다. 내나 사람들 말하는 식이다. 그런데 그 소리가 사람들 귀에 안 들린다.

여기서 즉 하루 24시간을 못 이겨서, 1년이고, 10년이고, 평생을 피우는 거다. 즉 그래서 하루 하루, 계속 담배에 패 하며, 담배에 끌리 데인다. 즉 하룰 못 이긴다. 하루 24시간을. 즉 매일 담배 마귀와의 전쟁인데, 매일 담배에게 패 한다. 즉 이런 날이 1년, 10년, 평생이다. 즉 여기서 담배를 하루 24시간을 안 피모, 그 담배 마귀들에게 승리한 날이다. 즉 거기서 부턴 금단 증상이 반 이상이 떨어 진다. 이 다음 삼 일간 누르기! 이 다음 2주간 누르기! 여기까지 성공에, 즉 본인의 몸 속에서 담배 독이 거의 다 빠지 나간다, 이 다음 계속 담배 안 피우기의 누르기로 살아 간다. 여기서 담배 마귀들에게 하룰 이겨 내모, 그 다음날 그 담배 마귀들의 힘이 반 이상으로 약해 진다. 즉 금단 증상이 반 이상으로 떨어 진 거다. 즉 여기서 그 다음날 2일 부터 그 금연 유지가 쉬워 진다. 즉 여기서 그 2일 째도 금연이 이어진다. 즉 이 때 부터 한 몇 일은 위험기라 던데, 보건소에 금연 책자에선.

"이 ○○, 니가 날로 이리 만들었써, 이 ○○ 죽을래!"

담배 마귀들 중.

여기서 즉 처음 하루 24시간 금연 도전 성공에, 즉 본인 혼자 만의 힘으론, 그 담배 마귀들을 이길 가능성이 5%다. 이 반면 남의 도움을 받으모, 30%의 담배를 이길 가능성이다. 여기서 본인 스스로 끊기 보다는, 남들의 도움, 즉 여기서 그 남들의 도움이란? 즉 보건소 가면 그 안에 금연 클리닉이라고 있따. 즉 거기서 본인의 금연 도움을 받을 수 있다. 여기서 사람의 일이란? 즉 남을 못 되게 하고, 함부로 되게 하는 건,

이는 누구나 할 수 있는데, 즉 그건 아주 쉬운 일이란다. 그런데 남 잘 되게 해 보내는 건, 아주 어려운 일이란다. 그런 남의 도움의 금연 성공률이 30%다. 즉 담배를 끊게 해 주는데는, 이 대한민국에서 보건소 금연 클리닉 말고 딴 덴 없을 것이다.

'아, 나도 담배 끊꼬 싶따!'

여기서 그 금연 실패는, 금연 성공의 기초 작업이다. 즉 우리가 수학 공부에, 즉 밑에 더하기를 어느 정도 익히모, 담은 빼기를 배울 수 있다. 내나 그 식에 즉 더하기 배우는 그 과정이, 그 금연 클리닉 가서 금연 도전에 실패하는 거다. 즉 그 실패가 수학 공부의 더하기 공부와 같다. 이 다음 공부 과정은 뭔가? 빼기다. 즉 이 빼기 이 단계가, 즉 금연 성공이다. 즉 흡연자들은, 이 빼기 단계인, 금연 성공을 알아야 되는 것이다. 그러니 일부러라도 실패 할 꺼라 보고, 그 흡연자들은 금연 도전에 실패 경험을 많이 할 수 록 좋다. 여기서 제 경우는, 즉 사회가 아닌, 어느 정신병원 입원 중에 끊었따. 여기서 그런 병원 안에서는 일체 그 교육 비용이 공짜다. 즉 금연 보조제 물품인 그런 약들이나, 또는 간단한 보건소 금연 책자. 즉 여기서 그 병원 안에선 1, 2시간씩 해서 1주일에 2번 정도 그 모임이 있었고, 그리고 처음 1회는, 그 금연 교육 비디오 시청인데, 즉 그 담배의 끝은 파멸이다, 이런 거. 즉 담배로 인해, 결국 폐암이나, 버거병이나, 중풍이나, 뇌 혈관 파열이나, 등 등의, 즉 그런 병으로 몸이 엉망이 된 모습들,

'아, 나도 저렇게 되는거 아이가?'

그 비디오 시청 다음, 잠깐 설명 교육이 있꼬, 다음은 잠깐 체크를 받는다. 그리고 그 참석자들이 20, 30명 정도고. 그리고 가서 앉아 있따가 오곤 한다. 그리고 그 교육 종료 때, 그 교육 참석자들 20, 30명 중 2명의 금연자가 나왔는데, 즉 나와 어느 여자 분 1분, 난 2층 남자 병실에 있었고, 그 여자 분은 1층 여자 병실에 있는 분이신데, 그 분 나이가 당

시 40대고, 강씨 같이 깔끔히 고집이 쎄게 생기고, 실제 강씨는 아니고. 그 분은 내 맨치 공부하는 분이 아이고, 그저 바람 부는 데로, 되는 대로 사시는 분이신데.

이 마약은 혈관으로 맞으면 그렇지만, 먹어도 효력이 생긴단다. 즉 혈관은 직통이고, 먹으면 효과가 서서히 난단다. 이 마약을 아는 사람, 모르는 사람이 따로 있따.

"마약을 하모 얼마 좋은데, TV 이런데선 넘 잘 되는기 부러우니까 그라는 거지, 원래 이거 하모 몸에 좋다! 함 해 볼래?"

"오빠 빨리 해줘!"

상대 여자가, 본인 한 쪽 팔 뚝을 내 밀며 마약을 놔 주라며, 상대 남자 마약 중독자에게 말 한다. 모르면 그 유혹에 1번 해 보기도 한다.

즉 어떤 남자 마약 중독자와 어느 젊은 여자 분, 그 2분이서 여관 방 안에서, 마약이 든 1회용 주사기를 앞에 놔두고, 그 남자가, 상대 여잘, 마약을 해 보라고 꼬시고, 이에 그 여자가 그 유혹에 넘어가, 본인의 한 쪽 팔 혈관에 마약을 투약 한다. 이 모르모 당한다. 이 유혹 넘어 간 여성은, 10, 20대란다. 모름에 간 건데, 안 됬지! 즉 이 마약을 맞으면, 100% 까지 본인의 잠재적 에너질 쓰는데, 이기 본인의 행동에 꽂힌 단다. 즉 이 꽂히는기 본인의 3살 때의 일도 기억이 난단다. 머리가 뺑글뺑글 도는기 장난이 아이고, 뭘 하면, 그리 입력이 잘 되고, 또 공부에도, 내나 그렇게 입력이 잘 된단다. 이 약효가 5시간이라는데, 이 깨모, 완전 내려 앉는다는데, 보통 이 마약을 맞꼬, 또 깨모, 또 맞꼬, 이리 지속적으로도 하는데, 이리 되모 3, 4일 식사고, 물이고, 아예 안 먹어도 끄떡이 없꼬. 또 이 투약을 하고 나서, 주로 그런 남 녀가 주로 섹스를 한단다. 이 섹스를, 3일 동안 아무것도 안 먹고 해도 끄떡이 없단다. 이 섹스가 보통 남자가 길모, 10분이면 사정을 하는데, 여잔 좀 남자 보다 긴 모양이던데, 즉 사정 후 2번은 하기 싫코 이렇는데, 이 마약을 하모,

사정 하고, 사정 하고, 계속 연속으로 섹스를 한다는데, 보통 그런 식으로 3일간 하다가 그친 단다. 이 깨면 얼마나 몸에 무리가 오긋네? 이 하는기, 즉 남, 녀가 어떤 자세로서만, 이리 사정, 사정, 하루 종일, 보통 이런 식으로, 그런 1자세로 1일간, 3일간도, 계속 한단다.

"오빠 OO는기 재밋따!"

마약 맞은 남 녀, 2명이, 어떤 자세로 성행위 중, 그 상대 여자가 상대 남자에게 말을 한다.

"!"

상대 남자가, 그 여자 분에게 얼른 마약을 1방 더 놓는다.

즉 그 여자가 앞에 그런 말을 하는게, 딴 데 신경 쓰는게, 즉 그 약이 살 깨이는 기니, 그 상대 여자와 같이 계속 놀라고, 상대 남자가 또 놓은 거다. 이, 마약이 1군데로 꽂히는기 엄청나다고 한다.

'이기 뭔지? 이 1번 해 보는기, 괜찮겠지? 이 약을 하는 사람들도 있는데!'

모르면 이리 생각한다.

이 1방에, 강력한 중독으로 마약 중독자가 된다. 즉 모든게 파멸이다. 방금 그 유혹에, 어느 젊은 여자가 마약을 배운 것, 즉 모르면 이 마약의 유혹에 넘어 간다. 이 마약이 어디에 많으냐면? 즉 나이트 클럽에 많타.

"행님, 이 1번 해 보이소!"

이런 권유에.

"아이 무슨!"

손 사례를 치며, 안 했딴 사람.

"깨끗해, 하이튼 깨끗해!"

또는 방금 그런 권유에, 1번 해 봤다는 사람, 방금 그 약을 했따는 사람에게, 직접 들은 말이었다.

즉 이런 사람들을 어디서 봤냐면? 교도손데, 그 갖힌 중에, 즉 교도소는 한 방에 수용인들이, 보통 10여 명이 모여 있는데, 그 방 안에서, 거기 수용자들이 다들 갇혀 있는 중, 여기서 다들 서로가 서로에게 솔직히, 본인의 사회 경험담 예길 하는데, 즉 여기서 교도소의 이 마약 중독자가 있는 확률이? 서부 경남 쪽엔, 10명에 1, 2명 정도, 서울 쪽엔 좀 많던데, 10명에 2, 3명 정도 되겠더라. 여기서 사회에서 부산도 많타는 말이 있던데, 그는 모르긋꼬. 여기서 내나 사회도, 마약 중독자들이 그 교도소 방 안에 그런 식으로 있듯이, 암암리에 일반인들 모르게? 산재해 있는 모양이다. 보모 사회선 안 보인다. 왜냐면? 마약은 투약만으로 구속이기 때문에, 그래서 마약 중독자들이, 본인이 그 약 한다고, 남에게 철저히 비밀이다. 최근 사회에서, 처음으로 이 마약 중독자 1분을 봤는데, 처음엔 그 분이 마약 중독잔지 전혀 몰랐는데, 그 분에게 마약에 대해 예기 하던 중.

"아니, 사장님도, 마약을 해 보셨습니까?"
"아니, 해 본 건 아이고."
"저는 해 봤는데, 말입니다!"
'!'

이 다음 그 분이, 뭐라 다음 말씀을 하시던데, 뭔 예길 하셨난 모르긋꼬?
여기서 그 분이 마약을 한다는 걸 알았는데, 여기서 그 분을 완전 달리 본다. 즉 그 약 했딴 말을 듣꼬. 그 분이 마약 중독잔지 알기 전엔, 평소 그 분을 좋게 봤따. 사람이 수수하고 순순하고, 성질이 괜찮코, 경제가 안 풀린, 그런 사람으로 봤따. 그래서 또 그 분이 노총각이라 해서, 내 주위 나 보다 몇 살 많은 노처녈 소개 시켜 결혼 일 되게 한다고, 이리 시도도 했따. 그런데 그 분이 마약 중독자란걸 알고, 여기서 그 분과의 관곈, 완전 끊을 수 밖에 없다. 또 보면, 특히 결혼 하기 전에는, 이리저리 그 상대의 뒷 조사를 좀 해 보는기 필요한 것 같다. 앞엔 구지 이리 생각을 안 해 왔는데, 그기 아이드라꼬. 방금 마약 중독자, 그 분의 예를 보면, 즉 현제의 그 사람만 보고, 그 사람의 뒤는, 아예 안 보고, 즉 어떤 사람이 결혼에 들어 가서, 혹시 상대가 그런 마약 중독자 일 수 있으니, 그렇게 되면 이 우찌 되긋네? 그래서 우리가 특히나 결혼은, 그 상대의 뒷 조사는, 어느 정도 있어야 되는 모양이다. 그리고 그 결혼 외에도 사람을 쓰는데서, 내나 마찬가질 거고. 혹시 마약 중독자가 오면 안 되니까. 특히 결혼엔, 사람을 잘 못 들라모, 그 악 영향이 아주 크단다. 그렇게 되면 이혼을 해야 되고, 이도 큰 일거리고, 또 그 것 해 놓으모 안 좋다 하고. 보모 대인 관계에서, 사람을 들라는데서, 보모 사업주가 고용인 들라는거나, 아이모 이리 저리 사람을 알고 지내는 것, 여기서 애인 관계도 있꼬, 이리 인연을 맺을 때, 방금 앞에 예처럼, 상대가 마약 중독잔 걸 알았씨! 그라모 이어 왔면 대인 관계는 끊어지는데, 내는 이리 알고 대처를 하는데, 여기서 내가 말 하는 이 마약에 심각성을 모르는 상태다, 이리 되면, 아까 설명 한, 한 20대의 젊은 여자가, 어디 여관방에서 어느 남자 마약 중독자의 꼬임에 넘어가 마약 배우는 예, 즉 그리 된다. 그리고 이 사회에서, 이 마약 이 외에도, 또 나쁜 중독 되는기 여러 가지가 있다.

"이, 마약을 만드는 건 일이 아인데요 사장님. 이 만들다 걸리모 완전 감니다. 최하가 15년입니다!"

내가 알기론 중국 법 경우는, 마약 만들다 걸린 경우는 사형이고, 또 예 전에 1번은 그 나라에서 마약 중독자들, 싹 모아 놓고, 다 총살을 시켰 따는데, 이를 못 끊으니까. 그리고 나의 과거, 빙의가 있는데, 이를 전혀 모름에서, 이 세상을 살 때, 그 때 그 중 다행이, 즉 첫 째, 마약 투약, 성형 수술, 문신 파기, 장기 매매, 등 등, 즉 이런 걸 안 배우고, 못 하고, 안 하고, 참아 내고 해서, 몸 지켜진 것, 이는 왜냐면? 극심한 가난 때문이다. 오히려 그 가난이, 큰 전화 위복으로, 즉 화가 오히려 예상 외로 복이 됐따. 그래서 내가 절감 하는기, 즉 돈 이란기 잘 못 쓰면, 큰 독이고 화다. 이 예로? 즉 세상 유혹이다, 돈 유혹이다, 뭔 유혹이다, 즉 이리 저리 속는, 망상에 씌인 중에, 여기서 돈이 있다면, 아까 예기처럼, 즉 돈 있는 사람에게 이 마약의 유혹이 많타. 특히나 이 사회는 마약을 하지 마라는데, 이 뭔지? 여기서 이 마약의 심각성을 모리모 해 보는 수가 있따. 여기서 불교는, 즉 알모 부처고, 성자고, 고통에서 빠져 나온단다. 이런 교리의 불교도 있따. 여기서 기독교가 바라는 믿음이고, 즉 이것이 기도로 이뤄지고, 즉 하나님의 보호로, 마귈 이겨 내는 이런 식이고. 이도 알아야 되, 그래야 그 아는 방향으로 삣찌? 즉 어느 정돈 알아야 된다. 여기서 이런 마약을 알면, 그 유혹에, 이를 알아서 피해 도망간다. 즉 그 약을 하모 어찌 된 단 걸 아니까.

'이를 하는 사람들도 있는데, 나도 1번 해 볼까? 에라 한번 해 보자!'
그 약을 모르모 해 본다.
이 하모 여기서 바로 마약 마귀 1놈 이상이 직통으로 달라 붙꼬, 이 마약 마귀가, 마귀들 중에서 가장 쎄다. 그 1번 경험에, 그 좋던 경험에, 평생 마약 마귀에게 끌려 다닌다. 앞에 설명 대로, 절대 못 끊는다. 이 마약을 끊음이 불가능이고, 이는 오직 예방 뿐이고, 이를 안 배움이, 유일한 파멸을 면한다. 즉 이런 유혹을 물리치는 사람도 있따. 아까 예기 했듯, 즉 나이트 클럽에서 이 유혹 물리치는 예를,

'아찔해, 아 참 다행이구나!'
방금 그런 사람이, 이 마약을 배울 뻔 한 일이 회상 하면, 방금 그 처럼 아찔 할 것이다. 특히나 앞에 설명한, 그런 마약의 심각성을 아는 분이라면, 그런 아찔 함이 더 할 것 같다. 이 마약의 유혹에 넘어 가고, 안 넘어 가는 것은, 이 마약을 앎, 모름, 여기에 크게 좌, 우 된다. 담배를 피우는 분들이나, 이를 끊은 분들은, 담배를 아시는데, 즉 담배를 배워 놓으면 못 끊는다. 이 안 피모 불안, 초조, 허무하다. 그로 이를 피아야 몸이 정상으로 진정이 되고, 그 담배가 안 좋은지 잘 알면서도, 계속 피고,

30년, 40년, 보통 무덤 까지 가고, 이 담밸 끊은 분이 드물고, 보모 폐암 잘 걸리고, 지저분 하고, 담배의 노예가 되, 뒷 끝이 더럽꼬 한데,

'이제 폐암으로 살아도 얼마 못 사니, 이 담배라도 실컷 피우다 죽자!'

여기서 병원에서 폐암으로, 빼 싹 말라 죽을 때가 다 된 사람들이, 그 폐암에 걸려 결국 담배로 죽게 되니까, 그렇다고 담밸 끊는게 아니라, 즉 이런 식에 담밸 더 피운다. 병원 측에선 못 피게 1번은 예길 하낀가? 아마도 그런 잔소리도 안 하끼다. 즉 그냥 보통 식에 말 안 할 것 같은데, 그리 되모 더 피우고, 여기서 아무래도 그 폐암 걸린 상황이 그러니, 한 쪽에 가서, 살짝 피우는 모양이더라. 즉 어떤 금연 책을 보모, 즉 어떤 금연 성공자의 경험담인데, 즉 어떤 폐암 말기 환자와 그 분이 서로 아는 사인데, 하루는 본인이 그 말기 폐암 환자는 담배를 피우며 그와 벤취에 앉아 서로 예기 나누던 중, 그 폐암 환자가 갑자기,

캑, 캑!

하며 그 자리에서 죽는데, 그 순간 바람이 살랑 살랑 불더란다. 그 폐암 환자와 예기 하던 본인이 그 때 흡연자였는데, 이런 경우도 보기도 하고 해서, 결국 그런 본인이 담밸 끊었따 하는 그런 내용의 금연 책을 봤따. 여기서 담배의 경제적 손해를 알아보자! 즉 예전 1980년 땐, 청자, 백자가 최고 싸고 1갑에 200원 씩 했다. 비싼건 솔이라꼬, 1갑에 500원 했다. 즉 이런 기 가다가 중간 중간, 그 값이 조금씩 오르다가, 2000년대 이 쯤엔 보통 1갑에 2000원 했꼬, 요즘은 1갑에 5000원이다.

"저, 죄송 하지만, 1까치만 얻읍시다!"

즉 본인 수중에 담배가 아예 없씨모, 옆에 담배 있는 사람에게 손을 벌린다. 즉 여기서 얻으모 다행인데, 못 얻으모 또 만데 구할데 없으모, 주위에 꽁초 주워 핀다. 보통 1일에 10까치 핀다. 즉 하루에 많이 피우는 분이, 1갑 다 피우고. 또는 2갑 피는 분도 있따는데, 그런 사람은 이해가 안 가는데? 그린 못 피낀데. 여기서 보통 평균적으로 2일에 1갑,

피우신다. 그럼 17년 요즘 평균 흡연 비용이, 1갑 5000원, 2일에 1갑 피고, 1달 30일이고, 즉 5000원 × 15 = 75000원이다. 75000원, 즉 이기 평균 1달 간 담배 피우는데 드는 비용인데, 즉 여기서 이 보다 덜 쓰시는 분이 있고, 좀 더 쓰시는 분도 있고, 또는 이 보다 많이 쓰시는 분도 있다. 보통 75000원은 매달 나 간다 봐 지고. 전엔 흡연자들 담뱃 값 부담이 덜 했는데, 요즘은 이 담뱃 값이 비싸서, 그로 그 담뱃 값이 부담이 된다. 즉 여기서 담배를 안 배우신 분들은, 요즘 담배의 이 경제적 부담 때메, 더 더욱 담배를 안 배워야 된다. 여기서 흡연자는 계속 담밸 피워야 되니까, 그 값을 필수적으로 구해야 되는데, 여기서 그 담뱃값을 못 구하는 경우도 있는데, 이 땐 남에게 할 수 없이 손을 벌리게 되는데, 그런데 그 아쉬운 말도 2번 까지, 여기서 그것이 3번은 넘게는 하기 힘들다. 여기서 흡연자들이 담배 노예가 되서, 그에 딸린 담뱃값 마련인데, 또 이 흡연자들이 비흡연자들 보다 게으르고, 건강도 안 좋코, 몸도 찌뿌등히 피곤코. 여기서 활동력도 떨어진다. 또 입 맛도 없꼬, 또 속도 더부룩 하고, 또 담배 값에 쫓기고, 즉 그래서 흡연자가 비흡연자 보다 약하다. 영혼도, 몸도. 즉 여기서 비흡연잔 75000원이란 쓸데 없는 돈 안 들고, 또 흡연자 보다 이것 저것이, 알게, 모르게 쎄다. 즉 수가 1수 위다. 즉 건강도 그렇고, 정신도. 또 흡연자들은, 17년 요즘은, 매달 75000원 정도, 이 돈 구해야 된다. 즉 담배를 안 피우면 안 되니까. 여기서 그 담배를 1대 하고 나모 목이 마르다. 이에 물을 1, 2잔 들이 키는데, 이로 흡연자가 비흡연자 보다 물을 많이 마시는게 있다. 즉 담배를 1대 피울 때 마다, 그 1대 피고 나모 목이 마르다. 여기서 비흡연자는, 목이 마르거나, 물 마실 생각이 날 때 물을 마신다. 즉 이로 흡연자가 비흡연자 보다 물은 많이 마신다. 여기서 물을 많이 마시면 몸엔 좋은 기다. 또 흡연자가 비흡연자에게 호감을 느낀다. 이는 즉 본인은 운명적으로 된 흡연자이고, 이에 비흡연자는 그 담배를 안 피고 사는 것이 되는데, 여기서 흡연자 본인 보다 비흡연자가 1수 위란 걸 흡연자 본인이 알고 있꼬, 여기서 그런 흡연자 본인은 안 되는게 비흡연자에게 있씨니, 그래서 아무래도 그렇게 끌린다. 반면에 즉 비흡연자는 흡연잘 꺼려 하고. 여기서 흡연을 아는 담밸 끊은 비흡연자는, 그 흡연자를 더 꺼리는데, 이는 즉 본인이 그 담배의 심각성을 아니까, 그로 그 담밸 경계 한다. 그리고 흡연자가 호색한데, 이는 즉 그런 흡연자 본인이 담배로 인해 비정상이라는 데서 오는 본인의 자멸감, 이로 비흡연자들을 보면, 즉 그들은 담배를 안 피우는 정상이니까, 즉 이런 점에서 비흡연자들에게 끌림이 있꼬, 즉 여기서 누구나 성욕은 있는데, 즉 여기서 방금 설명 드린 그 흡연자들의 그런 감정들과, 그리고 그런 감정들에서 오는 성욕, 즉 그래서 특히 비흡연자를 취하고 싶은 심리, 즉 이런 걸로 흡연자가 호색하다. 그리고 여기서 즉 국어 사전에 보면, 즉 술은 광약으로, 즉 술은 사람을 미치게 만드는 약이란다. 여기서 불교에선 술을 금한다. 즉 이를 마시면 지혜를 떨어트려 공부를 방해가 된다는 이유다. 즉 전에 불교 수행 할 때, 절에 좀 데잇는데, 여기서 그런 절에 스님이나 신도나, 그 분들 중, 술을 드시는 분을 못 봤다.

* * *

"이 절 스님은 술로 묵꼬 엉망이라쿠데!"

차 창 밖에, 그 이야기 하는 곳을 보니, 성 굿치 담으로 둘러 싸이 약간 큰 절이다. 엄마가 운전 하는 차 뒷 자석에 앉아 타고, 또 앞 운전자 보조석에 어떤 무당 아줌마 1분이 있꼬, 그 차 타고 가던 중, 그들 예기고.

* * *

하룬 절에서 신도들 행사 마치고 저녁 때인가? 스님들, 보살들, 그들 몇 분과 상자리에서 식사를 하는데, 그 당시 불교 공부로 풀만 먹었꼬, 이를 3년 넘게 했고. 이로 당시 몸 상태가 안 좋던데, 그래도 이걸 참아 가며 그 고집을 부렸고, 여기서 평소 그리 계속 하는 내 모습을 보고 방

금 같이 상자리에 그들은 고기를 구워 가며 드시며,

"고기를 안 먹으면 몸에 안 좋아, 좀 먹어!"

그 중 젊은 남자 스님이

"아니 스님들은, 채식 하고 그리 안 합니까?"

내가 그 스님에게.

"행사 때 신도들과 식사 때는 채식만 하는데, 우리들 끼리 식사 할 땐 고기를 먹어!"

그 중 노스님께서.

'큼!'

그 땐 불교 수행 때메 육식을 금했꼬, 이로 고기가 먹고 싶음이 크고, 이를 억제에 몸 상태가 안 좋코, 하루 하루가 힘들어서, 당시 이를 지키는 이유가? 즉 불교 가르침에, 즉 채식을 지킴이 죄 없는 청정한 삶이다, 즉 이런 식의 그 불교 이론 때문에, 허나 고기를 먹음이 좋다. 즉 사람은 잡식성으로, 즉 고기와 채소를 섞어 먹게 되 있는데, 여기서 그 중 1개가 섭취 안 되모, 몸메 무리다. 그리고 술은 안 먹으모 땡기는기 없써. 또 이리 평생 가도 무리가 없고. 또 보면 술에 취하면, 감정의 충동에 따라 잘 움직인다. 또 어질 어질, 그런 정신은, 미쳐 있던 때인 모양이고, 그 당시는 그런 모양이다. 안 그래도 묵꼬 살고, 풀 일이 알고 보모 많은데, 그 문제들로 만도 애럽따. 즉 술 안 묵고도 정신 차려 살아도 살기 애러버. 즉 사는데서 부딛치는 문제가 잘 안 풀려, 그래서 안 그래도 애러븐데, 그 따 다 술을 무모 우찌 되긋네? 엉망이 된다. 보통 술, 아예 안 먹는 사람도, 세상 문제가 잘 안 풀린다. 주월 보모 술, 안 먹을 것 같은, 그런 사람들도, 가끔씩 술로 먹꼰 하던데, 즉 그 분 혼자서나, 아니면 그들 끼리 모여서, 그 중 애인 사이인 남, 녀도 있꼬. 즉 남, 녀, 노, 소, 겉으로만 봐서는 안 그 럴 것 같은데, 알고 보모 술로 묵꼬, 그런 분들이 많트라. 보모 조금씩 하시는 분, 또는 노다지 술과 함께 사는 분이 있따.

여기서 제 주위에, 나이 60대에 자그마 하시고, 그 분이 내 알기로 10년 도 넘게 계속 술로만 사시는데, 매일 많이. 여기서 그 분이 우리 가게에 자주 오시고, 또 오셔선 술을 드시곤 하시는데, 그 분이 기초 생활 수급 자, 아니모 정신 장애 보호 연금, 즉 이런 걸로 매 달 한 70만원 씩, 그런 연금으로 사는 모양이고, 얼마 전엔 보니, 목 오데 혹 때문에 수술 했따 드라. 최근에 안 보이시던데, 아마도 누가 정신병원에 보냈는가? 그런 분은, 누가 구지 안 좋은 맘 먹고 정신병원 보낼라 갏으모 쉽게 보낼 껀 데, 즉 그런 분은 현실 기피로 술을 먹어, 즉 맨 정신으론 못 사는 거지, 즉 본인의 정신이 이상한 것 같이, 뭔가 이상히 세상에 자신 없꼬 하니 까, 술로 이를 감춘 거지, 그러나 이기 그럴 수 록 더 안 좋아져, 즉 더 더 욱 미치는 거지, 또 활동 안 하니, 거기다 폐인도 되고, 즉 방금 그 분 경 우는 너무 망가졌찌, 아무래도 회복 하기 애럽겠지. 여기서 나도 한 땐 그 분 처럼, 그 정도의 폐인이었써, 왜냐면? 즉 그 당시 빙의가 있는데, 그 땐 이를 전혀 모르고? 또 정신병원을 몰라? 이에 그 정신병원에 의지 하는 병에 걸려서, 여기서 아까 그 술꾼 처럼 술로 엉망으로, 또 활동 안 하는 폐인이었다. 여기서 술은 안 먹으모 되, 의지만 있씨모. 즉 이는 중 독이 아이다. 그냥 먹고 싶은 음식이다. 그래서 그건 안 먹고 넘기면 되 고, 그걸 안 먹어도 안 죽는다. 허나 중독성, 그 중 최고 쌘기 마약이다. 그리고 각종 마약류, 즉 대마, 본드, 까스, 등 등. 즉 그리고 사람이 살다 보모, 일이 말이 안 되 꽉! 막히는 이럴 때가 있따. 여기서 가끔씩 술 하 는 사람들이 이 때도 술 먹는다.

'!'

그 술 낌에 막연히, 그 문젤 넘길 란다. 허나 그 술로 인해, 그 막힌 일 이 더 막히고 더 안 좋아져. 큼! 여기서 어려움을 만나면, 진짜 힘들다. 장난 아이다. 제 경운 그 땐 일딴 눈 크게 뜨고, 침착히 하는데, 여기서 요즘엔 그런 어려움을 만나면, 우짜든 술을 안 묵꼬 노력해 푼다. 여기서 고난이란? 즉 그 어려울 때 글 주제가 많이 떠오른다. 즉 그 어려울 땐, 앎이 많이 주어지는 거다. 여기서 속담에, 즉 사람은 어렴을 이긴 자 일 수 록 강하뎃따. 그리고 대순진리교, 거긴 술을 먹어도 되고, 안 먹어도 된다, 그리 보는 모양이더라. 여기서 어떤 남자 분은, 밖에서 취 해 들어 옴이 자주인 분이 있꼬. 여기서 어느 아는 분 소개로 그 종교 단체에 신도 가입을 하고, 그게 기숙사 생활을 4달 정도 했다. 거기 있써 보모 거기 숙소에서 2, 3일 주기로 술을 마신다. 즉 거기 방 팀원들 일체가. 거기 우리 팀원 방이 2개고, 그 1방에 열 몇 명씩 있따. 즉 치킨이다, 그런 배달 음식 시킨 걸로, 술은 주로 맥주고, 즉 방에 신분지 쫙 깔고, 그 자리에 앉아, 거기 분들 다 술을 드시는데,

"공구, 한 잔 하지?"

안 먹는다. 극구.

거기 사람들이 대부분 담밸 핀다. 내가 술, 담밸 안 하는데, 이에 좋케 보는 분이 있꼬, 안 좋게 보는 분도 있다.

"우린 술로 묵는데 니는 왜? 안 묵나, 니가 여기서 책낸다메? 니도 우리하고 같이 있씨모 술 무야지, 아 짜증나!"

참고로 거기선 결국 책을 못 냈써. 이를 이루려 다가, 그 관계자와의 불화로, 즉 그 분이 내 작가명을 내 맘대로 못 하게 해서, 이에 냉정히 그만 놓고 나왔는데, 당장은 깝깝해도. 즉 인터넷에 퇴마사 OOO, 이 분의 글 보모, 즉 퇴마사들은, 마귀를 악귀라 쿠는데, 즉 그 마귀들 들린 사람이, 이 사회 생활 하는데 있어서 그 사회에서 그 마귀들이 저줄 주는 온갖 방해가 심한 그 이유가? 즉 마귀들이, 그들 들린 사람의 몸에서 불리가 되려니 이에 그 사람 몸에 붙으려고 그 몸으로 치고 들어 올리는 건데, 여기서 그럴 수 록 그 마귀들 들린 사람은, 즉 본인의 계획데로 바쁘게 사회 활동을 하고, 또 그 마귀들과 말 섞지 말고, 또 집에 들어 오모 창문 같은걸 열어 놓코, 즉 이런 식으로 계속 가다 보모, 반드시 그

마귀들이 간단다. 여기서 그 퇴마사 본인이 장담을 한단다. 그리고 대순진리교는 술을 금하지 안는다. 즉 거기 오래 있다간 술 배우겠딴 위협이 오드라. 이런기 계속 되니, 겁도나! 여기서 그 교단엔, 1주일에 2번 정도, 거기 팀원들 차로 가든 이런데 가서, 거기서도 내나 술이다. 즉 맥주, 소주, 안줏 거리. 거기서 나는 콜라 묵꼬.

* * *

한번은 그 때 가 여름인데, 하룬 해수욕장 간단다. 그도 가모 힘들고 피곤하긋 뜬데! 그들이 같이 가쟌 권유에

'이도 뚫째!'

간다켔써. 즉 듣기로 그 가모 한 이틀 있따 오는데, 아주 힘들 단다. 즉 짐 들고 가 펼치고, 잠깐 있따 돌아 온다는데, 이에 노는 것또 아이고, 아주 힘들 꺼란다. 맘 준비 단단히 하고!

* * *

아침 일찍 거기 가는 사람들 모두 그 교단 차로 갔따. 그런데 예상 외로, 오데 한데 새로운 가든 간다. 난 바닷가 해수욕장 가는 줄 알았따. 가 보니 젊은 여자 팀원은 1명도 없따. 즉 나이 많은 거의 할머니들, 그런 여자 몇 분 있고. 그 우리 남자 팀들이 다 있고. 이에 여자 팀원들이 한 20명 있는데, 그 중 20, 30대가 10여 명 정도 있꼬. 여기서 그 분들은 아무도 안 왔따. 여기서 남자분들을 보니, 지위가 고, 하가 있꼬, 나이가 노, 소가 있꼬, 모두 20명 정도. 다들 식탁에 앉아, 안줏꺼리 앞에 놔뚜고, 또 술이다.

그들 술 묵는데 저 구석에서 술 안 묵꼬 있짜니, 힘들 긋떼, 보니 어느 남자 팀원 1분이 나이 많은 여자 팀원 몇이와 술이 되서 고래 고래 고함! 여기서 내 또래 젊은 남자 팀원 애들 몇이가 술이 뻘거이 되가,

"야!"

나에게 뭐라면서 시비다. 그로 그것 피하며 안 부딪치고.

"내일 다시 모여!"

이 모임 참석자 중, 최고 높은 분이 기분 나빠 하며 이리 명 한다. 담 날 이 모임을 다시 갖는 다는데, 여기서 나 하고, 거기 술 묵는데, 소극적인 몇 분 빼고, 다시 그 모임 한단다. 그날도 무사히 살아 돌아 왔는데,

'앗 따 꼼짝 못하고 어찌 힘들던지!'

담 날 다시 그 모임 가졌나 몰라? 이 다음 날 낮에 그 교단 의무적인 봉사일 마치고, 씻꼬 정리 하고, 내 시간에 앉는 상 책상에 앉아 책을 보는데, 좀 있으니, 즉 이 앞에 오데 해수욕 가는 줄 알다가 오데 가든 간데, 그 모임 참석자들 중, 우리 팀 중에 남자 분, 내나 그 때 술 되서 아줌마들 하고 고함 지르던 그 분, 그 분이 나 있는 데로 다가 온다.

"야, 너 밤 새도록 안 잔다면서!"

내 주월 빙빙 돈다.

'!'

아무래도 날 풀 패러 온거긋테! 살 살 피하니까 본격적으로 나온다.

나는 그 방 신발장 구석에 서 있꼬 그 사람은 맞서 있따. 그 분 이상한 비명과 행패

탕, 탕!

술이 입빠이 되 가, 그 사람이 그의 무릎으로 내 배를 까지도 한다. 옆에 방 사람들은 구경 하고 있는데, 이상하게? 아무도 그 사람을 안 말린다. 마침 휴대 전화가 있어 그 전화로 112 전화!

"여기 어디고요, 무슨 일 인데요!"

이리 저리 급히 그 상황 예기.

"빨리 와 주세요!"

그 사람의 이상한 행패와 비명, 그 소리들을 그 휴대 전화에 녹음 했따. 그리고 계속 그 분의 행패에,

탕, 탕!

그 사람은 영창 가모 되지, 하는 식에 계속 한다. 이 이상한 행패 그 경과가 3분, 그리고 이 행패가 심하다! 그런데 아무리 기다려도 경찰이 안 온다. 다시 112 전화! 빨리 오라니 알았단다.

그 분의 계속 그 행패! 계속 이 녹음. 이 경과 10분 되도 경찰이 안 와! 또 급히 112 전화.

"예, 곧 가겠습니다!"

방 사람들은 이상하게 구경만 하지? 그 이상한 행패자 안 그치지.

"야, 칼 가져 와!"

'!'

그 행패자가 방 사람들 한테 칼 가져 오란다.

순간! 그 사람의 칼부림에, 혹시 묻지마 살인이라도 당할 까봐?

'안되 겠따!'

이에 내가 먼저 선술 쳤따.

퍽!

헉!

오른 발을 재빨리 상대의 배에 뻣어 차 찌르고, 이어 재빨리 오른쪽 주먹으로 상대의 얼굴 가격!

빡!

술에 취해 쉽게 들어간다!

그 사람이 쓰러지고, 이어서 그 사람 가슴에 위에 올라 앉아, 이어서 오른쪽 주먹으로 그 사람의 얼굴을 깔라 하는데,

방 사람들이 이상하게? 이 땐 우르르 말린다.

놔두고.

내나 그 사람 또 행패!

퍽!

헉!

다시 같은 식으로 그 사람 때 려 눕혀 놓고, 이어서 다시 오른 주먹으로, 그 사람의 면상을 깔라 하니,

또 이상하게? 방 사람들이 이 땐 우루루 말린다. 여기서 그치고. 밑에 경찰 왔 단다.

그 행패자와 내리 갔써. 내리 가니, 순경 둘인가가 와 있는데, 그들은 1층 공터 벤취에 그 종단 어느 1사람과 앉아, 예기 나누고 있써. 아까 그 행패자의 얼굴에 멍이 퍼러이 들어 있따. 순경이 그 행패자의 면상 보더니 나를 입건 한단다.

이에 그 순경에게, 방금 그들의 늦장 출동을 말하고, 또 아까 그 사람 행패 부린 것, 휴대 전화 녹음 시킨 걸 제시 했고, 그 걸 틀어 봤따.

우, 와, 탕, 탕!

아주 심한 행패 소리가 확인된다.

"이러면 고소를 해도 쌍방인데, 고소 할 검니까?"

고소 안 하고 넘어 가고.

그 경찰 돌아가고.

"이 ㅇㅇ, 너!"

그 행패자가 나에게 다가 와 욕을 한다.

"ㅇㅇ!"

나도 그 사람에게 욕을.

거기 있으면 또 이런 일이 생길꺼고, 여기서 부턴 거기 못 있끗떼, 길에 나 앉아 노숙이 되도. 이 일 있꼬 3, 4시간 정도 있따, 그 종교 단첼 드디어 나왔는데, 즉 거기 종교 인도자라는 내 관리 하는 식의 일 있는 거기 종교 단체 여자 분, 즉 그 분이 나와 서로 스타일이 잘 맞아, 허나 그 분이 나이가 나 보다, 10살 인가, 10몇 살 많아, 그리고 그 분이 노처녀다. 여기서 평소 그 분이 나에게 결혼 작업 한단 느낌을 많이 받았써, 여기서 그 분의 나이가 나보다, 몇 살이나 이리만 많아도, 그 분에게 결

혼을 했씻낀데, 나이가 너무 많아서 그 분과의 결혼을 안 했다.

거기 기숙사 짐, 싹 챙겨 그 여자 분에 의해, 결국 그 날 거의 자정 때 시외 버스로 고향 집에 내리 왔따. 거기 4달이나 있으면서 손에 아무것도 없이 거지로 나오고. 여기서 그 여자 분이, 그 분 있는덴 경기도고, 내 있는덴 경상남돈데, 그 분이 자가용이 있꼬, 그 차로 일주일에 2, 3번씩 내 있는 방에 온다. 그리고 내 방에 번호 자물쇠 채아 놨는데, 그 번호 가르치란 요구에 분수껏 갈치 주고. 즉 거기 종교 일 본다고 내 있는 곳 안에 왔다 갔다 하고, 이리 1달 정도 갔씻끼다. 이 와 중에 거기 종교 소속 된 나를 거기 소개 시켜준 남자 분이 그 여자 분 보다 계급이 낮는데, 그 분이 화를 내며, 그 종교 단체 다시 가자고 2번 정도 요구에 안 가고. 여기서 그 방 안에 왔따 갔따 하는 그 여자 분을 덮쳐도 되는데, 구지 그걸 안 하고 놔났따. 왜냐면? 건드리면 이에 코 걸려 그 분에게 결혼 끌리 갈까봐? 그리고 거기 방에 있은지 1달이나 되서, 하루는 그 여자 분이 나를 그 종교 오데 연결 되는데 거기 나를 데려 갈 꺼라고, 뭔 일을 꾸민 모양이고, 여기서 그 분이 오데 같이 가자는 거, 극구 안 간다 니까, 그 분이 되게 실망 해 하고, 화 까지 내고, 그러곤 가더니, 그 다음부터 안 오던데, 그래서 나도 그 분을 안 찾고. 그 종교 단체 있을 때 그 종교 단체 내에 큰 병원 1층에 간호사로 있꼬, 그리고 거기 종교 여자 기숙사에서 기숙하는 분인데, 여기서 그 분이 미인에 나와 성격이 맞께 생겼고, 또 그 분이 노처녀란 말이 돌던데, 그리고 하루 이틀 정도에 있다, 이 기회를 안 놓치기 위해, 그 분의 결혼 작업을 결심 하고! 그 일에 들어 갔고, 이 몇 일 일 보고, 혹시 그 분에게 그 일 거절 당 할 까 봐? 겁을 내며 조심껏 작업인데, 이에 직설적으로 그 말을 못 하긋써, 거절 당 할까봐? 이에 하루는 그 종교 내 담당 한다는 그 여자 분에게 휴대 전화로,

"이 기숙사 안에 괜찮은 노처녀 하나가 있는데, 그 분과 결혼 일을 보까요, 마까요?"

"책 출판 일이 되고 나면, 내가 좋은 여자 소개 시켜 줄 테니, 건들지 마세요!"

"예, 알긋씸니다!"

그리고 그 작업을 그쳤따.

대순진리교, 거긴 기숙 할라면 의무적으로 봉사 일을 해야 된다. 그 봉사 일은, 즉 거기 종교 단체 안에, 그 어느 입구에서, 즉 거기 지나 다니는 보행자들과 차들을 통제 하는 일이다. 보모 거기가 앞문, 후문이 있꼬, 우리는 후문에서 했다. 즉 거기 봉사자들 2명씩 30분 씩 일 보고, 교대로 해서 5시간 있다가 마친다. 즉 거기 봉사자들이 보통 10명 씩 간다. 즉 이런 식에 하루에 2번 씩 한다. 또 그 봉사 일 외에도, 즉 사회에서 용역 이런 일 하는 식으로, 즉 거기 방 사람들 다 참석 하고, 그리고 5시간 정도 일이고, 그리고 일주일에 2, 3번 정도고, 그 일은, 즉 거기 교단 내에 오데 청소나, 뭔 일 꺼나, 즉 이런 거 가서, 싹 해 주긴데, 보면 우리가 어느 구역으로 분류가 됐고, 그리고 각 각 20여 명 씩의 남자 분들이, 즉 지역별로 분류로, 즉 우리 구역은 어느 지역이다. 거긴 일 해도 돈 아예 안 준다. 즉 거기 생활을 하며 자판기 커피 값, 그 외에 일체 비용을, 본인 돈으로 쓴다. 거긴 벌이를 딴 집 가서도 따로 못 한다. 즉 시간도 없고, 또 거기 단체에서 그걸 못 하게 할꺼고, 그런데 거기 단체에 어디 노가다 하는 경우가 있는데, 거기서는 일당 6만원 준다. 또 그 일도 거의 없다. 보모 거기 단체에 나와 같이 있는 남자 분들 중, 즉 그 분도 환청이 있고, 그리고 앞에 정신병원 경력이 있꼬, 그리고 정신 장애 연금을 받는 분인데, 즉 달에 70만원 정도 나오는 모양이고, 그 분은 그렇게 7년 되셨다던데, 이는 즉 본인 돈이 있씨니 괜찮애.

"아, 쏭 나네 이거, 인내심 대단하네 이거!"

나에게 붙어 먹는 마귀들 중.

즉 불교 믿을 때, 불교가 자기 자신을 믿는, 즉 그 본인의 앎을 믿는 그런 수행으로, 즉 알면 성인이고, 부처고, 해탈인, 즉 고통을 여읜단다. 그래서 그 불교는 앎을 추구고, 여기서 불교는 사후 세계가 불투명하다.

"아, 이 OO, 쏭나네 이거!"

나에게 붙은 마귀들 중.

승려들은 평생 독신 생활을 유지한다. 여기서 불교엔 채식을 추구 하는데, 즉 그 채식이 착한 식으로 좋다 해선데, 그러나 이 채식을 마귀들이 좋아 한다. 여기서 사람이 고길 먹으면 7귀신을 쫓는단 속담이 있따. 일체 귀신들이, 내나 마귀들이다. 마귀들 붙은 사람이 고기를 먹으면 그 붙은 마귀들이 그 사람을 징그러워 하는 모양이다. 또 그들은 그 씌인 사람이 고립 되 있는걸 좋아 한다. 즉 혼자 쳐박혀 있는걸 좋아 한다. 즉 이는 왜냐면? 마귀들은 음기이다. 이 반면 사람은 양기다. 즉 그래서 음기가 양기 있는데 가면 안 좋으니까, 그래서 그들은 대중적인 걸 싫어 한다. 또 그들은 그들이 사람들에게 드러나는 걸 최고의 패배로 여긴다. 즉 그들 각기가, 연예인 마귀 됨을 싫어 한다. 즉 예수님에게 쫓겨난 마귀, 그 식으로 유명 마귀가 되는 것을. 그리고 그런 마귀들을 쫓은 예도 있다. 즉 여기서 퇴마사, 내나 그들의 전문 용어론 마귀들 들린 걸 빙의라 하고, 또 그 마귀를 악귀라 이름한다. 각 종교에선 마귀를 악마라 쿤다. 불교에선 마구니. 기독교가, 이 마귀들 예기가 많다. 즉 여러 종교들 중에서 그 마귀들 예기가 많이 나오고, 또 그들을 경계하고, 안 좋아 한다. 즉 이 세상의 인류는 그 마귀들과의 영적 전쟁터란다. 즉 사람들이, 알게, 모르게. 그리고 이 마귀들이, 즉 사람들 중, 1영혼씩, 1영혼씩을 영원한 지옥 보내려 노린다.

"아, 갓짠타, 강귀신 쫌이야!"

내 붙어 먹는 마귀들 중.

마귀들이 대순진리교를 콧방귀 뀐다. 그 종교는 강증산이란 분이 창시한 한국 종교다. 여기도 그들 나름에 뜻이 있다.

50 퇴마일기 1

"아이고, 이 안이 겁나네!"

나에게 붙어 먹는 마귀들 중.

즉 거기 종단 내부가, 대학교 같고 분위기가 엄중하다. 즉 거기 종교의 교리 이런 건 모른다. 즉 그 종교도 특별히 마귀를 쫓아내진 못 할 것 같다. 이 마귀들이 알고 보면 능력이 쎄단다. 즉 꾀가 많고, 머리가 좋다 하고, 또 굉장히 부지런 하단다. 여기서 그 놈들이, 그 놈들 집 된 사람이 있는 그 지역 안 이 동네, 저 동네, 그리고 그 시내 전체를, 부지런히 돌아 다닌단다. 만만한 놈들이 아니란다. 즉 그래서 사람의 힘이나, 딴 어떤 힘으로는, 이 마귀들을 못 이긴단다. 그런데 하나님 만이 이 마귀들을 이기시고, 쫓아 낸다는데,

"이 세상엔 우리를 조종하시는 신이 있다. 난 그 신을 믿꼬 착하게 살다 죽겠따!"

즉 지놈, 게놈 이란 이름의, 즉 마약과, 일체의 몸 있는 생명체와 관련된, 즉 이런 현상을 발견해, 그걸 학계에 인정 받은 그 학자 분이 강조 했다는 말씀이다.

그 학자가 말한 신이 하나님이실 건데, 이 하나님께선 마귀들 보다 힘이 쎄단다.

"하나님을 못 믿구로 해야 된다!"

또는

"하나님 믿지마!"

또는

"이기 기독교 믿을 까봐? 겁을 냈는데!"

또는

"이놈은 신이다. 사람이 아이다. 하나님이 지켜 주시는 모양이다. 죽을 때 되모 안 죽는다!"

내 붙은 마귀들 각 각의.

마약의 유혹에 빠지지 마라

이 마귀들이 기독교를 겁을 낸다. 이들은 세월이 흘러 가는 걸 겁을 낸다. 퇴마사 말로는, 즉 이들을 잡아 가려고 저승에서 저승사자들이, 이 세상에 파견을 나와, 그런 마귀들을 잡아 가려는게 있단다. 이에 그 마귀들이 그 저승 사자들에게 안 잡혀 가려고, 숨어 데인단다. 왜냐면? 저승 가서 받는 그 심판이 겁이 나니까. 이들은 죽어 없어짐이 안 되, 그래서 이들이 붙으면 쫓는 수 뿐이고, 그러니 마귀들은 안 죽으니까, 그들은 배 째라다. 즉 여기서 이런 마귀들 영혼이 그 지옥에 떨어져도, 그 영혼이 영원한 고통을 받고, 영원히 안 죽겠지? 또 마귀들 집 된 사람이, 죄인이 아니라, 재수가 없는 사람이란다. 그래서 누구에게나 붙을 수 있써. 마귀들이. 즉 마귀가 사람을 골라 들어 가기 나름이다. 즉 그의 영혼을 영원한 지옥 보낼 목적으로. 그리고 마약 마귀가 마귀들 중, 최고로 쎄단다. 즉 이 마약을 처음 함에, 그 마약 든 주사기를 팔뚝 혈관에, 꽂는 순간! 직통으로 그 마귀들이 붙는단다. 이는 마약 중독자들의 말이다. 즉 거기서 부터 이 마약 마귀들이 그 마약한 사람에게 잠복한단다. 술 먹었을 때의 과거엔 미쳐 있따, 이를 못 면 한다. 즉 그 술을 먹은 자체로 그렇다. 즉 술로 3년 고주망태가 되면 누구나 미칠 것이다. 여기서 일 하는 사람들은 술을 안 먹는다.

"이 미친 OO가!"

즉 술 먹는 사람에게, 어떤 사람이 가서 미쳤딴 욕을 하모, 그 욕을 들은 분은 화를 낸다. 이는 왜냐면? 즉 그 술 드시는 그 분이, 진짜 미쳐 있어서 그렇타. 원래 남의 결점을 그 사람에게 그대로 말을 하면 그런 말들은 그 사람은, 화를 낸다.

"이 미친, OO가!"

"그래, 나 미쳤따! 실 실!"

즉 술 안 묵는 사람에게 미쳤딴 욕에, 그 비음주자는 고만 실 실 웃꼬 넘어 가버린다. 즉 그래서 평소 술을 안 먹는 사람에겐, 미쳤단 욕설이 안 통한다. 그래서 그런가? 정신과에선 술 먹는 그 자체를 정신병으로 분류 한다. 즉 그 병명이 알콜중독. 국어 사전에 광약이란 낱말이 있는데, 이 뜻은? 즉 술은 사람을 미치게 만드는 약이란다. 마귀들의 집 된 사람, 이는 죄는 아인데 장애다. 정신과선 이런 현상을 환각 현상이라고 한다. 즉 환각은 그 분류가 5감이 있는데, 그건 즉 환청, 환시, 환미, 환후, 환촉, 즉 이런 것들이 각기 1가지씩 나타나는데, 즉 이는 본인만 그 증상을 느끼고, 주위 사람들은 그 자극이 안 느껴진다. 이 환각 현상의 5감들은, 마귀들이 하는 짓이다. 여기서 이런 마귀들 들린 병을 알모, 그런 본인이, 자멸은 안 한다. 반면 그걸 모르모 자멸을 한다. 이는 100%다. 즉 여기서 누구나 외부의 적에게 본인 자신을 지킴엔 암만 못 난 사람도 그 수단이 상당 하단다. 전에 한번은, 즉 어떤 정신과 의사 분이 제게 하시는 말씀이, 즉 본인의 정신병을 본인이 알면, 그 병을 90% 이상 나삿다 하시더라구요. 이 마귀들 들린게 죄는 아인데, 고생이 엄청 나다. 제가 퇴마일기 1권 짜리 책을 냈을 때, 한번은 남에게 선의로 그 상대방이 도움이 되라고, 그 1권을 알바 하던 거기 할머니 아줌마인, 거기 가계 주인에게 팔아서 읽어 보시라고 해 놓고, 담 날 알바 나가 보니까,

"앞에 계산 안 한 돈 자! 오늘은 왔으니까 하고 가고, 내일 부턴 나오지마! 친척이 오기로 했으니까."

일땅 잘 벌어 먹던 알바 자리가, 갑자기 나오지 마란다. 또 이런 식으로 한번은, 월셋방 주인 할머니에게 퇴마일기 1권을 무료로 드렸는데, 그 일 몇 일 지나 그 월셋방에 서도 쫒겨났다. 즉 거기는 몇 달치 방세도 미리 내 놓는데, 이 일들 전에 한번 씩 주위 사람들 중, 몇 몇 분의 충고가, 즉

"남에게 환청 있다 그런 예기 하고 다니지 마라! 남이 그런 말 들으모 닐로 달리 본다!"

아버지께서.

'?'

내가.

"남들에게 환청 있다 그런 예기 하고 다니지마!"

"아이, 그래도 병자랑은 하랬다고, 그래도 남에게 알려야 되지 안 겠습니까?"

"남들이 물어 보는게 아니면, 그런 말 하지마!"

개인 정신과 의사분께서.

즉 환청이다, 빙의다, 나에게 그런기 있따, 그런 예긴 남에게 하지 마란다. 즉 그 말을 들은 그 상대방이 나를 달리 본단다. 여기서 약점을 구지 남들에게 드러낼 필욘 없는 모양이다. 즉 사람에게 약점이 있씨모, 그 주위에서 알게, 모르게 사람들도, 마귀들 처럼 그 틈을 파고 든다. 혹시 그런 그들은 사람이니까, 이를 이해해 주고, 포용해 주고, 넘어 가긋찌? 해도, 현실은 생각보다, 냉정 하고, 잔인 하고, 인정이 없고, 인내심이 없따. 즉 그래서 사람들이고, 마귀들이고, 상대의 그 약점이 보이모, 거길 파고 드니까, 그래서 끊임 없씨, 즉 본인의 약점을, 수정 보완을 해 가야 된다. 우리가 사는 이 세상은, 마귀들과의 영적 전쟁터다. 이 마귀들이 사람들의 눈엔 안 보이지만, 그들 눈엔 사람들이 보이는 모양이다. 이 마귀들이, 즉 사람들이 여기 저기에 있는 것 처럼, 그들도 그렇게 분포 되 있다. 이 마귀들이 사람들에게 원하는 건, 즉 돈, 죽음, 그런 게 아니라, 즉 그 1명 씩을 파멸로 몰고 가다가, 결국 예수 안 믿고 죽게해 영원한 지옥으로 같이 데려 감이 목적이다. 여기서 이 마귀들은, 즉 마귀, 1개 이상의 집 된 사람이, 즉 죄를 지으모 거기서 그 마귀들이 그 집 된 사람에게서 고정이 된다. 즉 마귀놈들이 그 집 된 사람이 죄를 지으면 지을 수록, 더 안 간다. 그러니 마귀들 집 된 사람은, 특히 죄를 더 안 지어야 된다. 이 마귀들이 더럽따 큰다. 그리고 그들의 형상은 눈 뜨고 못 볼 형상이란다. 이 마귀들은 근본이 선이 안 된다. 이 마귀들의 집 된 사람이, 보통 사람들 보다 3배 더 고생하며 산다. 그러나 이 마귀들을 이겨 낸 사람이, 보통 사람 보다 더 강하다. 이는 왜냐면? 즉 기초가 탄탄하니까. 즉 그 밑에 어려운 고생을 뚫었끼에, 즉 남들 보다 더 밑바닭을 이겨 낸 거다. 그리고 어렴을 이겨 낸 사람이, 보통 그 어렴을 안 당한 사람보다 더 강하다. 또 어려운 걸 이겨낸 사람은 그 보다 쉬운 일은 못 이겨 낼 리가 없딴 속담이 있다. 큼! 태초에 뱀이, 하와를 꼬셔, 선악과 열매를 따 먹게 했는데, 이에 결국 하와가 하나님의 말씀을 어기고 그 열매를 따 무니, 이에 하와가 그 죄를 받았따. 그래서 마귀들 때문이라도, 즉 죄를 지으면 그 본인도 죄를 받는다. 제 경우, 즉 술로 필름이 끊킴을 1번 경험 했는데, 즉 마귀들 들린 상태에서 이를 모리고? 또 정신병원도 입원 경험이 없어, 정신병원을 모를 때? 서울에서 노숙 할 때, 또 그 날도 술이 입바이 되서, 하루는 지하철 타고 어디 배회를 하는데, 그 때 지하철 기차 안 의자에 앉아 있었따.

'꽉!'

'?'

'어, 내가 오데서 왔찌? 아, 이기 알콜 치맨 모양이네!'

이 필름이 끊킷써! 이 겁이 난다. 이 심하모 진짜 치매 걸린다 하데.

'아, 내가 너무 과하게 마시긴 마셔 왔따. 좀 자젤 해야지!'

이리 내 자신에게 반성 하고. 다짐 하고.

이 지금도 그 때 그 필름 끊긴 그 부분이 생각이 안나? 이기 술로 몇 년을 하루 하루 노다지 먹었떠만 이리 되데, 여기서 속담에, 즉 3년 어둡게 산 집 치고 안 망하는 집 없고, 반면 10년 밝게 살아서 성하지 않는 집이 없따 했다. 그래서 술을 3년 이상 매일 많이 먹으면 그 어두운 생활에, 그 집안이 망할 꺼다. 내나 술로 보내는 나날이, 밝은 날이 아니라, 어두운 날이란건, 누구나 아니까. 음주를 하모 매우 충동적이게 된다. 문젠? 그 기분대로 나가다가, 그런 실수에, 좀 너무 한 사람에 걸려,

감옥에 골인 되기도 한다. 여기서 술을 무모, 즉 이 충동에 설 치고 데임에, 그런 강도가, 즉 강한 사람이 있고, 반면 약한 사람이 있다. 다 같은 음주 실순데, 즉 여기서 그 술주정이 약한 경우, 즉 조용히 잔다. 즉 사람들 사이에 서로 체면이고, 이런기 있어서. 여기서 충동이라면, 쫌 돌아 데인다. 그러다가 절도, 폭행, 강간, 강도, 심하겐 살인, 등 등, 즉 이기 평소엔 간 크게 그런 일 못 하는데, 그 음주 직후 그 충동 기분에 하는 기다. 이리 되 입껀 되는 경우가 많타. 제 경우, 즉 예전에 마귀들 씩 읜 상태에서 이를 몰라? 이 세상이 너무 이상해, 이에 이 이상한 막힘의 정체를 몰라? 함부로 살 때, 술 묵꼬 돌아 데이면서, 절도 의도가 없었는데, 무슨 서류 이런게 엮여 절도로 억울히 많이 달려 갔었는데, 여기서 이걸 훔치자, 이런 의도 없이 돌아 데이다가 재수 없이 잡히 가는, 즉 그래서 교도소 골인 되 들어 가는, 즉 여기서 그런 음주 직후 충동에 하루는 낮에 길 가다 길에 박스 들었따 낳 걸로 8개월 입껀. 그 안에 물건이 들었나 몰라? 또는 한 밤 중에 술김에 지나가다 아이스크림 몇개 내 문걸로, 이도 내나 8개월 정도 입건. 물론 이는 어디 들어 가서 했다만은. 또 이 외에도 이런 식의 입껀 된 일이 몇 번 더 있었는데, 다들 피해액이 몇 천원에서, 많켄 몇 만원, 십 만원, 이 정돈데. 일단 술이 1잔 들어가모 정신이 어질해! 이에 충동이 온다. 즉 평소 술 안 먹은 맑은 정신일 땐, 간 크게 충동적 행동을 못 하다가, 숟이 되니까 거기서 충동 기분에 용기를 얻어 충동적 행동을 하는데, 즉 그리 함, 암만 본인이 잘 한다 해도, 이에 남들이 구지 그런 본인을 안 건드려도, 여기서 본인 스스로 자멸을 한다.

"그래, 바로 이거야!"

마귀들이 그런 본인의 음주 자멸의 약점에 본인에게 쉽게 들어 온다.

"더욱 견고히!"

마귀들의 집을 삼는다.

"앞으로 계속!"

이는 자멸로서 본인 스스로가 알게, 모르게, 마귀들에게 틈을 줬끼에, 그 마귀들이 그 약점에, 쉽게 손만 뻣어 쥐는 거지. 즉 마귀들의 그 힘의 억누름에 패해서가 아이라, 본인 스스로 자멸 해서지.

"술 묵씸니까, 술 무우모 말이 많쿳는데, 술 묵지 마이소!"

가계에 손님이신데, 한번은 가계에서 내가 낸 책에 대해 그 분과 예기를 나누다 그 분이 의외의 이리 거부 반응으로 나오신다. 즉 내가 책을 많이 보고 생각이 많고 하니, 여기서 술로 무모 그 취함에 자제력 없어지는 그런 충동데로 하는, 그걸 잘 한다 이거지, 즉 그러다 어디서 얻어 터지니까, 조심 하란거지. 즉 실제 내 경우, 앞에 음주 직후에 남에게 폭행 피해를 당한 경험이 꾀 있어서, 앞에 그 손님 말씀이 그렇킨 하다. 그리고 내 경우, 즉 책을 좋아 하고, 가까이 하고, 그래서 생각이 많은가? 즉 긋 때메 술이 들어가모 말 많코 자제력 잃코, 그 충동에, 실수 잘 하긋따 나도 나를 그리 보고 술을 경계 한다. 특히 내가 봐도 내가 그런게 보통 보다 더 것 같고.

"니 또 술 무쩨?"

"아이, 안 무 씸니다!"

"술 묵찌 마라이!"

"예, 알겠습니다!"

한번은 아버지와 통화 중, 내가 과거 오랫 동안 글 활동을 해 왔고, 이에 요즘은 책도 내고 그런 일을 예기 하는데, 의외로 이리 말씀 하신다. 즉 아버지 말씀이, 즉 나는 술을 무모 완전 간단다. 즉 전에 하는거 보니, 특히 술을 무모 그렇고, 이에 남들에 의해, 감옥이나, 정신병원, 잡혀 가니까, 그로 술을 금해라 강조 하신다. 즉 전에 마귀들 들리고 이를 모르며, 그리고 정신병원 모를 때, 이 세상이 이상하고, 뭔가? 막힌 저주의 세상이긴 한데, 도저히 그 원인을 몰라 그래서 사람들 대하기가 이상하고 겁도 나고 해서, 주로 그 도피 처로 술에 째리서, 한 땐 보냈는데, 또 그 당시 담배도 피웠다. 그 당시 교도소 들락 거리기 바빳는데, 어찌나 세상이 이상하고 희한하던지? 도저히 뭔가 있는 저주의 그런 막히고 이상한 세상인데, 여기서 그 원인을 알면, 어떻게 할건데, 그 원인을 몰라서 자멸로서 그랫는데, 그래서 그 뭔가 모를 그 원인을 알길 갈망해 왔는데, 결국 그 원인을 조금씩 알아 가다 보니까, 요즘의 그 답은 바로 나에게 가하는 마귀들의 장난질이다. 전에 이걸 전혀 모를 땐, 사람이 살다 죽으므로 아무것도 없는 우주공간, 즉 그런 것처럼, 그런 건 줄 알았다. 그래서 종교도 소용 없고, 그래서 종교는 그냥 돈 버는 한 방도 인 줄 알았고, 귀신, 마귀, 영혼, 저승, 이런 게 다 거짓말인 줄 알았따. 또 내 개인적으로 기독교를 제일 싫어 해 왔었는데, 왜냐면? 자라 오며 어릴 때 엄마가 일 안 풀리고, 막히고, 가난 하다고, 그냥 무작정 신세 한탄으로, 하나님 아버지! 울고, 불고, 짜고, 또 교회 가끔 씩 가는 그런 모습도 초라하고, 초췌해 보이고, 그기 보기 싫었고,

'아, 난 저 교횐 안 믿꼬 믿어도 불꼴 믿어야지, 에이!'

또 기독교 전도자들이 한번 씩 자기들 종교가 무조건 옳다 하고, 그 말을 상대가 이해를 못 하는데 그 주장만 하니, 그래서 그런 말이 억지 주장 같고, 그래서 그런 전도가 싫었고, 또 90년대 휴거, 즉 그 때 어느 날 이 세상이 끝난다 하고, 그러다가, 결국 그 휴거라는 세상이 끝난다는 그 날이 되 보니까,

. . . .

"지금 하늘을 보니 아무 일 없습니다!"

그 날 TV 뉴스 어떤 아나운서.

". . . ."

"종교라고 해서 휴거라고 이상한 말로 사람들을 현혹 시키는 기독교 문제가 있네요!"

그 끝 난 다는 날에 아무 이상 없었다. 그 당시 TV에서 그 휴거에 대해 관심이 많았는데.

그 때 이 세상이 망하는 날이라는 그 휴거 날이란게 헛 소리고, 그래서 내가 보던 그대로 이도 글코. 큼! 그리고 학교 때는, 공부 안 하고 껄렁 하이 하고 데이고, 오데 이성과 섹스나 하러 쫓까 데잇는데, 18살경 오락실에서 예기치 않게 마귀들 들렸고, 이를 전혀 몰라? 자멸이고, 그리고 철이 들기 시작해서 잘 해서 잘 살아 볼라 해도, 뭔가? 이상하이 막히고 이상한 세상으로, 즉 전에완 다른 세상인데, 그 원인을 전혀 몰라? 이를 알길 바라며 돌아 데잇꼬, 이 세상엔 그 답이 없쎠, 그래서 대인관계도 이상코, 애럽꼬, 또 일도 히한히 안 되서, 그래서 이 세상 자신이 없는 식으로 되서, 그래서 술로 보냈써, 이기 한 6년 정도끼다. 이리 보내다 정신병원 첫 입원에, 거기 입원 생활 하루 다음날 부터 정신병원 망상이 깨어 나고, 그로 거기 병원 나와서 부터 술을 완전히 끊었고, 담배는 할 수 없이 따로 피었꼬, 이 담배는 중독으로 할 수 없으니, 여기서 그런 와중에 중졸 검정고시를 합격 했는데, 여기서 그 어려운 중, 그 일을 이뤄냈으니, 진짜 내 붙어 먹는 마귀들이 한번씩 나에게,

"대단해, 대단해!"

욕 하는 그 말이 욕이 안 되고, 진짜 내가 대단하긴 대단하다.

그 합격에 공부 요령을 알아서, 다시 공부 할 때 그 공부 요령으로 무리 없씨 공부를 해 왔는데, 즉 여기서 부지런 하모 반드시 부자가 된다 쿠고, 그 중 고생 이기는기 더 강해서 좋코, 허나 고생에 패하모 아이낀데, 여기서 그 고생을 이기 내모 그 일 밑에 기초가 되서, 즉 이런 사람은 그 일에서 무너지모, 다시 그 일에서 일어 나기는, 즉 손만 뻣으모 된다. 그래서 즉 풍족 하기만 한 삶, 평화롭기만 한 삶은, 그만큼 단수가 낮다. 즉 그 일 밑에 고생을 모르니까, 그로 그 일에 기초가 덜 되 있어 그렇다. 즉 이런 사람이 무너지면, 그 밑에 일을 몰라? 못 일어 나 망한

다. 즉 비참하게 알거지가 된다. 즉 위기에 약한데, 즉 그 밑에 일을 몰라 그렇다. 허나 없이 살다 그 일을 이룬 사람은, 즉 고생을 이긴 사람인데, 여기서 그 고생을 이긴 것이, 그 일 밑에 기초가 1단계 이상은 된 것이다. 그래서 그런 그가 망하모 그 일에서 다시 일어서는 쉽다. 즉 그런 고생을 한 만큼 그렇다. 즉 위기에 강한데, 즉 그래서 고생 이긴 그 사람이, 그 일 밑에 기초가 된 사람이라, 그래서 그 일에서 강한 것이다. 즉 이를 수학적으로 볼 수 있는데, 그건 즉 1단계 더하기, 2단계 빼기, 3단계 곱하기가 있씨모, 여기서 풍족하고 평화로운 삶만 있는 경우는, 즉 2단계 빼기로 바로 공부 들어가, 그 밑에 1단계 더하길 모르는 것과 같다. 즉 고생에 부딛쳐 이에 엉망이 되는, 그런 고생에 패한다면, 아마도 그 고생을 이긴 것이 아닐 것이나, 그러나 그 고생을 이긴다면, 그 고생을 아니까, 여기서 그런 사람이 망하면 그 고생 부터 다시 시작을 잘 한다. 즉 여기서 그 2단계 빼기, 그 밑에 1단계 더하기를 1수 더 아는 것과 같다. 즉 그래서 그 일 밑에 기초가 튼튼한 것이다. 즉 그 일 밑에 고생이, 즉 2단계 빼기, 그 단계 밑에 1단계 더하기 공부를 1수 더 아는 것과 같다. 그래서 그 고생을 이깃 씨니, 그 빼기 밑에 더하기를 1수 더 안다. 즉 여기서 진짜 빼기를 알려면, 필히 더하길 먼저 알아야 된다. 즉 더하기를 모르면 다음 빼기를 모른다. 즉 더하기를 알아야, 그 다음 단계 빼기로 넘어 갈 수 있다. 즉 고생을 알아야 그 다음에 있는 풍족을 진정 알 수 있다. 그래서 고생을 이긴 사람이 보통 분들 보다, 그 일 밑에 기초가 1수 이상 더 된 사람이다. 즉 보통 분들 보다 더 단단한 사람이다. 그래서 속담에, 즉 하늘이 큰 일을 맡길 자에겐 먼저 고생을 시킨다는 말이 있다. 그리고 부지런 하모 반드시 부자 된다는 속담이 있다. 즉 방금 그 속담에서의 부지런 함의 그 얼음은, 꼭 돈 만이 아이라, 즉 돈 말고 딴 것들도 있씨낀데, 즉 뭔 좋은 인연이나, 뭔 물질이나, 정신적인 뭐나, 등등의. 큼!

"고리대금은 빌리는 순간, 불행 시작이고, 빚이 없는 사람이 진짜 부자입니다!"

어떤 정보지에 이런 글이 있던데, 즉 고리대금은 이자가 50%랍니다. 이게 달에 50%의 이자를 낸다면 1년이면 원금의 몇 십 배고, 그래서 아마도 년으로 50%의 이자로 칠 것 같고. 즉 여기서 100만원 빌리면 그 이자가 1년에 50만원이 됩니다. 즉 고리대금은 첨에 몇 백 빌려 그게 몇 년 지나면, 그 원금의 이자가 눈덩이 처럼 불어서, 몇 천 만원이 된다 쿠기도 하고, 즉 거기 까지 가면 못 갚죠? 그리 되모 누구나 잠적을 한다는데,

"아, 전에 강원도에 고리대금 빚쟁이 잡으러 사람들과 같이 가 봤는데, 와 진짜 할 짓 아니더라 엉망이더라!"

한번은 어디서 남자 여러 분들과 같이 있는데서, 그 분들 얘기 나누는 것, 그들 옆에서 들은 얘기였는데요. 즉 고리대금 빚이 그 이자에, 나중에 그 빚을 감당을 못 하니까, 다음 본인의 짐 다 놔 두고 잠적을 했죠? 그 생활이 얼마나 엉망이겠는가는 안 봐도 알만 합니다. 즉 여기서 그런 고리대금 업자는 건달들을 시켜, 그 빚에 도망간 분을 잡으러 간답니다. 즉 거기서 그 빚쟁이를 찾아 내 보니, 그 빚쟁이가 엉망이 더랍니다. 즉 이리 되모 도저히 그 빌려 준 돈을 못 받죠? 그 상대가 없는데 어쩝니까? 그래서 그런가? 고리대금도 조건이 되야 십만원도 빌리 줍니다. 그 고리대금 측에서도 방금 그 빚쟁이 식으로, 즉 빌려 준 돈을 못 받는다 100%로 보고, 여기서 빚을 못 받을 시엔 강제로 가져갈 걸 걸고 빌리 줍니다. 이 조껀만 되모 누구나 빌리 주는데, 억도 빌리 줍니다. 즉 여기서 많이 빌리 주모 그들은 좋습니다. 즉 빌리 간 돈의 그 이자가 쎄지니까요. 즉 여기서 일반 은행의 이자가 년에 5% 이하입니다. 즉 이는 이자가 싼데요. 이도 조껀이 되는, 즉 뒤에 안 갚을 시에 강제로 가져 갈 걸 걸고 빌리 줍니다. 즉 사람 자체로는 그들의 사정상 다들 빌리 줘야

인정상 되겠지만. 여기서 거의 그런 돈 빌리 간 사람은 100% 그 돈을 못 갚을 겁니다.

"뭘 그리 부당히 미깁니까, 이리 주이소! 딴데 갈라요!"

몇 년 전, 또 한 번은 집나 온 식에, 또 돌아 데이는데요. 여기서 인맥 있는 어떤 분의 신용카드를 갖고 있었꼬, 그걸로 여관에서 하루 잘 라는데, 원래 카드는 현금에 10% 정도로 쎄일이 됩니다. 그렇타고 그 여관 카운타 안에 사람이, 그 카드 기계에 10% 정도의 가격을 더 먹여 숫자를 찍는 걸 보고, 이에 빠른 판단에! 이를 얼른 말리고, 그 카드를 도로 받아, 그 옆에 몇 발 걸어 다른 여관 가서 방금 그 여관에서의 부당한 계산을 말씀 드리고, 그 옮겨간 여관에서 그 카드로 여관비를 계산 하는데,

'이 분도 저 분 처럼, 또 그러면 어떻게 할까?'

딱 쪼우며 그 분 보니,

찌리릭 ― !

그 분은 정상 가격으로 숫자를 찍더니, 곧 카드를 그 기계 카드 긁는 곳에 맞춰 긁습니다.

'음!'

"수고 하세요!"

그 중 다행이더라구요.

카드는 쉽게 쓰니까, 낭비가 심하끼고, 이도 발급 해 두모 손이 근질근질 하이, 막 긁꼬 데이고 싶을 것 같습니다. 이 카드 빚도 못 갚으모, 내나 현금 대출 맨치 장난이 아이라 쿠데요.

"아, 은행 그 놈들이, 어떤 놈들인데!"

전에 제 주위에 어떤 자영업 하시던 분이신데, 보모 은행도 돈을 못 갚아, 사기로 입껀을 시킬 수 있씨모, 거기서 냉정히 입건 시키는 모양입니다. 제가 봐도 그럴 것 같꼬요. 즉 현대 케피탈 쿠고 그런데는, 즉 은행 보다 이자가 좀 더 쎈 모양이던데, 즉 여기서 그런 기관들에서 돈

을 빌리런 이유가? 즉 본인이 그 돈을 갚을 꺼란 자신이 있어써 그렇습니다. 즉 그 돈을 떼 무끼라 보고 빌려 감은 사기죠? 허나 그런 경우도 있긴 있을 겁니다. 사기 경우는, 돈을 노리고, 일부러 죄를 지을거라 보고, 돈을 속여서 가져 가는 거니까요. 보모 오데 일자리 구하는데서, 그런 비용을 쓴다고, 대출은 안 하죠? 즉 그런 벌이 일엔, 즉 돈이 잘 안들어 온다 보고, 그로 갚을 돈이 안 생긴다 보고, 안 빌려 가는 거겠죠?

'일단, 이 일을 이루고 보자, 이 일이 되고 나면, 담엔 우찌 잘 되긋찌?'

보모 성형 수술, 문신 파기, 이름을 법적 바꿈, 즉 이런 걸로 대출을 하기도 합니다. 즉 여기서 성형 수술을 한 경우는, 즉 그 수술 이후 2일 까지는 괜찬을 겁니다. 왜냐면? 변화가 왔으니까요. 허나 그 일 3일 부터는 후회가 올 것 같습니다. 즉 여기서 칼덴 얼굴은 전 보다 보기가 안 좋습니다. 즉 점, 사마귀 빼는 것도, 내나 같은 식입니다. 그리고 문신 경우는, 즉 그걸 파고 나모 3년 까지는, 그걸 자랑으로 드러내고 다니는데, 그런데 그 넘어 가면, 본인의 그 문신을 남에게 잘 안 드러냅니다.

대출 하는 이유가, 즉 장사에 대해서 보면, 즉 장사란 건, 그걸 펼침에 분수가 있습니다. 여기서 즉 1단계 3년은 적자기, 2단계 3년은 현상 유지기, 3단계 3년은 약간씩의 수입기. 즉 이 3단계 수입기 때부터, 수입이 들어 온다고 보는 겁니다. 이는 왜냐면? 즉 수학에서 더하길 알아야 다음 빼기를 앎니다. 또 그 빼기를 알아야, 그 다음 단계 곱하기를 앎니다. 즉 이런 식에 장사를 3단계로 하는 겁니다. 즉 모든 것은, 단계 단계가 있으니까요. 즉 그래서 밑에 걸 알아야 위를 알죠? 즉 1단계 적자기, 이기 더하기 단계입니다. 다음 2단계 현상 유지기, 이기 빼기 단계입니다. 다음 3단계 조금씩 수입기, 이기 수학에, 곱하기 공부와 같습니다. 즉 이런 식에 수학과 생활을 접목 시키는 것이, 수학을 알면 분수를 안다는 것입니다. 여기서 장사를 오픈함에 있써 빚을 냄은 아주 위험 합니다.

다. 이는 배수진을 친 전략입니다. 이 예로, 즉 전쟁에서 적을 맞아 싸움을 함에, 뒤엔 강을 등지고, 앞엔 적을 맞아 싸우는, 그런 형국과도 같습니다. 즉 여기서 그 적들에게 패 하모, 도망 갈 구멍 없이, 그 한 싸움에 물에 빠져 죽음을 각오한 전략인데요. 그래서 그건 아주 위험 합니다. 즉 장사를 오픈 함에 있어 빚을 내서 해도 좋다는 이런 내용의 책을 1권 읽고 이에 반대 의견으로 하는 말씀인데요. 즉 오랜 장사 경험에서, 우찌 그런 장사 수완에서 나온 지혜인진 몰라도? 즉 여기서 그 분의 반대 의견이, 즉 장사를 빚을 내서 펼쳐 놓다가 안 팔리모 어쩝니까? 그 빚진 상태에서 그 금액이 크면 클 수 록, 거기서는 더 골치죠? 첨에 인테리어다, 가게에 무슨 기계 들임이다, 또는 재료 구매다, 또는 종업원들 들임이다, 또는 광고다, 즉 이런 식에 처음부터 그런 걸 다 갖추고 하면 안 됩니다. 즉 그렇게 하면 얼마 있다가 망합니다. 이는 왜냐면? 즉 그 일 밑에 기초가 안 되 있기 때문입니다. 즉 그렇게 장사를 펼쳐 놓으면 첨 한 동안은 잘 팔리는 수 있습니다. 허나 그건 얼마 못 가 망합니다. 큼! 그 분수 없이 갑자기 팔리던 기간이 지나모, 그 다음 단계로, 처음으로 안 팔리는 단계로 내려 갑니다. 그러다가 빚 있고, 또 분수 없이 펼쳐 놓은게 엉망이라 망합니다. 내나 주로 한동안 적자기를 걷다가 망합니다. 즉 이는 수학 공부를, 즉 초등 학교 1학년 1학기, 맨 처음부터 시작 안 하고, 바로 중학 3학년 것부터, 분수 없이 시작 한거나 마찬가짐니다. 그렇게 되면, 그 중학교 3학년에서 그 다음 단계를 절대 알지 못 합니다. 또 그 중학교 3학년 그 단계에 머물지도 못 합니다. 여기서는 맨 기초 부터 다시 시작 해야 됩니다. 여기서 장사 한다고 빚을 냈으면, 그 빚 갚는게 큰 문제죠? 여기서 그 빚이 몇 천 만원 이리 되모 큰일이죠? 천 만원 굿트모 그런 돈도 고리대금 빚이라면, 완전히 망하는 거고, 은행에서라면, 그 곳 이자는 5%정도고 이는 천 만원에서 그 이자가 50만원, 2천만원에서 그 이자가 100만원 이렇습니다. 그런데 아마도 년으로 칠 것 같습니다. 그런 빚도 3천 만원, 4천 만원, 이리 되모 감당을 못 합니다. 즉 은행 측에선 손님이, 조건이 되서 그런 돈 빌려 드리면, 그 실적 올린 그 은행 직원은 좋습니다. 이에 실적이 올라서 그 은행 직원의 월급 날짜 되모 그 실적비로, 이에 몇 십만원이 그 분 통장에 나오고, 또 그 실적 올린 점수도 따고, 또 그에 따른 여러 이익이 있으니, 그래서 그들의 실적을 올림에, 손님이 조건만 되모 그들은 무조건 빌려 줍니다. 여기서 보통 분들이 달에 100만원도 못 벎니다. 이 세상에서 제일 애러운 문제가, 돈 버는 일이라고 합니다. 또 본인이 돈을 벌인 그 자리는 본인이 죽을 자리랍니다. 그만큼 돈 벌기가 어렵단 겁니다. 즉 장사를 함에 뒤에 배수진을 치지 말고 원금으로 해야 겠죠? 즉 이에 원금으로 장사를 하다가 안 되서 그 장사가 망하면, 노숙 좀 하다가 다시 일어나고, 여기서 그런 노숙 생활이 한동안은 고생인데요. 그래도 빚은 없으니, 미래의 희망은 있죠? 왜냐면 빚이 없어 뒤에 쫓낌은 없으니까, 이에 노력하기에 따라 다시 살아 갈 수 있으니까요. 허나 빚지고 장사 했다가 망하면 거기선 못 일어 나겠죠? 그래서 빚이 2천 만원, 이리 넘어 뿌모, 진짜 그렇겠죠? 이리 되모 돈에 너무 쫓기다가, 범죄도 계획 할 수 있겠죠? 보통 단체 무장 강도로 몇 천 만원 뽑으끼라고, 그런 범행을 계획 하고 범행을 할 수 도 있겠죠? 그런데 문제는? 즉 그러다 잡히모 죽습니다. 즉 단독 단순 강도는 징역이 최하 3년 입니다. 또 단체 무장 강도는 형이 더 쌥니다. 즉 20년도 받습니다. 큼! 즉 그런 단체 무장 강도가, 보통 한 10년 그리 받을 것 같고요. 그래서 그렇게 빚에 쫓기다가, 그런 범죄를 짓다가 잡혀서 그런 형을 받아 징역 가면, 아주 문제죠? 즉 거기 징역 갔다 나오면, 또 세상 살아 가기가 막막하고, 어렵게 됩니다. 또 다시 그런 강도를 하기도, 본인 사업 이루는 것 처럼, 어렵고, 위험코, 또 할 짓이 아니고 그렇습니다. 그래서 범죄는 못 하고, 여기서 감당 못 할 빚은 있으니, 파산 신청을 할 수 밖이고, 그 파산 신청도 아무나 안 해 줄 껍니다. 즉 그 일도 조껀을 보겠죠? 거기서 장애자 중이라도 있으면 좋겠고, 일반인은 잘 안 되는 모양이던데, 그리고 그 신청 허가가 되고 나면, 빚은 면제 일건데요. 그런데 파산 신청을 해 주는 그 분도 그 상대 방의 그 일을 해결 해 주고 나모, 그 일 되게 해준 그 당담자가 실적이 오르는 거라, 그렇게 되면 그 분의 월급 날에 이 실적 값이 따로 나오고, 또 그 분의 승진 점수도 오르고, 또 그 실적에 따른 물품도 받고, 즉 여러 모로 좋겠죠? 그래서 그런 의뢰를 이루려고 합니다. 또 그런 실적을 올리는 일이 즉 보험이다, 휴대폰 판매다, 가전제품 판매다, 대출이다, 부동산이다, 등 등이, 다 실적입니다. 여기서 파산자가 되모 경제적으로 완전 낙오자가 됩니다. 즉 일체 은행 거래가 안 되고, 또 어디 서류 쓰는 곳엔 일체 취직이 안 됩니다. 즉 공무원이다, 오데 회사다, 그 외에 오데 서류 넣는데의 벌이 자리입니다. 근데 요즘은 블라인드 체용이라고 법이 바뀌어서, 즉 그건 과거를 안 따지고 사람을 뽑는다던데, 그 점이 어떤가는 모르겠습니다. 그 외에 금치산자, 이는 즉 정신병자, 또 한정치산자, 즉 이는 미성년자, 이외에 무거운 죄명인 전과자, 즉 마약이나, 이 외에 그 기관에서 배제 하는, 즉 그런 결격자도 그렇고. 그런 식으로 된 분은, 즉 서류 넣는 곳은 잘 안 받아 주는 모양입니다. 또 회사 마다 받아 들이는 정한기 다르고, 또 그런 파산자는 결혼이 어렵겠죠? 일본인들이 장사를 잘 하고, 중국인들도 그렇습니다. 즉 일본인들 경우는, 그 사람들이 기초가 잘 되 있다고 합니다. 즉 그 나라 사람들 국민성이, 내나 수학 공부 하는 식으로 기초를 잘 밟아 가는 가도 싶습니다. 일본이 요즘 노벨상을, 의학이다, 물리학이다, 그 외에 것 들이다, 즉 여기서 주로 의학에서고, 즉 매 년 마다 그들은, 노벨상 수상자가 몇 명씩 나온 담니다. 요즘에 일본이 그런 이유가? 즉 이를 조사 해 보면, 즉 그 나라 사람들이 기초가 잘 되 있어 그렇 담니다. 즉 그런 기초가 된 사람은, 즉 위기에 몰리모 그 이하의 일이서는 안 무너 집니다. 즉 결국은 다시 앞에 하던데로 가 버리는 식으로니, 그렇게 무너지면 다시 앞에 알던 일을 하니까, 그래서 쉽게 다시 일어 나니까요. 여기서 한국 경우는 기술이라는데, 즉 이는 한국인들은 무슨 일에서나 근속을 잘 합니다. 즉 무슨 일을 하면 그 일을 오래 하는 겁니다. 여기서 기술은, 즉 오랜 근속에서 생긴다고 봅니다. 한국이, 보면 오데 가나 과거 경력, 이런 걸 잘 따지는 게, 즉 이는 과거 부터 그 일에 대해서, 어떤가 볼려는 거겠죠? 그런 식으로 한국인들이 어딜가나, 오래 붙어 있는 기질이 있어서, 그런 것 같습니다. 여기서 중국과 몽골, 이 2의 차이가? 즉 중국 계통은 분수고, 몽골 계통은 근속이라고 봅니다. 일본과 중국이 장사를 잘 하는 이유가? 즉 밑에 기초가 잘 되 있어서 그런 것 같습니다.

"신장 삽니다. 즉시 몇 천 만원 지급!"

그런데 장기 매매 까지 해서, 돈을 구하려 하는 분도 있습니다. 즉 장기 매매는 불법 일꺼고, 그러니 암암리에 그런 일이 이루어 질건데요. 그래서 그런 광고도 불법 일꺼고, 그로 몰래 그 광고를 할 건 데요. 주로 주차장 화장실 그런 곳, 거기 문 안에 보면, 즉 이런 내용의 광고 스티커가 붙여져 있는데, 이 광고를 내 놓은 사람 측에선, 이 연락이 1년이 가도 안 올 건데요. 허나 누군가의 뜸하게의 그런 전화가, 진짜 걸려 온 답니다. 주로 경제가 애러운 사람, 또는 파산자나, 즉 이런 사람들이 주로 할건데요. 보모 여기서 젊은 사람이 많을 껍니다. 즉 그들은 현제 본인이 건강 하니까, 그로 그 건강이 항상인지 착각에서 그러는 거죠? 그래서 그런 전화 하고 서로 만나서, 본인 장기를 매매 합니다. 여기서 돈을 바로 받나 모르겠습니다. 보모 장기 사는 사람 측은, 되게 죽을 병에 장기 이식을 받으려는, 그런 사람 측에서 할꺼고, 그 일에 그 장기 매매 알선 하는 전문인도 있긴 할껍니다. 보모 장기 사는 측에선, 돈이 없는 사람들이 많을껍니다. 즉 지푸라기라도 잡는 심정으로 해 보다가, 드디어 그런 손님이 오면,

'!'

거기서 서류 작성 하는게 있을 겁니다. 이는 장기를 사는 측에서 뭔가 빠지나가는 식에 할 겁니다. 그래서 그 장기를 파는 사람은, 그 서류 작성을 통과 해야 될 겁니다. 이 담이 수술 일건데요. 여기서 그 장기를 짤라 내모, 거기서 끝입니다. 즉 돈 준다는 건 후불로 받기로 했다면, 받을지, 못 받을지 모릅니다. 아마도 돈 못 받을 겁니다. 그 본인의 장기 산 사람들은, 잠적 일 겁니다. 문제는? 돈 보다, 본인이 불구가 됐습니다. 보모 신장 매매가 많습니다. 여기서 신장병은, 즉 평소에 물을 많이 안 마셔서 걸리는데요. 그로 신장병은, 즉 몸 속에 소변이 안 나와서, 그로 몸에 물이 차서 죽는 병입니다. 그래서 양 신장 기능이 다 안 되면, 그런 식으로 죽는데요. 이에 겨우 1쪽의 건강한 신장을 이식으로서, 그 신장 기능이, 약간 유지가 되서, 목숨만 건집니다. 보통 신장이 2개가 있써야, 보통 기능이고, 이 신장이 그 중 1개가 없어지모, 몸에서 정상적인 소변 거름이, 그 반 이상으로, 그런 기능이 안 됩니다. 그러면 몸에서 소변이, 반 이상으로 안 나옵니다. 그래서 신장이, 1쪽이 없어지면, 그런 골병으로 불구가 됩니다. 그리 되모 20년 살꺼, 10년도 못 삶니다. 즉 본인의 신장 기능이, 반 이상이 안 되서, 그로 본인의 소변이 반 이상으로 안 나옵니다. 참고로, 이 신장병 예방이, 즉 신장에 독소를 제거 함 뿐인데, 이에 물을 많이 마시면, 유일하게 그 신장에 독소를 걸러 낸답니다. 그래서 물을 마심이, 즉 신장병 예방책 이랍니다. 돈은 일 하는데 있써 꼭 필요합니다. 그런데 돈이 있꼬 일이 있는기 아니고, 일이 있고 돈이 있습니다. 즉 물론 일에 있써, 목돈을 모음이 있습니다. 즉 돈이 목적이 아니라 일이 목적입니다. 돈 이란 건 일을 목적에 두고 부지런히 활동 하다 보면, 그 일의 필요에서, 어디선가에서 들어 옵니다. 또 그 돈을 그 일 함에서 쓰게 됩니다. 그런데 물론 그 일에서 당장은 돈이 잘 안 들어 오기도 하는데요. 계속 하다 보모 들어 옵니다. 아마도 그 일이 10

년 가까이 되면, 그 일에서 어딘가에서 서서히 돈이 들어 올 것 같습니다. 또 그 하는 일에서 그 돈을 쓰게 되 있고요. 여기서 어느 책에서의 내용이, 즉 돈과 나쁜 감정은, 쌓아두면 쌓아 둘 수 록 안 좋다던데요. 그래서 돈은 남에게 안 빌릴 정도만 있어도 되겠죠? 또 어느 목사님 말씀이나, 여기 저기에서 그런 식의 말씀에서도, 즉 그런 말씀이 많습니다. 즉 이는 누구나가 상식적으로 알긴 앎니다. 그래서 돈이 문제가 아이라, 일이 문제인데요, 그런데 그 일에서 쓰는 소중한 몸을 돈 때메 장길 짜르모 안 되고, 돈을 떠나서 사람이 사는데, 큰 지장이죠? 돈은 빚이 있으면 안 좋겠지만,

"빚이 없는 사람이, 진짜 부자입니다!"

어느 정보지에 이런 문구가 있습니다. 즉 빚이 많을 수 록 불행 하단 거죠? 즉 빚이 있는 분이 가깝게나, 멀게나, 좀 계신 모양이던데, 이에 파산자는 어쩔 수 없게 된 것 같고, 빚이 있으모 빚 부터 갚아야 될 것 같고.

대출은 아무래도 없는 사람들이 해 놓고 이를 갚는다 자신하고 하는데요.

* * *

"부모님들 중, 어느 부모님의 유전자에 맞는 분이, 자녀 분 본인 뿐이고, 그 분이 본인의 장기를 기증 받아야 사시는데, 이에 어떻게 하시겠습니까?"

즉 본인 부모 중, 어느 한 분께서, 즉 신장병이다, 뭔 암이다, 즉 그런 죽을 병으로 병원 입원 된 중, 거기 의사가, 어느날 하루는 본인을 조용한 장소로 불러서 본인에게 그런 예길 한다면, 즉 그런 소식을 접한 그 자식은, 여기서 꽉! 막 힘니다. 즉 본인의 명예가 걸렸꼬, 또 효도도 걸렸고 하니까요. 이와 반대로, 그 자식이 부모들 중, 어느 분의 장기를 기중 받아야 산다면? 이런 경우는 그의 부모님들의 건강이 안 좋을 꺼기

때문에, 그로 그런 문제가 있을꺼고.

"아들이나, 집 사람이나, 수술 잘 받꼬, 건강했음 좋겠꼬."

전에 오데서 금연 교육인가? 그런 교육 가서 그런 낮에 하루는, 그 교실 공간 안에서 비디오를 보여 주는데, 그 영상 중간에 기자 인터뷰에 대답한, 어떤 중년이 더 된 아저씨이고, 그 분의 인터뷰 말씀.

이 사연은, 즉 어디 나이 많은 중년이 넘은 어떤 아줌마 1분이, 신장병에 걸려 그로 신장 1쪽을 기증 받아야 사시게 됬는데, 이로 이 기증자를 찾음에서, 그 아줌마의 아들이, 그 기증자로 나섰고, 이 신장 기증자인 그 아들의 아버지가, 앞에 인터뷰에 나오신 그 아저씨. 내나 여기 나온 아저씨, 아줌마, 아들, 이 3분들은, 일가족이다.

그 아들이 큰 맘 묵꼬, 그의 신장을 그의 어머니께 기증 한다.

먼저 이 일에, 어떤 서류에 싸인을 했을 꺼고, 그 다음 드디어 수술에 들어갔따. 수술은 성공적으로 끝났따.

"요즘들어 훈훈한 소식인데!"

방금 그 분들의 사연이다.

"그 아들이 참 효자다!"

그 분들의 사연은, 먼저 신문에 나온 모양이고, 그 다음 그런 비디오 방송에도 나온 모양이다.

본인 부모님들 중, 어느 분께서, 방금 그런 식으로 본인의 장기를 기증 받아야 살 일이 생기모 우찌하꼬?

"좋은 일이 쟎아요! 나 자신의 건강도 지키고."

어느 메스컴에선데, 이 분은 헌혈을 500번 정도 하셨딴다.

"하나님께서 신장을 2개 주신 건, 하나를 나눠 쓰라는 걸로 알고!"

여기서 느낌이, 즉 비참하게 된 것을, 체면 유지 하시는 것 같고, 또 말씀 하시면서, 약간 멈찟하며 통증이 온 느낌이다.

'!'

'아, 봉사가 너무 심하니까, 저런 일을 한 모양이네, 난 봉사는 안 해야긋따!'

오데 봉사 하러 다니시다가, 간, 신장을 기증 하셨단다.

'나도 저렇게 할까 봐 겁나!'

* * *

"와 놀래라 놀래! 아저씨 이리 와 보이소!"

전에 어떤 알바 하던 가계에서, 거기 일 새벽 중, 또 하루는 당골 손님 들이 오셔서 그 분들 중, 어느 한 분께서 나에게 따로 말씀 하신다. 가서 들어보니, 즉 인터넷 긋튼데서 우찌 본 모양이고, 거기 정보가? 즉 어떤 사람이 본인의 장기를 팔았다는데, 눈알을 팔았 딴다. 그 분이 치를 떨어.

"아저씨는 그런 거 하지 마이소!"

"아, 함니까?"

이 마귀들이 이 세상에 퍼져 있꼬, 즉 거기까지는 좋은데, 여기서 그 들이 사람들 중, 1명 씩을 잡아, 저주를 주다가, 결국 그 사람이 예수 안 믿고 죽게해, 영원한 지옥 보냅니다. 즉 이 게임을 그놈들 집 된 1사람 과 하는데요. 즉 이에 그 마귀들의 집 된 사람은 그 마귀 놈들과의 영적 전쟁을 벌임니다. 여기서 그 마귀들 집 된 사람은 하나님의 보호를 받아 야 되는 검니다. 즉 이 외엔 딴 방법이 없습니다. 즉 기독교에선, 즉 사 람의 힘으론 마귀들을 못 이긴 담니다. 이에 하나님은 마귀들 보다 쎄시 고, 여기서 사람들 개인이든, 단체든, 즉 그들 각자 스스로가, 마귀들한 테 못 이긴 담니다. 즉 마귀가 사람 보다 쎄담니다. 마귀들은 몸이 없는 영적 존재라서 그렇다네요. 그들은 사람의 몸에다 집을 삼아 거기서 사 는 걸 최고 편해 하고 좋아 합니다. 큼! 즉 여기서 딴 짐승에게도 집 삼 을 수가 있는데, 그런데 거기는 재미가 없으니까 잘 안 붙습니다. 여기 서 혹 붙으면, 그 짐승이 미쳐 날뛴다고 합니다. 이에 오직 하나님께서 마귀들을 이기시고, 그들을 쫓아 내 주신담니다. 마귀들도 영혼이라 죽음이 없습니다. 즉 생명은, 그 어떤 생명도 영원히 안 없어진 답니다. 그래서 생명은 영원하다고 합니다. 그래서 마귀들이 사람 몸에 들어오면 쫓아 낼 수 밖에 없습니다. 여기서 어느 종교에서는, 이 마귀들의 수명이 1000년이라고 합니다.

"가 자!"

"어!"

즉 한참 이 지구에 있으면서, 하나님께 반역 하다가, 그러던 어느날 갑자기 그들을 데리러 온 어떤 무서운 존재들과 함께 지옥에 가야 됩니다. 여기서 마귀들도 먹습니다. 여기서 그들이 싫어 하는 음식들이, 즉 팥, 커피, 고기류, 생선류, 쑥, 북어, 또는 자극적인 맛, 등 등, 즉 여기서 팥이나, 쑥은, 그들에게 독이 되니까 그렇고, 또 북어는 그들에게 무서운 괴물이 됩니다. 큼! 이 반면 그들이 좋아 하는 음식이, 즉 채식, 된장, 등 등 입니다. 즉 여기서 마귀가, 어떻하다가 마귀가 됐느냐? 그건 즉 퇴마 쪽에서는, 즉 마귀들이, 사람이었다고 합니다. 그런데 그들이 세상을 살다가 죄를 많이 짓고 죽어 귀신이 되서, 그로 저승 가면 지옥에 가는게 겁이 나, 저승 안 가고 이 세상을 떠도는 그 귀신이 마귀라고 합니다. 즉 여기서 이 마귀들은 근본적으로 선이 안 되는 존재입니다. 그들이 선으로 나온다는 것은, 결국 다 속임수입니다. 그래서 그들이 좋게 나오는걸 받아 들이면, 결국 그 사람의 영혼이, 그 마귀들과 함께, 영원한 지옥으로 갑니다. 그래서 마귀들을 조심해야 됩니다. 여기서 정신과 이론에서는, 즉 환각 현상이라고 있는데, 여기서 그 환각 현상이란? 즉 환시, 환청, 환미, 환후, 환촉, 이 5가지가 있습니다. 여기서 환시 있는 분은, 즉 그 분 주위에 남들에겐, 뭐가 보이는 자극이 없는데, 본인에게만, 뭐가 보이는 자극이 있는게, 환시 입니다. 또 환청은? 즉 주위에 남들에겐, 뭐가 들리는 자극이 없는데, 본인에게만 뭔 소리가 들리는 겁니다. 또 환미는, 즉 주위에 남들에겐 맛이 느껴 지는 그런 자극이 없는데,

본인에게만 어떤 맛이 느껴 지는 겁니다. 또 환후는, 즉 주위에 남들에 겐 무슨 냄새가 나는 그런 자극이 없는데, 본인 혼자에게만 무슨 냄새가 나는게 환후 입니다. 또 환촉은, 즉 그 분 주위에 남들에겐 피부적인 느낌이 없는데, 본인 혼자에게만, 어떤 피부적인 느낌이 나는 겁니다. 여기서 환각 증상들은, 어느 1가지 씩으로만 그 증상이 나타 납니다. 즉 환청이면 환청, 환시면 환시, 환후면 환후, 등 등, 즉 여기서 그런 환각 현상을 누가 주느냐? 그건 즉 마귀들이 그러는 겁니다. 그래서 환청이 있는 사람이다, 환시가 있는 사람이다, 등 등, 즉 그런 사람들은, 즉 마귀들이 1개 이상 들린 사람들입니다. 큼! 즉 바른 삶을 살기 위해서는, 종교에 의지 해야 됩니다. 그렇다고 사이비 종교에 빠지는 걸, 조심해야 됩니다. 즉 우리 사회엔 사이비 종교들이, 겉으론 그럴 듯 하게 하며, 그런 종교들이, 알게 모르게, 꾀 많이 있습니다. 그래서 그런 사이비 종교에 안 가게 조심 하고요. 즉 종교가 인생의 항해 길에서 큼! 나침반입니다. 여기서 종교가 없으면, 즉 사람 본인 혼자서 해 맵니다. 그래서 종교가 인생의 길 안내자라 할 수 있겠습니다. 즉 어디를 향해 해 가는 바다 길 한 가운데서의 그런 나침반과도 같은 것이 종교입니다. 여기서 그 종교의 길이 여러 가지입니다. 여기서 그 종교들 중, 어느 종교에 소속이 되느냐가 아주 중요합니다. 즉 종교도 선택입니다. 즉 그런 그 종교들 종류가? 즉 불교, 대순진리교, 기독교, 힌두교, 이슬람교, 등 등, 즉 이런 여러 종교들 중, 어떤 걸 믿을지가 문젭니다. 여기서 종교들도 사람들 각자 생각이 다르듯, 그렇게 다릅니다. 여기서 마귀들에게 안 들린 사람들이 많은데요. 그래서 그들은 마귀들 들린 경험이 없어서, 그로 마귀들을 잘 모르니까, 그로 마귀들 들린 그런 사람을 그들이 볼 땐, 미친 사람처럼 보이겠죠? 여기서 누구에게 마귀들이 들리느냐? 그건 즉 재수가 없는 사람이 들린 답니다. 즉 마귀들 들린 그 사람이, 어떤 죄가 있어 들린게 아닙니다. 큼! 여기서 마귀들을 제압 해 가는 삶이, 이상한 그런 삶이 아닙니다. 큼! 즉 그것도 진리의 삶입니다. 그리고 예전에 오토바이 음주를 몇 번 해 봤는데, 사곤 없었꼬. 이 오토바이 음주는, 즉 마귀들 들리고 이를 전혀 모를 때, 세상이 하도 이상하고, 그로 암만 노력을 해도 이상하게 일이 꼬여서, 그래서 자멸로 막 가는 식으로 살다가, 거기서 오토바이 음주를 몇 번 했는데요. 그런데 그 운전 할 때 정신이, 물체가 2개로 보이고 그런건 없꼬, 내나 술 안 먹었을 때와 마찬가지던데요. 큼! 그 때 그 오토바이 뒤에, 사람을 실어 다닐 때도 있었고, 그래도 같았고. 그래서 그런 음주 사고는 한번도 없었꼬요. 저는 차는 운전을 안 해 봤는데, 이도 전에 한번은 면허를 딴다고 알바로 학원비 벌여서, 그 학원에 그 비용 다 갖다 냈는데, 여기서 제 경우는, 즉 정신병원 입원 경력 때문에, 그로 정신과 의사 소견서를 때야 되는데요. 이를 3달 걸려 겨우 때고, 다음은 운전 면허 시험장 소견인들의 소견서를 때야 되는데, 여기서 그 면접 날에 왠지? 떨어져서, 그와 동시에 1년간 그 면허 시험을 못 치게 되는데요. 원랜 그런 소견서 뗄 일이 없으면 그 운전면허를 따고도 남았을 건데, 그래서 제가 운전을 못 하는데, 여기서 이는 실재 사건인데요. 즉 어느 찻길 건널목 한 쪽에 그 찻길 건너 간 다고, 이에 그 찻길 건너는 신호를 기다리는 여고생들 몇 명, 그리고 아줌마들 몇 명이 서 있는데,

"어!"

갑자기 피할 새도 없이 화물차 1대가 그대로 돌진!

순간!

그들 모두 각자의 한 비명 소리들과 함께 그 화물차에 치여 죽었고. 큼! 이 사고의 원인이, 즉 그 차 운전자의 음주 운전 때문이라던데요. 즉 술을 너무 마신 상태에서, 물체가 2개로 보이다가, 그 중 1개가,

'이거다!'

하고 고정 판단에, 그대로 운전 하고 가다 지 박은 모양입니다. 보면

이런 예를, 제가 직접도 봤는데, 그건 즉 이 마귀들에 안 들렸을 때 하루는 밤 자정 쯤에, 어떤 길을 지나 가는 중, 승용차 1대가 휘청 거리며 가더니 옆에 가로수 지 박꼬, 여기서 제가 잠깐 한눈 판 사이에, 곧 그 옆에 있는 파출소에 나온 순경 1분과 그 운전자 분이 서로 이야기 하고 있고, 그리고 그 운전자 분은, 술이 전혀 안 취한 척 하던데. 그리고 사람이 1시간 정도 한 자리에 만 있으면, 마귀들이 그런 집 된 사람의 몸에 파고 들어 옵니다. 여기서 책을 못 읽게 하기, 휴대폰 글 못 읽게 하기, 특히 하나님께 기도문을 못 읽게 합니다. 여기서 어떤 마귀 하나가 예수님께 붙어 먹다가 그 예수님에게서 쫓겨 난는데요.

"이런 류는 기도로서만 나가지, 딴 걸로는 안 나가 가느니라!"
예수님.

그러니 마귀들이, 즉 그런 기도를 하면, 그들이 쫓겨 난다는 걸 알고, 이에 안 쫓겨 날 거려고, 그래서 기도문을 극구 못 읽게 합니다. 즉 여기서 어떤 메스컴에서 어떤 목사님 설교가, 즉 마귀들은 포기를 모르는 존재들이랍니다. 그래서 저에게 붙어 먹는 마귀들이 저에게 하루 지면, 또 다음날로 재도전 합니다. 즉 그런 식으로 하루 하루가, 요즘 14년이 넘었습니다. 기도문도 종이에 적어 읽을 땐, 글씨도 세로로 써서 읽는데요. 여기서 그 글을 읽을 때, 글자 줄 친 곳에다가, 뭘 눌리는걸 딱! 대고 읽는데요. 그러다가 졸음이,

z z z . . . .

깜빡 . . . . 깜빡 . . . . z z z . . . .

즉 마귀들의 방해로 잠이 오는데,

그러다

'!'

'어디 읽었나? 아!'

글자 줄 친 뒤에 눌리는걸 대 놓은 것이, 그 글자 읽던 그 자리에 그대

로 있으니, 또 다시 읽곤 합니다.
 요즘엔 제 글을 인터넷에 띄워 몇 몇 분들께 읽히는데요. 여기서 저도 그런 식에 인터넷에 띄운 제 글을 읽을 수 있으니까, 그리고 그렇게 한 기도문이 읽기가 편해서, 그래서 그런 제 기도문을 인터넷에 띄웁니다. 그 외에 이유는, 즉 제 기도문이, 글 내용상, 별 하자가 없다고 생각 되어져서, 그렇습니다. 큼! 그래서 그런 글도, 누구나 읽어도, 안 좋진 않겠다 싶어서. 큼! 이로 제 휴대전화에 제가 쓴 기도문을 매일 읽어 가며 기도를 하는데, 큼! 여기서 마귀들이 그 기도문 읽는 방해가 극 심합니다. 그래서 그 기도문 읽음에, 주로 한 자리에 앉아 있는 집 안에서는, 즉 앞에 설명처럼 마귀들이 제 몸에 침입을 하기 때문에, 그로 그 글 읽기가 힘들어서, 그래서 요즘은 밖에서 하는 규칙으로 고쳐서 밖에서 하곤 하는데요. 여기서 그 중 공중 화장실 대변 보는데, 그 안이 좋더라구요. 큼! 즉 거기선 마귀들의 기도문 읽는 방해가 덜 되더라구요.
 그리고 화장실 대변 보는데 안에 너무 오래 안 있는게 좋탄다. 즉 인터넷에 퇴마, 이런 거 검색 해서, 그 퇴마사들 글들 보모, 즉 화장실 안에서 1시간 이상 있찌 마란다. 그건 왜 그런가면? 즉 그 화장실 대변 보는데 문을 닫아 놓고, 그 안에서 1시간 이상 앉아 있씨모, 그 안에서 마귀 하나 이상이, 그 사람의 머리카락을 1개씩, 1개씩 샌단다. 그리고 그 머리카락을 다 새고 나모, 지옥에 데리고 간다고 하는데, 여기서 머리카락을 다 새는데 걸리는 시간이 1시간 정도란다.
 '아, 잘 읽히는구나! 아 가만, 앞으로 화장실 안에서 해보까? 괜찮겠는데!'
 "아, 화장실 안은 안 되는데!"
 나에게 붙어 먹는 마귀들 중.
 '아무래도 그가?'
 전엔 기도문을 종이에 적어 읽었고, 큼! 이 방해도 극심 했다.

하룬 낮에 밖에 일을 보면서, 이왕 기도문 읽을 것 까지 다 읽꼬 들어 갈라고, 그 근처 오데 빌딩 건물 안 1층에서 스마트 폰으로 기도문을 읽 는데, 이 읽는 작업이 요즘은 2시간 정도 걸 림니다. 전엔 많게는, 4, 5 시간도 했습니다. 큼!

'어!'

서서 살살 왔따 갔따 하며 기도문 읽는게 문안 하게 잘 읽힘니다. 여 기서 항상 제가 생각을 하면 제 생각의 목소리가 안 들리고 마귀놈들, 이 놈 저 놈의 목소리로 들립니다. 이는 항상입니다. 또 마귀들은 잠이 없습니다. 또 그들 끼리는 안 싸우고, 내분이 안 일어 납니다. 여기서 그 런 마귀들 소리는 그 마귀들 들린 사람이 잠 잘 때만 빼고 24시간 항상 들립니다. 즉 이것은 만성적인 병에 걸린 것과도 같다. 즉 당뇨, 고혈 압, 등 등. 즉 여기서 그런 지병들은 몸의 병이고, 마귀들 들린 건, 영혼 의 병입니다. 즉 그래서 몸의 지병이 걸려도 할 수 없고, 또 영혼의 지병 이 걸려도 할 수 없습니다. 즉 그냥 그런 갑다 하고 살아야죠? 이 마귀들 이 기도문 읽는 거는 그들이 따라 읽는 식으로 그들 각기의 목소리로 덮 쳐 씌우는 걸 잘 못 합니다.

* * *

그 다음 날도 역시 하던 데로 밖에서 기돈데, 여기서 오데 적당 한 빌 딩 1층 안에 서성이며, 스마트폰으로 기도문을 읽는데, 역시 집에서 할 때 보단 조금 낮다. 여기서 마귀들의 방해가 덜 한 것 같다.

'!'

복도에서 서성이며 스마트폰으로 기도문 읽던 중, 거기 한쪽에, 남, 녀 구분 표시와 함께 그 화장실 입구가 눈에 띄입니다.

'저 안에서 해볼까?'

거기 들어 가서 서서 소변도 보고 하다가, 화장실 대변 보는 그 안에 들어 가서, 문 닫아 잠그고 스마트폰으로 기도문 읽기를 했는데요.

'!"
거기 안에서도 잘 읽 힘니다.
'앞으로 이런데서 계속 해보까?'
"거긴 안 되는데!"
내 붙은 마귀들 중.
그 다음 날은 주차장 화장실 대변 보는 좌변기 안에 들어 가서, 안에서 문 닫아 잠그고 기도문 읽기 했는데, 내나 안 읽혀 지더라구요. 그래서 결국은 1시간 걸릴껄 2시간 해서 끝내고.
'아, 내나 마찬가지 구나!'
나와서 집으로 걸어 가다가,
'!"
'아, 그기 아이였구나! 깜빡 했따, 재수없꾿따!'
즉 화장실 대변 보는 좌변기 안에 문 잠궈 닫아 놓고 오래 앉아 있는기 안 좋단 그것이 생각 난다. 이 앞에 그 지식을 알았었는데, 깜빡 잊고 있었다. 그래서 그걸 다시 알고 부턴 그런 행동을 안 합니다.
즉 기독교에서, 이 세상의 인류에게의 실상은, 즉 그들은, 마귀들과의 영적 전쟁을 하고 있는 상태랍니다. 즉 이 마귀들은 안 좋키만 하고, 또 죽지 않아서, 그래서 사람에게 그들이 붙으면 쫒아 낼 뿐인데요. 여기서 마귀들이 붙어 먹는 사람에게서 결국 쫒겨 나는 경우도 있고, 아니면 그 사람이 죽을 때 까지 붙어 먹는 경우도 있고. 여기서 마귀들이 그 사람에게서 붙어 먹을 가능이, 1%라도 있씨모, 그런 그 가능성을 붙 잡꼬, 안 떨어지는데요. 여기서 정 안 되겠다 싶으면 간다는데, 여기서 퇴마사 들이 사람에게서 붙어 먹는 그 마귀들을 쫒아 주는 직업이고, 그 퇴마사 들의 이론은, 즉 민간에서 옛 부터 전해져 오던, 즉 우리 주위에 흔히 있는 그런 귀신 쫒는 방법입니다. 큼! 즉 이 예가, 마귀들이 최고 싫어 하는 색깔이 빨간색, 그리고 그 빨간색 보다 덜 싫어 하는 색깔이 노랑색,

또 그들이 팥을 싫어하고, 또 통북어를 싫어하고, 또 칼을 싫어하고, 등 등이 있습니다. 즉 여기서 기독교에서는, 마귀들이 기도 하는 걸 최고 싫어 한다고 합니다. 그리고 예수님에게 붙어 먹다 쫓겨난 어떤 마귀 하나의 그 일이, 그 당시 기록이 되서 그로 사람들 사이에 그 일이 많이 거론 됩니다. 즉 여기서 그 성경에 기록 된 그 마귀 하나에 대해 기독교적 인 세상에서 말이 많은데요. 즉 주로 그 마귀 놈의 나쁜 평입니다. 여기서 정신과에서 말하는 사람의 정신병, 이런 거나, 또 귀신 들린 사람의 귀신 쫓는 퇴마 이런 거나, 또 각 종교에서 말하는 악마 이런 거나, 등 등, 즉 그런 것들이 다 기독교에서 말하는 마귀들인데요. 여기서 그 이론 들이 각 각 다릅니다. 그리고 알콜이, 알콜 치매를 유발 한다고 합니다. 즉 술을 너무 오래 동안 자주 접하다 보면, 알콜 치매에 잘 걸린 담 니다. 즉 술을 오래 많이 먹어 오다가 그러던 어느날 필름이 끊기면, 그 것이 알콜 치매 끼가 있다는 것일 것이고. 보통 그런 필름이 끊기기 전에, 술을 많이 오래 먹어 오다 보면, 즉 그러던 어느날 하루는, 본인의 손이 본인의 의지 외에 자동으로 덜 덜 떨리는게 있습니다.

'아, 너무 과한 모양이다. 난 확실히 안 되는 놈이야, 앞으로 좀 줄이긴 줄이자!'

* * *

"삼춘, 한잔 하이소!"
"안 묵는다!"
옆에 콜라 주 묵꼬.
"콜라라도 무씨니 술 문 기지!"
거기 술자리, 시간 좀 지나, 방금 술 묵뜬 남자 분이.
즉 전에 알바 하던 데서, 같이 일 하던 남자 동생인데, 또 그 옆에 그 남자 분의 여자 친구, 즉 그 2분들이 보기는 그리 안 보이는데, 알고 보모 술을 하시는 의문의 분들이다. 여기서 그런 분들이 많터라. 특히나

마약의 유혹에 빠지지 마라 79

젊고 단정 해 보이는 여자 분이 그런 모습이모.
'?'
요즘은 전에 보다 생활에서 묵꼬 쓰는 것 보다, 술, 담배, 소비가 많탄다. 즉 대형 마트에서 물건 팔린 걸 조사 해 보니 그렇타네. 대형 마트에서 물건들 골라 잡은 걸 바구니에 넣고, 그 물건들 계산 하려고 줄서서 기다리고 있씨모, 앞에 계산 기다리는 손님들이나, 또 계산 받고 있는 손님 분들, 그 중 젊은 부부신데, 보기엔 그리 안 보이시는데, 바퀴 바구니 한 가득의 구매물들 중, 소주, 맥주, 양주, 그런 술이 꾀 보이는 분이 계시더라. 즉 이런 풍경을, 대형 마트에서 여러 번 본다. 요즘, 특히 술, 담배, 소비가 많탄다. 담뱃 값이 몇 년 전 보다 3000원이 더 올랐는데, 오히려 담배 판매량이 이 가격이 오르기 전 보다 더 하단다. 외국인, 프랑스, 영국, 이런덴 1갑에, 2만원이란다. 그런 나라가 담뱃값이 최고 비싸다 한다. 요세 소주 1병이 3000원이다. 그래서 요즘 담배 1갑이 소주 1병 값 보다 비싸. 보모 음주를 안 할 것 처럼 보이는 분들, 특히 젊은 처녀 분의 그런 모습이 보이거나, 아니면 그 분 주위에서 예기치 않게, 그런 그 분에 대한 그런 예기가 들리면,
'?'
그런 그림이 상상이 안 된다.
요즘 메스컴에 아동 학대나, 아동 살인, 이런 사건이 많타더라. 즉 90년대 그런 땐, 이런 사건이 거의 없었는데, 요즘 메스컴 탄 큰 사건들 중, 한 사건이? 즉 젊은 부부, 그들의 자식 10살 이하가 1명이 있고, 그들 중, 계부인가, 계모인가? 1명이 있고, 여기서 그들이 뭔 경제가 어려운가? 그들이 그들의 애를 죽이고, 그 다음 그들이, 결국 그 일이 법망에 잡히고, 그 다음 그들은 다들 영창에 가는 걸로 일생을 조겼다. 일본은, 즉 이런 아동 학대에 대한 대응 법이 쎈 모양이던데. 한국 보다. 즉 가정 폭력, 일반 폭력, 등 등, 즉 그런 폭력에 대한 그런 어떤 조취가. 즉 폭력

은 가해자가 그 피해자에게, 되게 폭행 피해를 주고, 그 가해자가 그런 피해자를 이겼다는 식에, 그 가해자가 그 피해자를 다신 안 보는 것도 있꼬. 여기서 가정 폭력은 특히 상습이다. 즉 가정 폭력은, 부모 중, 그 밑에 자식에게 한다던지, 또는 형제 중, 특히 남자 형이, 그 밑에 자기보다 나이 어린 남, 녀 동생, 그 중 1명 이상에게, 본인의 완력만을 믿꼬 하는 것, 또는 1부모 밑에 그들의 자, 녀들 중, 남, 녀 그 중 그 어떤 동생이, 그 위에 남, 녀 그 중 누구에게 가하는 폭력, 아니면 존속 폭력, 즉 이런 가정 폭력이, 밖에서는 그 사실을 모르게, 그 가해자가 피해자를 집안에 가두고, 뚤패고, 심하모 살인이다. 즉 그런 집은 당연 불화가 된다. 즉 그런 집 속에서 그 피해자는, 그 해결을 법의 호소에서, 그 경찰 측에선 보통 그런 일은, 그들의 집안 일이다, 이런 식이다.

* * *

띵, 동!
어느 집 대문 앞에 핏덩어리 아기가 바구니 안에 이불에 쌓여져 있고,
"부디 잘 키워 주십시오!"
그 이불 위에 편지 1통이 놓여져 있다.
라디오 뉴슬 들어 보면, 즉 요즘 이런 사례가, 전 보다 많아졌담니다. 또 한 번은 어느 식당에서 젊은 부부 손님들이신데, 여기서 그들의 애도 1명 있꼬, 그리고 그런 그들이 식사를 하시고, 또 계산도 하시고, 그 다음 그들이 갈 때, 그들의 애를 거기 두고 갔다는데, 여기서 그 가게 CCTV에 찍힌 그 녹화 된 영상의 증거로, 그 일이 메스컴에 사건 화 됬습니다. 여기서 경찰 측에서 그들을 찾았땀니다. 큼! 즉 요즘 방금 그런 식의, 그들의 어린 애를, 무책임히 버리고, 그들 끼리 어디론가 가 버리는 그런 경우가 많담니다. 요즘이 제 3의 물결, 즉 지식과 정보의 초기 시대입니다. 즉 컴퓨터 보급 시대입니다. 이에 컴퓨터를 잘 이용하모 아주 유용한 정보이고 지식인데, 이를 노는데 이용하모, 오히려 안 좋담니

다. 이 제 3의 시대는, 즉 물질 보다 사람의 기술이 더 필요한 세상이람니다. 그래서 제 3의 시대가 돈 보다 사람이 더 중요한 세상 일지도 싶습니다. 요즘 범죄가, 그 중 강간이 많타 더라구요. 그리고 요즘은, 특히 3포 세대라고, 즉 젊은 분들이, 연애, 결혼, 출산, 이 3가지를 포기 하는 분이 많다던데요.

* * *

"아, 전에 서울에서 놀란기!"
한번은 누구와 예긴진 정확힌 모르고? 즉 어느 분과 대화를 하다가 그 분의 예긴데, 큼! 즉 그 분이 한번은 서울에 갔따가, 거기서 목격을 했다던데, 즉 사람의 몸에 불이 붙었단다. 이에 그 몸에 불 붙은 사람이, 왔따갔따 하며 움직였다던데, 행인들이 그 광경을 쳐다도 안 보고 그냥 지나 다니 더란다.

'이상한데, 그것 까지는 거짓말 긋테?'
한번은 내나 마귀들 집된 상태였고, 또 이를 전혀 모르고, 또 정신병원 입원 경험이 없어, 그로 정신병원 가면 그 뭔가 모를 병이 고쳐 나올지 알고, 이로 엉망 일 때 였는데, 큼! 그러던 어느날 하루는, 그 날도 서울에서 배회로 음주를 하고 돌아 다닐 때, 밤 7시경 길을 걸어 가는 중.

'아니, 아가씨가!'
보니 어느 아가씨가 자살을 한다고, 본인의 한 쪽 손목 동맥을 끊었는데, 그런데 큼! 그 상처가 크게 깊진 않다. 즉 그 상처 부위가, 약간 칼로 그어져 있고, 거기에 약간 피가 고여 있다.

그 때가 여름 이었고, 그 여자 분은 반팔, 반바지 옷이고, 그 사고 현장 옆엔 둥근 파라솔 탁상에, 중년의 남자 2명이 거기 앉아 맥주를 마시며, 서로들 예기를 나누고 있다. 여잔 보니 20대고, 노랑 염색 머리에, 단발 머리다. 그리고 2층 독서실 그 입구와, 길가와 연결 된 그 중간 부위에 쓰러져 누워 있따. 다가 갔따.

'자살 시돈 모양이네!'
주월 보니, 내나 그 옆에 술꾼들은 술을 마시며 이야길 나누고 있다.
'?'
'뭔 정신인지?'
그 여자 분에게 다가가 그 분 앞에 앉아 그 분을 보니, 일단 병원에 전화를 해서, 응급실로 옮겨 줘야 될 상황이다.
'병원에 전활 하긴 해야 되겠는데?'
"애인이여?"
"아이, 옆에 아는 사람인데!"
어떤 나이 드신 안경 낀 아저씨 1분이 개입을 하시고, 그 옆에 술꾼들은, 내나 그대로 술을 먹고들 있다.
그 아저씨가 본인의 휴대전화로, 오데 병원인가? 전화를 한다.
그 분이 그 전화 하는 걸 확인하고, 다시 다른 곳으로 배회 하러 갔다. 큼!
삐뽀, 삐뽀!
쫌 걸어 가다 보니, 앰블런스 차가 요란히 싸이렌 소릴 내며, 그 아가씨 있는 방향으로 지나 간다.
'그 여자한테 가나?'
그 땐 정신병원에 함 가볼라 해도 못 가고 있었다. 그래서 그 정신병원을 입원 해 보기 전엔,
'아, 정신병원에 한번 입원을 하고 거기서 얼마간 치료 받고 있다 사회로 나오면, 내 정신병이 다 낳져, 나도 남들처럼 세상을 정상적으로 살아 가겠찌?'
즉 그 정신병원이란 곳이, 그 환자의 그 정신병을, 진짜 고쳐서, 사회로 복귀 시키는 그런 곳인 줄 알았다. 그래서 거기가 세상에서 최고 좋은 곳인 줄 알았따. 그런 큰 착각 속에서 정신병원을 믿고 엉망으로 살았었따.

그리고 남에게 뭘 베풀모 그것의 댓가가 크다고 한다. 요즘 사람들은 그런 점에서 수가 얕다고들 한다. 즉 여기서 불교에서는 보시라고 해서, 즉 남에게 뭘 베풀면, 헌제 이후의 언젠가는, 그 베품의 만배의 댓갈 받게 된다고 한다. 이 반면, 즉 상대방에게 베풀어도 될만한 그런 물질이 본인에게 있고, 또 그 물질로 남을 도울 기회를 만났는데도, 그 물질을 혼자서 다 써 버리면, 여기서 당장은 그 물건을 쓰니까 좋은데, 그러나 그 물건을 다 쓰고 나면, 뭔가 허전하게 그 물건 쓴 것 외에는 더 생길 게 없을 것 같은 느낌이 든다. 그런데 실제 그렇게 된다. 즉 그 물건 쓴 그 값 만을, 본인이 얻는 것이다. 여기서 불교에선 뭘 받아 가는 그 사람을, 복 밭이라고 한다. 즉 어찌 보면 그런 그 사람이 본인의 복을 받기 위해 본인이 남에게 베풀어 줄 수 있는 기회를 주는 고마운 사람이라고 한다. 여기서 상대가, 즉 가진 자나, 안 가진 자나, 즉 본인이 그 상대에게 선의로 뭔 물질을 주는데, 이에 그 상대가 구지 그것을 안 받는 경우가 많은데, 그런데 그렇게 드리 다가 못 드린 그 물질도 남에게 베풀어 준 것이다. 또 그 물질 외에 일체의 다른 베품들도, 내나 물질을 베품과 마찬가지다. 즉 이는 왜냐면? 본인이 그 물질을 그렇게 쓰자는 그런 마음에서 그렇게 그 물질 쓰기를 시도 했고, 거기서 그 물질을 그 상대가 받았다면, 거기서 그 물질을 그대로 썻습니다. 그런데 그 상대가 그 물질을 이유 없이 안 받았다면, 그건 그 상대가 잘 못을 해서 그 물질 받아 갈 기회를 놓친 것이죠? 여기서 상대방에게 1만원 짜리 물질을 드렸는데, 그 상대가 이유 없이 그 물질을 안 받았다면, 여기서 그 본인은 그 1만원 짜리 물질을, 벌인거나 마찬가짐니다. 보통 그렇게 되면, 그 물질을 다른 사람에게 다시 주기도 합니다. 즉 남에게 선의로, 물질이나, 뭐를 베풀었는데, 그 상대가 이유 없이 그 베품을 안 받는다고 해서, 그 베풀이 성립이 안 되는 것이 아니라 봅니다. 즉 여기서 부한 자에게 물질을 베품 보다, 가난한 자에게 베품이 더 복을 받는다고 합니다. 즉 은혜란 건, 진짜 목 마른 사람에게 물 한 모금 베풂이, 그 은혜를 받은 그가 그 은혜를 평생 잊지 못 하는 법입니다. 그리고 요즘 사람들의 4가지 특징들 중 하나가, 즉 수가 얕다는게 있다. 이는 어느 교회 예배 보러 갔다가, 즉 거기 목사 분의 설교 말씀으로 알았고, 또 딴 교회 가서도, 이와 비슷한 설교를, 목사 비슷한 분에게 들어 알았는데요. 즉 요즘 사람들은 물질을 나누질 않고, 그걸 쥐고 혼자서만 쓴다는 것 입니다. 즉 사람들의 수가 얕다는 것입니다. 즉 이 물질 1개를 줄 수 있는 그 어려운 상대에게 본인의 처지가 되는 데서 그 물질을 주고 보내면, 그 일 다음 미래에 그런 본인에게 뭔가 좋은 보답으로 돌아 올 수 있는, 그 복 받을 근거가 되는 일을 해 놓은 것인데, 물론 당장은 그 물질 쓸 것이 없어져, 본인이 아쉽지만. 여기서 그 상대에게 줄 수 있는 그 물질이 본인에게 있다면, 그 물질에서, 즉 본인이 쓸 걸, 어느 정도는 빼고 드리는게 좋습니다. 이는 왜냐면? 즉 본인 걸 다 주면 나면, 그 뒤에 본인이 쓸 물질이 없어져 그렇습니다. 그래서 상대가 원하고, 또 거기서 본인이 그 상대에게 베풀어 줄 수 있는 그 물질을 아까워서, 그 상대의 그런 요구에도 안 주고, 큼! 혼자 그걸 다 쓰면, 즉 그런 그 물질을 그렇게 쓸 때는 좋은데, 그런데 그 걸 다 쓰고 나면 뭔가 허전 해 집니다.

'쩝!'

즉 이는 수학 공부에 비유 할 수 있습니다. 즉 수학의 더하기를 공부해서 그 더하길 안 것이, 즉 남에게 뭘 베푸는 일을 해 놓은 겁니다. 그 다음 단계로 넘어갈 수학 공부는 빼기입니다. 즉 이 빼기 공부가 남에게 뭘 베푸는 일 하고 나서, 무슨 좋은 일이 생길 걸 바랄 수 있는 것과도 같습니다. 즉 여기서 물질 외에도 남에게 베풀 수 있는 뭔가를, 구지 안 주고 남을 보내면, 즉 이는 수학 공부에서 더하기 공부를 안 한 것과도 같습니다. 즉 그래서 더하기를 모릅니다. 즉 여기서 그 더하길 알아야 다음 빼기를 알 수 있죠? 여기서 남에게 베푼게 없으면, 그 더하기 공부를 안 해서 그 더하길 모르는 것과도 같습니다. 그리고 그 더하기 공부를 안 하고, 그로 더하길 몰라서? 그 다음 빼기 공부를 할 수 도, 알 수 도, 없습니다. 여기서 빼기 공부를 하고 그 빼기를 아는 것은, 즉 우리들 일상에서 남에게 그가 도움 되게 뭘 주고, 그 다음 뭔가 좋은 일을 바랄 수 있는 것과도 같습니다. 즉 그래서 남에게 뭘 베푼 것이 없으면, 뭔가 좋은 일이 생길 근거가 없는 것입니다. 사람들을 가만 보면, 즉 남이 뭘 받아 가는걸 은근히 겁을 내는 모양이던데요. 즉 이는 저도 남에게 뭘 주고, 그 상대가 그걸 받아 감에,

주춤!

할 때도 있습니다. 즉 혹시 그걸 줘 놓고 나면, 뒤에 그 걸 받아 간 그 상대가 그 은혜 받아 간 걸로 그런 버릇 없는 상대에게 뒷 통수를 맞을 것 같은, 그런 기분이 들기도 하기 때문입니다. 즉 여기서 원래 사람이란? 망각의 동물이라고 합니다. 즉 과거를 잊는 동물이란 것입니다. 즉 그래서 원래 사람이란? 즉 은혜를 모르는 동물이라고 합니다. 그래서 한국 속담에, 즉 머리 검은 짐승은, 거두어 주지 마라고 합니다. 즉 이는 사람이 짐승 보다 못 하게, 은혜를 모른단 것입니다. 즉 여기서 우리가 그런 사실을 알고, 그래도 우리가 그런 걸 보지 말고, 혹시 뒤에 그 상대에게 배신을 맞을 값에, 은혜를 베풀어 주라는 거죠? 즉 혹시 그런 그 상대에게 배신을 당하더라도, 좋은 일 하다가 그렇게 된 긴께, 그로 하나님의 구원을 바랄 수 있겠죠? 또 원래 남을 잘 되게 하는 일은, 어려운 일이라고 합니다. 즉 부모들이 자식을 잘 키우기가 어렵죠? 그래서 사람이 사람을 잘 되게 하다는 건, 아무나 못 하는 어려운 일이라고 합니다. 이 반면 사람이 사람을 못 되게 하는 건, 아주 쉬운 일로, 이는 누구나 할 수 있는 일이라고 합니다. 그런데 여기서, 즉 선한 맘으로 남에게 베풀어 주는 건 좋으나, 그런데 이도 정도 껏 해야 됩니다. 즉 본인의 그 처지에 벗어난, 너무 큰 금액을 어디다 기부를 한다던지 하는, 즉 그

런 일은, 즉 본인의 뒤에 본인이 쓸 물질이 없어져서, 그로 본인이 거지가 되니까 안 됩니다. 여기서 진짜 봉사가 심한 경우는, 즉 본인의 장기 2군데를, 남에게 때 줬다는 사람도 있던데요. 그건 봉사가 아니라 자살 행위라 봅니다. 즉 그래서 누구든지, 아무리 복을 받을 베풂이라도, 그것을 정도껏 해야 되겠죠? 그리고 정승 판서 벼슬하다 죽은 사람에겐 안 찾아 가 보는데, 정승 판서 벼슬하던 그 분의 말이 죽은 곳은 찾아 가 본다는 속담이 있습니다. 즉 이는 그런 그 사람이 돌아 가신 그 초상집에 가면, 거긴 얻어 먹을 게 있으니 가는데, 여기서 그런 그 사람이 죽은 그 시체 자체로는 얻을 게 없으니까, 거긴 안 간단 것입니다. 그런데 그런 그 분의 말이 죽은 곳엘 가면 그 말을 고기로 해서 먹을 수 있으니까, 그래서 거기는 간다는 뜻이겠죠? 방금 앞에 설명 드린 그 속담 뜻은? 즉 사람이 어려울 때가 되면 그 사람 주위에 평소에 믿었던 사람들도 의외로, 아무도 없다는 뜻입니다. 즉 여기서 아는 사람들은 아시겠지만, 즉 사람이 정신병원에 재수가 없이 덜컥 골인이 되 놓으면, 밖에서 믿었던 그런 본인을 도와주는 사람들도 의외로 아무도 없습니다. 즉 여기서 그런 본인을 도우는 분이 몇 분이 있을 수 있습니다. 즉 그런 상황에서 밖에서 아무도 도와 주는 사람이 없다면, 거기 병원에서 평생 못 나올 수도 있습니다. 여기서 사업을 하시다가 망하신 분들의 공통 분모가? 즉 그런 그들이 그렇게 망했을 때, 그 분의 주위에 평소에 믿었던 사람들도, 의외로 아무도 없더랍니다. 또 누구든지 살아 가다가, 어려운 식에 일 안 되고, 돈 없꼬 하모, 그 때도 그 분 주위에 평소 믿었던 사람들도 의외로 아무도 없습니다. 형편이 살만한 분들 중에도, 즉 그런 분 주위에도, 내나 사람이 그 나름대로 없겠지만. 즉 어려울 때 죽긴 죽는 다는 것을, 평소 때는 그걸 모르고 사는데요. 여기서 사람이란? 즉 어려울 때 그 옆에 있어 주는 사람이 진짜 사람이라고 합니다.

* * *

"살려 주세요! 거기 아무도 없어요? 살려 주세요!"

남자의 비명 소리.

대낮에 등산로 어느 절벽에, 젊은 남자가 손가락에 의지해, 벼랑 끝에 아슬히 매달려. 그 남자는 등산객인 모양.

그 주위에 아가씨인가? 등산객인 모양. 그 분은 그 주위의 풍경을 본인 휴대폰 카메라로 사진 촬영에 열중이다.

"살려 주세요! 거기 아무도 없어요? 예!"

그 아가씨는 못 들은 것 처럼, 본인의 사진 찍끼에 열중이다.

남자의 계속되는 비명.

여자는, 본인의 사진 찍는데 목표 된 셔터를를 눌리며, 살살 뒷 걸음질에,

"아!"

그 여자의 신발 바닦이, 벼랑 끝에 매달린 남자의 손가락을 밟았따.

결국엔 그 여자가 그 남자를 외면하고, 그냥 간 모양인데, 남잔 힘이 다 되 낙사 됬나 모르긋따. 왜? 등산객 여자가, 벼랑 끝에 매달려, 살려 달란 남잘 안 구해줬지.

TV 어느 방송 프로그램을 본 내용인데, 이기 실젠 모양이고, 즉 이 세상은 생각보다 냉정하고, 즉 이런 어려울 때 외면 당하는 일이, 생각 외로 많이 일어난다. 하룬 라디오 뉴슬 접했는데, 즉 택시, 그 차는 정지 상태고, 그리고 그 안에 그 택시 기사가 정신을 잃코 쓰러져 있는걸, 그 안에 손님으로 타고 있떤, 1분이신가, 몇 분이신가가? 그 의식을 잃은 택시 기사를 외면하고 그냥 갔는데, 아마도 그 손님이 계산은 완료하고 가신 모양이라. 그리고 그 택시 기사가, 그 의식 잃은 상태가 쫌 지나 사망을 했꼬, 이것이 그 택시 안 블랙박스인 CCTV에 찍히고, 이기 증거가 되서, 메스컴에 말이 도는데, 여기서 내나 물질 만능주의, 쾌락주의, 이기주의, 개인주의, 즉 이런게 심하다더라.

* * *

"아이 딴데 가까요?"

내가.

"그래 딴데 가!"

경비.

"가든 말든 알아서 해, 와도 좋코, 안 와도 좋아!"

앞면 있는 목사.

나의 딴데 간단 물음메, 그 목사가 2번 이런 대답인데, 여기서 그 목사가 만약에,

"딴데 가!"

이리 나오모 애누리 없이, 암만 그 교회 기초 많이 해 놔도, 손 뻇어 딴데로 가란 그 말에 딴데로 간다. 허나 거기까진 자젤 해서 딴 덴 못 가는데, 교회도 보모, 즉 어려우모 싹 외면하고, 그 주위에 아무도 없따. 즉 하나님의 말씀을 따르고 믿는 모임인데, 보모 돈, 이런 포장에 뒤에 배경, 즉 이런 거에 사람들이 모여있꼬, 여기서 그것이 없는 사람은 무시, 외면 당하고, 즉 이런기 있던데, 앞에 교회 측에서, 끝내 외면 식으로 밀고 갔으모, 물론 그 교회에서 앞에 기초 일을 많이 봐 놔서 그로 딴 교회 가면 새 시작인데, 그래도 뭐! 손만 뻇어 가뿌지. 그리고 공장 긋튼데 스팀 안에나, 냉장고 안에서 일하다 입구 문이 닫치고, 그 안에서 문 못 열고 나오모, 밖에선 안 열어주는 경우가 있다. 여기서 그날이 제삿날이다. 즉 여기서 그런 창고 안에 들어가 작업에 그 입구문이 안에서 열림을 확인을 하고, 그 안에서 문 안 열리모, 그 입구 문 사이에 뭘 공가 놓코 작업을 해야 하는데, 아무래도 그런 작업장은 아주 위험 하니, 그래서 그런 곳은 오래 안 있음이 낮끗꼬, 또 문이 안에서 열리게 되 있으면 안전한데, 즉 이런 안전 조취가 안 된 데는, 혹시 이런 잘 못 된기 안 고쳐지면, 오랜 못 있는 데다, 즉 돈 얼마 벌로 갔 따가 까딱 작업 중,

실수로 그 안에 갇혀 고통 속에서 죽으니, 앞에 설명처럼, 즉 세상은 생각보다, 냉정하고, 인정 없꼬, 인내심 없꼬, 애러바, 그러니 그런 작업장 안에 작업 중, 실수로 갖혀 버리면, 즉 밖에 사람들이 있어도 외면이고, 그 본인들 일들이나 하니까, 그래서 이 세상에 믿을 수 있는 건 하나님 한 분 뿐이다. 큼!

"이 세상엔 신이 있따. 난 그 신을 믿고 착하게 살다 죽겠다!"

지놈 게놈 연구 발표한 그 학자.

즉 90년대, 이 광고가 많이 돌아 데이던데, 즉 지놈, 게놈 인간 생명 이런 거. 즉 이 학문이 알고 보면, 마약 이런 관련인데. 그리고 임신을 한 상태에서, 산모가 마약을 맞곤 하모, 태아도 내나 마약에 중독이 되 나온다. 즉 마약 중독자들이 그 약을 서로 맞은 상태에서, 주로 이성과의 성관계에 빠지는데, 이에 3일 동안 성행위를 한다는데, 즉 이리라도 주로 만나다가 그들 끼리 결혼을 할 꺼고, 내나 이리 임신을 하모, 내나 그 모체가 임신 되 있는 상태서도 마약을 한다. 그래서 태아가 마약에 중독이 되 나온다. 요즘 한국이 세계적으로, 결혼률, 출산률이 낮은데, 이는 세계 최저고. 또 앞으로 인구가, 거의 노인이고, 본 한국 젊은인 드물고, 외국인들이 그 젊은이 들의 자릴 차지 할 거란다. 보모 피임이 보급이 잘 되고, 그리고 낙태률이 요즘 많은데, 여기서 여자들이 청소년기에 부편적으로 낙태 경험이, 1, 2번 정도씩 있을 갇따. 그리고 보통 여자들도 일생에서의 낙태 경험이, 2번 정돈 있을 것 같다.

"전에 한번은 여잘 알았는데."

또 전에 죄 없이 교도소에 잽히가 그 빵에서, 같이 있는 어느 수감자의 말을 들었는데, 즉 그 분이 우짜다 여잘 1분을 알았는데, 그래서 좋다고 만나고 하다가, 한번은 그 여자와 오데서 만남에, 그런데 그 여자분이 1회용 주사길 꺼내 마약을 맞는다, 이를 보고 놀래가! 완전 연락 끊고, 다신 안 만났단다. 이 마약하는 여자가 눈이 낮다. 아무나 받아주는 식에. 즉 삶을 포기고, 애럽꼬, 외롭꼬 하니. 이 마약 중독자들이, 즉 이성, 동성, 즉 성 상대자에게 마약을 가르친다. 즉 서로 그 약 맞꼬 성관계 할려고. 즉 이리 한번 마약을 가르치 놓으모, 그 배운 그 상대가 다음엔 알아서 연락 해서, 마약을 찾꼬, 그리고 같이 성관겔 찾는다. 여기서 이런 생활이 싫코, 또 죽지 못 해 살지, 이 약 중독자들이 양심적이다. 즉 불의를 보모 응징심이 있꼬, 이는 왜냐면? 즉 사람은 아무리 악인도, 그의 그 죽음 앞에선 선하고, 솔직해서 그렇다. 허나 의외로 죽음 앞에서도 끝내 악인도 있는데, 이런 경운 그가 진짜 악인이란다. 마약 중독자가, 즉 죽음 앞에서 이 세상에 불명옐 안 남김 이 심리다. 즉 이외에도, 노인이나, 죽을 병 걸려 죽음에 임박한 등 등의 사람들은 양심적이고, 즉 이런 분에게 강도가 칼을 들고 협박 하모, 그 강도의 칼을 겁 안 내고 달라든 단다. 마약 중독자, 즉 이들도 일반적으로 일반인과 같은 사회 활동에서 수입을 얻는다. 이 예로, 즉 연예인들 중, 마약 중독자들이 좀 있는데, 즉 한국엔 한국분, 외국엔 외국분, 즉 이들도 그 연예인 활동을 잘 한다. 전에 히트친 TV드라마에 여자 주연으로 출연한 참한, 한참 뜨는 연예인인데, 그 분이 마약을 하다 걸렷어, 그래서 그것이 신문에 낫는데, 이 전엔 그 분이 마약 중독자란 걸 아무도 몰라, 그래서 마약 중독자들도 일반인들과 같이 동등하게 사회생활이고, 내나 그런 일에 수입이고, 그리고 마약을 숨어서 한다. 이 맞다 들키면 입껀이다. 여기서 수입도 그런 사회적 활동에 생기는 것 같고, 허나 그 돈을 씀에 마약 맞는 거에 지출이 심하끼다. 1990년 땐 1대에 10만원 했다는데, 2016년도 요센 1대에 20만원이란다. 이 마약 중독자들이 이 사회에 몇 년이나 있씨모, 그 약에 너무 쩔어서, 몸이 너무 망가져 죽는단다. 이들은 마약 투약이나, 판매, 이런 걸로 2, 3년에 한번씩, 교도소에 들어가는 게 오히려 낫다 한다. 왜냐면? 즉 한번씩 교도소에 안 들어가면, 밖에서 계속 마약에 쩔어서 몸이 감당을 못 해 죽는 단다.

"살려 주세요! 제가 마약 중독잡니다. 이리 마약도 했으니 입껀 시켜 주세요!"

어릴 때 한번은 TV를 봄메, 범죄 실화 드라만데, 즉 마약 중독자가 오데 여관방에 혼자 있꼬, 그 분의 인식이, 즉 그 분의 몸이 피 범벅이다. 이 왜? 이리 됐나를 몰라, 놀래서! 거릴 뛰쳐나와, 근처 파출소에 들어 가서 그렇게 했단다.

* * *

"이 마약은 만드는 건 일이 아인데요. 사장님. 만들다 걸리모 완전 갑니다. 최하가 15년입니다."

전에 내 일하던 가게에, 내나 내 아는 마약 중독자 남자 손님이신데, 내나 앞에 설명한 그 분.

즉 마약 제조는 중국에선 사형이다. 총살. 보모 이 제조지역이 산중에 건물 지어놓코 함이 아니고, 보모 일반 건물, 즉 사무실이나, 본인 집인 아파트나, 일반 주택이나, 즉 이런 데서 하는데, 이 주 원료가 염산이라는데, 이게 독 해서, 그 주위 몇 십m 간격으로, 풀이 다 말라 죽는단다. 또 공기가 그리 탁 해진 단다. 그리고 전에 TV인가, 라디온가? 보돈데, 즉 어느 마약 중독자가 인터넷에서, 마약 제조법을 검색에 알아서, 즉 그가 사는 아파트 안에서 마약 제조 하다 걸리기도 하고. 국어 사전에, 즉 잠이 안 오는 약이, 마약이란다. 그리고 이 약 첫 개발이, 즉 2차 대전 때, 일본이나, 독일에서 만들었다는데, 이 중독자들 예기로는, 이 꽂히는기 장난이 아이니까, 그로 그 2차 대전 때 총 이런 무기를 대량으로 만드는데서, 그 일 하는 사람들에게 다 그 약을 1대씩 맞히고 일을 시켰단다. 이 한대 맞으모 3살 때 일도 기억 난단다. 내나 20%의 인간 능력을 100% 까지 쓴 거다. 이 마약 맞은 상태에서 책을 보모, 딱 그 자리에서 한 눈 아예 안 팔고 마약이 깰 때 까지, 책만을 본단다. 그리고 그 책 볼 때도 입력이 그리 잘 들어 온단다.

팍, 팍, 팍!

아마도 이런 약 맞은 사람이 오데 사법 고시 시험이나, 뭔 자격증 시험이나, 등 등, 즉 그런 시험 치러 가모 합격할 것 긋테. 여기서 마약 예기엔, 가미 가제 특공대 예기가 안 빠진다. 즉 일본이 세계를 먹으려고 여러 나라 중, 먼저 미국을 쳤따. 태평양 오데 있는 큰 바다, 그게 어디에 있는 바다 이름이 진주만인데, 거기 주둔 해 있는 미군 함정들. 이 공격 선봉이 전투기 조종사들, 즉 그들은 가미가제 특공대. 즉 이들은 일본 군인들이고, 이 전투에 그들 나랄 위해 죽음을 내 놓어. 그 출전날 이들 모두에게, 마약을 입빠이들 맞혔어.

"오메 좋은거!"

이 맞으모 죽음도 겁 안 나는 모양이다.

한번은 어디에서 사람들과 가미 가제 특공대에 대한 예길 하다, 그 중 같이 예기하던 어느 마약 중독자가, 그 가미가제 특공대들이 그 때 마약을 가득히 맞꼬는 방금 그렇게 표현을 했을 거란다.

일본이 미국을 건든건 큰 실수였다. 이 잘 못 건드려 결국 조선은 해방이 됐다. 조선은 다행인데.

막상 건드니, 미국이 예상 외로 쎄다.

"어, 호랑이 콧털을 건드렸따!"

쾅!

그 특공대 전투기가 격추가 되고, 그 조종사 몸이 산산 조각이 나, 귀신이 됐따.

미군 함대에서 유도 미사일을 날릿써. 이 유도탄은 목표물을 끝까지 추격 해서, 그 목표물을 격추 시킨다. 이 유도탄이 전투기 최고 속력보다 더 빠르다. 또 전투기의 열을 감지해서 따라오는데, 끝까지 추격한다.

"그 마약을 맞아봐야 뭐!"

"기분이 얼마나 좋은데!"

전에 오데서 마약 중독자란 사람한테, 마약에 대해 대수롭지 않케 하는 내 예기에.

서울에 마약 중독자들이 많타. 즉 전에 마귀 들린 상태에서, 이를 전혀 몰라 세상이 이상한데, 그 때 이 얼마나 엉망일까는, 누구나 공감이 갈지? 싶꼬. 그렇게 배회를 하다 그가 서울인데, 즉 그 때도 옳은 죄도 안 짓고 절도로 입껀이고. 그리고 그 교도소 안에 있어 보모, 보통 10명에 3명 정도가, 본인이 마약을 했딴 예길 한다. 그 안에 사람들끼리 있어 보모, 즉 그들 각자의 이런 저런 본인의 사회 경험담 예길 한다. 여기서 어떤 분은, 즉 본인의 범죄를 많이 한 예기를, 자랑스럽게 한다. 이 중독자들 중, 심한 분은, 나이는 30댄데, 현제 마약에 망가진 몸 상태가 아마도 70대가 넘은 모양이다. 그런 그는 그의 무릎이 삐그덕 거린다고 서글퍼하며 호소한다. 즉 여기서 그 분의 그 약 경험담으로는, 즉 그 약을 많이 했쎠, 즉 각종 마약류 여러 가지에다. 그리고 서부 경남 교도소, 그 안에 수용자들의 마약 중독자가 있는 확률은? 즉 10명 중에 1, 2명 정도다. 즉 거긴, 좀 뜸하게 있쎠. 보면 서울 쪽 교도소에는 마약 중독자가 10명 중 3명 정도로 서울 쪽에 많이 있다. 보면 사회에 부산이 많타 케. 이 사회에서는 마약 중독자들이 안 보인다. 그런데 사회에서 마약 중독자를 딱 1분 봤는데, 처음엔 그 분이 마약을 한단 걸 몰랐는데, 그 분과 같이 마약 예기를 하다 그 분이 마약을 한단 고백에 알았따. 여기서 그렇게 알기 전엔, 그 분이 신체 건강하고, 형편이 애러워 그렇치, 사람이 착해서 좋게 봤따. 그런데 그 분이 그 약을 함에, 이로 그 분에 대해 좋은 일 꾸미던 계획이 싹 취소고, 그리고 그 분과 가까이 안 하고, 특히 그 분이 뭐 먹을 꺼 주면, 아예 안 먹는다. 이 사회에서 그 약 중독자가, 그런 본인을 남에게 안 알리는 이유가? 즉 방금 그 분의 예 처럼, 즉 마약을 아는 분에게, 본인이 마약을 한다 알리면, 그런 본인은 그 상대에게 경계를 당하고, 배제 당한다. 여기서 심한 분은 신고 하긋찌.

*   *   *

"TV 이런 덴 남 잘 되는기 샘이 나서 그래, 이 피로 회복제다. 한번씩 하모 몸에 좋다! 함 해 볼래?"

필히 이리 유혹이 들어온다. 이 1번 하모 완전 아웃이다.

"이 약 여기 두고 갈게, 한번 해 봐, 한번 씩 하면 몸에 좋아!"

이 두고 간 마약이 본인의 눈 앞에 있꼬.

'?'

'!'

함 해 봄에 간다. 거기서 부터 마약을 계속 한다. 같이 마약 좀비가 된 기다. 그래서 불교에선, 즉 알면 부처고, 성자고, 일단 알면 모든 고통을 여읜다는 그런 논리의 불교가 있다. 이 앎, 모름이, 진짜 하늘과 땅 차이다. 여기서 사회도, 내나 교도소 안 사람들 비율로, 마약 중독자들이 있을 것 같다. 이 마약이, 한국엔 없는 편이고, 세계 최고로 많은덴, 미국이나, 남, 북 아메리카, 이런 덴데, 제가 아는 분들 중, 미국에 몇 년 이민으로 살고 오셨따는데, 그 분도 마약 경험이 있다던데.

그리고 소년 교도손 모르고, 교도소는 범죄자들, 일체 그 죄명 따라 불린데, 그 분류기준이, 즉 마약범, 이들은 따로 분리다. 그 다음은 절도, 절도도 그들만 분리 수용 한다. 다음은 사기, 일명 경제범이라는데, 그들도 그들끼리만. 다음은 폭력, 이들은 다른 강력범들과도 섞어 불린데, 내나 폭력과, 조직폭력에다, 살인, 강도, 강간, 이런 강자 들어가는 수용자들도 같이 분류 한다. 폭력범들은 대체적으로 성질들이 안 좋은데, 보면 본인 생각만 주로 밀고 나가고, 손이 가벼운 분이 많코, 폭력으로 들어 온 자체가, 성질이 안 좋탄 증거다. 그들 중 그런 걸 자제 하시는 분도 있긴 있다. 사람이 화가 나면 2가지 나타나는데, 이에 성질이 안 좋은 분이 화가 날 때 사람을 구탄데, 또 딴 예는, 즉 물건을 부순다. 여기서 사람이 화가 나면 그냥은 안 넘어 간다. 이에 사람을 구타엔 그 상대에게 신고를 당해 그로 입건 된 거지, 그러니 폭력범들이 사람을 구타 한단 그 자체가 성질이 안 좋탄 증거다.

'!'

마약범, 그들이 왔따 갔따 지나 다니는 걸 보모, 느낌이 좀 희한하다. 이 마약을 아니까. 그들은 늙어 졌찌! 그 마약 투약 기분 즐기고 그 노예가 되서, 영혼을 팔기도 많이 팔았겠찌! 그들 마약 수용자들은, 개인의 소포가, 외부에서 받음이 금지다. 편지는 모르고. 그것을 보내는 건 될 꺼다. 혹시 그 소포 속에 마약을 숨겨 유입 시킬까봐? 내나 그 교도소 안에서 마약을 한다고.

"저 부탁이 있는데, 내 앞으로 오는 소포를, 니 앞으로 오게 할 수 있냐?"

"예!"

전에 서울에선데, 마귀들이 들린 상태에서 이를 전혀 몰라? 엉망으로 배회로 돌아데이다 또 죄 없이, 절도미수로 교도소 골인 되, 수용 되 있던 중, 한번은 마약으로 들어 온 1분이 나한테 방금 그리 말한다. 그 일을 성사 시키모 뭘 준단다. 내 있는 방이 절도 방인데, 그게 방에 봉사원, 요즘엔 감방장을 봉사원이라 한다. 그 봉사원은? 될만한 그 방 수용자들 중, 1명을 교도관이 정해 주는 식이다. 그 분 봉사원에게, 방금 마약 중독자, 그 분 예기에, 그 봉사원 분이 이를 알았따.

"어이, 하지마!"

보도 않고 강하게 나온다.

그 방 봉사원이, 방금 마약 수용자가 지나 가는 걸 불러 세워서,

"어이 여보세요, 이 사람이 딴 사람 소포 받꼬 있어요. 하지 마세요!"

그 마약 수용자 분이 쫒끼 났는데, 난주 그 분을 보니, 분위기가 화난 분위다.

교도소 가모 마약이 아예 없으니 못 하고 거기선 안 하는데, 사회는

이 마약이 있써, 그들 마약 중독자들이 하고, 그리고 그 마약이 어디에 나온다, 이런 루트를 안다. 그리고 돈만 있으모 구한다.

'이, 안 해야지!'

즉 그 약이 없을 때 이렇게 마음을 먹다가, 옆에서 마약 중독자 1분 이상이 마약을 하는 걸 보면,

"나도 좀 줘!"

아주 급하게 손을 내민 단다.

교도소에 무기징역이나, 이리 평생 교도소 있으모, 이 땐 그 약이 아예 없으니, 안 한다. 마약이 담배 10배 넘게의 중독성이란다. 담배는 교도소 갖힌 중, 그 담배가 생각이 안 난다. 옆에 담배가 없어 그렇타. 허나 옆에 담배가 있으면 하는데, 여기서 사회 나오모, 내나 담배가 옆에 있으니, 여기서 그 유혹이고, 여기서 한대 하모 계속 한다. 담배 끊음은, 즉 눈 앞에 담배가 있꼬, 이를 보고 있는 중, 3일은 안 피워어야, 진정 끊음이다. 아니 1일만 안 피워도, 거의 끊음이다. 이 사횐 담배가 있는데, 흡연자들이 이를 보고 못 넘긴다. 이 담배 끊은 사람은, 드물게 있다. 그런데 마약은 누구도 못 끊는다. 담배 경우는,

'이, 끊어야지!'

항상 피울 때 마다 이렇게 생각하면서 하루를 못 이기고, 1년, 또 1년, 이리 가다, 10년, 이리 가다 골병이고, 폐암이다, 버거병이다, 즉 이런 큰 병 중 1개 이상을 얻어 고통 속에서 죽는 경우가 많다.

"어떻게 돌아 가셨습니까?"

"폐암으로!"

한번은 주위 친척 1분이, 폐암으로 돌아가셨는데, 또 다른 분 경우는,

"어떻게 돌아 가셨습니까?"

"담배로 폐암으로!"

이는, 즉 주위 1분의 장례식장에 갔다가, 그 상주 분에게 들은, 그 고

인의 사망원인이다.

 이 마약, 이 한방 투약에, 이 마약 마귀들의 중독 노예의 손에서 못 빠져 나온다. 마귀들이 사람들에게 죄를 교사해서, 사람이 죄를 져도, 그 사람은 그 죄의 벌을 받는다. 내나 태초에 아담과 하와, 즉 뱀이 하와를 꼬셔서 하와가 선악과 나무 열매를 따 먹게 했는데, 하와가 뱀에게 속아 죄를 져도, 그 죄의 벌을 받았따. 그러니 사람은 어떤 시련과 유혹이 와도 죄를 지으모 안 되는데, 이에 예방이, 즉 바른 삶이다. 어두운 삶, 즉 바르지 않는 삶은, 마약 마귀에 약하다.

 "약한 놈이 아이다!"

 내 붙어먹는 마귀들 중.

 마귀들의 집 된 사람이, 가다 가다 파멸이 도저히 안 되모, 결국 가는 수 밖이란다. 마귀들이 평생 안 간다! 이런 위협도 되나, 허나 마귀, 그 1 놈 이상의 집 된 사람의 영혼을, 영원한 지옥으로 보낼 가망성이 정 안 되모, 갈 것 같은데, 그리고 그런 마귀 1놈 이상이 가고 나면 그땐, 하루 아침에 그들이 없다는데, 이 마귀들이 가고 나모, 그 집 된 사람 몸 상태가 안 좋아 진단다. 왜냐면? 그런 마귀 1놈 이상이, 그 집 된 사람의 몸에서 그 사람의 기를, 싹 가져 간다는데, 이로 그 마귀들의 집 된 사람의 몸에 기가 다 없어지니 그렇다는데, 그렇게 되면 마귀들의 집 됐던 사람이 한 6개월 간은, 몸저 눕는 식에 몸이 안 좋다네. 이는 오데 빙의 고친다는 가게에 들어가서 거기 퇴마 하신다는 분께, 직접 들은 예기다. 이 마귀들이 사람을 괴롭히는 이유가? 뭔 한이 있어서가 아이라, 재미로 괴롭힌단다. 작문이 최고 잘 써지는 시간이, 오후 시간 대다. 왜냐면? 이 때가 마귀들의 활동이 잘 안 되고 힘을 못 쓴다. 이로 이 마귀들의 글 방해가 덜하다. 반면 최고 설치는 시간대가 새벽이다. 늦은 밤부터 날샐 무렵까진데, 아무래도 이 마귀, 그들이 귀신이고, 그로 이 새벽 시간대가 최고 활동력이 강하고, 그리고 이 글질 방해가 쎄다. 이들은 닭 우는 소릴 싫어 하는데, 이 식에 알람 소릴 또 싫어 한다.

따르릉!

'!'

'뜨끔!'

마귀들 반응.

꼬끼오~!

'뜨끔!'

내나 귀신이, 새벽에 날이 새면.

보통 생활에 밖에 일도 있고 하니, 오전에 일 보고 오후 12시경에 글 씀 들어감이 괜찬터라고. 전에 작문을 혼자 종이에 썻을 땐, 이 마무리까지 그리 많은 글은 안 냈고, 그리고 한 4시간 정도씩 보냈는데, 그 글은 공개가 아니고. 허나 요즘은 컴퓨터 싸이트 안에 글 일이라, 손 글 보다 양을 더 많이 내고, 컴퓨터로 작문이 작업 속도가 더 빠른데, 이런 싸이트는 독자님들이 읽으시니까, 그래서 이에 잘 내야 되고, 관리도 잘 해야 되고, 이로 더 집중이고, 잘 하모 인정인데, 이로 글 작업이 오래 걸리고, 보통 시작에서 마무리까지, 9시간 이상이다. 허나 수입이 그리 안 된다. 되게 인기 좋은 작가 분은 모르는데, 이로 알바로, 2중으로 따로 벌일 1개 더 해야 된다. 글에서 수입이 되모 내나 글만인데.

"딴 작가들도 저런 식으로 하던데!"

내 붙어먹는 마귀들 중.

보모 마귀들이 사람에게 붙어먹던 중, 오데 글 쓰는 사람에게 붙어 먹따 쫓끼 나본 모양이다. 내 글 작업 방에 글 작업 때는, 요즘은 창문이고, 방문이고 다 닫고, 방 안엘 밖에 와 차단을 시키고. 요센 컴퓨터로 찍어서 글 쓰고, 귀마개가 작업 집중용인데, 이기 시중에 팔고, 원래 이런 용도로 쓰인다. 즉 수면용, 작업 집중용도로. 그러나 주의사항이? 즉 운전 중, 물 묻은 상탠 사용 금물이고. 그리고 마귀들이 귓구멍으로 들어 와 작문 방해 때메, 특히나 귀마개를 하고. 이 귀마개를 착용 한지 한 20분이나 경과가 지나면, 이 마귀들이 귓구멍을 아프게 하고 피곤하게 해서, 그 땐 귀마갤 잠깐 빼 줬 따가, 피로와 나쁜 기운들을 빼고, 다시 꼽아 하고. 귀마갤 오데 가나 이 식으로 항상 착용을 한다. 그리고 글 작업 땐, 마스크도 하고. 내나 마귀들이 입으로도 들어온다. 그래서 입을 약간이라도 벌리모, 그 입으로 사정 없이 들어 와, 생각한 글 구상을 엉망으로 만든다. 앞에 손 작문 할 때 이런 식에 입 벌림에, 즉 마귀들에게 피헬 보고 알았다. 내 경우 작문 중, 라디올 틀어 놓코, 그 소리에 파묻혀 하는데, 이 마귀들이 조용한 분위기에서는, 정신을 이상하게 만들어, 내가 그 피해로 글이 잘 안 나와, 그런 이유도 있꼬, 그리고 마귀들이 없더라도, 작문엔 내나 라디오 소리가 좋은 것 같다. 생각은 누워서 하고, 구상을 해서 정하고 쓰고, 쓴다고 아무 때나가 아니고, 이도 방법이 있고, 요령도 있고, 컨디션도 작용을 한다. 뭔 시험 친다꼬 마약 1대 맞꼬 함이 있씨 끼다. 실제 이런 예가? 즉 88올림픽 때 육상 단거리 달리기 경기에서 있었다. 즉 칼 루이스와 밴 존슨이, 단거리 달리기 경쟁에서 번번히 칼 루이스가 1등이다. 벤 존슨은 번번히 2등, 한번은 밴 존슨이 1위다. 그 경기가 알고 보니, 벤 존슨이 마약을 복용하고 한 거다. 벤 존슨은 이로 뭔 제재 조취를 받고. 이 외에도 스포츠 보모, 이 마약하고 1등 묵꼬 하다 잡히는 사례가 많타. 그리고 스포츠에 마약을 맞꼬 1등 하듯이, 국가 공인 시험, 이런덴 마약을 했나, 안 했나를? 조사 안 하니까, 더더욱 그런 어려운 일엔, 마약 중독자는 필히 그 약을 맞고 할 것 같다. 또는 뭔 중요 일에도 1대 맞꼬. 그리고 세월이 지나모 아이가 어른이 되고, 청년이 장년이 되고, 장년이 노인이 되고, 즉 시간은 딱 그대로 계산이 된다. 누구나 시간 지나면 다 죽는다. 젊은 사람은 나이 안 먹을 줄 아는데, 그기 아이다. 또 인과응보, 즉 콩 심으모 콩나고, 팥 심으모 팥 나고, 딱 심은대로 거둠, 딱 그대로의 돌이킬 수 없는 현상, 즉 선을 심으모, 악을 심으모, 또 무슨 일을 많이나, 작게나, 내나 심은 데로 거둔다. 그라니까 알려고 공부도 하고, 행동도 잘 하고 해야지? 불교의 교리 중 인과응보, 즉 현제의 선악의 행위가 반드시 미래에 그 갚음을 받는다. 불교에서는, 즉 그 행위의 결과는 반드시 그 주인을 찾아 온단다.

"자야 되긋따 공구 사미께서!"

내 붙어먹는 마귀들 중.

작문을 하는데 방해로, 잠 재운다꼬. 이 마귀들이 수면제 먹인 것처럼, 잠이 오게 할 수 있따. 그리고 여러 가지 신체에 고통을 주는데 고문이고. 즉 이 마귀들이 약간의 물리적으로 할 수 있따. 그리고 잠 오게 하는 반면, 잠이 안 오게도 한다. 특히 가만히 앉아 책 보거나, 휴대폰이나, 테블릿에 글을 읽기나, 특히 기도문 읽을 때 그런 방해가 심하다. 또 작문 때 조용히 누워 글 구상 중.

'!'

보면 1시간이나 자고 일어나는 경우가 많다.

이 잠 안 오게 하는 현상은? 내일을 위해 자야 되는데, 말똥 말똥 잠이 안 온다. 이기 심하모 이틀간 한숨도 못 잔다. 속담에, 즉 이 세상 모든 못된 짓은, 다 대처하고 막아내는 수단이 있딴다. 기도문, 이는 종이에 적은 기도문 경운, 그 글 줄에 뭘 대 가면서 읽어가면 되는데, 그 눌리는기 젓가락도 좋고, 특히 좋은기 서예 할 때 서예 종이 눌리는거, 그기 좋다. 그 읽는 줄에 젓가락이나, 서예 때 종이 눌리는 걸 딱 대 놓은 상태에서, 글을 읽따 깜빡 잠에 정신 차리모,

. . . .

'어디 읽었나? 아!'

표가 난다!

내나 마귀들이 글을 못 읽게 함이 목적이다. 책이나, 휴대폰이나, 이런 글을 읽을 땐, 위로 2줄 씩 읽으면, 마귀들이 그 글 내용을 이해를 못

한다. 당장 오데 가야 되는데 잠이 오곤 한다. 이는 마귀들이 한 짓인데, 이 땐 한 숨 자는데, 즉 알람을 한 10분 이상 맞춰놓고, 잠깐 자고 일어나 밖에 나가모 된다. 잠이 살 오던 중, 잠깐 자는 잠이라, 잠도 잘 오고, 피로도 많이 풀리곤 한다. 그리고 잠이 안 오는 이 땐 어떻 하느냐? 그건 즉 귀마개를 하고 잠이 좋다. 그리고 조용한 데서 옆에 사람이 1명 이상 있는 중, 이에 사람의 양기가 있어도, 그런 사람 사이에 이 마귀들이 이간질로 그곳 모든 사람에게 이상한 신체적 고통을 준다. 이 상태서도 잠이 안 온다. 왜냐면? 조용해서 그렇타. 그럴 땐 라디오나, TV나, 이런걸 틀어서 그 소리에 파묻혀 자면, 잠이 오는데, 즉 마귀들이 조용한 데선 바로 잠이 안 오게 하는데, 그런데 그런 소리 속에선, 그 소리와 마귀들의 잠 안 오게 하는 기운과 섞여서, 그 마귀들의 바로 잠 안 오게 하는기 잘 안 된다. 그리고 이는, 즉 마귀가 들리고, 안 들리고 간에, 누구나 마찬가지다. 그리고 라디오 같은 소리 속에 파묻혀 자도, 귀마개까지 하고 자면 원하던 데로 수면을, 쉽게 이룰 수 있따. 그리고 알람을 맞춰 놓코, 4시간이면 4시간, 잘 수 있따. 그리고 마귀 들림에 이를 모름의 비유가? 즉 그 마귀들 들린 사람의 머리 전체를, 보자기로 덮은 상태에서, 상대와 치고 받는 싸움을 함이나 마찬가지다. 반면 본인이 마귀들 들린 상태를 그런 본인이 알면, 이로 진짜 그 상대와의 싸움이다. 이에 본인을 지킴이다. 즉 동등한 입장에서 상대와 대적 함이다. 즉 사람은 아는 방향으로 뺏어간다. 그리고 이 이성이 땡김이, 이 세상에서 본인의 자식을 남기는, 즉 이 성욕이 있씨니 이 세상의 생명체들이, 그 종족이 유지다. 이 성이란? 그 성을 함이 죄가 아니다. 그래도 그 성을 적당히 함이 좋겠따. 불콘 너무 성을 억젠데, 심하겐 그 수행을 한다고 그 어느 수행자가, 본인의 성기를 짜르는 경우도 있다. 또 그 반면 너무 성을 함도 안 좋지? 즉 이 성이, 인생에 다는 아이지, 즉 이기 이 세상에 종족 보전용이지, 즉 이 성 땡김이, 이 세상에 본인의 자손을 남김의 본능인데,

보면 이 될 만한 이성의 의해 이 세상에 본인의 자손을 남김의 본능이 성욕인 것 같다. 그리고 살아선 부귀가 최고, 죽어선 학문이 최고란 속담이 있는데, 여기서 삶에서는 부하고 어딜가나 귀한 대접을 받으며 삶이 최곤데, 그리고 죽어선 학문이 최곤데, 여기서 그건 학계의 이론, 예술 작품, 글, 등 이다. 즉 후세에 이름 남긴 사람들이 왜? 그렇게 됐냐면, 즉 그런 학문을 남겨 그렇다. 보면 유럽에서 학문으로 이름을 남기신 분들이 많으신데, 그 분들 특징이, 즉 살아 생전에 학문을 붙잡고, 가난해도, 계속 공부를 해 가며, 그게 죽을 때 까지 가니까, 그렇게 됐단다. 보면 한국은, 즉 살아 생전에 묵고 살만히 하며, 학문을 하는 이런 분이 많탄다.

* * *

"저 귀마개가 겁나!"

마귀들 중.

전에 귀마개를 모를 때 방에 혼자 있고, 잠은 하루 4시간 정도 자고, 밤 새도록 공분데, 이 상황에서 마귀들의 의해 귓구멍이 아주 아팠는데, 즉 피는 안 나는데, 통증이 엄청나다. 그로 하루 하루가 힘들던데, 이로 이 마귀들 들린 병 알리기 작전! 즉 병 자랑은 하는기 좋다고, 즉 병은 남에게 안 숨기고, 본인 자랑 하듯 알리모, 이에 누군가에게 그 병 낮는 비법을 배우거나, 아니면 용한 사람을 만난단다. 이에 휴대폰에, 나에게 마귀들이 들린 것, 그 내용 찍어, 매일 4분 이상에게 마구잡이로 문자 보내기나, 또 아무에게나 예기나, 아니면 전화로나, 즉 이리 계속 해 가니까, 한번은 그 문자에 온 답이,

"사회 생활에 환청이 큰 방해라!"

"!"

그리고 오데 적당한데 벽에, 즉 나에게 마귀들이 들린 병이 있다, 이런 내용의 글을 몇 군데 써 붙여 놓고, 그리고 몇 일 가다가,

"컴퓨터에 차길진 검색 해 봐!"

이 용하신 분이, 즉 내 알바 하는 가계에, 나와 같이 알바 하시는 분이다.

이리 하나씩 가르쳐 주시는데, 여기서 귀마개도 배웠따. 다음날 해 놓코 그리고 귀마개를 한 첫날 새벽, 그 귀마개 함에 귓구멍의 통증이 반은 줄었따.

'혹시 이 오래 차모, 귀에 이상이 있나?'

즉 몇 시간 귀마개 사용이, 귀에 안 좋은가가 의문이다? 다음날 그 용하신 분이 이빈후과에 가 보라는데, 한 만원 갖고. 이에 그가 시킨 데로 다음날 거기 가서, 거기서 환청이 있따 예기하고, 앞에 이런 상황을 설명 그 답이? 즉

귀마개를 오래 착용 해도 된단다. 귀에 아무 이상 없딴다.

안심!

그리고 그날 그 혼자 있는 방, 그 귀마개 착용 경과가 빠르겐 10분 만에 통증인데, 즉 피곤하고 빡빡한 그런 통증, 허나 못 참을 정돈 아이고. 이 귀마개 착용에 마귀들이 그 귓구멍을 꽉! 눌리는 거다. 그 통증엔 귀마갤 뺀다.

'!'

나쁜 기가, 싹 빠져 나가는 것 같이 시원하고, 정신도 귀에서 새 기운이 든다. 그리고 적당히 쉿 따가, 또 다시 착용, 또 그 마귀들이 그 귀마개 한 귓구멍을 꽉 눌린다.

* * *

'!'

생각이 되기 시작이다. 글 작업 구상에, 이 마귀들이 최대 방해. 글 구상을 누운 편한 자세로고, 꽉! 막혀 생각이 안되. 그리고 가만 글 구상.

'?'

'!'

내나 마귀들에게 잡힌 것 쏙 빠져나가 생각이 난다. 마치 산 물고기를 손으로 잡았는데, 그 물고기가 몸부림 치다 쏙 빠져 나가듯이. 글을 쓴다. 마귀들이 귀마개 한 귓구멍을 아프게 하는데, 이도 안 먹힌다. 이기 심하모 잠깐 귀마갤 빼 줬다가 다시 끼모 된다. 이 실상이? 즉 마귀들이, 그 귀마개 한 귓구멍을 꽉! 눌리는 기다. 이기 통증이 약간 있긴 하다. 즉 피곤한, 꽉! 막힌, 빡빡한 그런 통증. 보통 누워서 글 구상을 하는데, 이 때 입을 약간이라도 벌리모, 마귀들이 그 입으로 사정 없이 들어온다. 이에 그 구상이 엉망이 되는데, 보면 이 마귀들 집 된 사람이 입을 벌리고 있으면, 그들이 한 뭔 쓸데없는 생각, 말 한 것들을, 그 집 된 사람에게 누명을 씌운다. 즉 그런 것들을 안 했는데 한 것 같이. 그로 글 구상에 생각을 차분히 정리하고 구상하고 하는게 엉망이 되는데, 그리고 마스크도 한다. 글질에, 전엔 PC로 말고 손 작업에 1, 2번, 방금 예기한 그런 방해로, 그서 부터 알았따. 그래서 특히 글 작업 할 땐 입을 다 물고, 마스크를 한다. 내 경우는 특히 마귀들 때메, 오데가나 입을 안 벌린다. 특히 사람 있는데 가면 더 신경을 쓴다. 이 마귀들이 입으로 들어오는 게 먹었던 뜻 까지 취소 시킨다. 누구나 마음 먹고 있는 생각이 있는데, 내 경우는, 즉 옆에 사람들과 있는 중, 입을 벌려 그 입을 마귀들에게 허용을 시키면, 정신이 없어지면서 희한하게 옆에 사람들이 이해 안 가게 나에게 적대적으로 나온다. 이 속에서 정신도, 몸도, 희한하다. 옆에 사람들의 그런 반응에, 먹었던 뜻을 고친다. 이런 경험이 입을 허용 했을 때 있따. 허나 이를 알고 입을 닫아 버리니까, 그런 희한한기 많이 없어지고, 좀 차분해진다. 아마도 입으로 들어오는 마귀들의 이간이 막아지는 모양이다. 이 이유로 항상 입을 닫는데,

"치열 교정 중이예요?"

한번은 어디 알바 면접 보러 갔다가.

마약의 유혹에 빠지지 마라 105

"복 나간다 입 닫아라!"

우리가 TV라도 보다가,

해~!

입을 벌리고 있으모, 옆에서 어른들이 한번씩 그런 예길 하지? 내가 마귀들 들리기 전에도, 즉 입 벌린다고, 옆에 어르신에게 이런 예길 듣곤 했따.

"체팅은 안 좋아!"

그리고 한번은 알바 하는 데서, 같이 알바 하던 아줌마분께 충고 듣기로.

즉 이러시면서 이런 저런 충고를 하신다. 전에 알바 하던 데서, 컴퓨터 사용법을 배운다고, 그런 책을 사서 그 공부 할 때, 그 책은 컴퓨터 이용하는 컴퓨터 기초 책인데, 그 책을 보니 체팅 전문 싸이트가 있다. 보니 진짜 여기로 인해, 모르는 사람들 끼리 서로 사귀는 정보를 주고 받겠써, 보니 할라 쿠모, 뭔 손 볼 일이 있따. 그런데 아까 그 아줌마 말씀도 있고, 나도 그 말을 인정하고, 그래서 이것도 시작을 안 했따. 컴퓨터가 이용을 할끼 있고, 안 할끼 있따. 즉 뭔 게임이다, 이런 건 안 좋고, 즉 거기 책에 게임 싸이트 이용법도 있던데. 그리고 암암리엔 인터넷 도박도 있따. 이것이 안 좋다 쿠데. 그리고 쓸데 없는기 TV 보기다, 신문 보기다, 그래서 그런 싸이트는 배제고, 이 체팅이 안 좋탄 이유가? 즉 진짜 체팅을 하다가 그 남, 녀가 만난단다. 다음 성관계도 1, 2번 가진단다. 그 다음 헤어지고 안 본단 예기도 있꼬. 방금 아줌마 예기론, 즉 그들이 만나 성관곌 가지는데, 여기서 사기가 있는데, 즉 그 관곌 갖고 나서, 이리 만난 여자가 그 남자에게, 그 관계 가진 걸 코걸어, 돈을 뜯어 간단다. 그리고 보면 스마트폰 안에 여자 매춘 광고가 많따.

딱!

실수로 터치가 되모, 바로 그 전화 자동 걸게 준비가 되는데,

'!'

1, 2 차례 내 의도 없이 이리 되,

얼른 꺼버리고!

이게 첫째 돈이 겁나. 그 전화 되모 돈 엄청 나가끼다. 그리고 그 전화 요원들도, 다 일일 것이다. 즉 음란 전화 상담원이끼다. 의미가 없따. 괜히 돈만 나가지. 결혼 이루는 책을 보모, 즉 나이에 쫓겨도 준비 없이 급히 가지 말고, 그래도 시간을 두고, 준비해서 가라쿠고, 이에 경제력 강조. 그리고 맘에 드는 분은 바로 고백이 낫따쿠고.

결혼에 목숨을 걸어라 본문 중.

* * *

"OOO분 전화 연결 됐습니다. 여보세요?"

'!'

라디오에서 초췌한 홀애비 분위기다.

아나운서와 예기 주고 받는게, 결혼 못 한 모양이다.

"아이, 제가 눈이 높은건 아니고요!"

그 출연자가 아나운서 말에.

"어머니가 한번씩 집에 오셔서."

그 출연자 분.

'!'

이 분은 8, 90년대 발라드의 황제, 최고 인기 가수였다. 요즘도 활동한단다. 그 분이 성격이 그리 좋코, 또 능력 있고, 잘 생기고, 또 돈도 많이 벌였을 건데, 내가 여자라면 그 분에게 가겠는데, 아니 그 분이 홀애빈 줄 몰랐써? 나도 그 분처럼 될까? 겁난다! 즉 성격 좋코, 능력 있고 해도, 그리 홀애비가 될 수 있으니. 보면 얼마 전에 돌아 가신 미국의 팝 가수 마이클 잭슨, 이분도 결혼을 못 했따쿠데, 생전에 1번도 못 한 모양이던데. 희한한데, 모를 일인데? 여자가 안 오더란 예기를 전에 라디오에서 들었따. 나도 앞에 그 2분들 처럼 될 까봐? 겁난다.
* * *
'!'
글 작업을 하려고 테블릿 PC를 켜 보니, 메일에 3이 표시 되 있따.
'메일이 왔나?'
확인을 해 보니,
'약속 대로 퇴마사, OOO한테 왔구나!'
찍어보니 글이 쫙 나온다. 그 내용이? 즉
"님의 상담 글을 신중히 보니, 님의 사주가 빙의 드는 팔자고."
상대방.
그 마귀들에 의해 나이가 더 들면 치매가 올 수 있딴다.
'이기 매우 문제네, 공연히 죄도 없는데!'
다음.
"종교에 빠지면 안 좋코."
상대방.
'?'
'이것도 좀 그렇타!'
다음.
"상태가 심한 편이고."
상대방.
'?'
"이에 방문 해 보심이 좋겠습니다!"
상대방.
'음?'
'. . . .'
'여기서 문제가? 나중에 치매가 올 수 있딴기 그렇네!'

'?'

'치매란? 이는 본인이 혼자 있을 때도, 본인 모르게 그런 증상이 나타 나 낀데?'

요즘은 귀마개를 알아서, 여기서 이 마귀들 때메, 특히 밖에 나갈 땐 정신이 없기 때문에, 그로 꼭 귀마개를 하고 다니는데, 이에 그런 귀마 개 사용이 치매를 촉진 시키는가 모르긋따? 방금 퇴마사 그 분을 그 중 잘 만났따. 왜냐면? 그 분이 나와 나이가 같고, 또 그 분이 여자 분이고, 여기서 그 분이 혹시 미혼일지 모르니까? 이리 나에게 문제가 접수 됐 으니, 1문제씩 풀어보자! 큼! 즉 나이가 더 들모 이 마귀들 때메 치매가 온 다는기 그렇네? 아마도 맞겠지? 내 경우는 술, 담배도, 안 하는데, 흠! 이 마귀들이 내 뇌를 안 좋게 해서 그렇단다. 일반적인 치매와 다른 가? 그 치매에 걸린다는기 겁이 나는 점이다. 아무 죄도 없는데, 그런 일을 당한 다니까, 하나님께서 지켜 주시겠지?

. . . .

종교가 안 좋다고? 내가 기독교 하나님을 믿고 그런 믿음으로 마귀들 들린 병을 고치려는게 있는데, 기독교가 도움이 안 되는가? 보면 기독 교에서 마귀들 말이 많 턴데, 이에 도움이 되고 그런 마귀들 들린 병도 낫겠던데,

. . . .

방문을 함 함이 좋겠따네?

'?'

함 가봐야 긋따!

. . . .

앗 따! 그가 멀기도 먼데, 시간이고, 돈이고, 계획이고, 짜서? 그 갔따 오는데, 한 몇일은 예사 일이 아이긋따. 그 가선 뭔 일이 기다릴랑가 모 르긋따? 대체 적으로 내 상태가 안 좋타는데, 진짜 그런가? 내가 나를

볼 땐 내 상태가 좋아졌따 본다. 비록 20년 마귀들에 들릿지만, 즉 그 중간 부터 지금 까지 13년 이상 독학 활동 중이고, 또 그런 와중에, 술, 담배를 끊었고, 또 가다가 결국 하나님을 만났고, 요즘은 나에게 마귀들이 들릿다는 걸 알고, 그로 철이 좀 든 상태고, 요즘의 이런 내 상태라 오데 문제는 없따 보는데, 그런데 방금 퇴마사 그 분의 글은 그게 아니고, 하이튼 남이 나를 볼 땐 내 상태가 심하게 보이는 모양이다. 그 분을 통해 마귀들을 쫓는 일을 봐 보자! 하나님 되게 도와주세요!

* * *

"정신병원이 왜? 있습니까."
"거리 청소 한다고!"
상대방이 나의 질문에.

이 분은 정신병원에 일 하시는 분인데, 즉 그 일은, 거기 병원 차로 어디에서 있는 환자를 잡으로 가서, 그 환자를 그 병원 차에 실어서, 그 환자를 그 병원으로 잡아 오는 일을 하시는 분이신데, 그 분의 말씀으론, 즉 정신병원이 경제가 가난한 후진국엔 없고, 경제가 부한 선진국에만 있딴다. 여기서 후진국이란? 즉 동남 아시아의 여러 국가들, 또 아프리카의 여러 국가들, 또 남 아메리카의 여러 국가들, 즉 그런 나라들이 후진국이라 한다. 이 반면 선진국이란? 즉 미국, 유럽, 일본, 한국, 중국, 이런 나라들. 큼! 또 요즘처럼 이런 정신 병원이 없었을 때, 종 종 길에서 옷을 할 딱 벗고, 돌아 다니는 남, 녀, 노, 소의 그런 사람들이 있었딴다. 내가 알기로도, 즉 정신병원이 없던 일제 시대 때는, 즉 그런 사람이 있긴 한 모양이더라. 즉 전에 불교 믿을 때, 불교에 관련 된 어떤 실화 책을 읽어 보니, 그 내용 중, 즉 어떤 1분이, 어느 일본 순사 1사람과, 그리고 한국인 일본 순사 앞잡이 1사람, 즉 그들에게 쫓김을 받아 도망을 가던 중, 쫓기던 사람이 쫓는 그들을 따돌리기 위해, 일부러 미친 척 하고, 즉 그 분이 어느 초가집에다가 불을 싸 지르고, 그 불난 집 앞에서

넋이 나간 듯, 덩실 덩실 춤을 추니,

"아, 정신이 간 모양 이므입니다. 그냥 가자!"

일본 순사.

이에 같이 쫓던 그 일본 순사 옆에, 그 한국인 일본 순사 앞잡이가 고갤 갸웃 거리며, 의심의 눈으로 쫓기던 그 사람을 한번 쳐다보곤, 곧 둘이 돌아 가더란 내용이 있더라. 즉 그런 정신병원이 생기고 부터는 거리에서 옷 다 벗고 돌아 다니는 분들이 없어 졌단다. 즉 요즘에 그렇게 하고 돌아 다니다간, 정신병원에 실려 가니까. 그런데 정신병원이 누구나에게 처음 들어 가기가, 아주 어려운 곳인데, 그런데 막상 그런 병원에 1번 골인이 되고 나면, 그런 병원 입원 경력자가 되기 때문에, 그로 그런 병원에 재입원이, 아주 쉬워진다. 왜냐면? 즉 본인의 의사를 떠나, 그 주윗 분들에 의해 그런 병원에 들어 가지니 그렇다. 즉 본인의 직계 가족들의 의해 들어 가진다던지, 또는 그런 직계 가족이 없는 분 경우는, 즉 국가에서 그런 사람을 잡아 넣는 경우도 있는데, 즉 그런 분은, 길거리 노숙인, 행려, 그런 분들, 즉 그런 분들은 서류로 해서, 즉 그런 분들은, 본인의 의사 판단이 안 되는 인사불성이다. 그런 식으로 법으로 되 있어서, 즉 그런 걸 악용해 어떤 상대방이, 그 분의 어떤 알 수 없는 악 감정으로 해서, 그런 그 상대방의 의해 들어 가지는 경우가 의외로 많다. 여기서 후진국들은, 정신병원이 아예 없기 때문에, 즉 그로 한국에 정신병원이 있기 전, 옷 할 딱 벗고 길에 나다녔다는 그런 사람들이, 그런 나라들에는 요즘도 있을 것이다. 내나 그런 분들이라고 해서 정신병원에 강제로 못 보내니까. 그리고 정신병원은 있을 필요가 없다고 본다. 왜냐면? 즉 정신병원 없는 그런 후진국들도 있고, 또 그런 나라들이 그런 병원 없이도 잘 돌아 가고 있고, 또 정신병자란 그런 특정인들 누구를 정해서, 구지 정신병원에 그 분들을 평생토록 메달아 놓을 필요도 없고, 또 같은 사람으로써 그런 곳에 메달아 놓는 것도, 그렇게 하는 본인 양심상 안 좋을 꺼고, 또 예전에 한국 사회에 정신병원이 없었을 때, 그 때도 사람들이 잘 만 살아 갔으니까.
"지금 흘리는 땀, 10년 후, 나의 명암이 됩니다!"
TV에 나온 캠페인 광고 문구.
사회에서는 그 중, 기술이 있씨모 산다던데, 즉 무슨 일이든, 그 일을 10년 이상 하모, 그 일을 할 줄 아니까, 그래서 그 일에서 성공을 해도 크게 한다는 거겠죠? 또 주머니 속에 송곳이라고, 즉 재주가 있는 사람은, 즉 사람들이 모여 있는 속에서 그런 그 분은, 꼭 표가 난다 한다. 또 그런 기술 외에, 돈이 있씨모 사휠 살아 남을 수 있다던데. 큼! 그리고 결혼을 하려는 심리가? 즉 사회의 악의 보호를 받으려는게 있따. 물론 성적인 욕구도 있따. 이는 종족 보존의 본능이고. 즉 외부의 적의 침입에 대한, 본인의 보호 본능이다. 그리고 사람이 상대에게 호감이 가는 이유가? 즉 본인에게 없는 점이, 그 상대에게 있음에 그런것 같다. 즉 그 상대가 본인에겐 없는, 즉 계산에 밝다던지, 부지런 하다던지, 뭔 기술이 있따던지, 학벌이나, 자격증이 있따던지, 돈이 은행에 좀 꽂혀 있따던지, 상대의 집안이 화목하다던지, 아니면 잘 생겼다던지, 성격이 친절하다던지, 몸이 건강하다던지, 젊다던지, 담배를 안 핀다던지, 등 등 의, 즉 여기서 이런 본인에게 부족의 욕구가 많은 분이 있고, 적은 분이 있따. 많케는, 즉 앞에 정신병원에 들락거린 분, 즉 이런 분 경운, 본인의 의사를 떠나 그런 병원에 골인이 되는, 즉 죄 없이 그리되는 경우가 있으니, 그래서 그 결혼에 의해 그런 병원에 들어가면, 그 배우자 선에서 퇴원을 하려는 거다. 여기서 부부가 다 정신병원 기록 자이면, 그 남녀 어느 한쪽이 병원에 들어가면, 그 부부가 다 들어간다. 즉 그런 사회 악의 본인 보호 심리가 크다. 반면 즉 외부의 적의 침입에 자신의 보호가 필요 없는 분 경운, 즉 재산이 5천 만원 이상 보유, 탄탄한 돈 줄, 어떤 기술, 등 등, 즉 이런 사람은, 그런 사회적 힘에 의해, 남이 그 사람을 아무도 못 건든다. 여기서 돈이 있는 분들이, 주로 음탕한 쪽으로 빠진다는데, 그리고 앞에 그런 분들 중, 소수는 일부러 독신으로 사시는 분이 있다. 즉 그런 분은 남에게서 본인의 부족한 점이 발견이 안 되니, 그래서 결혼에 안 끌린단다. 즉 이게 사회의 악에 본인의 보호 받는 심리가 약한 것이다. 내나 본이 혼자, 이것 저것 다 갖췄고, 또 앞으로도 그렇게 살아 가니 그렇다. 또 종교 믿음에 그 수행에, 일부러 독신을 고집하시는 분들도 있따. 내나 스님들. 즉 한국 불교는 태고종만 빼고 일체의 승려는 결혼 금지고, 평생 독신으로 살아야 한다. 즉 그런 불교 수행이 청정한 삶, 이런 추구에. 그리고 정신병원 입원 경력이 있는 이런 분 경운, 사회의 악에 본인의 보호가 절실히 요군데, 보면 보통 여자 분들이, 그런 정신 장애자들은, 결혼 상대자론 배제를 한단다. 그리고 보면 앞에 정신병원 입원 경력이 있는 남 녀 분 중, 결혼 하신 분이, 즉 사회에 악에 보호를 받고, 그리고 본인이고, 본인의 가정이고 다 잘 풀리고 하는 것 만은 아니라, 즉 이런 분들 중엔, 되게 어두운 분이나, 아니면 상대 배우자와의 성격이 안 맞거나 해서, 그로 가정불화, 엉망 가정, 더 나아가서는 가정 파탄인데, 물론 정신환자 본인 하기 나름 이겠지만. 그리고 그런 분들 중, 어떤 분 경우는, 즉 그 상대 배우자가 정신병원에 가두고 평생을 안 빼 주는 분이 있고, 아니면 정신병원에 넣다가 빼주는 상대 배우자도 있고, 즉 그 기간이 짧겐 6개월, 1년, 길겐 몇 년, 보면 앞에 정신병원 경력이 있으신 분은, 미혼이든, 기혼이든, 즉 십중 팔구 재입원을 한다. 이 재입원률이 높다. 그 이유가? 즉 법이 즉 그런 환자의 의사를 무시하는 입원 처리 때문인데, 즉 보면 그 환자의 보호자, 즉 법적 직계 가족인데, 그 사람 손에 의해, 그 입, 퇴원 여부가 결정이 되있따. 그래서 그 환자 보호자 맘 먹기 따라, 그 환자를 정신병원에 골인을 시키니 그렇고, 또 사회도 정신과 환자가 범죄를 지으모, 그 범죄가 정신병에 의한기다 해서, 즉 그런 정신병원에 보호자 동의 없이 골인이 되는 경우도 있고, 또 사회에서 가만 있는데도, 행정 사무 보는 그런데 사람들에 의해 보호자 동의 없이 가는 경우가 있다.

"아이고, 이 좋은 김니다. 여기 싸인해 주시면 됩니다!"

'아, 그런갑다!'

"아, 예!"

거기 동의서 싸인란에 싸인해 주모.

"잠깐만 앉아 기다리고 계세요!"

뭔지 모르고? 잠시 앉아 두리번 거리던 중, 건장한 중년의 완력 있게 보이는 사내 몇 분이 와서,

"어 이, 갑시다!"

데리고 간다.

가 보니, 봉고차 1대가 대기 중이고, 그 차에 태워져, 정신병원에 실려 간다.

'이, 언제 나오꼬?'

잡히 가는 사람 속이 이렇다. 즉 이런 식으로 오데 행정기관 이런데에 속혀 가는 경우도 있따. 즉 그로 그런 정신과 환자분들은, 배우자를 만나고, 가정 이루고, 자식들 있고, 이런기 다 그런 병원에 들어가믄, 그런 보호자들의 의해 그 병원을 퇴원하려는, 그로 본인이 사횔 살아남는 길인데, 사회의 악의 보호 받음의 심리다.

그리고 쾌락은, 즉 어느 선까지는 이도 기초 공분데, 문젠 파멸 되는 길을 안 가야 된다. 즉 마약을 한다 던지, 에이즈에 걸렸따 던지, 또는 과도한 빚을 져서 파산, 그리고 각종 심한 범죄들도 있고, 등 등, 즉 이런 경우들은, 완전 파멸이지? 여기서 이 에이즈 이건 요즘 10대 청소년들 중, 그 병 걸리는 증가율이 전에에 비해 배로 늘었단다. 이 에이즈 걸린 청소년들이나, 그 걸린 다른 일체 환자들은, 오데 그들을 수용 하는 데서 그런 그들을 다 한 몫에 수용하는 모양인데, 즉 그런 그들은, 완전

히 엉망이란다.

"흥, 껌 씹는 짓 하고 있네!"

마귀들이, 불교, 대순진리교는, 콧방귀 뀐다.

보모 퇴마 하는 것도 종교적으로 하는 모습이던데, 즉 불교적인 것도 있고, 또는 기독교적인 것도 있고. 여기서 종교 중에서 마귀들을 잘 쫓는 종교가 기독교다. 사람들이 각자, 생각이 다 다르고, 그로 무교이신 분도 있다. 보통 무교도 좀 된다. 보면 여러 가지 삶의 길이 있는데 그 중, 종콘데, 즉 불교는 무신론, 즉 이는 본인 자신을 믿는다. 즉 석가모니 가르침도 이기다. 즉 이는 종교가 아니란 평가가 많다. 대순진리교는, 즉 도 닦는 식의 공부하는 길, 즉 도인의 길, 즉 이런 길로 감도 있고. 또 기독교 보면 신을 믿는 종교, 즉 이 세상에 신을 인정이고. 즉 이 세상엔 신이 있따. 또 다음 세상도 있따. 이 예가? 즉 나에게 붙어먹는 이 마귀들 보면, 어느 정돈 알지 않겠나? 이런 마귀들이 있는데, 이 악의 반대, 즉 선의 신도 있찌? 그 선의 신이 하나님이시다. 즉 그 신께서 우릴 지켜 주신다. 즉 그 선의 신이 우리 바램들도 들어 주시는데, 즉 기도를 하면, 이루어 지게 해 주신다. 그리고 기독교를 보면, 즉 그들 종교가 전부고, 진리고, 딴 건 다 아니고, 거짓이고, 하나님을 안 믿으면 다 지옥이고, 오직 자기들 종교만이 옳다는 주장, 즉 보면 이 기독교를 싫어하시는 분들이, 그 이유가? 즉 이런 무조건 자기들 종교가 최고다 딴건 다 아니다 이거하고, 또 기도 할 때, 너무 울고, 불고, 짜고, 메달리는 기도, 이 2가지로 그 기독교 불신자들이 그 종교를 안 믿는 이유다. 즉 여기서 불교 보면, 즉 오던가, 말던가, 와도 좋코, 안 와도 좋코, 즉 이 식으로 자기들 종콜 강요 안 한다. 여기서 미국이, 기독교 국간데, 즉 거기 국민성 자체가 본인이 남 관섭은 죽어도 안 한다. 즉 남이, 죽거니, 말거나, 즉 남이 본인을 직접 건들지 않으면 본인이 죽어도 남을 가만 놔 두는데, 내나 그들의 국교인 기독교, 그 종교를 남에게 믿으란 말 안 한다.

즉 미국의 기독교인들이 한국에 와서 보면, 즉 한국 기독교인들은, 즉 자기들 종교가 최고다 이런 식에 지나 친게, 그들 눈엔, 지나친 관섭, 이리 보인다. 내나 미국의 국교가 기독교고, 여기서 그들은 남에게 그들 종골 믿으란 강요를 안 하는, 즉 이 예를 봐도, 즉 한국 기독교가, 지나친 포교 식에, 이런 건 잔소리고, 즉 그래서 그리는 안 해도 된다. 미국처럼. 그리고 미국 기독교인들이 보는 한국 기독교인들의 특징들 중 하나가, 즉 그들은 평소 땐 조용하던 사람들이, 기도를 할 땐 광적으로, 아이고 하나님 아버지! 울고, 불고, 짜고, 고함 지르고! 이런 모습들이 특이 하단다. 여기서 미국엔 그 교인들이 기도를 할 땐, 조용히 본인 기도하고, 그 바램 주님께 빌고, 끝낸단다. 보면 TV 기독교 방송 이런거 가끔 지나다 보모, 그 방송 나온 어느 누구의 가르침이, 즉 기도가 메달리는 기도 일 수 록 좋탄다. 왜냐면? 간절 하니까, 그래서 하나님께서 더 잘 들어 주신단다. 보면 한국의 기독교 불신자들이 방금 설명된 그런 이유들로, 기독교의 거부 반응을 보인다. 그래서 기독교 신도들은, 기독교 불신자들이 아까 설명한 그런 맘으로 기독골 싫어하드라, 그러니 이를 감안 해야 할 것이다. 세상의 종교는, 즉 무신론과, 유신론, 이 2가지가 있다. 즉 무신론은, 신의 존재를 인정 안 하는 불교다. 반면 유신론은 신을 인정하는 종교들, 즉 기독교, 이슬람교, 등 등, 즉 여기서 불교 이론엔, 즉 왜? 사느냐, 이 답이 없단다, 반면 어떻게 사느냐? 이는 얼마든지 답이 있단다. 가만 보면 신을 부정하는 상태에선 왜? 사느냐, 이 답이 도저히 없다. 즉 본인이 어찌 생각을 하는데, 그 답이 없다. 즉 밥 먹으려 사는지, 후세에 명옐 남기려 사는지, 아니면 잘 먹고 잘 살려고 사는지? 뭔 답이 없다. 이는 즉 본인에 의해서는 그 답이 도저히 없다. 철학도 그 답을 못 구할 것이다. 허나 기독교의 유신론 종교는, 즉 이 답이? 하나님께서 우릴 조종하시고, 그리고 우리 사람들은 아무것도 못 한다. 즉 이 세상엔 선, 악의 신이 있고, 그런데 다행히 선의 신이 악의 신보다 쎄고, 또 그 신이, 우릴 천국으로 인도 하신다. 조종도 하시고. 그래서 이를 믿는데, 그러니 사람에게는, 즉 사람 사는 길의 주권이 없다. 즉 그 선의 신 즉 하나님이 오직 인류 개개인을 주권 하시는데, 이에 마귀들이, 내나 사람들을 잡아 지옥으로 같이 데려가려 한다. 즉 마귀들은 하나님의 반대파다. 큼! 그리고 어느 관상책 내용을 보면, 즉 사람 스타일이 32가지가 있따. 또 불교 이론엔, 부처님 32상 이라고, 즉 부처님의 32가지 신체적 특징이 있따. 그런데 신기하게도, 이 관상 스타일과, 부처님 신체적 특징 가짓수가, 32가지로 같다. 그리고 사람의 스타일이, 그 개인 각자 서로가 서로에게 맞고, 안 맞음이 있따. 즉 본인에게 이 스타일은 맞고, 저 스타일은 안 맞고. 즉 사람의 얼굴 생김새에 따라서다. 즉 여기서 스타일이 맞으면, 서로 잘 어울려지고, 일이 잘 풀리고, 반면 안 맞으면 서로 싸우고, 일이 잘 안 풀린다. 즉 이로서 사람은 누구나, 상대를 본인에게 잘 맞는 사람을 원한다. 이에 그 관리에 들어 감에, 그 관리는, 즉 본인의 관리가 되는 집이다. 즉 본인의 가정이나, 또는 본인 사업장, 내나 본인이 장사하는 곳 같은데, 즉 이 외에도, 여러 관리하는 일에 그런 게 있따. 즉 이런 관리의 구성원은, 즉 본인의 손 뻗침에서 그 상대가 잡히니까, 여기서 당연히 구성원을 고르고, 선택 한다. 특히 본인의 가정은 더 그렇따. 즉 직계 가족들, 즉 이들 외에도 밖에 사업장, 즉 본인의 장사 하는데, 즉 그런데 일꾼들이나, 즉 일체의 식구들이다. 그리고 밖에 사업장의 사람 경우는, 너무 그렇게 꼼꼼히는 안 해도 되고. 즉 들랏 따가 그 1명 때메, 전체 식구들이 불화가 되는, 즉 그런 사람만 아니면, 안 될 이유가 없지? 그리고 그 외에도 그런 식에 관리 들어가는 일이 많따. 즉 그 일은 전문적인 일들이다. 즉 그런 일들은 즉 목사, 경비, 상담원, 등 등이다. 그리고 사람이 미치는 사람, 즉 아무의 구원을 못 받고 지푸라기도 못 잡는, 즉 구원자가 아무도 없이 죽는, 즉 본인의 자멸로 죽는 사람, 즉 사람에 따라 그런 사람이 있따. 즉 이는 어느 관상

책에는, 즉 사람 얼굴 생김가? 눈이, 아래에서 위로 치켜 보는 눈, 또는 눈이 약간 튀어 나왔으며, 그리고 사람을 볼 때 잘 째려보는 눈, 또 이에 여자는 1개가 더 포함인데, 그건 즉 지기 싫어하는, 경쟁적인 여자인 경우, 즉 이 3가지 유형들이, 정신병에 잘 걸리는데. 그리고 속담에, 즉 뭔 일을 하기에 앞서, 먼저 이름부터 잘 지어 놓음이 좋탄 말씀이 있따. 물론 개인의 이름이, 사람 운명을 크게 작용한다. 여기서 앞에 말한, 즉 정신병에 잘 걸린단 그런 사람들은, 즉 아무 사람들에 구원을 못 받아, 즉 지푸라기도 못 잡고 내 팽겨 쳐져 죽는 사람들인데, 이는 누가 그런 본인을 특별히 건든게 아니라, 즉 본인 혼자 스스로 자멸인데, 즉 그런 사람들의 특징이, 즉 남들은 그리 이유가 없는데, 본인 혼자 사람들에게 꽁하는, 즉 그런 착각에 그런 행동을 한다. 그리고 여자 경운, 즉 뭔 이기고 지는 그런 일 만나면, 무조건 지고 들어 가야지, 그래야 오데 가나 구원을 받고 하지, 만약 여기서 그 상대를 이길라 대들고 나오면, 여기서 그 상대와 대립이 되고, 여기서 끝까지 간다면 여자가 갈데가 없다. 여기서 구원자 없이 내 팽개쳐 진다. 그런데 남자는 상대를 이기려 경쟁적으로 나가도, 사람들과 상대가 되고, 갈데가 있따. 여기서 그리 정신병에 안 되기 위해, 중간에 그치지 말고 끊임없는, 자기 약점과 단점은, 어쩔 도리가 없이, 수정 보완을 해 가야 된다. 그렇치 않으면 틈이 생긴다. 여기서 그 틈새로 마귀들이 삐집고 들어온다. 내나 사람들도 마귀들 긋치 나오기도 한다. 여기서 기독교의 가르침은, 즉 이 세상의 어둠이, 다 마귀들 때문이란다. 즉 대적자가 사람들 끼리가 아니란다. 즉 여기서 그 약점에 계속 뚫히면 그런 본인은 죽는다. 가화만사성, 즉 고사성어에 이런 말씀이 있는데, 그건 즉 화목한 가정 일 수 록, 그 구성원들의 뜻하는 일들이 다 이뤄 진다. 즉 여기서 화목이란 단어의 뜻은? 즉 가족들의 마음이 한마음 한뜻이다. 그리고 사람이 가정에서 받는 영향은, 거의 운명이다. 여기서 가정은 국가의 최소 단첸데, 여기서 개인은 물론 이지만, 이에 국가도 그런 가정의 영향을 아주 본다. 즉 여기서 화목한 집이 많은 국가가 당연 잘 된다. 여기서 개인에겐 그 가정의 화목과, 불화가, 본인의 운명이다. 이는 즉 본인이 원해서 그 가정에 소속이 된 게 아닌데, 그런데 그 한번의 인연들이 절대 헤어지지 못 한다. 이 소속이 대한민국 법에, 즉 그 한번의 소속이, 그 가정 각 각의 가족 구성원의 죽을 때 까지 간다. 즉 여기서 남들은, 즉 그 상대를 만났따가 그 상대가 본인과 안 맞으면 그 상대에게서 딴데로 가고, 거기서 새로운 사람을 만나는데, 그리고 앞에 그 상대는 안 보는게 되는데, 허나 직계 가족은 그리 안 된다. 그래서 사회 어디 보다 각 가정에서의 그 구성원들의 화목, 불화가, 그 구성원들 개개인이고, 그리고 더 나아가 사회 전체가 이 영향이 크다. 그리고 이 때메 각 가족 구성원 개개인의 일이, 풀리고, 안 풀림이 달렸따. 여기서 사람은 누구나 자신에게 맞는, 좋은 사람을 원하는데, 허나 그런 좋은 사람만 있는기 아니다. 즉 본인에게 안 맞는 미운 사람이 있따. 이 미움에도 여러 가지가 있따. 즉 잘 해도 밉다 하는 시기도 있따. 즉 이는 본인보다 낫따고 하는 공연한 미움이다. 여기서 미운 사람과 함께 함은 고통이다. 여기서 불교에서 팔정도라고, 즉 그 속에 팔고라고 있는데, 그건 즉 이 세상에 있는 8가지의 고통 중, 미운 사람을 만나는 고통이 있따. 이기 내나 마음의 고통, 즉 그래서 사람은 미운 사람을 가만 못 본다. 여기서 한집안 안에 그런 미운 사람이 있따면 문젠데, 이 미움의 고통은 쌓이고 쌓인다. 즉 여기서 그런 상대에게 그렇게 밉게 하지 마라 요구를 하는데, 여기서 그 상대가 그 요구를 들어도, 1, 2번 듣고 치운다. 내나 안 고쳐 지는 경우가 많따. 즉 이는 개인적 특성인데, 여기서 그런 미움이, 많이 보이는 분이 있고, 적게 보이는 분이 있는데, 여기서 그 미움의 상대가 본인의 배우자 라면, 큰 문제다. 여기서 이혼 사유가? 즉 성격이 안 맞아서 하는기, 최고 많탄다. 이 미움이란건, 쌓이고 쌓여, 난주 폭팔한다. 그리고 죽을 때가 다 되 가는 분들 중, 이 세상에 명예를 남기련 분이 계시다. 즉 여기서 그런 일을 젊어서 부터 꾸준히 준비 해 온 분이 있고, 반면 준비 없이 죽음이 다 되 감에, 급하게 사후 명예를 만드려는 분도 있따. 큼! 즉 이 2번째 경우는, 주로 본인의 사후에 남길 학문을 될 만한 분에게 의뢰를 한다. 여기서 그건 주로 자서전 대필이다. 즉 여기서 사후 명예는, 주로 학문이다. 여기서 속담에, 즉 사람은 죽어서 학문이 최고라는데, 여기서 그 학문들이 세상에 남는다. 또 이에 그 학문을 누가 했나? 이에 그 학자의 이름이 남는다. 큼! 여기서 명불허전, 즉 이 세상엔 노력이 없는 명예는 없딴다. 즉 여기서 이 세상 뭔 일이든지, 즉 그 일에 어느 정도 준비가 되면, 그 다음 단계로 발전하게 되 있따. 여기서 수학 공부에서, 즉 더하기 공부를 마스타 하고 나면, 그 다음 단계 빼기를 공부 하고, 안 하고는, 즉 그 본인의 손만 뻿으면 쥐게 되어 있따. 즉 이 식에 사법고시 시험 준비를 쎄가 빠지게 1년이나 해 놓고 나면, 그 시험 칠 일에 그 시험을 안 칠 수 없듯이, 내나 세상 일이 다 그런 식에 밑에 기초가 되면, 그 다음 단계로 감은 본인의 손만 뻿어 잡기는 본인 맘 먹기다. 하루는 글 계통 사람 1분과 같이, 자서전 대필 의뢰인 분을 만나 봤는데, 보니 할머니시던데, 그 일에 그 3사람이, 서로 예기 좀 나누다가, 그 할머니 께서 내가 못 미더운가? 나 한텐 안 맏기시려는 모양에, 내나 앞에 맏기신단 그 분께 의뢰 한다던데,

"가입 이후 사망시 사망 보함금, 1000만원을 드립니다!"

어디 무슨 회사, 보험 TV광곤데, 내나 본인 사후 뒷 사람들이 본인의 장사 지내라고.

"아, 천국 가긋네, 학문 이룬 사람들 다 천국 갔따!"

내 붙어먹는 마귀들 중.

'아무래도 그렇큿찌?'

허나 죽고 난 뒤 명예가 뭔 소용 있꼬, 또 본인 사후 뒷 사람들이, 본

인 장렐 치뤄 주는기, 또 뭔 소용 있네? 본인의 손에 잡히지 않코. 여기서 사람의 몸이 멸하면, 그 죽은 몸에서 그 본인의 영혼이 뜬다. 그리고 그 혼이 되면, 사람들이 보인단다. 그런데 사람들은, 그 혼들이 안 보인다. 여기서 그런 혼들은 그들 끼리도 보이고, 여기서 그 혼이, 본인의 죽은 모습을 보고, 그리고 또 이 세상을 떠돌아 다니며, 사람들을 구경하고 다닐꺼고, 이에 살아 생전 때, 이 세상에 학문을 이뤄 놓고 죽었으면, 그리고 그 남은 학문을 잘 남겨 놓으면, 그 뒷 세상에서 그것이 뜨긴 뜰 껀데, 여기서 생전에 그런 본인의 학문 이뤄 놓은걸 그런 본 영혼이 발견 했다면,

'아, 내가 했꾸나!'

여기서 사람의 생명이, 즉 몸의 세계가 있는데, 여기서 그 몸이 멸한 뒤 영혼의 세계가 따로 있단다. 즉 그 곳에선, 천국과 지옥의 심판이 기다린 단다. 이게 하나님의 심판이라는데.

그리고 사람의 성 분출이란기, 즉 남 녀 성행위에서 그걸 해결이 되라고, 하나님께서 만들어 놓으셨는데, 여기서 기형적으로, 즉 자위, 동성, 동물과, 즉 이런 엄뜬 쪽으로, 그 성행위를 분출들을 한다. 큼! 즉 여기서 미혼 때 자위행위 경우는, 즉 정 할 수 없이 하는데, 여기서 결혼을 하면 그 성행위는 손만 뺏으면 되는 모양이데, 여기서 결혼에 목숨을 걸어라, 책 내용 중, 즉 결혼을 하게 되면, 그들의 공간 안에서 서로 그 상대 배우자의 머리 끝부터 발 끝까지, 하루 종일 본단다. 이에 그들 주위에서는, 그런 그들을 은밀한 성생활을 타치 안 한단다. 여기서 남자 입장에선, 즉 결혼을 해서 막상 여자를 가지게 되면, 그들의 성관계가, 즉 두 번 정도의 그 경험에서, 그 여자의 환상이 깨져, 그 상대 여자와의 성관계 생각이, 그리 안 나는 모양이다. 여기서 이 예로, 즉 결혼을 한 후 신혼 초에 성관계를 1번 갖고, 10년 간 성관계를 1번도 안 가졌다는, 어느 남자 연예인도 있다. 그리고 그 남자 연예인 분에게 마귀, 하나 이상

이 들릿써. 즉 2000년 정도 때, 한번은 TV드라마에 찍힌 그 분의 모습이, 즉 그 분의 뒷 목이 무거운 느낌이, 시청자가 그 TV를 보면서 감지가 되고, 여기서 그 분은 그런 그 원인을 전혀 몰라해 하며, 이 세상이 이상히 무서운 그런 희한한거에 휩 싸인 분위긴걸 봤따. 그런 그 모습이 그가 출연한 어느 TV 드라마에 방영이 되던데, 여기서 그 분에겐, 어떤 마귀 1놈 이상이 들어온 것이다. 즉 마귀가 처음 사람 몸에 들어오는 현상이, 즉 그 사람 머리위에 10kg 짜리 뭐를 이고 있는 것처럼, 뒷목이 아프다. 여기서 사람들은 그런 현상을, 뒷골이 땡긴다고 표현 한다. 큼! 즉 여기서 방금 그 분에게 그 마귀 1놈 이상이 2016년도 요즘도 붙어 있나 모르긋따? 일단 마귀는 한번 붙으모 아주 안 떨어진다. 그리고 마귀들이 한번 그 사람에게 붙어 그 사람 집을 알아 놓으모, 여기서 그 사람에게 혹 쫏겨나도, 나중에 앞에 그 사람에게 다시 오는 경우가 많탄다. 여기서 그것도, 그 쫏겨났던 그 마귀 1놈 이상이, 그 마귀들 보다 더 악하고 독한 마귀들을, 오데서 데려 와 앞에 그 집으로 가는 경우가 많단다. 여기서 앞에 그 마귀 들린 그 연예인 분의 뒷 예기가? 즉 앞에 그 일 다음에 3년 정도 지나서, 여기서 내나 마귀들에 씌였고 이를 전혀 모름에, 이에 내 자신이 미친줄만 알고, 이에 배회로 돌아 데이다, 또 재수 없이 절도로 교도소에 들어가 있던 중, 하룬 스포츠 신문을 보던 중, 그 중 기사에서, 즉 아까 말한 그 연예인 분의 소식인데, 그 소식이, 즉 그 분이 오데 라디오 방송을 맡아 진행 하는데, 그 진행 중 난데없이 한번씩 욕설을 해서 그게 어떻단 보던데,

'?'

내가.

* * *

그리고 그 일 이후 10년 정도 지나, 내가 처음 정신병원 갔다 나오고, 이에 2번째 정신병원 입원 때고, 나에게 마귀들 들린 병을 알 때.

"아니, 10년 동안 1번 밖에 성관곌 안 가짓나!"
TV 보시던 어느 점잔은 분의 혼자 말씀.

그 연예인 분이 결혼을 했고, 그 상대 여자는 어느 연예인 분이고, 여기서 그 결혼 생활에서 그들의 성관계를, 즉 결혼 초에 딱 1번 가지고 더 이상의 성관계는, 10년 동안 1번도 안 했단다. 이 사실을 그 연예인 부인이, 어느 TV 방송 인터뷰에 나와 그런 말이었다. 그리고 그 남자 연예인 분이 그것만이 아니라, 즉 술을 심하게 드시는데, 술값이 매달 300만원 나온단다. 여기서 그 남자 분 혼자서 안 마시고, 딴 사람들 하고 같이 마신단다. 그래서 그 남자 분과 이혼을 해야겠따. 같이 못 살겠따. 이런 내용이다.

'아, 그 분이 요즘 애럽께 됐꾸나!'

그리고 그 방송 다음 2, 3달 지나, 또 그 부부 문제가 TV에 나오는데 그 소식이, 즉 그 연예인 분 부인이, 어느 남자와 간통을 했는데, 여기서 그 연예인 분이, 그 간통한 부인과, 그 간통한 남자 분을, 간통 죄로 고소를 했따는 소식이다.

'확실히 좀 그렇쿠나!'

그 분이 2016년 어느 라디오 방송을 진행하시던데, 그 진행 하시는 것 들어 보니, 즉 그 방송 진행의 목소리가, 술에 망가진 느낌이다. 거기서 그 분이 하시는 얘기가, 즉 사람을 망하게 하는게 3지가 있는데, 그 중 1가지가 술이란다. 요즘은 술 안 하시는가 모르긋따? 그리고 2016년 요즘 한국에 동성애가 과거에 비해 늘어난 추센 모양이던데, 즉 에이즈가 주로 동성애에서 온단다. 라디오 들어 보모, 전에 비해 요즘 2016년도에 10대 에이즈 환자가 배 이상으로 늘었단다. 거릴 가다 보모 여자들 끼리 팔짱을 끼고, 다정히 걷는 모습을 종종 보는데, 보면 사복 입은 초등생이나, 중등생, 그 중 교복 입은 분, 아니면 20대로 보이는 사복 입으신 분들, 아니면 정장 차림에 30대 초로 보이는 분들, 아니면

40대 초 정도의 사복에 여성 분들 등 등, 즉 물론 남자 분들 중에도 있따. 여기서 그런 분들은 겉으로 표는 안 나고. 여기서 나에게 동성애 하자고 나오는 분을, 2, 3분 봤는데, 여기서 그런 분 만나모 다 도망 가고. 가다 보모 그런 동성애자가 가끔 있는 모양이다. 여기서 나도 동성애자가 될 뻔한, 그런 갈림길이 있었따. 즉 초등학교 2, 3학년 때, 여기서 그 때도 이성과의 성관계를 못 접하고, 이에 그 성 욕구불만에, 하루는 혼자서 가만 생각한기,

'저거하고 여자 대리로 성관계 하모, 긋도 재밋긋따!'

이런 상상에

'함 해볼까?'

맘 먹었었다.

즉 그 생각이 한 30분이나, 그 뜻을 정하고, 그러다 그걸 실행에 안 옮겼꼬. 이게 그날 한동안 그런 생각이고. 이 안 하고 넘어 간 다음날 부턴, 이를 잊고, 동성 쪽으로 안 갔는데, 요즘 가만 그 땔 뒤 돌아보면, 그 때 만약 실제 그 만만한 주위 친구를 붙잡고 동성 경험을 했으면, 아마도 그 한번의 경험에 그 동성 맛 들여 가지고, 그 길로 나도 동성애자가 되서, 요즘도 동성을 하고 있지 않을까? 생각한다. 그 때 동성애, 할까, 말까의? 그 맘 먹던 하루의 생각이, 내가 동성애자가 되는가, 마는가의? 갈림길이었던 모양이다.

그리고 재산이 아무리 있꼬, 또 그 외에 뭔가 가진게 있어도, 여기서 그걸 겉으로 안 드러내도 된다. 즉 그것이 검소고, 여기서 사람은, 검소해야 된다. 즉 뭐가 있어도 있따고 드러냄 보다, 있어도 없는 척이 낫지? 이 예가, 즉 우리가 수학을, 즉 고등 1학년 까지 알았따 치자, 그 다음 그 이하론, 즉 초등학교로나, 아니면 중학교로나, 즉 그 고등 1학년 그 이하 아무데나 머무는, 즉 그 밑에 걸 아는 것이, 즉 생활에선 밑에 고생으로 일을 이루고 난 후, 그 다음 다시 그 밑에 생활로 갈 수 있는게 검소

다. 이 검소하기로 유명하신 위인이, 즉 삼국지의 촉나라에 제갈공명, 고려의 최영 장군, 즉 이 분들은 손만 뻣으면 재물인데, 그런데 그 분들의 집엔, 딱 그 분들 일가족이 먹고 살 만큼의 재물이 있었단다.

"마음에 드는 사람이 있는가? 그러면 내일로 미루지 말고, 오늘 당장 고백 하라!"

결혼에 목숨을 걸어라 본문 중.

결혼의 성공은, 그 기회를 잡음이란 말이 있다.

'?'

'아, 이 분이 어떨까?'

'!'

'작업 해라!'

이래 고백을 결정이다.

이에 그 일이 되려면, 이에 서로 합의가 되야 되는데, 이에 주로, 그 결혼 제의를 받는 분이, 그 허락을 해야 된다. 이에 불허 한다면, 그 이유는? 즉 그런 그 상대가, 본인과의 결혼 조건이 안 맞아서 그렇다. 특별히 사람이 싫고 모지라고 해서는 아니고.

* * *

"왜 그랫네?"

전화 상인데, 한번은 내가 건드린 여자 분 측에서 화를 내며, 형사입건을 들먹이며 안 좋아 하신다.

"앞으로 안 하긋씸다!"

"왜 건드릿네?"

술 먹었냐고 묻고, 침묵하고 있으니,

"야!"

'!'

예기 끝내고. 전화 끊꼬.

'!'
살 떨리던데!
'아, 인잔, 아무도 안 건든다!'
그 때 내가, 그 상대 여자에게 꼬투리 잡히는기 없어서 무사한 것 같은데, 만약 그 때 그 상대 여자에게 신체 접촉이나 했어 봐라, 우찌 뎃 끗네? 즉 그런 일 있고 나서 요즘 TV에 남자 연예인, 그들이 강간으로 입건 됐단 보도를 보면, 즉 그런 그들은 그 상대 여자의 몸을 만진 걸로 갑자기 그 상대 여자가 이를 꼬투리 잡아, 112신고 부터 하고, 또 주위에 날리 피우고 해서, 아무것도 아닌 걸로 입건이 된 것 같다. 여기서 진짜 겁탈은 따로 있다. 또 요즘 남자들은 여자들에게 먼저 결혼 제의를 잘 안 한다. 이는 왜냐면? 즉 여잘 겁을 내서 라는데, 즉 쉽게 거절 당하고. 또 잘 못 해서 신체 접촉이라도 있을 경우는, 방금 예기한 그 연예인들처럼 될까봐? 반면 요즘은 여자가 남자를 먼저 건드는 식이라는데, 여기서 한번은 라디오 뉴스를 들어 보모, 즉 중국 소식인데, 즉 그 나라 어떤 처녀가, 그 본인이 찍은 상대 남자에게 가서, 그간 모은 돈인 은행 통장과, 또 이런 저런 돈 줄인 자격증을 제시하면서, 그 남자에게 결혼을 하자고 하니까, 그 남자가, 함박 웃음을 지으며, 좋아하며, 그 제의를 허락 했단다.

* * *

"공구야 OO이다!"
한번은 주위에 아는 분이, 이렇게 일려 주신다. 그 지목 된 분을 보니,
"안녕 하세요?"
'어!'
"이 애가 OO이가!"
내 여동생 첫째 아들이다. 그 여동생의 첫 아기가 나왔다 했을 때가, 얼마 전 일 같고, 세월이 흐르긴 흘렀나! 그 애를 보니, 다 큰 어른이다.

세월이 이리 흘렀구나! 그 여동생은 10대 후반 때, 일찍 시집을 갔따. 그 때 생활은, 나에게 마귀들에 들렸는데, 이를 전혀 몰라,

'세상이 희한하다?'

즉 일이 안 풀리는 뭔가? 막히는게 있고, 즉 이기있기 전과 다른 세상인데, 이 원인을 도저히 모른다? 여기서 TV다, 오데 책이다, 그 어느 사람이다, 즉 이 세상 그 어디에도, 나에게 마귀들 들린 답이 없따.

'이상한 세상이다. 말이 안 되는 세상이다?'

이로 내가 뭔가? 이상한 줄 만 안다. 그래서 폐인에 엉망이 되서, 집에만 쳐 박혀 있는 식이다. 밖에 나 감은 배회로고. 안 그래도 집안 자체가 불화 집안인데, 그 따다 내가 그리 되 있고, 그 와중에 여동생은, 집에 안 있을라쿠고 밖에 나돌아 다니는데, 이에 객지로 다님에, 그라다 오데 시집을 갔따. 그 때 내 나이가 20대 초반, 그 때 나온 여동생 아기다. 여동생은, 나와 3살 터울이고, 그 때 여동생의 첫 째 아기라니!

'확실히 내가, 나이를 먹긴 먹었구나!'

세월 지남에 놀랐따! 애가 크게 나만하다. 그 여동생 첫 아들, 그 상대가 누군지 모를 땐, 그냥 젊은이로 나와 비슷하게 봤따. 보니까 그 족하가, 고등학교 몇 학년 생이고, 그와 같은 반 친구들인가? 뎃 명이 더 있는데, 그 중 덩치 큰 애가, 나보다 더 크다. 그 족하가 나와, 덩치도 비슷하다. 나도 정상적으로 장가를 갔으면, 저 보다 좀 어리더라도, 저런 자식이 있을건데, 세월이 흐르게 감이 오고! 이제 장가로 갈라니, 희한하게 없고, 이에 나이 쫏기고, 이런 식의 현실의 무서움이, 또 엄습이다. 선의로 그 족하와 그 족하 친구들에게 인심을 배풀고, 나중 그들과 헤어졌따.

'아, 내가 결혼을 할래도 못 하고, 나이만 먹었구나!'

보통 땐 잊고 사는데, 이런 앎이 올 때가 가끔씩 있었는데, 방금 그 족하를 보고는, 그런 앎이 더 크게 다가 온다. 내 주월 보면, 앞에 알았떤

여자 애들은, 다들 갔따. 요즘 새로 아는 여자 분들, 그들 중에도 시집 못 간 분들이 좀 있는데, 여기서 그 분들은 나보다 나이가 많은 분들로, 다 나 보다 더 나이에 쫓기는 분들이다. 거의가 20대 초부터 보통 남, 녀 분이 결혼인데, 보면 20대 초반, 20대 중반, 30대 초반, 30대 중반에 다 들 가셨고, 그래서 요즘 나보다 10살 더 어린 애들이, 싹 가셨다. 결혼에 목숨을 걸어라, 그 책을 오데서 얻었고, 그리고 계속 몇 번이고 반복 해 읽고, 그리고 그 책을 가방 안에 넣어 데이는데, 책이란기 신기하게도, 그 책 내용의 배울점을 인정하고, 그리고 그 책을 반복해 계속 읽고, 또 그 책을 주위에 가까이 하고 하면, 신기하게도 그 책 내용과 내가, 좀 닮아가는 것도 같더라. 앞에 불교 공부 할 때, 즉 어느 스님의 수행기 책을, 그런 식으로 공부를 했었는데, 여기서 그 책의 저자인 그 스님과, 조금 씩 닮아가는 것도 같은, 감도 오더라. 앞에 그런 경험도 있고 해서, 앞에 그 책을 가방 안에 넣어 다니는데, 그 책 내용 중, 즉 나이에 쫓긴 결혼은 하지 마라, 그리고 동정 결혼은 하지 마라! 즉 여기서 결혼을 함에 있어, 즉 그들이 잘 살자고 하는건데, 방금 그 2경우는 못 산다고 한다. 여기서 나이에 쫓긴 경우는, 즉 급하다고 아무에게나 들어 간건데, 즉 그렇게 안 알아보고 함부러 들어 갔따가, 싫코 하는것에 걸려, 이에 고생을 한단다. 그래서 아무리 나이에 쫓겨도 젊은 분들처럼, 시간을 두고 알아 볼 것 천천히 알아보고 가라다. 즉 그래야 결혼에 들어가서 고생을 안 한단다. 2번 째 하지마란 동정 결혼은, 즉 이는 그 상대방의 정신적, 신체적 장애, 경제적 궁핍, 등 등, 즉 이런 결점 하나 이상을 도와 주는 과정에서, 즉 그것이 애정으로 발전 해서 하는 결혼인데, 이는 안 되는 이유가? 즉 그런 그 결혼은 처음 한동안은 그들 나름의 아름다운 생활인데, 여기서 그런 시기가 어느 정도 지나고 나면 그 다음 단계가, 즉 그 동정 받던 상대자의 결점 하나 이상이 그들이 살아가면서 고쳐 지지 않코, 여기서 문제가? 즉 그 동정을 받던 상대자가, 폭력적으로 나오는 경우가 많은데, 즉 처음엔 잔 소릴 하다가, 나중엔 폭언과 신체적 폭력으로 나온단다.

'아이구, 내가 저런 사람을 두고, 어떻게 이혼을 하나?'

여기서 그런 상황엔, 이혼이 어려운데, 이는 즉 동정을 해준 사람이 동정 받는 그 사람에게 계속 동정을 해 줘서란다.

"동정은 동정으로 끝내야지, 그것이 결혼으로 이어지면 안 된다!"

앞에 그 책의 가르침. 큼!

* * *

"퇴마일기 한 권을 제가 보관하고 있어요!"

어느 교회 목사님이신데, 하룬 가계에 손님으로 오셔서.

기분이 묘하다!

'아니, 발 없는 책이 어떻게 그리 갔지? 거기 간 적도, 그 책을 거기 갖다 놓은 적도 없는데, 어떻게 신도를 통해 갔나? 어떻게 간 모양이다. 퇴마일기가.'

다 읽으셨나 물었더니, 앞에 조금 읽어 보셨단다. 신기한게? 발 없는 책이 그 까지 갔다는게 그렇다. 이에 남한테 내 칭찬거리가 나도는 것도 같고, 내가 남들에게 봉사하는 그런 활동하는 사람 같은 기분이 든다. 이번에 심의를 안 받아 전국 서점 판매가 안 됐는데, 만약 심의를 받았으면, 이런 식으로 책이 퍼지는게 더 하겠다. 이 책도 그렇고, 요즘엔 인터넷에 글 유폰데, 그로 글 작업을 더 집중적으로 한다. 이게 이 글에서 수입을 어느 정도 뚫으면, 더 해 질 것 같다, 즉 더 더욱 전문적으로 하는거지. 여기서 작가들이, 초보 작품 활동을 주로 인터넷에서 뚫는단다. 돈은 안 되는데. 이 메스컴 위력이 생각보다 대단하단다. 즉 여기서 어떤 분은 그런 본인을 알아 보시는 분, 아니면 본인의 전화번홀 어찌 알고 어디서 전화가 걸려 온다던지, 여기서 앞에 그들 중, 형편이 어려우면 돈으로 도와 주신다던지.

마약의 유혹에 빠지지 마라 129

* * *

"싸인 해 주세요!"

"아, 제가, 뭐 싸인은?"

나 같은 놈도 싸인이라니? 내가 뭐 대단한 사람이나 되는 것 같다.

가만, 흐지 브지 빼면 안 되겠고, 해 드린다. 즉 기회를 만나면 잡으려는 노력이 있어야 된다는 속담이 있다. 즉 감나무 밑에 누워 있다면, 여기서 삿갓을 뒤집어 놓고, 그 감 떨어지는 것 받쳐 놓고 있으라고, 즉 그래서 그 감 떨어지는 기횔 잡으라고, 그래서 기회를 만나 이거다! 싶으면, 볼 것 없이 그 기회 부터 잡아야 된다. 뭔가 부끄러운 척 하며, 그 기회를 놓치면 안 된다.

"잠깐만 요이?"

그래서 얼른 그 기회를 잡았다.

싸인을, 공구, 단순히 이름 적고.

즉 거기가 객진데, 즉 고향에서 사는게 말이 안 되게 막히면, 그에 빠져 나 갈 구멍을 파둔 지역이다. 나에겐 마귀가 들렸고, 또 정신병원 경력도 있고 해서, 안 그래도 마귀들이 저줄 해 샀는데, 이에 사람들이 정신병원 기록 약점에, 잘하고, 조용히 있어도, 가만 못 놔두고, 병원 잡혀 가는게 있어서, 이에 내가 나에게 붙어 먹는 마귀들로 보이는가? 그로 그 객지에서 돈이고, 일이고, 살아 가는 문제들을 푼다고, 부지런히 다니던 하룬 낮에, 무슨 일 보러 사람들 많은 인돌 걷던 중, 즉 동냥인데, 즉 모금 함 통에, 기독교 관련 칼라 인쇄 종이가 붙어 있고, 즉 지원을 해 주면 그 돈으로 그들이, 어디에 있는 어려운 사람들을 돕는다는 구실이고,

"어떤 단첸데요. 좀 도와 주시면, 고맙겠습니다?"

짧은 곱슬 머리카락에, 20대 초반으로 보이는 여자분이 나에게 다가와.

내가 미혼이라, 특히 여자들에게 친절하고, 또 고생에 어려움도 많이도 해서, 이런 어런 사람들 사정을 뻔히 알고, 또 마귀들이 나 한테 붙어 저줄 주고, 이런 마귀들 꼴도 있고, 이에 알아서 대천데, 이로 특히나 착하게 살잔 마음이고 해서, 가진 돈이 1만원 가량이 있고, 또 그 돈이 어디 쓸데가 있는 돈인데, 당장 이런 일을 만나, 여기에 5000원을 그 성금함에 넣어 드렸다.

"더운데 고생이 많으신데, 제가 퇴마일기라고 썻는데, 이것도 드릴까요? 새 책인데."

"아, 주시면 고맙겠습니다!"

여기서 아까 싸인 해 달란 부탁이 온 것이다. 즉 그 분이 요즘 젊은 시기에, 이 세상의 유혹이나, 풍파가, 한참 많을건데, 이에 조금이나마 도움이 되라고.

"수고 하세요!"

신호등이 파란불로 바뀌고, 갈 때가 되서 난 내 갈 길로 갔다.

으, 쓱!

마치 숨은 실력의 무명 작가같이, 대단한 사람이나 되는 것 같다. 여기서 으, 쓱! 함이 심하게 엄습인데, 이는 아마도 마귀들이 그렇게 만든 거지, 혹시 내가 미쳐 날 뛰어 안 좋게 되라고. 내나 또 엄습이, 즉 그 상대와 내가 서로, 돈 줄꺼 주고, 받을꺼 받고 끝인데, 그런데 희한하게, 그런 물질에 물려, 이상한 몸 둘 바를 모르는? 즉 그런 기분이 드는데, 이에 상대도 이를 인식하고, 이로서 나오는 것도 같더라. 보면 여기서, 즉 그 상대의 몸 속 창자 중에 대장이, 불편한 이런 기분도 들고, 나도 이에 대장이, 불편 할 때도 있고, 이에 구지 화장실에 그리 갈 일이 없는데, 그런 속이 불편해, 이로 큰거 본다고 화장실 갈 때도 있다. 이기 이상한 비정상적인데, 즉 물질이, 암만 많이 서로 물려도, 서로 일에서 그 물질을, 주고, 받으면 끝인데, 아까 그런 기분 엄습은, 나에게 붙어 먹는 마귀들이, 나에게 극렬히 주는 저준데, 즉 저거가 나에게서 안 쫓겨 날 꺼라고, 이에 그 마귀들이, 즉 나와 그 때 내 옆에 그런 사람 1명 이상이, 서로 사이를 갈라지게 하는, 그 마귀들이 가하는 이간질이다. 이 마귀들은, 어떻하든 나를 저주를 받게 하고, 안 되게 하고, 망하게 한다. 이 마귀들이 믿는 건, 내가 파멸 되다가, 결국 예수 안 믿고 죽어, 그들과 함께 영원한 지옥으로 가자는 거다. 이에 요즘은 하나님의 보호를 받는다. 여기서 특히 그 마귀들의 공격 포인트가, 주로 귀, 눈, 입인데, 여기서 마귀들이 귓구멍으로 들어온다. 그렇게 되면, 이로 그 마귀들의 집된 사람의 정신이, 괜히 없고, 이로 할 일을 정확히 처리 못 함도 있고 해서, 일 처리도 확실히 함도 있고 해서, 그로 귀마개를 알고부턴 그런 귀마개를 어딜 가나 사용을 한다. 또 그 싸인 할 때, 빨간 알 안경을 착용 했는데, 즉 시력 넣고. 그 빨강색을 4단계 까지 뚫은 상태였고, 또 이 때 입도 닫고, 즉 입은 벌리고 있으면 마귀들이, 특히나 나에겐 직통인데, 이에 마귀들은 나의 틈으로 들어오는데, 이에 내가 입을 벌리고 있으면, 그 마귀들이 사정 없이 입으로 들어오는데, 이에 뭔 의도 없는 이상한 말, 생각을 한 것 처럼 되고, 이게 작품을 구상을 함에 입을 약간 이라도 벌리고 있으면, 내나 마귀들이 그 입으로 사정없이 들어 와, 그 생각 해 놓은 글 구상을 엉망으로 해 놓는다. 이에 그 글 구상 했던게 뒤죽 박죽이 되고, 그리고 생각에 입력시킨 걸 까맣게 잊어 버리기도 하다. 즉 그 때 손 글인데, 그래서 이에 생각한 글을 못 써서, 이로 입을 꾹 닫고 하는데, 이도 모자라 마스크도 한다. 그리고 사람들과 부댓길 때도 글 쓸 때 식에, 그런 마귀들의 방해를 안 받으려고, 마스크는 못 해도, 입은 꼭 다 문다. 이에 남에게 이상해 보여지는 것 같아도, 포기 안 하고, 계속 그렇게 유지를 한다. 마귀들이 그들 집 된 사람이 문구를 생각 함에, 그들이 그 집 된 사람이 생각해 내는 새로운 문구를 못 떠 오르게 방해를 할 수 있다. 즉 생각이 잘 안 되게 하거나, 또는 피로를 주거나, 아니면 그 생각을 잊어 먹게 한다. 그들은 먼저 그 글 내용을 읽고, 이에 그 글 내용을 알고, 다음 그들 집 된 사람이 그 문굴 생각 하면, 이에 그들이 그 문구 생각을 못 하게 하는, 즉 이는, 그들이 그 문구를 아니까 그렇다. 반면 그들이, 새로 만들어져 나오는 지식은 못 막는다. 즉 그 새로 나오는 지식은, 즉 그들이 모르기 때문이다. 즉 사람이 살아 있으면 의식이 있는데, 여기서 그에 생각이 있다. 여기서 그 생각을 본인 나름대로 한다. 여기서 생각이 나오는 건, 그들이 못 막는다. 여기서 참고로, 즉 불교에선, 즉 앎의 진리의 세곈 끝이 없단다. 즉 이런 식에 새로 배워가는 지식을 마귀들은 못 막는다. 즉 독서를 하면, 그 읽어 나가는 앎을 마귀들은 못 막는다. 그리고 책은 읽을만 한건, 4번 이상 반복으로 읽어야 제대론 데, 여기서 그런 책을 아무리 반복해 읽어도, 이에 그들은 그 새로 아는 지식을 못 막는다. 또 그들 집 된 사람이 아는 그 수학 내용을 그들은 모른다. 여기서 그들은, 단순 더하기, 빼기 외엔 모른다. 즉 이런 식에 새로운 무슨 일 꾸미는 문제라든지, 그런 그 문제들 해결이니, 즉 그런 새로 알아 나가는 걸 그들은 알지 못 한다. 그리고 어느 정신과 의사의 말이, 즉 정신병이란, 즉 그 병을 본인이 알면 그 병을 90% 이상은 이긴단다. 또 알면 거기서부터 병이 나았다고 가르치는 불교도 있고, 여기서 마귀들 들린 사람이 그 사실을 알면, 거기서 부터 그 마귀들의 저주에 대한 대처가 들어간다. 그런데 그것을 모르면, 그로 이 세상이 말 안 되는 세상인데, 이에 그 원인을, 즉 본인이 미친 줄만 안다. 여기서 그런 그 사람의 심한 한 사례를 보면, 즉

"제 눈에서 남들에게 피해를 주는 광선이, 계속 나 옵니다!"

정신과 상담환자 말.

이 면담이 끝나고, 그 환자를 돌려 보냈다. 그런데 그 환자가 혼자 있을 때, 본인의 양 눈알을 본인 스스로 뽑아 버렸다. 이를 그 의사가 알고 다음 면담에,

"이 눈 속들을 더 파내야 됩니다! 이 눈 속들에서, 계속 광선이 나옵니다."

그 환자가.

예전에 마귀들이 들리기 얼마 전, 하룬 TV를 보는데, 즉 거기에 나온 어느 이름 있는 정신과 의사가, 즉 그 분이 정신병원 일에서 실제 격은 한 사례라는데, 여기서 그 환자에겐, 마귀들이 들려 있었다. 여기서 그 마귀들은 그 사람에게서 잠복해 있었고, 여기서 그 분은 이를 전혀 모름에, 본인이 미친줄만 알고, 이로 피해망상이 생기고, 그리고 이 세상 그 어디에도 본인에게 마귀들 들린 그 답을 못 구하고, 그로 선과 악을 구분 못해지고, 그렇다고 자살은 못하고, 즉 그런 것들이 쌓이고 쌓여, 결국 그런 행동을 한 것이다. 그러나 실제적으론, 그런 본인의 그런 현상이, 그에게 붙은 그 마귀놈들 때문이지, 그런 본인의 잘못이 아예 없고, 또 이 세상은 하나님의 뜻대로 이치대로 돌아간다.

유명인사가

•
•
◦

　일본 메스컴의 유명인사가, 즉 어느 술집 알바 여대생을 건드리다가 잘 안 되, 감옥 골인이 되는, 일본 만화책을 봤다. 그 유명인사란 분은, 즉 TV인가, 라디오인가의, 어느 프로그램을 1개 맡고 있는 중이고, 그 일본에서 인기리에 있는, 유명 방송인이다. 내가 그 만화책을 본게, 즉 정신병원 망상이 깨지기 전이고, 그 때가 20대 초반 경, 그 때 마귀들에 들렸었는데, 그런데 이를 전혀 모르고, 그리고 정신병원 입원 경험이 없어, 이에 정신병원에만 들어 갔다 나오면, 그 현제의 뭔가? 모를 이상한 병이 낳고, 그 다음 나도 정상적인 사회인이 될 수 있다, 이리만 믿고 엉망으로 살았었는데, 여기서 담배, 술인데, 그 중 마약 배움이나, 그 외에 다른 큰 사고를 안 친게 다행이었다. 여기서 누구나 폐인 생활이 어떤 건지를 알 것이다. 큼! 여기서 이 배경 장소가? 즉 일본 열도 안에, 그 어느 지역이다. 그 유명인사란 분이, 즉 어느 술집에 가 보니, 거기에 어느 여대생 알바가 술 접대를 하는데, 여기서 그 알바생이 마음에 든다. 큼! 즉 여기서 그 알바생에게 접근! 처음 대화로 몇 차례, 그리고 그 분이, 그 술집을, 하루나, 이틀에, 한번씩 찾아 다니며, 그 여대생 알바를 찾고, 이게 한 4차례 이상은 될 것 같다. 그 다음 그 분이 그 알바생의 몸을 요구한다. 여기서 그 알바생이 이를 거부, 내나 계속 되는 그 분의 그 요구, 이에 그 알바생, 내나 빼는데, 이런 2차례나의 과정에서, 그 술집 여주인이 이를 알았는데, 여기서 그 주인의 이 문제 처리가? 즉 장사에서 돈벌이로 종업원의 인격을 무시하고, 손님에게 서비스로 그 종업원을 그 손님에게 팔아 넘김이 아닌, 즉 그 알바생의 인격을 최대한 고려 해서, 그 유명인사란 손님이 그 알바의 몸 요구 하는 걸 막는다. 즉 여기서 그 유명인사란 분이 본인의 그 돈과 명예로, 그 알바생의 몸을 취할라 하는데, 이에 그 알바생이 이를 계속 거부! 이에 그 유명인사란 분이, 그 알바의 몸 못 취함이 거듭 될수록, 눈을 부릅 뜨고! 광적으로 수단을 안 가리고, 그 알바생의 몸을 취할라 나온다. 이 과정에서 그 유명인사란 분이 그 알바에게, 신체적 접촉 꼬투리 잡히는 행동을 했다. 이에 그 술집 여주인의 112신고! 여기서 그 유명인사란 분이 형사 입건인데, 그 출동한 경찰차에 그 분이 실려 간다. 여기서 그 분이 본인의 눈을 있는 데로 부라리며! 경찰차 창밖을 본다.

* * *

다음날.

"OOO씨가 어느 지역 무슨 술집에 있는 OOO양을 성 추행해, 형사 입건 됐습니다!"

이 보도가 TV, 라디오, 신문, 각 각의 뉴스로 일본 열도가 떠들썩 하다.

* * *

그 문제 여대생 알바와 그 술집 여주인과, 또 다른 그 술집 여 종업원들, 그 중 다른 여대생 알바도 있겠고. 그들은 총 6분 정도. 복장이 다들 개성적. 머리칼 모양도 긴 머리, 짧은 머리, 각 각 개성적. 즉 그들의 영업장 영업 마치고, 다들 집에 갈 때, 그 가계 식구들이 다들 모여, 거릴 걷는 모습이다. 큼! 즉 그 그림이, 그들이 모두 즐거워 하며, 여기서 어느 분은 본인 머리카락을 쓸어 넘기며, 즐거워 하는 모습.

여기서 그 유명인사가, 그 어느 술집에 우연히 갔다가, 거기서 그 알바 하는 여대생을 알고,

'이 알바생의 몸을 탐 해야 겠다!'

여기에 뜻을 두고, 이 과정이, 즉 처음 몇 차례 그 술집을 방문, 그리고 그 알바에게 접근, 여기서 1단계, 즉 대화만 오 가기 4차례 이상, 그리고 다음 본격적인 몸 요구 단계, 여기서 의외로 그 알바생의 불응, 이에 포기 않고, 계속 그 요구! 내나 그 알바생 거절! 나중 그 술집 여주인 개입, 여기서 성 욕구 불만의 그런 과정에서, 그 알바생에게의 성추행 꼬투리 잡힘, 여기서 그 술집 여주인 손에 입건.

마귀들 소리

．
．
．

"다 적어 냈다. 몰랐다, 몰랐다!"

마귀들 소리 중.

이들이 글질을 최고 방해다. 그러나 이런 방해라도 다 방어는 한다. 글을 다 찍고, 여기서 부터 글 작업이 끝났거든. 이 마귀들이 이 땐 조용하다.

탁!

출간 눌리고.

내 방을 글 작업실로 쓰고, 요즘은 글 작업 들어갈 때, 그 잡업실 모든 문과 창문을 다 닫고, 그리고 그 안에서 문 잠그고, 그리고 글 작업을 하는데, 한번은 10권 무협지를 보니, 그 내용은 안 좋아 못 봤는데, 그 책 머리말에, 즉 그 본인 방 안에 컴퓨터 1대가 있고, 거기가 서식지란다. 즉 아마도 거기서 거의 하루 종일, 그리고 매일같이 처박혀 있는 모양이다. 이 글이 3000자, 4000자 뽑고, 요즘은, 1번, 2번, 3번, 4번 까지 정리를 한다. 그리고 그 마무리까지, 보통 9시간이 걸린다. 이 마귀들 소리를 환청이라고 한다. 이 마귀들이 약간 물리적으로 할 수 있다. 그로 고문을 주는데, 여기서 그런 그 괴로움을 이것 주다가, 저것 주다가, 쉼도 없고, 끝이 없다. 만약에 마귀들이 사람처럼 물리적인 힘을 가할 수 있다면, 그들 집 된 사람은, 그들에게 잔인하게 죽는다. 그래도 요즘은 이를 알고, 알아서 대천데, 마귀들 들린 병엔, 첫 짼 이 앎이 되어야 된다. 이 다음 그들에게서 방언데, 이런 마귀들이 사람에게 붙어서 그 하는 이유는? 즉 그들과 같이 지옥에 가자고. 보면 이 마귀들이 최고로 편해 하는데가 사람의 몸이고, 여기서 그들은 그들이 붙어 묶기 좋게, 그들 집 된 사람을 망하게 한다. 그리고 그들의 목적은, 즉 그들 집 된 사람이 예수 안 믿고 죽게 함이다. 그래야 그들과 같이 영원한 지옥에 떨어지니까. 그러나 이를 알고, 그로 여기에 안 말려 들고, 자멸 안 하고, 안 망하게 사횔 살아 가야 된다. 큼! 즉 여기서 이 마귀들이 최고 겁 내는건, 즉 그들의 집 된 사람의 영혼이 강한 것이라고 한다. 그러나 이는 불교 이론에 적합하다. 여기서 기독교 이론은, 즉 사람이 제 아무리 그 개인이 쎄도, 즉 사람으로선 마귀를 못 이긴단다. 즉 약한 마귀 1놈도. 즉 여기서 하나님이 그 마귀들 보다 쎄신데, 여기서 마귀들 집 된 사람이, 하나님과 연합이 되야, 그 붙어먹는 마귀들을 이기고, 결국 쫓아낸다는데, 이 비유가, 즉 한국이 북한과의 대치에서, 한국이 미국과 연합이 됐고, 이 미국 때문에 북한이 한국을 못 쳐들어 오듯이. 이 마귀들은 이미 지옥이 결정났다.

"우리 예길 글에 띠우면, 우린 소멸 됩니다!"

내 붙은 마귀들 중.

이들은 이 세상에 그들이 드러나는 것을 그들의 최고의 패배로 여긴다. 즉 마귀들이 역사의 기록에 남은 예가, 즉 예수님에게 마귀 한 놈이 붙었다가, 그 예수님에게 쫓겨난 마귀, 또 석가모니가 앎을 이룰 때, 그 일을 방해하다 패한 마귀. 여기서 그 각 각의 마귀의 안 좋은 말이, 세세 생생 많다.

성욕

성욕이 이 세상에서 본인의 자식을 남기려는 남, 녀, 노, 소, 각자의 본능적인 욕구인데, 즉 모든 몸 있는 생명체는 이 성욕으로, 그들 각 각의 종족이 유지가 된다. 즉 사람은 애가 커서 알만할 때, 이 성욕이 평생토록 따른다. 이것이 인생의 큰 문제다. 즉 끝 없이 이 성욕이 받치는 것이다. 여기서 그 성욕의 자극을 받아 그걸 해결하고 나면, 빠르겐 5분, 10분 안에, 또 받치는데, 이게 하루에도 몇 번씩 되기도 한다. 즉 이는 마치 배가 고플 때 마다 식사를 해야 되듯이. 여기서 특히 미혼자는 누구나 이 성 욕구 불만이 있을 것이다. 그런데 기혼자는, 즉 그 부부 각자 서로 맘대로 성관계가 되니까, 이에 성 욕구 불만이 덜 하겠다. 그리고 보면 동성애자들은 이성보다 동성에 더 성욕이 받치는 모양인데, 그런 그들 보면, 즉 동성끼리노 하고, 이성끼리도 하고. 그리고 보면 동성, 이게 한국에도 좀 있는 모양이다. 주로 길을 걷다 보면, 즉 그런 의심가는 분이 가끔 보이는데, 즉 그런 그들은 주로 레즈비언. 여기서 호모 하시는 그런 분을, 몇 번 봐오긴 봤다. 이 동성도 중독인 모양이던데. 이 성욕이 받치면 어느 정도는 분출을 해야 된다. 즉 이를 너무 억제하면 병 걸린다는데, 그 병은, 즉 한의학에서 열병이라고 한다. 이 성욕 해결에 여러 방법이 있고, 그리고 이는 적당히 잘 조절을 해서 해결을 해야 되지, 여기서 남, 녀, 노, 소, 누구나 이 성욕 문제에 고민 일 건데, 여기서 실제 이성과의 정신적, 육체적, 그런 관계 해결, 이게 잘 안 풀린다. 이 문제가? 즉 누구나의 고민거릴 것이다. 여기서 돈이 좀 있는 분이, 음란 하단 속담이 있다. 이 성욕 해결책, 여기서 미혼을 예기해서, 즉 여자 분의 입장에선, 즉 남자 분을, 알까, 모를까, 모른다? 여기서 남자 미혼자 경운, 여자를 모른다? 보면 여자 친구가 있은 남자 분은, 그런 그 상대를 알겠지만. 남자 미혼자들, 그런 그들이 혼기가 되어도 상대 이성을 모른다. 여기서 실제적인 이성과 본인과의 성욕 해결이 되어야 되는데, 그 해결이 안 된다. 즉 그 해결은, 그 상대 이성과의 정신적, 육체적인 건데, 이 문제 해결이 안 되니. 그런데 결혼을 하면 이런 이성의 성 문제는, 빠져 나간다는데, 즉 그런 그들이 한 공간 안에서 그 상대의 서로 서로를 하루 종일 머리 끝 부터 발 끝까지 다 본 단다. 여기서 그들 주위에선, 그런 그들의 은밀한 성생활을 인정하고, 그런 그들을 관섭 않는단다. 여기서 그들은 그들의 그 성이란 울타리 안을 지켜야 되는데, 여기서 그 지킴은 돈으로 지킨다는데, 여기서 즉 당장 돈이 없으면, 그 땐 그들이 냉정하게 길에 나 앉는다는데, 즉 그렇게 결혼을 해서 길에 나 앉는게, 혼자서 그렇게 당했을 때 보다 더 비참하단다. 그래서 결혼은 경제력이 안 된 상태에선, 그 결혼을 안 함이 낫단다. 이 성욕은 생존에 기본 욕구인데, 이게 안 좋게는, 너무 쾌락 쪽으로 빠지다가, 술, 낭비, 게으름, 유흥, 등 등, 즉 그런 안 좋은 쪽으로 잘 빠지니 문제다. 즉 여기서 그 일은 경계 해야 된다. 즉 여기서 그 안 좋은 것들 중, 최고 안 좋은게 마약이다. 그리고 바른 삶을 산다 해서, 그 성욕 해결이 되는게 아니라, 거기도 공짜 남 녀 성관계가 없다. 즉 여기서 진짜 남 녀 관계는, 즉 정신과 육체가 같이 온다. 여기서 그런 남 녀 관계는, 즉 결혼을 한 상태가 아니면, 또 죽어도 안 된다. 여기서 그렇지 않으면, 즉 아무리 돈이 많고, 똑똑 하고, 성격 좋고, 잘 생기고, 배경 좋고, 등 등의, 즉 아무리 그런 장점이 있어도, 남 녀 관계가 안 된다. 이 성욕이, 남자 경운 청소년기에 최고 받치고, 반면 여자 경운 40대 이후, 최고로 받친다. 즉 여기서

성욕 141

상대 이성을 고름에 적당히 해야지, 즉 너무 고르면 뱀을 고른다고, 즉 적당히 고른 게 가장 잘 고른거지, 즉 너무 고르다가 나중엔, 안 좋은 거를 오히려 좋다고 본인은 고른다. 여기서 술, 담배, 빚, 게으름, 또 심하겐 마약을 모르는 상태에선, 마약 쟁이도 멋이 있다고 고른다. 즉 이는 너무 고르다가, 끝내는 좋은 것 고르는게 아니라, 그런 본인 판단이 이상해져, 방금 설명처럼 그런 뻔히 안 좋은 걸 본인은 좋다고 고른다. 즉 그렇게 골라 들어가고 나면, 나중 그 실상을 알고, 후회를 한다. 즉 여기서 기독교 TV에 나온 어느 목사 분의 설교에, 즉 어느 미인 과부가, 또 재가를 가는데, 이번은 돈 있는 재력가란다. 그래서 돈엔 구애가 덜 하겠다 하고 기대를 하고 갔는데, 막상 들어가 보니, 그 재력가란 사람이 인색한데, 즉 생활비를 너무 안 주더란다. 이에 돈에 쫄려 고생해 오다가, 결국 이혼 했단다. 여기서 돈 있는 사람이 돈을 더 안 쓴다고, 여기서 그런 부자가 아닌 분이 오히려, 돈을 쓸 덴 쓰는데, 이런 예를 보면, 즉 너무 돈만 볼게 아니지. 여기서 에이즈 걸리는게, 주로 동성 성관계를 하다가 걸린다는데. 그리고 남, 녀, 노, 소, 미혼이나, 기혼이나를 떠나, 즉 남자 분이 여자 분을 봤을 때, 즉 어떤 분에게 성적 자극을 받느냐면? 그건 즉 젊은 분에게 그렇고, 그리고 그 중, 자극적으로 꾸민 분에게 더 그렇고, 또 드물게는, 즉 나이가 드신 중년 정도의 분들 중, 근본이 깔끔하게 생기셔서 겉 꾸밈에서, 오히려 젊은 분들 보다 더 성적 자극이 되는 분도 있다. 즉 여기서 남, 녀, 노, 소, 그 상대 이성이 서로 각자 본인에게 맞고, 안 맞고가 있고, 그래서 재각기 그 상대 이성을 좋게 보는 관점이 다르다. 그래서 사람의 좋고, 나쁨의 취향이, 즉 사람들 각자가 다르다. 이에 그런 본인에게 어떤 스타일, 어떤 식의 꾸밈, 즉 그런 것들이 보편적이지 않고, 개인적이다. 반대로 각자 본인이 싫어하는 스타일, 이런게 있는데, 그건 즉 본인과 같이하면 개인적으로 일이 안 풀리고 하는, 이도 아까 좋아하는 스타일 취향이 각자 다르듯이 다르다.

즉 여기서 속담에, 사람의 성적인 아름다움은, 겉 꾸밈 보다, 일을 잘 함에서 온단다. 즉 여기서 남, 녀, 노, 소, 각자 분들 중, 큰 착각에 빠져서, 성형수술을 하신 분도 계시고, 아니면 이를 계획 중에 계신 분들도 계신데, 이 성형수술을 계획 중이시라면 안 해야 되는데, 즉 성형수술은 그 한지 3일 까진 변화가 와서 거기까진 괜찮은데, 그 다음 단계가 후회다. 평생. 즉 얼굴에 칼댄덴, 잘 생겨지는게 아니라 오히려 못 생겨진다. 큼! 즉 여기서 꾸밈이란, 너무 과하게 꾸미면 안 되고, 반면 너무 안 꾸미는, 즉 씻지도 않고, 옷도 안 갈아 입고, 더럽게 해 있고, 이런 것도 안 되고, 즉 모든 일은 중간 길이 좋다는데, 여기서 꾸밈도 그렇지. 그리고 외모가 너무 아름다움은, 오히려 고생스런 삶이 전개가 되고, 이로 몸이 피곤하게 시달리고, 결국 그런 본인만 안 좋으니까, 그래서 젊고, 깔끔하게 생기신, 그런 분일 수 록 일부러라도 꾸밈을, 못 나 보이게 꾸밈이 좋다. 반면 근본이 젊어도 지저분하게 생기신 분들도 있는데, 즉 그런 분들은, 이 세상 살이 하는데서는 오히려 고생이 덜 하다. 여기서 그 얼굴이 못 생김 때문에, 성형 수술은 하지 말고! 여기서 우리가 결혼을 했다고 치자! 즉 평소 그리 밉지 않은 그 부인이, 마침 뒤 돌아 서서 그 부부들이 저녁 먹은 설걷이 하는 모습이 보이면,

'!'

남성이 자극 되지? 여기서 다음 장면은?

'!'

짐작이 갈 것이다. 큼! 그리고 일을 함에 있어, 그 일을 이룸에, 즉 작은 일이나, 큰 일이나, 이 성욕 자극의 만족으로 그 일 이룸이 90% 이상 일 것이다. 그리고 나머지 10% 정도는, 다른 문젯거리들로 일을 이루려는 거다. 여기서 결혼엔, 3가지의 유형이 있다. 그건 즉

1. 독신.
2. 동성결혼.

3. 정상적인 결혼.

여기서 즉 한국 불교가 태고종만 빼곤, 각 종단에서 일체의 스님이 결혼 금지다. 큼! 즉 이 외에 일부러 독신으로 사시는 분들도, 아주 드물게는 있다. 즉 여기서 정상적인 결혼은, 즉 그들이 어떻게 만나, 어찌 결혼을 하고, 그리고 그들 자식을 낳고, 그리고 어찌 사는 것. 그리고 세계에서 최고로 성이 개방 된 나라가 미국이다. 여기서 미혼자도 해당이 되나 몰라도, 즉 거기의 평균 성행위 비율이, 2일에 1번 꼴 이란다. 보면 미혼자들의 이 성욕을 풀길이 성매매 뿐이다. 그리고 속담에, 즉 할 일 없이 낮잠이나 자는 개는, 지나다니는 사람의 발길에 뱃대지나 잘 채인다고, 즉 이는 활동 안 하는 그런 사람은, 어디서 얻어 맞기가 잘 된다. 즉 술 마시고 돌아 다니다가, 재수 없이 누구한테 걸려 얻어 맞는 다던지, 반면 활동을 하시는 분들은, 일단 술을 안 하고, 그 외에 다른 여러 안 좋은 걸 멀리하고, 일을 하는데, 그리고 그런 그 일도 계획에 맞춰 활동, 즉 여기서 목표가 있는데, 그것이 결혼이면 결혼, 여기서 그에 따르는 부수적인 일들이나, 즉 그 목적을 이루려고 부지런히 활동이다. 즉 여기서 그런 활동을 잘 하시는 분이라 해서, 성욕이 어딜 가나 해결 되는게 아니다. 내나 활동 안 하시는 분들과 마찬가지다. 그래서 남, 녀, 노, 소, 미혼자는 일체가, 이 이성과의 신체접촉은, 성매매로 풀 수 밖에 없다. 그리고 남 녀가 그 사귐에, 이 헤어지자는, 특히 여자 분의 요구에, 보통 그 상대가 이 상실감에 격분을 해서! 심한 경우는 그 상대 분을 그 자리에서 살인 하기도 한다. 실제 그런 비슷한 사건이, 즉 그 헤어지자는 상대 여자 분에게 미리 준비해둔 염산을 그 상대 여자 분의 얼굴에 부워 버려 영창, 또는 사귀고 있던 여자 분이, 딴 남자와의 성관계를 하는 장면을 직통으로 목격, 이에 격분! 여기서 칼을 들고 그 상대 여자와 그 상대 여자와 성관계를 하던 남자에게 위협을 가해 영창. 보면 특히 신혼부부들, 즉 그들의 모습은, 생기있고 활발한 모습인데, 여기서 그런 그들의 그런 모습은, 즉 아무도 모르게 있는 그들만의 은밀한 성생활 속에서, 거기서 삶에 활력을 얻은 모양으로. 즉 여기서 원래, 암컷, 숫컷 이란, 즉 살아 가다가 그들끼리 적당히 성관곌 해야 된다. 여기서 지나치게 억제 된 성이, 비정상적인거다. 즉 이런 식에 남 녀 미혼자들이, 너무 성을 못 하니까, 이에 위축이 되고, 초췌하고, 꾀죄죄하고, 여기서 그런 그들 나름에 아무리 깔끔히 해도, 즉 남잔 홀애비가 되고, 여잔 홀애미가 된다. 큼! 즉 여기서 어찌하여 결혼에 골인, 여기서 그들 남 녀의 모습이, 하루 하루 가면서, 여기서 특히 여자 분에게 보이는, 그 결혼 들어가기 전에의 못 보던 모습들이 하나씩 보이는데, 그게 좋은 모습이 아니라, 안 좋은 모습이란다. 그리고 성인용품, 즉 이는 여성용, 남성용, 보면 저가에서 고가의 가격대고, 종류가 여러 가진데, 여기서 이 성인용품으로 미혼 때 결혼을 대비 해, 결혼에 기초를 쌓는다. 그건 즉 결혼을 하면 성관계가 공짜니까, 이에 그 밑에 기출 밟는데, 즉 1단계 성인용품 뚫기, 2단계 성매매 뚫기, 3단계 결혼해 공짜 성관계 뚫기, 이렇게 이 3단계 공짜 성관계 까지 뚫어 놓으면, 그 결혼을 하면 공짜 성관계가, 밑에 기초 쌓은 걸로 들어가지? 즉 수학을 1단계 더하기, 2단계 빼기, 3단계 곱하기, 이 3단계 까지라 치자! 이 1과씩 4번 이상 반복 공부로 뚫는다. 내나 1단계 더하기 뚫고, 2단계 빼기 뚫고, 3단계 곱하기 뚫고, 이 식에, 즉 1단계 성인용품 뚫기, 이게 1단계 더하기 비유다. 다음 2단계 성매매 뚫기, 이게 2단계 빼기 공부다. 다음 3단계 공짜 성관계 뚫기, 이게 3단계 곱하기 공부다. 즉 그 다음 단계는 없다. 즉 결혼을 해서도, 그 3단계 공짜 성관계 까지 기초가 안 된다면, 다시 처음 기초부터 해야 된다. 즉 그 기초가 안 되면, 어차피 결혼해 공짜 성관계가 망하니까, 그렇게 되면 결혼을 해서도, 내나 1단계 성인용품 뚫기, 그것부터 해야 된다. 그래서 미혼 때, 즉 결혼에 대비한 3단계 공짜 성관계 까지의 기초를 미리 준비 하자! 이 성욕 불만 해결이, 강간으로 갈 수 있다. 즉 90년대 당시 10대였고, 그 때 동네에 아는 주위 또래 남자들 중, 그 분의 뒷소문이 안 좋은게, 그건 즉 그 친구가 또래의 여자 청소년들 1명 씩 여러명을 겁탈을 했다는데, 먼저 폭력, 이에 그 여자 분 반항을 못 하게 더욱 폭력, 그로 꼼짝 못 하게 해서, 성관계를 했다더란, 그 친구의 뒷예기가 있고, 그 친구 사건 경운 강간이다. 그 당한 여성 분은, 아주 안 좋은 모멸감, 이런 기분 일 꺼다. 그 친구를 보면, 평소 성질이 폭력적이고, 사고를 치고 다니며, 어디 감옥에 들락거린다고 바쁜 모양이던데. 요즘 특히 TV에 남자 연예인들 중, 강간으로 형사입건 됐단 보도가 심심치 않게 되곤 하던데, 큼! 즉 그 분들 강간 사건이 방금 앞에 설명한 내가 안다는 그 분의 강간의 예처럼 그런 겁탈이 아니라,

'혹시나 받아 주겠지?'

살짝!

보통 주위에 아는 여자 분들과 평소 서로 친절히 지내다가, 이에 남자분이 그 상대들에게 성욕이 생기고 하던 중, 어느 상대 여성 분의 신체를 더듬었어, 그 분도 원하는지 알고, 이에 상대의 반응이, 의외로 안 좋게 나오는데, 먼저 112 강간 신고부터 해서, 여기서 부터 그 상대 주위에서, 그 문제로 말이 많다가, 그러다 형사 입건 되고, 방송 타고 한 것 같다.

* * *

"왜 건드릿노?"

침묵.

"야!"

'!'

"앞으로 안 하겠습니다!"

이에 내가 술 먹었냐 묻고, 스토커 신고한다 하고.

이 전화 끊고.

'아. 놀래라!'

충격이었는데! 이 충격이 이틀 갔다.

한번은, 평소 나와 서로 친절 관계를 유지하던 여자 분들 중, 알고보니 어느 분이 노처녀고, 또 그 상대방 나이도 나와 비슷하고, 이에 잘 하면 그 분과 결혼이 되겠다 보고, 이에 다음날부터 그 여자 분을 건드려 보는데, 이 1번 건들고 나서, 그 여자 분 측에서 내 휴대 번호 알고, 나한테 전화론데, 여기서 이 일이 있기 전에, 지나다니다가 TV에 보도가 되는, 어느 남자 연예인들의 강간으로 입건 된 보도들을,

'아, 저 연예인 분이, 상대 여자 분을 뚜둘 패고 해서, 진짜 겁탈을 한 모양이다!'

이리 봤는데, 방금 설명한 혹시나 해서, 여자 분 건들다, 그 여자 분 측근에서 전화로 쫒겨 난 그 일, 만약 그 일에 그 건들던 여자 분의 몸을 더듬는, 신체접촉이 있었으면, 아마도 그 일의 꼬투리가 잡혀, 이번엔 강간으로 정신병원에 갔지? 큼! 즉 그 일 있고 다음날 지나다니다가, 또 TV에서 어느 남자 연예인 분이 어떤 여잘 건들여, 강간으로 입건이 됐단 뉴스를 보고,

'아, 저 경우는, 그 남자 분이, 그 상대 여자 분을, 진짜 폭력 쓰고 해서 겁탈 한게 아니라, 평소 주위에 여자 분들과 서로 친절하게 알고 지내던 중, 성욕이 생기고, 여기서 그 상대들도 그와의 성관계를 원하는 줄 알고, 이에 그 중 1명의 몸을 살짝 더듬었어! 이에 상대 여자 분의 반응이, 예상 밖의 강한 거부고, 그리고 그 상대의 법적 대응, 그리고 그 상대방 측에서, 그 분과 같이 들고 일어나고, 아마도 그렇게 된 모양이다!'

한번은 라디오 뉴스에서 어느 강간 고소 사건의 판결 결과가, 무죄가 떨어졌단 소식이다. 그 이유가? 즉 원래 강간이란, 즉 그 성관계의 한쪽의 일방적인 강제로의 이루어진 것, 보통 여기서 그 피해자가 여성이다.

즉 그 남자의 폭행 위협! 이에 안 해 주면, 그 상대의 폭력 받음에, 할 수 없이 몸을 강제로 당한 경우가 강간인데, 이 무죄 받은 고소 건은, 즉 그게 성립이 안 되는, 즉 그 남자 측은, 즉 평소 그 상대 여자 분과, 서로 친절 관계고, 그리고 남자는, 그 상대도 본인과의 성관계를 원하나? 싶어, 그 상대 여성 분의 몸을 더듬었고, 이에 의외로 그 상대 여성 분의 고소로, 이에 상대 남잔, 그 행위를 그쳤고, 방금 그 남자 분의 그 꼬투리로, 그 상대 여자 분에 의해 고소 사건이 접수가 됬는데, 여기서 그 남자 측엔, 모르고 한 일이다. 왜? 상대 여성과의 평소 친절 관계, 이에 그 남성이 그 상대 여성에게 몸을 더듬는, 즉 본인의 성 욕구가 상대에게 받아들여 질지 착각! 이에 상대 여성 분 몸 더듬음, 즉 이에 상대 여성 분의 강한 거부 반응의 상대 여성 분의 고소! 즉 여기서 건든 그 이유가, 즉 상대 여성과의 성관계가 될까? 싶은 모르는 상태였고, 이에 상대의 그것이 안 된단 반응에,

'아, 안 되는구나!'

거기서 그 행위를 그쳤고, 이는 모르고 한, 즉 그래서 그 강제로 한 그 성접촉 행위가 인정이 안 되고, 또 여기서 진짜 강간이란? 그 처벌이 쎄듯이, 즉 상대 여성에게 강제적인 신체적 위해를 가하는 폭력이나, 살인의 위협으로, 그 상대 여성을, 꼼짝 못 하게 해서, 그 여성의 몸에 그 본인 남성을 푸는, 즉 이것이 인정이 되야 강간이다.

* * *

"어 이!"

'!'

쳐다 보니, 앉은 자세로 예기하는 모습인데,

"여자들 찝쩌 거리다 큰일난다!"

"예!"

하루는 낮에 길을 가다가, 평소 앞면이 있는 분이 하신 말씀인데, 그

분이 기초 생활 수급잔가? 노숙 식에 꾀죄죄한 분이고, 어떻게 사시는
진 모르고? 즉 그 분 앞에선 어느 여자 분 찜쩌긴 모습을 보인 일이 없는
데, 길 가던 나를 불러, 그런 조언을 하신다. 즉 그 분의 그런 말씀을 듣
기 전에도, 주위에서 그런 말들이 많트라꼬. 그래서 그런 강간에 재수
없이 또 걸릴까 싶어? 미심쩍게 그 일을 경계하며 왔고.

* * *

"그럼 절도도 그렇고요?"

"응, 또 강간도!"

'?'

내나 같은 지역이고, 내가 당골로 가는 개인 정신과 의사 분이신데,
한 번은 나의 준비 된 질문을 받으시고 성의껏 대답 나오심이, 즉 범죄
에 어떻게 말려서, 그런 그 혐의로, 즉 죄가 있든, 없든, 형사 입건이 되
면, 그 범인이, 앞에 정신병원 갔다 나온 기록이 된 자이면, 그 범죄가,
정신병에 의해 저질러 졌다고 될 수 있는데, 앞에 그런 병원 경력으로,
그리 서류상에 인정이 되서, 이로 교도소로 안 빠지고, 사회에 있는 정
신병원에, 보호자 동의 없이도, 또 강제 입원이 될 수 있다. 이에 왠지?
또 정신병원에, 또 이상히 역일까? 겁이 난다! 그 의사 분의 내 예상 범
죄가, 특히 강간인 모양인데, 즉 그 분의 말씀처럼, 강간도 되게 겁이 나
고, 그리고 겁남이 절도다. 이 앞에 어찌 죄도 없이 꼬투리가 잡혔단 죄
로, 절도로 교도소에 들락거렸는지! 이 겁나지! 그런데 범죄 경운, 법 안
어기는 조심하면, 잘 안 들어 가지긴 하더라꼬. 그런데 정신병원은 이유
없이 잡혀 가니, 이로 아주 사회 생활에 겁이나!

결혼의 선택

∙
∙
∙

　아니, 한국 인기가수, OOO 그 분이 홀애빈게 놀랐고, 또 고인이 된 미국의 인기가수 마이클 잭슨, 이 분도 결혼을 못 하고 죽었단게 놀랍다!
　"2시의 대이트, OOO입니다!"
　미국의 인기가수였던 마이클 잭슨, 이 분 경운, 내가 마귀들 들리기 전 10대 때, 하룬 낮에 혼자 집에서 라디오를 듣다 알았고, 한국의 인기가수 OOO, 이 분은 최근인데, 즉 아침 일찍 글 작업 할 때 그 방 안에 라디오 틀어놓은, 거기 소리로 알았다. 즉 한국의 인기 가수 OOO, 그 분 경운 놀랐고! 마이클 잭슨, 이 분은 미국인이시고, 내나 미국에 사셨고, 그 분의 그런 소식을 접한 그 이후 TV에서 그 분이 장가를 갔단 소식이 없더라. 그 분의 장가 못 갔단 그 소식 이후, 그 분이 장가를 가셨나? 모르겠다. 아무래도 돈이 있으니 가셨겠지. 그 당시 그 라디오의 DJ 말은, 즉 그 분이 그렇게 인기가순데, 그 분의 펜이시라는 분들 중, 처녀 분들이, 다들 그 분을 결혼 상대자론 꺼리고, 딴 데들로 피해 가더란다.
　"?"
　그 소식이 이해가 안 가던데, 보통 왠만한 남자들은 다들 가시던데, 즉 여기서 그 분들에 비해, 마이클 잭슨, 그 분이 못 갈 리가 없는데, 그 분 경운, 그 분이 어릴 때부터 가요계에 입문해서, 계속 활동에 미국의 최고 인기가수였고, 또 그 인기를 잘 유지를 해 왔는데, 그로 그 당시 미국의 최고 인기가수로 5손가락 안에 드는 가순데, 그로 돈이고, 명예,

즉 이런 것들이 있는데, 그런데 왜? 결혼을 그 때 까지 못 갔다는지, 이해 안 가지? 그 분은 살아 생전 때 큰 실수를 해 놓은게 있는데, 그건 성형수술, 즉 그 분이 살아생전에 이 점을 크게 후회 한다는 보도가 TV에서 여러번 되더라. 즉 성형수술은 초반엔 그 바꾼 모습이 맘에 들지, 그러나 그 만족은 3일 간다. 그 다음 단계가 후회다. 즉 착각을 하시는 분은, 그게 평생 만족인 줄 안다. 즉 성형수술을 한 얼굴은, 본래로 못 돌이킨다. 내나 그 분처럼. 즉 성형은 점 빼는 것도 그렇다. 즉 그 분이 그렇게 고친 그 얼굴을 후회를 하다가 나중엔, 그 수술한 그 의사를 상대로 고소를 하는데, 이에 그 의사에게, 그 혐의의 꼬투리가 안 잡혀, 그 고소가 접수가 안 됐더란 소식이, TV뉴스에 보도가 되더라. 2000년대 초 그 분이 돌아가셨단 보도가, TV뉴스에서 되던데, 그 분이 가다가 사고로 돌아가셨다는데, 그 사인이? 즉 그 측근 누군가의 살인 같다 해서, 그 범인을 잡는다고 법이 개입 되는데, 그리고 한동안 그 소식이 TV에 나오는데, 여기서 그 조사 결론이, 즉 살인이 아니라, 그 분이 어찌하다 본인 실수로 사고를 만나, 돌아가셨더란 걸로 마무리 졌다. 한국 인기가수 OOO, 그 분은 한국에 사시고, 나이가 2016년대인 요즘 그 분 나이가, 60대가 될 것이다. 내가 10대 중반 때, 그 분이 TV에 가수 활동을 한참 활발히 할 땐 데, 아마도 그 때 그 분 나이가, 30대 초일 건데, 그 당시 그 분이 한국 가수 중, 최고 인기 가수 였다. 즉 TV 가수 프로마다 가수왕 상을 딴 가수들을 다 재치고 상들을 석권 했다. 또 성격이, 아주 온유하고, 원만하고, 또 활동력이 있는 분인데, 그 당시에 그런 그 분이 장가를 간 상탠 줄 알았다. 그리고 그 분의 그 인기가 한 때가 아닌, 그걸 계속 유지를 해 왔고, 이로 그 활동의 유명세, 그 일에 연결된 돈, 많이 벌여 놓을 건데, 여기서 결혼은 이상이 아닌, 냉정한 현실이라는데, 즉 결혼을 했다고 안 풀리던 일이 다 풀리는게 아니라, 즉 결혼은 인간 삶의 연속이라는데, 즉 결혼해서 신혼 때, 당연히 서로가 서로의 그 성행위, 재미가 있겠지? 그러나 그 생활을 지켜야 되는데, 여기서 즉 외부에서의 원수, 마귀들, 즉 그들의 방어! 즉 본인들의 그 울타리 안을 지키기 위한 수단, 그건 즉 돈이 있어야 되는데, 이 돈 유지가 안 되면, 내나 혼자 그럴 때처럼, 길거리에 나 앉는다는데, 즉 결혼을 해서, 특히 신혼 때 돈에 밀려 길에 나 앉게 되면, 그 땐 혼자 일 때 보다 더 비참하다는데, 그래서 정상적인 결혼 생활에, 최고 중요한게, 즉 안정된 일터가 있고, 이에 일정한 고정적 수입이 있어야 된단다. 여기서 자격증이 있고, 그 자격증으로 들어간 직장이 좋단다. 왜냐면? 안정적으로 다니고, 수입도 그래서. 즉 방금 예기한 그 한국 연예인, 그 분이 돈을 벌여 놓을 건데, 벌여놓은 돈이 1000만원이 안 되나? 그 돈 가지고, 국제 결혼 소개소를 통해, 외국 처녀 들여서 결혼을 하면 될 건데? 그런 돈이 없다면 이해 가는데, 그런 돈이 있고도 요즘까지 결혼을 못 했단 건 이해가 안 간다. 그 라디오 방송을 들어 보니, 즉 그 분이 결혼을 못 해, 아주 비참히 결혼을 갈구하고 있는 분위기던데, 즉 그 분의 그 소식을 접하고, 두려움에 휩싸였다! 그 분이 그렇게 능력 있는 분으로, 또 성격도 좋으신 분인데, 그런 식에 평판이 안 좋으신 분이라면 말 안해! 과거 활동 부지런히 안 해 놓은 분이라면 말 안해! 큰 이변이 없는 한 돈 벌여 놓을 건데, 이로 돈이 없다면 말 안해! 이윤 몰라도 그 분도 장가를 못 가 그렇게 되는데, 내가 그 분 보다 못 한데, 나도 그렇게 될까봐? 내가 여자라면, 같은 값이면 한국의 인기가수 OOO, 그 분에게 가겠는데, 개인적으로 나와 성격이 맞게 보이고, 그러나 그 분의 직업상, 연예인이란 특이한 경우라, 이 점이 어떤진? 모르겠지만. 큼! 요즘은 노처녀, 노총각들이 많단다. 주위를 보면 몇 몇의 이런 남, 녀 분들이 계시다. 그 중, 나이가 나보다 더 한 분들이 꾀 된다. 요즘 젊은이들을 3포세대라도 한다. 여기서 그 3포란? 즉

1. 연예 포기.

2. 결혼 포기.

3. 출산 포기.

이 3가지를 포기를 한단다. 그래서 그런가? 요즘 대한민국이, 결혼률, 출산률이 세계 최고로 낮은 수준이라는데, 마이클 잭슨, 그 분이 아직 미혼이란 소식을 들을 때, 그 땐 어릴 때라, 그로 결혼할 때가 아니라, 결혼할 생각이 없었고, 그래서 여자란? 즉 서로 어울리다 성관계 하고, 그리고 서로 흩어지고, 내나 또 그렇게 다시 만나 성관계를 하고, 즉 그런 식으로 여잘 봤다. 즉 결혼을 안 한단 선에서 본 여자들의 시선이다. 그러던 중, 마이클 잭슨, 그 분의 그런 소식에, 그런 결혼 쪽엔 관심이 없다. 내 주위에 특이한 분이 한 분 계신데, 즉 그 분은 할머니 처년데, 그 분은 나이에 비해 젊어 보이고, 친절히 생기신 미인인데, 모발이 원래 곱슬이고, 짧은 모발 스타일이 어울리는 스타일이고, 큼! 키가 여자 표준 키에, 덩치가 땅땅하니, 그 분이 구지 딴 조건이 안 되더라도 앞에 설명한 그 분의 그런 외모 조건만 갖춰져도 그 분이 시집을 가는덴 안될 리가 없는데, 그 분은 어디 다니는 직장에 요즘 20년 넘게 근속이고, 또 집이고, 차고, 형편이, 좀 풀렸고, 또 돈이 여유가 되는 모양이던데, 성격이 보면, 친절에, 옹졸한 쪽으론 안 맞는 식이다. 방금 그 분은 미인으로, 성욕이 자극 되게 생겼는데, 그 분의 나이가 50대 초로 많이 되 봐야 그렇게 봤는데, 알고 보니 60대란다. 그 분이 나보다 20살도 더 넘게 많다. 여기서 여자 분이 남자 분 보다 결혼을 못 하면 더 한이 될 텐데, 그 분도 결혼을 못 한게 이해가 안 간다. 한번은 그 분 따라 어딜 가 보니, 그 분의 집인데, 그 집 안이 잘 차려졌고, 거기 보니까 왠? 남자 분이 한 분 보이던데, 그 분은 나이가 나 보다 좀 더 되 보이고, 나중에 어디서 그 남자 분과 이야기를 나누다 알고 보니, 그 남자 분이 그 여자 분의 남동생이다. 그 남자 분의 나이가 나 보다, 1살인가, 2살 많더라. 이 점으로 봐서 그 여자 분의 나이가, 50대 초반인지 알았다.

알바 일 끝내고 아침에 내 방에 틀어박혀 글질 중, 라디오 소리에서 진행자,

"OOO분 전화 연결 됐습니다. 여보세요?"

'!'

전화 연결 된 분에게, 초췌한 홀애비 분위기가 전파를 타고 감지가 된다. 그 분들 대화 나누는 것 들어보니, 즉 전화 연결된 그 분이 의외로 인기가수 OOO, 그 분이다.

'!'

그 분은 벌써 장가를 간 줄 알았는데, 희한하다? 그 분의 나이가 요즘 60줄 일 건데, 순간! 그런 식의 총각 귀신 되는 겁이 다시 엄습해 온다! 결혼이란? 참 어려운 일인 모양이다.

글 작업 마무리 정리 해 놓고, 알바 하는 가계 1층에 일 보러 내려갔다. 그 가계에서 나와 같이 알바 하시는 분이 한 분 계신데, 그 분이 남자 분이고, 나이가 드신 분이고, 성질이 온화한 편인 분인데, 그 분께 방금 작문 때 라디오에서 들은 OOO, 그 분의 예기를 하니,

"그 사람 노름해서, 쫄딱 망했다 더라!"

아까 그 분의 대답이신데.

이 세상은 상식이 있는데, 누구나 본인이 본인을 볼 때는 그 상식일 거다. 그로 본인이 본인이고 이에 남들은 다들 머리가 없는 것 같이 보인다. 여기서 세상을 보면, 즉 그런 본인의 상식선의 세상이 아니라, 즉 그런 본인이 세상을 볼 때 상식 밖에 일이 90% 이상일거다. 즉 이 비상식적 일 만나면, 말이 안 되고, 일이 막히고, 앎이 엉키는데, 물론 세상이, 본인의 상식적인 일들만 만난다면, 이 세상은 화목하다. 여기서 상식 밖의 일이 본인을 해치고, 죽이려는 경우가 있다. 이 땐 누구나 살려고 하는데, 여기서 방어가 안 되면 죽는다. 이 비상식에서 안 죽을려고 하는, 그 살 길이 문제다.

죄값

.
.
.

"저, 적어 놓은기 무섭따!"
내 붙은 마귀들 중.

다들 경상도 말씬데, 남자 3놈, 여자 3놈 정도. 마귀들도 가지 각색이다. 내나 사람들이 각자 다르듯이. 보면 마귀 된지 오래 된 것 들이 쎄고, 그 된지 얼마 안 된 것들이 약하단다. 퇴마사 쪽엔, 마귀를 악귀라고 이름 한다. 그들은 악귀가 왜? 악귀가 되느냐, 그건 즉 사람이 살다 죄를 많이 짓고 죽어서 그 영혼이 저승에 가면 지옥 가는게 겁나, 그로 저승에 안 가고 이 지구에 있는 영혼들이 악귀란다. 여기서 기독교에선 그 악귀를 마귀라 이름 한다. 이 기독교선 마귀가 왜? 마귀가 됐느냐면, 그건 즉 원래 마귀들이, 하늘 나라의 천사들이었다는데, 그런데 거기서 무슨 죄를 져, 이 지구에 쫓겨 난 천사들이 마귀들이라고 한다.

"우리는 예수를 십자가에 못 박아 죽였다. 마귀들아, 절대 주눅 들지 마라! 인간들의 영혼을 데려가야 된다!"

인터넷에, 마귀 이기기, 이런 글들 중, 1개를 검색 해 읽던 중.

요즘은 나에게 붙은 이 마귀들을 이겨 낼려고, 매일 마귀들의 전략, 이런 글들을 1개 이상 검색 해 읽는다. 보면 종교가 여러 가진데, 즉 사람들 각자 생각이 다르듯이, 즉 사람들 중엔, 바르게 살려는 사람만 있는게 아니라, 연쇄 살인범 같은, 즉 그런 사람들도 있고, 또 종교들도 기독교 같이, 사람이 살아 가는 데서나, 그 사람 사후 그의 영혼이 잘 되게 하는, 그런 바른 종교만 있는게 아니라, 즉 마귀들을 신봉하는, 그런 종교들도 있다. 또 앞에 설명한 그 글을 보면, 즉 그 글이 마귀들을 신봉하는, 그 종교를 믿는 사람이 그와 같은 식에 종교를 믿는 사람들이 읽으라고 내 놓은 글인 모양이다. 보면 그런 종교를 믿는다고 하며 돌아 다니다가, 사람들한테 걸리면, 그들에게 돌팔매 세례를 받는 식에 당하는 모양인데, 즉 그런 종교를 믿는 사람들은 아주 엉망일 건데, 즉 올바른 종교에 의지를 하며, 그 믿음대로 바르게 살아가도, 일이 잘 안 풀리고, 살기가 어려운데, 그런데 그런 종콘 당연 파멸로 가는 길인데, 당연 그런 종콜 의지하고, 믿고 따르면, 그 생활이 바르게 될 리가 없다. 이 마귀들이 능력이 좀 있다는데, 즉 사람이 이 마귀들에게 믿고, 바라면, 그들이 어느 정돈 그걸 들어 줄 수 있단다. 그러나 결국엔, 그들에게 얻어 먹은 것 때문에, 결국 그들이 그걸어, 같이 영원한 지옥으로 데리고 갈 거다. 즉 이런 식의 마귀들이, 어느 정돈 사람들의 바램을 들어 줌 때문에, 그들을 믿고, 따르는, 그런 개인도, 단체도 있단다. 그리고 마귀들이 글에 남아 역사에 남은 경우가 좀 있다. 그리고 얼마 전에 어느 퇴마사의 메일 상담을 받아 봤는데, 즉 그걸 보니까, 즉 마귀들이 종교 쪽으론 잘 안 간단다. 그래서 그들 하는 식으로 해야, 그 마귀들이 잘 떠나간다는데, 여기서 종교 쪽은, 즉 그 마귀들의 집된 사람은, 선의 역할, 반면 마귀들은 그들 근본 그대로 악의 역할, 이에 선과 악의 대결에서, 이들이 악역에 한자리를 하니까, 그로 재미가 있는 거지. 즉 앞에 설명한 그 퇴마사의 메일을 보니까, 즉 각종 향, 즉 모기향, 불교향, 즉 그런 향냄새들을 마귀들이 좋아 한단다. 그래서 집 안에 이들을 피우면, 즉 그 집에 붙어 있던 마귀들은 힘을 쓰고, 또 그 집 밖에서 돌아 다니던 마귀들이, 그 냄새가 좋아 그 냄새 나는 집으로 들어오곤 한단다. 그러니 집에서나, 밖에서나, 일체 향을 피우지 마라고 한다. 그 퇴마사 분이 내 상담 메일을 받고 판단이, 즉 내가 아직은 젊어서 그렇지 나이가 좀 더 들면,

치매가 올 수 있단다. 내가 빙의가 오래 되서 그런가? 이 마귀들이 내 뇌를 그런 식에 물리적으로 건드려 그렇단다. 마귀들이, 약간에 물리적으로 할 수 있단건, 진작 알긴 했는데, 그 분 말씀이 맞을건데, 즉 치매는 죽음인데, 그러면 내가 단명한단 예기고.

"아, 진짜 안 되겠네! 도저히 못 이기겠다. 이젠 어디로 가지? 길에 나 앉아야 되는데!"

나에게 붙어 먹는 마귀들 중, 어떤 남자 마귀.

"PC방 가야지, 만만한 놈들, 거기 다 모였는데!"

나에게 붙어 먹는 마귀들 중, 여자 마귀.

"요즘 우리 예기가 인터넷에 많이 퍼진 모양이던데, 혹시 사람들이 우릴 다 아는것 아이가?"

나에게 붙어먹는 마귀들 중, 어느 마귀. 큼!

즉 뭐든지 있다 떠난 자리는, 반드시 그 흔적을 남긴 다는데.

1990년대 때는 오락실이 있었고, 요즘엔 그 오락실 대체로 PC방인데, 요즘 이 마귀들이 처음 집 삼을 사람을 주로 PC방에서 찾는 모양이다. 나도 처음 마귀들이 어디서 걸렸냐면, 18살 때 오락실에서 걸렸다. 또 그 때 이를 전혀 몰라 자멸을 했다. 그 때 그걸 알았으면 자멸은 안 하지.

소문

．
．
．

"기록에 남기지마, 기록에 남기지마!"
나에게 붙어 먹는 마귀들 중.
이 세상에 3가지 무서운게 있는데, 그건 즉
1. 제일 무서운 것 글.
2. 다음 무서운 것 말.
3. 다음 무서운 것 칼.

이 칼 부터 위로 설명을 해 보자! 큼! 즉 칼 경우는, 그 당 할 때 뿐이지, 그 뒷 끝이 없다. 그러나 당장은 아주 위험하다. 즉 목숨을 잃을 수 있다. 그리고 칼보다 더 무서운게, 말이다. 즉 말엔, 그 뱉어낸 책임이 따른다. 즉 이 예가, 몽골의 징기스칸, 그의 이름은 테무친, 즉 그가 청소년 때, 한번은 테무친 그에게 그 상대방이,

"이 ㅇㅇ야!"

이 ㅇㅇ란 단어는, 뭔지 모른다. 하이튼 욕설이다. 이 말 실수한 분은, 그 테무친의 일가족 중, 남자 형젠데, 여기서 동생인지, 형인진 모른다. 그러나 그 단 한마디의 욕설인데, 이를 테무친은 갚았다.

"방금 뭐라고 했어?"

앞에 그 말 뜻은, 즉 그의 일가족 중, 테무친 그가, 그의 아버지의 핏줄이 아닌, 다른 어떤 남자의 핏줄이란 거다. 테무친은 이렇게 받아들이고, 격분을 한다. 그리고 그 말의 죄값을 케든다. 이에 그 말의 죄 값이

걸린다. 순간의 말실수라고 넘어 갈 수 도 있지만, 그래도 그 욕설을 한 죄를 용서 안 하니, 그 상대는, 결국 그 욕설 들은 테무친에 의해, 나무 기둥에 묶여져 테무친이 쏜 화살을 심장 부위에 맞아 죽는다.

"그게 아니고요!"

즉 이를 보면, 즉 말 실수라고 해서 그 상대가 넘어 가려고 할 수 도 있는데, 그런데 그 말의 죄값을 구지 케면, 변명이 안 통하고, 그 죄값으로 목숨을 잃을 수도 있다.

"그러실 거면 딴 집 가세요!"

그리고 이와 비슷한 예로, 즉 장삿집에선 손님들에게, 앞으로 우리 가계 오지 마란, 이런 예기는, 절대 하면 안 된다.

'아, 이 오지 마라는데? 딴 집 가자!'

즉 손님이 이런 말 들어 놓으면, 그 말 들은 손님은 나중에 혼자 조용히, 아까 들은 그 말을 생각을 한다. 그리고 그 들은 말 그대로 받아 들인다. 즉 그 들은 그 말이, 그 장삿집은 안 가도 되는 이유가 된다. 즉 그 말의 씨앗의 싹이 텃는데, 그리고 그 손님께선, 진짜 딴 집을 간다. 왜? 즉 오지 마라고 그 집 주인이 말을 해 놓으니까. 말이 무서운게, 즉 뱉은 그 말이 씨가 되서, 나중엔 그 말의 열매가 핀다. 즉 뭔 말을 뱉아 내고, 그 상대가 이를 들어 놓으면, 나중 그 말 들었던 그 사람이 조용히 혼자 그 말을 받아 들이는데, 즉 더도 덜도 말고, 그 말의 단어 그대로만 받아 들인다. 방금 예기처럼, 즉 어느 장삿집에 가서 앞으로 그 가계 오지마란 말 들어 놓다면, 나중엔 그 집만 안 가듯이, 즉 더도 덜도 말고, 말 들은 그대로만 받아 들인다. 그래서 이 식에, 즉 상대방에게 뭔 말을 들어 놓으면, 당장 그 말한 그 사람 앞에선, 대충 그 말을 넘기곤 하는데, 그러나 그 말 들은 그 사람이 그 일 좀 지나 혼자서, 그 말을 냉정히 판단을 하는데, 여기서 그 들은 말 그대로만 받아 들이는데, 아마도 거기서 그 말의 힘이 나타날 거다. 또는 어디 가서 남에게 욕설을 듣거나, 반면 좋은 말, 즉 잘 되라, 응원한다, 사랑한다, 좋아한다, 즉 선, 악의 어떤 말들도, 더도 덜도 말고, 그 들은 말 그대로만 받아 들여 진다. 그 다음은 행동이고. 아까 설명한 데로, 즉 사람이 상대방에게 어떤 말을 들어 놓으면, 그 말의 기억이 그 사람 머릿 속에 저장이 된다. 그리고 그 기억은 평생 간다. 그래서 말로 죽이는 그 실상은, 평생을 죽이는 거라고 할 수 있겠다. 다음 글이 말보다 더 무서운데, 여기서 글이라고 다 같은 글이 아니고, 즉 그 글의 내용에 따라 다른데, 즉 글은 말처럼, 한 사람 혼자만 평생 알고 넘어 가는 게 아니라, 즉 그 글은 지식이 되서, 즉 세대 세대 배우고 배우고 오랫동안 퍼진다. 즉 여기서 그 글의 내용을 따진다. 그래서 그 글의 내용이 글의 생명이고. 여기에 누구의 안 좋은 내용이 그 글에 기록이 되면, 이로 그 안 좋은 말이 그 상대에게 돈다. 즉 여기서 그 내용은 꾸미기 나름이고. 속담에, 즉 살아선 부귀가 최고고, 죽어선 학문이 최고다. 즉 이는, 살아 갈 땐 형편이 넉넉하고, 그리고 어딜 가나 귀한 대접을 받아 가며 사는게 최곤데, 여기서 사람이 죽어 학문이 최고란 것은, 즉 아까 예기한 글이, 그 사람의 사후 이 세상에 평가로 남는데, 즉 여기서 그 글의 내용이 생명이고, 내나 그 글의 내용의 좋고, 나쁨을 따진다. 즉 여기서 누구나 주위에 널려 있는 책들을 보는데, 즉 그 책의 내용이 좋아야 읽지, 반면 내용이 안 좋으면 안 읽는다. 후세에 이름 남기신 분들이, 왜? 그렇게 됐느냐면, 즉 학문을, 이 세상에 남겨서 그렇다. 여기서 문제는, 불명예다. 즉 본인도 인정을 하는, 즉 본인이 지은 죄, 그로 뒤에서 그렇다는 말이 나오는 것, 즉 이는 욕설이 아니라, 진짜 있는 그대로의 그 사람의 평가니, 이는 기분이 안 나쁘고, 그냥 받아들여 질 건데, 즉 과거에 본인이 진짜 죄를 지어서, 그걸 사람들이 알게 되서 나온 말이니까. 즉 이는 욕 들을 짓을 해, 욕을 들음은 당연한 것 같다. 그리고 1800년대의 영국의 밀이란 이름의 어떤 분, 즉 그는 행복론이란, 제목의 평론 글을 이 세상에 냈는데, 이는 누굴 죽이는 글이 아닌, 즉 본인의 어떤 옳다는 사상인데, 여기서 무슨 일이든, 처음부터 거창하게 될 순 없다. 그리고 처음이 단계가 낮을 수 록, 그 일 성공에선 크게 된다. 처음엔 그 분도 단계가 낮게 글을 제작해서, 그 글을 공개 내 놓어, 그리고 그것이 발전이 되서, 학계에 인정을 받고, 그 다음 그게 발전 되, 학계가 인정한 1가지의 학문이 됐고, 그로 그 글 쓴이의 이름이 거론이 되는 모양이다. 또 1800년대의 영국의 애덤 스미스, 즉 이 분은 자본주의 이론, 즉 내나 앞에 설명한 영국의 밀의 행복론, 즉 그런 식으로 글을 공개 내 놔서, 그게 학계에 인정을 받은 모양이다. 그리고 그렇게 내 놓은 학문이, 세상의 법칙인, 자본주의란 법이, 정해지는 이론이 됐다. 또 1800년대, 현대에 망한 공산주의 이론을 세상에 내 놓은 레닌, 즉 이 분도 앞에 설명한, 영국의 밀, 애덤 스미스, 그 분들 처럼, 아마도 그런 글을 이 세상에 내 놔서, 그 글이 학계에 어찌하여 인정을 받고, 그것이 발전이 되서, 러시아에 공산주의 이론이 된 모양이다. 즉 그 글이 세상에 떳는데, 즉 그 글의 분류도 평론일 거다. 여기서 소설은 읽고 넘기는, 그냥 시간 때우기 식인데, 보면 평론, 에세이, 이런 글, 그 중, 특히 평론이 말이 많은데, 왜냐면? 그 글은 무슨 일의 주장이니까. 이에 뭔 주장이 있으면, 당연히 다른 생각들이 세상 곳곳에서 일어난다. 여기서 의견이 분 분하니까, 그래서 평론이 말이 많다. 즉 이로 공격도 당연 많이 들어 온다. 그로, 뭔 꼬투리 잡히는 걸로 불이익을 받을 수 도 있다. 즉 여기서 글 같은 글이 그렇게 취급이 된다. 반면 앞뒤 안 맞는 모순 된 못 쓴 글은 당연히 취급이 안 되고, 일단 그런 글은 버리고. 즉 글의 내용이 있으면, 그 글에 반대파가 있다. 즉 말 상대가 되는 근거가 되니까 그렇다. 그로 그 글은, 인류에게 지식이 된다. 그게 후대로 오래 이어진다. 이런 게 글의 힘인데.

마약의 유혹에 빠지지 마라 정상적인 글

⋮

　2016년 요즘 각 메스컴에 말이 많은데, 즉 OOO 대통령의 일이다. 이 분을 괜찮게 봐 왔고, 몇 년 전 그 분이 출판한 그 분의 자서전 1권 짜리를 다 읽었는데, 그 글의 내용은 보통이고. 거기서 그 분의 흔적인, 즉 그 분의 생각들이나, 그 분의 살아 온 역사들을 알았는데, 그것이 그리 나쁘진 않던데, 그 분이 대통령 일을 잘 하시더니, 요즘 그 일이 안 좋게 된 건, 안타깝다고 해도 어쩔 수 없으니, 할 수 없고. 여기서 즉 발전성이 있는 사람은 방해를 하는게 아니라고, 즉 이는 나쁜 일을 하려는 사람이 아니라면 그 사람의 일을 방해를 하면 죄 받는 식의 안 좋아진다. 즉 그래서 사람이 잘 하려는건, 그 본인이 알아서 하게 방해를 하면 안 된다. 여기서 못 된 사람이 어딜 가나 못 됐듯, 즉 내나 사람이란, 어딜 가나 본인이 하면 식에 일을 한다. 그래서 남 하는 그 일을 막아봐야, 그 방해 받던 그 사람이 거기서 그 일 그치는 게 아니라, 또 딴 집 가서 그 일을 한다. 또 사람을 잘 되게 해서 보내는 게, 아주 보람 있고, 나중에 얻어도 크게 얻는 일이다. 또 이는 이루기 힘든 일이다. 보통 가정 집에 부모님들이, 본인 자식들을 잘 못 키워 놓은 모습들을 많이들 봐 왔을 것이다. 이 식에 사람을 잘 되게 하기는, 아주 어려운 일이다. 즉 앞에 설명한 그런 부모들이, 그들 자식들을, 일부러 못 되게 했겠는가? 하다 하다 안 되니까 그런 거다. 그래서 사람을 잘 되게 해 보내는 건, 아무나 못 하는, 즉 아주 어려운 일이고, 반면 사람을 못 되게 해 보내는건, 아주 쉬운 일로, 이는 누구나 할 수 있단다. 보면 1년의 계획은 농사를 짓고, 10년의 계획은 나무를 심고, 100년의 계획은 사람을 키운다. 즉 평생의 계획이 사람 키우는 일이다. 즉 일생을 거는 계획인, 일생 최고의 가치 있고, 의미가 있는 일이, 사람을 키우는 일이다. 또 사람을 잘 되게 해 보내면, 거기서 끝 나는게 아니라, 이에 하나님께선 반드시 그 일을 칭찬하시며, 또 그 일에 대한 수고비를 주신다. 그리고 그 본인도 그 뒷일을 생각을 하면, 흐뭇한 기억일 것이다. 명불허전, 즉 이 세상에 노력이 없는 명예는 없단다. 즉 명예는, 그 받는 그 사람의 과거의 그가 그 명예를 받을 만한 일을 해 놓은, 즉 그 명예의 댓가를 받을만한 노력이 있었단다. 즉 1000만원치의 명예가 있으면, 그 1000만원치의 일을 해 놓다. 물론 그 수고비는, 사람들에게서 못 받아도, 반드시 하나님께선 그 수고비를 주신다. 그리고 마귀들의 형상이 있다. 그 형상은, 눈 뜨고 못 볼 형상이란다. 그리고 마귀들은 사람들의 생각 속에서 산다. 이 마귀들이 그 집 된 사람에게, 절대 그들의 모습이나, 그들의 신상이나를, 안 알리고 숨긴다. 이들은 그 집 된 사람의 생각 속에서, 그들의 모습을 위장을 하는데, 보통 사람의 모습으로 나온다. 보면 사람이 보통 생각을 하면, 그 생각 속에, 화면이 떠오르고, 또 본인이 말 생각하면 본인의 말 목소리가 본인에게 들리는데, 여기서 마귀들 씌인 사람은, 그의 생각에 그의 생각의 말 목소리가 아닌, 그 마귀놈들 각 각의 생각, 말 목소리가 들린다.

"아, 사람이 되고 싶다!"

나에게 붙어먹는 마귀들 중.

원래 남이 일 잘 하는 걸 보면, 덩달아 그 일 하고 싶은게, 사람의 심린데, 내나 마귀들도 그런 모양이다.

"이런 류는 기도 아니면 안 나간단다!"

예수님.

즉 예수님에게도 마귀 1놈이 들렸다가, 예수님께서 그 놈을 쫓아 내셨는데, 기도로써 쫓아 내셨단다.

"아, 기도보다 글 내는 게 더 무섭네!"

내 붙어먹는 마귀들 중.

마귀들을 보면, 기도하는 걸 겁을 낸다. 이는 잘 못 따라 한다. 딴거는 억지로 그들 꺼라고, 힘대로 따라 하는데, 글일, 이도 당연 상당히 방해, 데, 속담에, 즉 매일 밥 3끼만 잘 챙겨 먹으면, 능히 귀신들을 이겨 낸단다. 즉 이런 식에 나에게 붙어먹는 마귀들이, 내가 뭘 먹는 걸 겁을 낸다.

"사람들끼리 싸우는게 재밋어!"

내 붙어먹는 마귀들 중.

이런 식으로 집안이 불화가 나는 걸 좋아 한다. 반면 화목을 겁을 낸다. 이 화목이란 뜻은, 즉 한 가족 구성원들의 마음이, 한마음, 한뜻이다 이거다. 즉 가화만사성이라고, 즉 화목한 집안의 구성원들 개개인들은, 그들의 집 안 일이고, 밖의 일이고, 안 풀리는 일들이 없단다. 그리고 이 화목의 첫 시작점은, 즉 그 가족 구성원들의 마음이, 다들 넓어야 된단다. 그리고 이 마귀들이 화목한 집안엔 잘 못 있는다. 또 마귀들의 집 된 사람이, 부지런한 것을 겁을 낸다. 또 종교도 겁을 내는데, 그 중 기독교를, 최고 겁을 낸다. 즉 하나님을 겁을 낸다. 일 성공하는 것 겁을 낸다. 일이 성공 해 가면 갈수록, 이 마귀들의 설 자리가 좁아지는 모양이다. 돈, 성공의 전유물인데, 이를 아주 겁을 낸다. 이에 그들의 설 땅이 좁혀져 그런 모양이다. 사회적으로 살만한 걸 겁을 낸다. 그리고 금연자, 금주자를 겁을 내고, 미혼자보단, 기혼자를 겁을 낸다. 또 기혼자라고 다 겁을 내는 건 아니라, 그 중 불화가 된 집안은 마귀들이 콧방귀 뀐다. 보면 마귀들의 집 된 사람이라고 해서, 남들이 이를 알면 그런 남들에게, 뭔 이해나, 뭔 도움이나 받고 하는게 아니라, 오히려 그 약점에 불이익을 받는 경우가 많다. 물론 다는 아니겠지만.

수학의 분수

　　　·
　　　·
　　　※

　　즉 수학을 공부 한다면, 즉 하루 6시간 정도의, 공부 시간을 잡고, 성실히 한다. 그 준비물이, 즉 책값. 여기서 중요 한게, 즉 그 공부를 처음 부터 시작을 해야 된다. 그 처음을 무시하면 안 된다. 즉 초등 3학년 것 부터, 아니면 중학 3학년 것부터, 즉 이런 식으로 시작을 하면 안 되고. 그리고 앞으로 어디까지 알건 지는, 그 본인이 알아서 정하고. 즉 수학은 최소 고등학교 1학년, 즉 10학년 이상은 알아야 분수를 안다. 내 경우는, 즉 고등 2학년 2학기, 그 안에 방정식과 부등식까지 안다. 즉 방금 말한, 그 이하로 안다. 그리고 각 학년 한 학기 당, 그 책 안에 8과로 분류가 되있다. 그 8과 중, 처음부터 순서대로, 1과씩 4번까지 반복 공부를 하고, 1과씩 돌파를 한다. 즉 해설을 이해하고, 문제를 풀어서 이해를 하고. 즉 여기서 초등학교 3학년까지는, 메모가 필요가 없이 암산만으로 공부가 된다. 그냥 읽어 넘기는 식이다. 즉 단순 더하기 빼기만 있다. 이 초등 3학년 1학기 부터, 메모를 해서 공부를 해야 된다. 즉 여기서 부터 곱하기가 나오는데, 그 계산들이 암기가 안 된다. 또 거기서 부터 나누기도 나올거다. 여기서 수학책을 보면, 즉 처음 볼 땐, 당연 생소하다. 이 수학책 외에도, 뭔 책이든, 처음엔 다 생소하다. 그래서 뭔 책이든지, 첨 부터 알긴 어렵다. 그리고 그 수학 공부가, 즉 1번째 공부에, 그 내용을 바로 이해 하는 경우도 있다. 즉 이런 경우는, 초등학교 3년 까지가 그렇다. 즉 거기 까지는 암기니까. 그러나 수학이 높은 수준으로 올라 갈 수 록, 1번째 봄에서의 앎이 안 된다. 그리고 또 높은 수준으로 올라 갈 수 록, 그 기호도 복잡하고, 또 여러 가지가 복잡한데, 이는 밑에 기초가 안 된, 즉 수학을 모르는 사람은 이를 보면, 도저히 어지럽고 모른다. 그러나 밑에서부터, 단계 단계 알아 올라 온 기초가 된 사람은, 그 공부 이하로의 수학을 알기 때문에, 그로 그런 사람은 그 공부가 올라 갈 수 록의 더 더욱 복잡한 여러 수학의 것들을 봐도 안 어지럽고, 그 안이 어떻단 내용을 이해를 한다. 그러나 그런 본인이 이해하는 그 수학을 남은 도저히 모른다. 이에 아는 사람은 그 본인처럼 그 내용을 안다 만은. 여기서 1번째 볼 땐 생소하다. 여기서 해설을 읽고 문제를 푸는데, 즉 1번째는 원래 잘 안 풀리니, 이에 억지로 푼다고 붙잡지 말고, 그냥 모르는데로 대충 넘겨라! 2번째 공부엔 대충 윤곽이 나온다. 그 문제들 중, 좀 만만한 걸로, 본격적으로 붙잡고 풀어본다. 여기서 거기 과 안에 여러 문제들 중, 1문제를 풀어 내는 경우가 있다. 그리고 그 과 안의 모든 법칙들이, 그 1문제의 법칙 식이라, 그래서 그 과 안의 법칙 내용을, 그 1문제를 풂으로서, 거의 알게 되는데, 여기서 그 과 안에 그 문제들을, 보통 1/3 정도를 풀어 낸다. 여기서 문제들을 100% 풂이란 없다. 즉 그 1과 안에 문제들을 100% 풂은, 즉 초등 학교 1학년 1학기 그 안에 어느 과 안에도 없다. 여기서 그 2번째 공부에도 그 과를 모르는 경우가 있다. 여기서 3번째 도전이다. 그런데 여기까지 오면 불안하다. 혹시 이 3번째에도 모를까봐? 다음 4번 째 반복 공부, 여기서 모르는 경우도 있다. 여기서 전체 확률 100%에서, 즉 1번째 공부에 아는 확률이, 18% 로 예상, 그리고 2번째 공부에 아는 확률이, 40% 정도로 예상, 그리고 3번째 공부에 아는 확률이, 30% 정도로 예상, 그리고 4번째 공부에 아는 확률이, 10% 정도로 예상, 그리고 이 4번째 반복 공부에도 모르는 확률이, 2%로 본다. 그리고 초등학교 전 과정이, 8개월 정도 걸린다. 넉넉 잡은게. 다음 중학교 전 학년 과정이, 내나 초등학교 전 학년과 같은 분량인, 똑같이 8개월 정도 걸린다. 다음 고등학교, 이 고등학교는 분량은 많은데, 즉 고등학교 1, 2학년 각 학년 당 1, 2학기, 즉 예를 들어, 고등학교 1학년 1, 2학기, 이 분량이 8개월 정도 걸린다. 즉 고등학교 1학년 전 분량이, 초등학교 전 학년 분량과, 또 중학교 전 학년 분량과 같다. 즉 고등학교 1학년 전 분량은, 1학기와 2학기 2권이지? 또 고등 1, 2학년 분량이 같다 즉 초등, 중등, 고등 1학년, 고등 2학년, 이들의 분량이, 다들 같다. 그래서 다들 각 각 8개월씩 걸린다. 여기서 3학년 건 모르는데, 이 3학년 까지는 공부를 안 했다. 그래서 3학년 건 모르는데, 그래도 예상이? 즉 3학년 것도, 고등 1, 2학년, 각 분량 들과 같은 분량이지 않을까? 예상을 한다. 학교 공부에 도움이 되는 책은 4가지가 있다. 그건 즉

1. 자습서.
2. 참고서.
3. 문제집.
4. 학습서.

여기서 자습서는, 말 그대로 혼자 공부하는 책이다. 즉 공부는 자습서로 함이 낫다. 그리고 참고서는, 말 그대로 학교에서 배운 내용을, 참고하라는 책이다. 그리고 문제집은, 학교에서 배운 내용들을 문제로 풀어보란 책이다. 그리고 학습서, 이는 학습지, 즉 눈높이 대교 해샀고, 해법 수학 해샀고, 그런 학습지. 즉 여기서 초등학교는, 자습서가 있나 모르는데, 중, 고등 학교는, 자습서가 있다. 1권당, 1만 몇 천원씩 한다. 그리고 딴 책들, 즉 참고서, 문제집, 학습서, 즉 이런 류의 책들은, 자습서 외에 추가로 공부를 하지 말고, 자습서 1권만으로 하는게 낫다. 즉 자습서 외의, 방금 설명한, 그 책 1가지 이상으로 같이 공부를 해 간다면, 분량이 너무 많고, 또 그렇게 많이 할 필요가 없다. 즉 자습서 1권으로 공부를 해도, 공부가 되고도 남는다. 그리고 책이 출판사 마다, 약간씩 내용

이 다른데, 이에 책을 고름엔, 즉 출판사가 메이커가 있는 데가 낫다. 즉 인지도가 제일 높은, 즉 많이 알려 진데. 그리고 초등 1학년 1학기부터 6학년 2학기까지, 총 12권. 또 중학 1학년 1학기부터 3학년 2학기까지, 총 6권. 또 고등학교는, 즉 고등 1학년 1학기부터, 고등 2학년 2학기까지, 총 4권. 이에 전체 총 합이, 12+6+4=22, 즉 22권. 1권당 1만원 정도, 총 22만원, 즉 22만원이란 돈이 수학을 공부함에 든다. 큼! 내가 공부 할 땐, 책을 한꺼번에 다 사놓고 했는데, 그런데 정 목돈이 없을 수 있으니, 무리하게 다 사 놓고 안 하고, 나눠서 해도 된다. 즉 1권 사서 공부하고, 그것 다 보고 나서, 또 1권을 사서 공부를 하고 이렇게.

'아, 수학을 알면 분수를 안다더니, 이게 그건 모양이다!'

즉 고등 1학년까지를 알면, 거기서부터 수학의 분수란 걸 알게 된다. 그리고 그 앎을, 실생활 속에 적용을 시키는 눈이 생긴다. 즉 아까 설명한, 그 수준의 수학을 알면, 또 그 이상을 더 알아가면 갈 수 록 더더욱 그런 분수를 안다. 이렇게 수학을 앎에서 오는 분수 외에는, 어딜 가나 분수란 걸, 알 길이 없을 것이다. 여기서 좀 희한한게 왜? 10학년에서부터 분수를 알까? 보면 10년 공부 대성이라고, 즉 무슨 일을 10년 이상을 하면, 이에 그 세월 동안의 활동 때문인가? 그래서 그 하는 일을 할 줄 알기 때문인가? 이 10 이란 숫자가 묘한데? 수학도 10학년부터 분수를 알게 되고, 또 무슨 일도 10년 이상 활동을 해야 그 일을 알게 되고, 그래서 그 10이란 숫자가 희한한 숫자. 또 학교 공부에 수학을 알면 다른 암기 과목들은, 쉽게 공부가 되고, 또 그 앎도 잘 알아진다. 즉 여기서 다른 전문 과목들, 즉 국어, 영어, 음악, 또 제 2외국어인, 일본어, 중국어, 스페인어, 등 등, 즉 이들 1가지 이상은, 못 잡는다. 즉 그 과목들 중 어느 1가지 이상을 더 알려면, 따로 공부를 해야 된다. 여기서 특히 그런 과목들 중, 국어, 영언데, 이 2과목 중, 어느 1가지 이상으로 공부를 함은, 양이 많다. 즉 학교의 주요 3대 과목인, 국, 영, 수, 이 3가질 다 잘 할 필욘 없고, 특별히 수학 1과목만 잘 하면 된다. 방금 예기한 그것들 중, 어느 1가지 이상을 더 알려면, 즉 고등학교 졸업 12년간 공부만 해야 된다. 여기서 대학 수능도, 수학만 잘 해도, 능히 대학에 간다. 즉 그 점수 전략은, 즉 수학과 과학, 또 다른 암기 과목들에서, 점수를 올리면 된다. 또 아까 예기한, 수학 외에 다른 전문적 과목들은, 시험을 칠 때, 점수만 올리게, 답을 몰라도, 혹시 정답 찍기를 잘 찍고, 이에 재수를 노리고. 즉 이 국, 영, 수, 이 3과목을 다 안다는 건, 실로 3마리 토끼를 한꺼번에 잡는거다. 즉 속담에, 2마리 토끼를 한꺼번에 잡으려다 다 놓친 다고 하지. 즉 여기서 과학 경운, 약간 계산이 나온다. 그래서 수학을 알면, 어느 정도의 과학 계산을 안다. 그 다음 암기 과목들도 접수를 하는데, 그 과목들은, 즉 사회, 국사, 도덕, 한문, 미술, 등 등, 즉 이런 단순히 외우는 과목들은, 수학을 정복 함으로서 정리가 되게, 쉽게 알게 된다. 즉 그런 암기 과목들은, 그 과목들 공부를 고등학교 1학년 것만 책을 바로 때면 된다. 즉 1학년 1학기 2학기 것 각 각 들을. 즉 이들 책을 1권씩 때는 데는, 2주일도 안 걸린다. 즉 그 책들 각각들이, 즉 수학공부 처럼, 밑에 기초가 필요가 없다. 즉 여기서 그런 암기 과목들 공부는 그 과목들을 먼저 공부를 하고, 그 다음 수학을 알려 하지 말고, 즉 그렇게 되면, 그 암기 했던게 거의 잊어 버리니까, 여기서 그런 과목들의 효괄 보려면, 각기 그런 해당 암기과목들을 시험치기 얼마 전에, 계획을 짜서, 공부를 함이 좋다. 즉 이도 어느 정도의 여유를 두고. 그래서 이런 암기 과목들은, 시험을 치기 한참 전에 공부를 해 놓으면, 각기 그 시험 칠 때 다시 공부 해야 되니까, 그래서 내나 그 공부 알았던게 생각이 안나니까, 그래서 수학을 먼저 정복을 하고, 그 다음 방금 설명한, 그런 암기과목들을 공부를 하고, 즉 여기서 무슨 시험 칠 일에 걸리면, 내나 방금 앞에 설명 식에, 시간을 좀 두고, 수학 외에 따로 암기 과목들을 공부를 함이, 그 시험 준비 효과가 크다. 내 경우는 중등, 고등 졸업 검정고시 합격인데, 여기서 검정고시는 중졸 8과목, 고졸 9과목이다. 여기서 이 각 과목당 60점 이상이면 합격이고, 그 합격 된 과목은 다음 시험에 본인의 의사에 따라, 그 과목은 안 쳐도 된다. 즉 여기서 어느 과목은 10점 맞아도 되고, 또 어떤 과목은 20점 맞든, 0점 맞든, 즉 각 과목이, 다 60점 이상씩 안 맞아도 된다. 즉 60점 이상씩, 즉 중등은 8과목 계산, 고등은 9과목으로 치고. 즉 중등 경운, 즉 60점 × 8과목 = 480점. 이렇게 계산이 된다. 즉 중졸 검정고시 경우는, 국어, 영어, 수학, 이 각 과목들 다 0점을 맞아도, 다른 과목들에서 점수를 올려, 방금 예기처럼, 480점 이상 점수가 되면, 중졸 검정고시는 합격이다. 내나 고등 과정은 9과목이다. 그러면 합격 계산이, 즉 60×9=540. 즉 9과목 시험에, 540점 이상이면 합격이다. 내 경우, 즉 고졸 검정고시 준비에서 합격 까지 장 장 7년이 걸렸다. 그리고 정신병원 안에 입원 중, 합격을 하고 나왔다. 내나 학교 학생들 공부도, 중졸, 고졸 검정고시 시험과 마찬가질 것 같다. 혼자 공부는, 즉 본인이 정한 법이 스승이다. 그래서 법을 정해 가지고, 다음날 중에 그 일의 그 이상을 해 내고, 또 오늘 그 법을 정하고, 또 내일 중에 그 일 그 이상의 일을 해 내고, 즉 이런 식으로 매일 해 나간다. 이는 언제 까지냐? 즉 이도 끝이 있는데, 즉 일이 성공 할 때 까지. 또 그 일이 이뤄지면, 그 일을 손을 대 봐야 할 일이 없으니, 또 딴 일을 이루려고, 또 내나 앞에 성공하던 식에, 또 어떤 목적 이루려고, 내나 앞에 하던 식에, 또 하고, 즉 이렇게. 그러나 안 좋은 앎도 있으니, 이는 알면 안 되고. 즉 수학의 앎은, 수준이 높을 수 록 수준이 높아진다. 즉 이 예를 들어, 즉 남이 태권도가 1단이면, 본인은 태권도가 10단, 이렇게 고단수가 된다. 이런 식에 10학년 까지 알면, 그 10학년 이하로는 아는, 즉 이를 삶에 적용을 시킬 수 있는 눈이 생긴다. 즉 이것이 분수란 것이다. 여기서 벼는 익을 수 록 고개를 숙이고, 인격자 일 수 록 겸손하다는데, 즉 이런 수학을 이루면, 이 수고 한 댓가를, 하나님께선 주시는

데, 이에 우리의 삶 속에서, 즉

　1. 삶에서 분수를 아는, 지혜의 눈을 주신다.

　2. 삶에서의 돈을 주신다. 즉 사회에서 돈이란 성을 뚫을 수 있는, 그 일 처리를 하게 지혜를 주셔, 이에 그 수고비를 주신다.

　3. 분수에 맞게 살기에, 적은 재물로도, 얼마든지 잘 살고, 또 분수에 맞는 삶을 살기에 아무리 가난해도, 그 분수에 맞는 생활에서의 만족감을 주신다.

　이렇게 우리가, 수학을 앎으로서, 하나님께서 주시는 수고비다. 이 세상엔 공짜가 없다. 즉 콩을 심으면 콩이 나고, 팥을 심으면 팥이 나니까. 즉 이 세상의 법칙이, 즉 심은 데로 거두니까, 이는 즉 하나님의 주관이시다. 즉 수학의 분수를 알아, 높은 수준이 삶을 살자! 즉 분수에 맞는 삶을 살자! 속담에, 즉 적은 재물이라도, 본인 분수에 맞는 것이 본인에게 제일 편하다고 한다. 즉 이는 60만원 이면 60만원, 100만원 이면 100만원, 120만원 이면 120만원, 즉 본인의 수준에 맞는, 즉 분수에 맞는 삶, 그래서 분수에 맞는 삶을 살자! 그래서 높은 수준에서, 그 이하의, 아래의 수준을 볼 수 있다. 여기서 검소란, 즉

　1. 월에 120만원치의 돈을 벌여들 일 수 있는데, 90만원을 벌여서, 그걸로 사는것, 또는 본인이 양복을 사 입을 수준이 되는데, 양복을 안 사 입고, 일반복장으로 입고 다닌다던지, 등 등, 즉 이런 식의 재물을 취할 수 있으나, 구지 그 수준 이하의 삶을 사는 것, 이것을 검소라 하는 것이다.

　2. 위로 1단계 더 배울 수 있는, 겸손한 자세를 가질 수 있다. 아무래도 본인 보다 좀 더 나은 사람에게 배운다면, 조용히 좋게 나오겠지? 즉 이런 식에 나옴이, 겸손한 자세인 것이다. 즉 이는 수학에서 어떤 비유냐면? 그건 즉 10학년, 즉 거기 안에 행렬이라는 과정이 있다. 여기서 우리가 거기까지 알았다 치자, 그러면 그 행렬 이하론 다 알지? 또 그

행렬도, 4번 반복 공부로 다 알면, 그 다음 단계로 넘어갈 준비가 됐지? 그럼 그 다음 단계로 넘어 갈 수 있는데, 이 식에 그 다음 단계로 한수 더 배울 수 있는 자세, 이것이 겸손의 자세다. 즉 이렇게 분수껏 이룬 그 자리는, 무너지지 않는다. 즉 이 예로, 즉 10학년까지 알아 놓아서, 거기까지 이르면, 이에 그 이하 수준으로는 알지? 그러면 그 수학의 앎이 어디로 가겠나? 죽을 때 까지 안 없어지지? 즉 앎이란 건, 1번 알아 놓으면 평생을 가고, 그래서 그 분수에 맞는 삶으로 이룬 자린 안 무너진다. 여기서 검소하기로 유명하신 위인 분들이, 즉 삼국지 촉나라에 제갈량, 또 고려의 최영 장군, 즉 이들은 손만 뻣으면, 얼마든 재물인데, 구지 이 분들이 고집 하시던 것이, 즉 그들 집에는, 그들의 일가족이, 먹고 살만큼만의 재물만이 있었단다. 이것이 검소인데, 이를 수학적으로 분석해 보면, 즉 우리가 수학을 10학년까지 알았다 치자, 그러면 그 이하로 다 알지? 그러면 내나 초등 어느 수준에 머물 수 있고, 또는 중등 어느 수준에 머물 수 있듯이, 즉 내나 그 위인분들도 재물을 얼마든 가질 수 있는 수준이 되시나, 그 수준을 안 벗어나는 삶을 사는 것이다. 즉 요즘들어 일본에서, 의학이다, 물리학이다, 해마다 노벨상 수상자가, 몇 분씩 배출이 된다는데, 이에 일본 열도가 아주 자부심을 받는데, 이에 비해 한국은 역사 이래로 도저히, 그런 학문에선, 노벨상 수상자가 1명도 없다. 이에 한국이 일본을 부러워하며, 이 원인을 분석 했는데, 그 이유가? 즉 일본인들은 기초가 잘 되 있어 그렇단다.

"특별히 바라고 한 건 아니고요. 하다 보니, 이런 상을 받게 됐습니다!"

이 노벨상 받은, 어떤 일본인 수상자 1분이, 인터뷰에서.

이에 왜? 우리 한국인들에겐, 그런 노벨상 수상자가 도저히 안 나오나? 이 원인을 분석을 누가 설명해서 공개 된게 없는데, 이를 내가 분석을 해 본다면? 즉 한국인들은 분수를 모르는 사람들이 대부분이다. 즉 이를 보면, 즉 밑에 과정을 안 거치고, 바로 달에 수입을, 150만원, 180만원, 이런 식으로 번다 하고, 또 차를 뽑아도, 그 밑에 과정을 안 거치고, 바로 최고 비싼 2000만원 짜리, 3000만원 짜리를 뽑아 타고 다니고, 그리고 집을 구해도, 즉 밑에 기초인, 월세, 전세도 모르고, 바로 집을 구입 한다던지, 또는 결혼을 함에도, 즉 가전제품들을, 바로 비싼것들을 다 사 들이고, 또 장사를 함에, 즉 밑에 기초부터 쌓아 가는, 즉 노점, 월세, 전세, 내 가계, 즉 이렇게 안 뚫고, 바로 내 가계, 그것도 보통 빚을 내 가지고, 즉 그런 가겐, 길어봐야 6개월 안에 망한다. 왜? 밑에 기초를 모르니까. 즉 이는 수학 공부를 예로 들어, 즉 밑에 초등학교 1학년 1학기 부터 알아 가야 되는데, 그게 아니라 바로 중학교 3학년이나, 또는 바로 고등학교 1학년 공부를, 바로 들어 감이나 마찬 가지다. 즉 이런 식으로 분수를 모르니까, 즉 그렇게 해 놓은 일은, 망하기가 시간 문제다. 즉 그래서 한국이, 노벨상 수상자가 도저히 안 나오는 이유가, 즉 방금 예기한 한국인들이, 분수를 모르는 이들이 많아서 그렇다. 그리고 앞에 제갈공명 예기로 다시 가 보자! 즉 공명이 군사를 부림이 뛰어난 이유가, 즉 그는 전략을 꾸밀 때, 항상 패전을 예상하고, 이에 도망 갈 구멍을 잘 봐 뒀다. 즉 이는 수학적으로 볼 수 있는데, 즉 공명이 보는 관점, 즉 단계 단계 수학 공부 식에 준비 해 가다가, 그 준비가 어느 수준에 머무르고 있다, 그러다가 예기치 않게 곤란인 전쟁에 패하게 된다, 즉 이 때를 항상 예상한 건데, 즉 이에 수를 쓴다. 즉 그 때 즉시 군사들을 몰고 도망들을 가는데, 즉 이는 곤란을 만남에, 전화위복 식에, 1단계 더 발전 식에, 빠져나가 버리는 것이다. 즉 그 곤란이, 1단계 더 발전에, 전화위복식으로 일이 되는 것이다. 즉 이는 수학 공부 어느 수준에서, 4번 까지 반복 공부를 해 놓고 그 다음 단계로 올라 갈 준비를 해 놓은 것과 같다.

마귀는 있다

．
．
．

　내 삶이, 나에게 붙어먹는 마귀들을 성실히 이겨가는 삶이고, 이 마귀들에 들렸다 해서, 이에 나가 떨어져, 그들에게 끌려 다니는게 아니라, 여기서 하나님은 이 마귀들을 이기신다. 내 기도, 의지, 여기서 내 주위의 도움은 적지만, 내 경우는, 이 마귀들에 들린 상탠데, 이로 이들을 성실히 이겨가는 삶을 살아 가는데, 우리가 일상을 살다가 부딛치는 문제인, 즉 사람이 파멸로 빠지게 하는, 즉 자멸이 아주 무서운 것이다. 이에 불교의 예기론, 즉 철이 제 몸에서 나오는 녹에 의해 스스로 멸하듯, 사람은 누구나 자멸을 염려해야 할 문제고, 경계를 해야 된다. 즉 사람들 사이에서 나쁜 것에 중독 되는 것, 즉 이를 보면, 즉 마약, 담배, 대마, 본드, 까스, 등 등, 이 반면 건전한 중독이 되는건, 즉 인터넷 중독, 좋아하는 연인에게 중독, 일 중독, 공부 중독, 등 등, 즉 그런 발전적 중독은, 역시 마귀들이 무서워하는 것 들이다. 즉 여기서 우리들은, 좋은 중독에 빠져야 된다. 또 죄를 유발 시키는 게 무식이다. 이것은 아주 안 좋은 것인데, 즉 이는 자멸을 유발 한다. 즉 사람의 나쁜 행위들은, 다 몰라서 그렇다. 여기서 일단 사람이 알면, 이 세상이 달라진다. 그래서 불교에서는, 즉 일단 알면, 성인이고, 부처가 되고, 그 사람의 앓던 병이 나았단다. 또 속담에 보면, 즉 사람이란, 그가 아는데로, 계속 뻗어 나간단다. 즉 이 뜻은, 즉 본인이 아는, 그 지식대로의 그의 삶이, 전체적으로 변화가 계속 되 간단다. 즉 그래서 앎이, 즉 본인 인생의 전체적인 운명이라 볼 수 도 있다. 그래서 무식하면, 일단 당장 눈 앞에 닦친 일이, 똥인지, 된장인지를 모른다. 몰라서 속는다. 즉 무식이란, 자멸을 유도 한다. 즉 자멸이란 파멸이고, 그 파멸이란 죄를 유발한다. 여기서 죄는, 어떤 일이 있어도 지으면 안 된다. 즉 이런 삶이 진정 올바를 길이다. 즉 이간질, 욕설, 시기, 질투, 미움, 도박, 게으름, 강간, 거짓말, 사기, 강도, 살인, 살생, 낭비, 음주, 등 등, 즉 이런 일들을 스스로 함이 죄고, 즉 이를 해 놓으면,

"야, 가자!"

마귀들이 그 죄 잡힌 꼬투리로 끌고 다닌다. 이것이 쌓이면 쌓일 수록 더 그렇다. 이 마귀들은, 항상 호시탐탐, 사람들의 틈새, 즉 약점을 노린다. 이런 틈이, 약간이라도 있으면, 그 틈새로 삐집고 들어 오는데, 이 틈새의 목표가 되는 사람은, 자멸로 인해 죄를 지을 그런 가능성이 보이는 사람이다. 즉 목표되는 그 사람의 그런 가능성을 가늠해 보고, 그 중 약자를 골라 들어오는 것이다. 이 마귀들은, 이미 저승에서의 그 심판에서 그 지옥행이 결정이 나 있다. 그래서 같이 죽자고, 같이 가자고 그러는 것이다. 즉 사람들 1영혼 씩을 더 지옥에 데려 가기 위해, 이에 꾀를 쓰고, 부지런히 움직이고 하는 것이다. 또 그들은 조직적인데, 이에 그들은 내분이 안 일어난다. 내 붙어먹는 마귀들을 보면 그렇다. 그러니까 이런 이들에게 안 당하게, 항상 조심을 하고, 이 마귀들을 경계 대상 1호로 삼아야 된다.

"마귀들은, 항상 우는 사자와 같이, 삼킬 자를 두루 찾아 해 메느니라!"

기독교의 말씀.

즉 이는 이 마귀 놈들이, 같이 지옥으로 데려 갈 사람을 찾아 돌아 다닌다는 것이다. 이에 누구 1명 만만한 사람을 붙잡고, 물고 늘어진다. 이 마귀들은, 이미 지옥 행이 결단났다. 이 비유가, 즉 교도소에 있는 사

형수에게 사형집행 날짜가 다가오는 것과도 같다. 이에 우리는 이런 마귀들을 방어를 해야 되는데, 이에 자멸로서, 죄를 안 지어야 된다. 즉 여기서 죄와 덕 중, 여기서 우리가 죄를 행하면 마귀들과 가까워진다. 반면 덕을 행하면, 마귀들과 멀어진다. 여기서 죄와 덕 중, 그 한쪽 길로, 가면 갈 수 록, 그 가는 쪽으로 더더욱 고정이 된다. 즉 죄의 길을 갈 것이냐, 그 길은 마귀들과 영원한 지옥으로의 동행이다. 그 반면 덕의 길, 즉 그 길은 하나님과 함께 한다. 우리는 하나님과 함께하는 즐거운 길을 걷자!

'어? 왜 이리 기분이 좋은 거야!'

하나님께서는, 우리들의 영혼을 살아서나, 죽어서나, 천국으로 인도하신다. 아무래도 인간 자체는 약하다. 그래서 사람은 어쩔 수 없이, 하나님께 의지를 하고, 그 분께 인도를 받아야 된다. 우리가 이도 선택인데, 즉 죄의 길인 마귀들과 함께 할 것인가, 아니면 덕의 길인 하나님과 함께 할 것인가? 물론 특정 일부 사람들은, 마귀들을 믿는, 그런 사람들도 있다. 보니 인터넷에 퇴마, 이런 글 검색을 해 그 글들 중, 하나를 읽어 가다 보니, 난데 없이 마귀들 추종 글도 있더라. 큼! 즉 자멸 안 하고, 죄 안 짓는 삶이란, 살아서나, 죽어서나, 천국으로 간단 걸, 우린 믿자! 여기서 죄 안 짓는 길은, 이 죄 반대의 삶을 살아 가는건데, 즉 하나님의 사업에 쓰임을 받는, 그 하나님의 일꾼이 되는, 즉 그런 인생이다. 즉 우리들이 알게, 모르게. 즉 이 반면 죄의 길은, 마귀들과 함께 한다. 이는 살아서나 죽어서나 지옥인데, 그 죄악의 길은 망하게 되어 있는데, 그 망하건 시간 문제지? 여기서 죄란 걸 지어 놓으면, 오히려 당장은 눈 앞의 쾌락 때문에 좋을 수 있다. 그러나 그 죄 지은 시간이, 어느 정도 경과하고 나면, 그 다음은 벌 받는다. 즉 죄 지음에서의 그 다음 단계다. 즉 살아서도 우리가 알게 모르게, 이런 현상의 세상 공식이다. 이 죄 지음의 다음 단계인 벌 받음 단계가 오는 때는, 즉 살아 생전엔 3년 안에,

꼭 찾아 올 것 같다. 그 죄의 벌 받음이, 즉 살아생전엔 불행이 따를 것이다. 그 죄인에게. 또 이 죄를 짓다가 그치면 덜한데, 이를 반성을 안 하고 계속하면, 이는 진짜 나쁜 것이지? 즉 죄란 건, 몇 번은 할 수 있어, 오히려 그건 인생의 전화위복으로, 이도 하나의 인생 공부다. 그러나 죄를 알고도 지음을 계속 한다면, 이는 진짜 죄다. 즉 그런 건 벌을 받아 마땅 하지? 물론 첨부터, 아예 죄를 안 지으면 더 좋지만. 진짜 죄를 알고도 안 그치고 계속 지음이, 진짜 마귀들과 손잡은 사람이고, 즉 그 사람의 죽음, 그 사후세계의 그의 영혼이, 아마도 지옥으로 가겠지? 여기서 우리가, 죄의 반대인 하나님과 함께의 길로 가려면 어찌 해야 되는가? 그건 즉 누구나 죄의 반대의 길을 다들 대충은 알지? 즉 선이고, 바른 삶이고, 그런 선이다 싶은 길이다. 즉 살아서나, 죽어서나, 하나님과 함께하는, 즉 그 죄의 반대 길은 무슨 길이냐? 그건 즉 바로 앎의 길이다. 그런데 그 앎도, 알아서 좋은 게 있고, 나쁜 게 있으니, 잘 분별을 해야 된다. 보면 나쁜 중독 되는 것들, 즉 그런 것들은, 아예 첨 부터 손을 되면 안 된다. 바로 이런 것들은, 알면 해가 되는 것들이다. 이 외엔 알면 거의 좋다. 즉 각종 지식들 인데, 이는 글에서 얻어진다. 여기서 물론 행동에서도 얻어지는 게 있다는데, 그런 식에 지식을 얻는게, 불교의 참선이란 건데, 즉 불교에선, 가히만 앉아서 뭔 깨달음을 얻는다는데, 이는 이해가 안 가고, 즉 가만 앉아서 어찌 앎이 오는지? 그건 그렇고. 즉 이 세상의 지식은 여러 가진데, 여기서 지식이 믿음보다 앞선다. 그 이유가? 즉 하나님의 구원의 믿음도, 먼저 본인의 앎에서 그걸 선택한다. 그래서 본인의 앎이 먼저다. 즉 어느 정도는 먼저 알고, 이에 본인의 행동이 따르고, 이에 본인의 부족한 점들이 있다. 여기서 인간이란, 결국 약한 존재다. 그래서 하나님의 보호를 받아야 된다. 이에 그 부족하고 약한 점을, 하나님의 도움을 받아야 된다. 즉 본인의 부족한 점을, 하나님에 의해 채워야 된다. 보면 기독교에선 하나님을 믿는 길은, 즉

1. 지식이 아닌 믿음이다. 여기서 반박인데, 이는 잘 못 됐다. 여기서 이 예를 1개 들어 보자! 즉

"야, 이거 피로 회복젠데, 이게 마약인데, 이거 한번 해 봐라! 이거 한번씩 하면 몸에 좋아!"

주위에 어느 마약 중독자가 나타나, 이렇게 마약을 가지고 유혹을 하는데, 여기서 이 마약을 하면 어떻게 된단 걸 모르면, 여기서 그 약의 유혹에 넘어갈 수 있지? 그래서 모르면, 그런 식의 마약도 1번 경험해 본다. 즉 그래서 믿음보다, 첫째 앎이다. 그 다음이 믿음이 있다. 즉 알아야 좋고, 나쁘고, 길을 골라 갈 것 아닌가? 그래서 기독교에서의 지식은 안 치고, 무조건 믿음이란 건, 모순이다. 즉 모르면 똥인지, 된장인지, 구분이 안 되지? 또는 모르면, 하나님이시고, 알라신이고, 뭐고 간에, 방향을 못 잡는다. 그러니 역시 먼저 알아야 된다. 즉 그 앎 다음에, 하나님 도움의 구원의 손길이시다. 먼저 알아야 믿던가, 말던가, 선택을 하지? 즉 그래서 기독교의 무조건의 믿음만이란 건, 이치에 안 맞고, 모순이 되다.

뭐가?

즉 기독교는, 지식이 아니고 믿음이 먼저다. 이는 무조건 그 믿음만을 내 세울게 아니라, 여기서 지식을 무시하면 안 된다. 여기서 TV 광고에 방영 된 어느 기독교 대학교의 광고 문구가, 즉

"세상을 바꾸는 건 지식이 아니라, 하나님의 사랑입니다!"

그러니까 여기 반박이, 즉 이 세상을 바꾸는 건, 하나님의 사랑입니다. 그냥 이렇게 나와야지, 즉 이 세상을 바꾸는 건, 지식이 아니라, 그러면 그 문구가, 즉 지식이 무시 되는 것이다. 즉 그래서 앞에 그 문구는, 괜히 가만있는 지식이란 걸, 무시하는 내용이고, 즉 지식과 믿음이 1개가 되어야 된다. 즉 그래서 방금 예기한, 어느 기독교 대학의 광고 문구가, 즉

"세상을 바꾸는 건, 지식이 아니라, 하나님의 사랑입니다!"
여기서 잘 못 된게, 즉 이 지식이 먼저다. 그 다음 하나님의 도움이시다. 즉 아까 예기처럼, 즉 모르면, 똥인지, 된장인지, 구분을 못 하며, 즉 그런 식으로, 아까 예기처럼, 즉 모름에서 마약의 유혹에 넘어가, 마약을 1번 경험해 보는 수 도 있다.

"하나님의 길은 좋은 길입니다. 하나님을 믿고 천국 가세요!"
'?'
길다가 보면, 가끔 이런 기독교 선교하시는 어디 기독교 단체의 모습이 보이는데, 여기서 모르면 알 수 있나, 믿을 수 있나? 당장 달콤한 것 찾지.

"여기 빵하고 요구르트 드릴 께요! 여기 책자하고, 한번 읽어 보세요!"
'?'
'마침 배 고프던 참인데, 잘 됐다!'
"하나님 믿으세요!"
주는 것들 받아 간다.

일단 몰라도 그 물건을 얻어 갔으면, 약간 코 걸렸고, 나중 혼자 있을 때, 그 빵, 요구르트 먹고, 그 책 읽으면, 아무래도 하나님 사업에 쓰이는 일을 해야 되겠지? 그 빵, 요구르트, 책값들로. 하이튼 그런 물건을 얻어 먹으면, 은혜로움이 있긴 있겠구나! 얻어 먹었으니까. 음, 믿음이라? 아무래도 믿음이 중요하긴 하다. 그래도 지식도 무시를 못 한다. 즉 여기서 가만 보면, 이 세상을 바꾸는 게 지식이 아니란거는, 즉 그 지식에 앞서서, 그 지식도 하나님의 주관이시다. 즉 지식도 하나님 맘대로 그 사람에게 주는 것이다. 그러면 아까 예기한, 즉 어느 기독교 대학의 TV 광고 문구인,

"세상을 바꾸는 건 지식이 아니라, 하나님의 사랑입니다!"

여기서 아까 예기 했던, 그 마약 예기를 다시 짚어 보자! 큼! 즉 만약에 아까 설명식에, 즉 그런 마약의 유혹이 왔다, 그러면 거기서도 본인이 그 약을 알고 안 함도, 반면 그 약을 모르고 하던, 즉 이는 본인의 앎, 모름 판단에, 그 약을, 하니, 마니의 이 기로? 즉 이는 지식이 먼저지. 그러면 그 지식이란 것도 하나님의 주관인, 즉 하나님의 계획인 그 하나님의 레이다 안이란 건가? 그래도 방금 예기한, 그 마약의 유혹의 경우는, 즉 아무래도 지식이 먼저지? 즉 그 약을 먼저 알아야, 그 다음 그 약을 안 하지. 역시 마약의 예를 보니, 이 세상을 바꾸는 건, 먼저 지식이고, 그 다음이 하나님의 사랑이시다. 큼! 요즘은 컴퓨터 시대다. 즉 제 3의 지식과 정보의 시대다. 즉 이 시대는 인제가 크게 쓰인단다. 즉 여기서 인재 보유가 안 된 그런 단체들은, 아무리 큰 나라라도 망한단다. 여기서 좀 더 가면 택시가, 그 운전기사 없이, 그 택시 자체가, 자동으로 손님을 데려다 준단다. 또 인공지능 로봇인 기계가, 사람처럼 판단하는게 나온단다. 그런데 그런 인공지능 로봇들에게, 인류가 정복 당할 수 있다고, 과학자들은 경고한다. 즉 미래엔, 그 인공지능 로봇들과 사람들과의 전쟁을 하는 시대가 온다고 경고한다. 이 세상의 과학은, 계속 발전을 하는데, 이는 누구도 못 막는다. 즉 이 사람이 연구를 안 하면, 어디서 딴 사람이 연구를 한다. 불교에서는, 즉 앎의 진리의 세계는 영원하단다. 즉 요즘은 손 끝만 까딱하면 문서처리 다 되지, 그건 이 세상에 지식을 알림인데, 그 제 2의 상업의 시대엔, 컴퓨터 보급이 거의 안 되서, 이로 남들에게, 지식, 정보 전달이 어려웠지. 즉 요즘은 컴퓨터로 해서 그 지식과 정보의 보급이 잘 되는 모양이다. 앞에 기독교 대학 TV 광고 문구 예기로 다시 가 보자! 즉 이 세상을 바꾸는건 지식이 아니란 부분인데, 즉 이는 지식을 무시한 처사다. 또 이는 일체 공부하려는 학생들의 공부하려는 의욕을 떨어트리는 현상이다. 즉 이는 괜히 가만있는 지식을 무시하는 것이다. 즉 하나님의 선택을 받아, 하나님을 받아 들임이, 즉 이는 그 본인이 먼저 그 일을 알고, 이로써 그 하나님을, 믿던가, 말던가 하지? 즉 그러니까 무조건 기적만 바랄게 아니라, 먼저 본인이 알고, 그 다음 행하고 나서, 돈을 바래야 된다. 그래서 백석 기독교 대학 TV 방송 광고 문구에서, 즉 앞 부분을 고쳐야 된다. 그건 즉 이 세상을 바꾸는 건, 지식이 아니란 문구다. 즉 그래서 하나님의 믿음의 길은, 즉 바른 길이고, 또 그 길은 살아서나, 죽어서나 천국인데, 그런데 그 길을 먼저 알아야 된다. 그리고 그 광고 낸 분도 그 광고 냄에, 먼저 본인이 그 일에 대해 아는게 없으면, 그 광고를 못 낸다. 즉 본인도 알고 그 광고를 냈지. 즉 이 세상은 하나님의 주관이신데, 이 주관이, 각 개인의 그 앎 까지도 주관을 하시는가?

"세상을 바꾸는 건 지식이 아니라, 하나님의 사랑입니다!"

즉 이 세상의 모든 지식들도 다 하나님의 주관 이시니까, 그러니 이 세상 모든 게 다 하나님의 주관 이시구나! 그러면 방송에 때린, 그 기독교 대학 광고 문구의 말이 맞다! 즉 이 세상을 바꾸는 건 지식이 아닌, 일체의 모든 건, 하나님의 주관이시다. 즉 지식도 하나님께서 주관을 하시니까, 그래서 하나님과 함께 하는 즐거운 길이란, 즉 하나님의 은혜 속에서 사는, 즉 하나님과 함께라면, 그 어떤 마귀들도 다 이겨 낸다 이것이다. 여기서 모든게 하나님의 뜻인데, 즉

감사, 성실, 인내, 믿음, 자제, 등 등,

즉 그런 길들은, 마귀들을 이겨 가는 길이다. 즉 그런 길을 가면 갈 수록,

'어, 천국!'

즉 살아 가면서 하나님의 믿음의 길은, 즉 살아서도 내나 천국이다. 그리고 우리의 눈에 안 보이는 영의 세계가 있는데, 그 영의 세계도, 내나 사람들의 세계 처럼, 그런 선과 악이 있다. 이런 내 붙어먹는 마귀들, 이런 류들은, 즉 악의 세력들이다. 보통 일반적으로, 악마, 귀신, 등 등,

즉 이렇게 일 컷는 것들이, 알고 보면 이런 마귀들을 보고 하는 예기다. 즉 영의 세계에서도 선과 악이 있다. 그 선의 신이 하나님이시다. 그리고 하나님께서도 질투를 하신다. 그래서 우리들은 다른 신을 인정 말고, 하나님만을 따르자! 하나님은 마귀들 보다 힘이 쎄다. 사람은 제 아무리 힘이 쎈, 즉 재주고, 돈이고 뛰어나도, 즉 사람은 마귀들을 못 이기긴다. 왜냐면? 즉 마귀들은 영의 존재고, 사람들은 육의 존재라 그렇다. 이로써 우리 사람들은, 하나님과 연합이 되어야 된다. 즉 그 길의 단체가 기독교 단첸데,

빛!

어둠 속 방황 중, 하나님의 믿음의 관점으로, 알고, 행동하고, 살아 가야 된다. 이에 힘을 써야 된다. 즉 이 마귀들을 이기는 삶이, 하나님을 믿는 길이다.

"불교 믿을 때가 만만하던데!"

또는

"흥, 강 귀신 쯤이야!"

내 붙어먹는 마귀들 중, 각 각.

여기서 내 붙어먹는 마귀들이, 종교 중에서 기독교를 최고 겁낸다. 여기서 불교, 대순진리교는, 콧방귀다.

"아, 퇴마사한테 간다! 드디어."

내 붙어먹는 마귀들 중.

가만 보면 퇴마, 이 쪽으로도 겁을 내는데, 내나 기독교 처럼이다. 보면 예기로는, 즉 퇴마사들이, 실제 마귀들 들린 사람의 마귀들을 쫒아내 준단다. 퇴마사, 그들은 직업적으로 돈을 받고, 그 일을 하는 거지? 한번은 이를 뭔지 알아 보니, 그 일에 드는 비용이, 한 200만원 정도를 지급해야 되는 모양이데.

"이런 류는 기도로만 나가지, 다른 걸로는 안 나가느니라!"

예수님.

즉 성경 기록에, 즉 예수님 살아생전에, 예수님에게 어떤 마귀 하나가 붙어먹었는데, 이에 내 경우는 마귀가, 6놈 정도 된다. 마귀란 건, 1번 붙으면 아주 잘 안 떨어진다. 그 예수님 경우는, 즉 어렵게 어렵게 하다가, 결국 그 놈을 쫓아내 셨는데, 기도로써 쫓아 내셨단다. 내 경우는, 요즘 매일 기도문을 읽으며 기도를 드린다. 그 기도 하는 요령은, 즉 기도를 생각으로 일일이 새로 지어 하는게 아니라, 즉 바램을 어디다 기록을 해 놓고, 그걸 매일 꺼내 읽는데. 즉 살아가다가 누구나 곤란한 일을 예기치 않게 만나는데, 여기서 그런 곤란을 만난 대목이, 소설로 치면 재밋는 부분이다. 또 그런 곤란을 이겨 내면, 그 재미가 더 하다. 일단 곤란을 많이 만날 수 록, 재밋는 내용이 된다. 그래서 소설을 쓸 때, 그런 곤란한 문젯점이 있어야 된다. 반면 아무 문젯점 없이, 평화롭기만 하면, 그 소설은 시시하다. 여기서 우리의 인생 스토리도, 그런 소설과 마찬가지다.

"아, 다 잡아 놓는데!"

"아, 또 하루 죄가 다 씻기네!"

내 붙어먹는 마귀들 중, 각 각.

즉 사람이나, 짐승이나, 즉 샤워를 하던, 목욕을 하던, 즉 이를 함에서, 즉 본인에게 묻어 와 있던 죄도, 같이 씻기는 현상인 모양이다. 즉 본인의 죄가 소멸이 되는. 즉 내 경우는 매일 성실히 샤워에서, 알게, 모르게, 방금 설명한 그런 영향을 받는 것도 같다. 내 붙어먹는 마귀 놈들이, 내가 씻는 걸 아주 싫어하는 걸 보면.

"밥 먹지마!"

또는

"또 밥 먹네!"

또는

"밖에 활동하던 사람들은, 밥을 잘 안 먹던데, 이거는!"

큼! 다음 밥을 잘 먹어야 된다. 즉 속담에, 밥 3끼만 잘 먹으면, 능히 귀신을 이겨 낸다고.

"나 한테 걸려 가지고, 마약 배우고, 지옥 안 간 사람이 없었다!"

내 붙어 먹는 마귀들 중.

여기서 그들 중, 쎈 놈이 있는 모양이다.

그리고 마귀는 성질이 잔인하고, 정이 없고, 파괴적이다. 또 생김새는, 피가 없다. 또 눈알이 없다. 또 이들의 형상은, 진짜 눈 뜨고 못 볼, 그런 형상이란다. 또 그들은 색깔들 중, 빨강색을 제일 싫어한다. 그리고 그 빨강색 보다 덜 싫어 하는 색깔이, 노랑색이다. 그 다음 다른 색들은 다 안 무서워 한다. 그래서 중국, 그 나라 국기가 빨강색인 거나, 또 그 나라 사람들이 빨강색 옷을 잘 입는 이유가, 즉 그 빨강색이, 병마와 악귀를 쫓는 다고다. 즉 여기서 그런 병마와 악귀라는게 따로 있는게 아니라, 내 붙어먹는 이런 마귀들 보고 하는 예기다. 또 마귀들은, 팥을 싫어한다. 여기서 보면, 즉 한국에 대보름날 팥죽을 먹지? 즉 그 이유가, 마귀들을 쫓는 다고다. 그리고 마귀들은, 소금을 싫어한다. 즉 이를 보면, 즉 장삿집에서 재수 없는 일 만나거나, 아니면 재수를 좋게 한다고, 가계 문 앞에다, 굵은 소금을 뿌리는 모습들을 봤지? 내나 그 실상이, 마귀들 나가라고다.

"다신 오지마! 휙~ 이!"

소금을 쉭, 쉭! 뿌린다.

그리고 두통엔, 흰머리 띠가 좋다. 즉 이를 머리에 둘러메면, 있던 두통도 없어진다. 즉 이 실상이, 즉 마귀들이, 그 사람의 머리에 임해서, 두통이 일어난 것이다. 여기서 이 땐, 이마 둘레에, 흰띠를 멘다. 이 띠는, 운동화 끈이 좋다. 이 머리 띠 색깔은, 흰색이 제일 좋다. 여기서 우리 주위에 보면, 공부 할 때 학생들이, 이마 둘레에 흰 띠를 메고 공부하는 모습이 있고, 또는 TV에 드라마 보면, 즉 감기에 걸려서 방에 드러 누워 있는 장면엔, 이마에 흰 띠를 메고 자리에 몸져 누워 있는 장면이 있지? 또 일본에서 장사를 할 때, 그 장삿꾼 이마에, 흰 띠를 메고 하는 모습도 보지? 즉 이들이 내나 본인의 두통을 없게 한다고다. 그리고 마귀들은, 사람들에게 공개 되는 걸 그들의 최고의 패배로 여긴다. 또 냄새를 보면, 즉 향수, 화장품, 비누, 악취, 즉 이런 냄새를 마귀들은 싫어 한다. 반면 그들이 좋아 하는 냄새는, 즉 음식, 각종 향 냄새. 그리고 그들도 먹어야 사는데, 여기서 좋아하는 음식은, 즉 된장, 밥, 채소류, 김치, 나물, 등 등. 반면 싫어하는 음식은, 즉 팥. 쑥, 북어, 등 등, 즉 여기서 팥, 쑥은, 그들한테 독약이 되는 모양이다. 여기서 북어는 마귀들에게, 아주 징그럽고 무서운 괴물이 되는 모양이다. 그래서 어느 이름 있는 퇴마사의 글이, 즉 집 안에 통북어 1개를 놔두면, 왠만한 마귀는 그냥 나 간다고 한다. 여기서 맛을 보면, 즉 맛에는, 자극적인 맛을 싫어 한다. 그건 즉 신맛, 매운맛, 짠맛, 단맛, 등 등의, 이 강한 것. 반면 밋밋한 맛을 좋아한다. 그리고 이 마귀들에겐 음기가 있고, 반면 사람들에겐 양기가 있는데, 여기서 사람들 무리들 속엔, 그런 양기가 많아, 그로 마귀들은 사람들 무리 속에 있는 걸 싫어 한다. 즉 이런 식에 사람들 많은 곳이나, 또는 TV, 라디오, 인터넷, 등 등. 즉 그래서 그들은 그들의 집 된 사람이 그런 대중적인게 옆에 없는, 혼자 있는 걸 좋아한다. 그리고 그들은 칼을 무서워 한다. 여기서 칼은 흉기로, 그로 그들 집 된 사람이, 그 칼에 실수로 찔려 죽을 수 있는데, 여기서 보면 이 마귀들이, 그들 집 된 사람이 죽는 걸 바라는게 아닌 모양이다. 그리고 TV 기독교 방송을 보면, 즉 거기 나오시는 어느 목사님의 설교가, 즉 마귀는 감사가 안 되는 존재란다. 즉 여기서 마귀들은, 즉 그 집 된 사람이 죄를 지음에서 그 사람에게 고정이 된다. 그리고 그들은, 사람이 고난을 만나는 것 까진 겁을 낸다. 왜냐면? 그 고난을 딛고 일어날 까봐? 여기서 모르면 몰라서

마귀는 있다 185

속지만, 여기서 마귀들을 알면, 그런 외부의 적에 대한 방어가 들어 간
다. 여기서 최소한 그 사람이 자멸은 안 한다. 여기서 어떤이는, 즉 그렇
게 되면 마귀들 들린 그 사람이 그들을 이길 확률이, 90% 이상이라고
한다.

'어? 천국!'

즉 살아 서나, 죽어 서나, 즉 우리가 하나님의 인도를 받아, 천국에 왔
습니다.

여기서 마귀들에게 들리든, 안 들리든, 즉 모든 사람들의 최종 목표
는, 성공이다. 이에 여러 가지의 길이 있다. 이 세상의 실상, 즉 우리 사
람들의 삶은, 즉 우리 사람들의 눈에 안 보이는 마귀들과의 영적 전쟁이
다. 이는 우리들 삶의 실상이다. 큼! 즉 여기서 하나님의 구원 사업에 쓰
임을 받는 사람이 되쟌 것이다. 즉 우리들은 살아 생전에 하나님의 구원
을 받자! 그래서 살아서도 천국으로 가자! 또 기독교의 최종 목표인 죽
어서 천국에 가자! 그리고 우리 인류는 즉 살아서나 죽어서나, 하나님
의 뜻과 함께 선의 길, 즉 하나님과 함께하는 즐거운 길을 가자! 하나님
께선 우리 인류의 바램을 다 들어 주신다. 이로 죄를 짓는 삶을 살지 말
자! 즉 그런 삶을 삶에 최고 중요한 건, 살아 가면서 마귀들의 함정에 빠
지지 말자! 거길 조심 해야 된다. 삶을 뚫어 가자! 이는 각자의 맘 먹기
에 달렸다. 이 마귀들의 함정은 뭔가? 그건 즉 나쁜 중독 되는 것 경험
하지 말고, 장기 매매 안 되지, 과도한 빚도 안 된다. 그리고 등, 등. 즉
여기서 하나님을 믿는 그 믿음의 길을 끝까지 걷자! 그 하나님과 함께
하는 즐거운 동행의 길을 걷자! 여기서 하나님과 함께라면, 누구나 외
롭지 않다. 그래서 하나님과 함께 동행 하자! 즉 하나님의 뜻에 따라, 착
하게 살자! 여기서 우리들 각자의 영혼이, 살아서나, 죽어서나, 천국으
로 가자! 살아서는, 하나님을 믿고, 그리고 하나님과 함께 하는 즐거운
삶을 살자! 그 하나님께선 우리를 지켜 주신다. 그 하나님과 함께라면,

그 어떤 마귀들도 이겨 낼 수 있다. 그러니 우리가 살며 하나님을 믿고, 그 하나님의 사업에 쓰임을 받는 사람이 되자! 이로 마귀들을 이겨 가는 그런 훌륭한 삶을 살자! 또 죄 없는 청렴한 삶을 살자! 그래서 그런 우리의 영혼이 그 기독교 말씀대로, 사후에 천국으로 가자! 살아서는 매일 마귀들을 이겨 가며 살자! 이렇게 1년, 2년, 3년, 4년, 5년, 6년, 7년, 8년, 9년, 10년, 즉 죽을 때 까지 살자! 결국 그 길 끝엔 훌륭한 일들을 세상에 많이 해 놔서, 이 세상에 명예를 남기고 가자! 속담에, 즉 호랑이는 죽어 가죽을 남기고, 사람은 죽어 이름을 남긴다. 즉 여기서 이름이란 명옌데, 즉 이 뜻은, 즉 사람이 한 평생을 살며, 유일하게 할 일이, 이 세상을 살며, 훌륭한 일들을 많이 해 놔서, 이 세상에 명예를 남기는 것이다. 즉 그런 그 길이, 인간이 세상에 나와서, 최고로 의미 있고, 또 가치가 있고, 또 잘 살다 간 길이다. 이왕 죽을 것, 어차피 죽을 것. 또 그 길 끝에, 우리들은 천국을 바라자! 그러려면 우리들은, 어떤 삶을 살라고 했는가? 즉 하나님을 믿고, 그 하나님의 세상의 구원 사업에 하나님의 쓰임을 받아 가며 살며, 결국 기독교의 순교자가 되는 것이다. 그래서 하나님의 구원 사업에 정직원이 되자! 즉 하나님의 구원 사업에 공무원이 되자! 여기서 마귀들의 꾀임에 안 빠지고, 그 악한 마귀들을 이겨 가며, 훌륭히 살자! 즉 이런 식에 훌륭한 일을 많이 이뤄라! 그래도 그런 삶을 살아도 그 길의 끝엔 역시 죽음으로 간다. 여기서 그 길엔 하나님께서 우리들의 그 영혼을 천국으로 인도하신다. 나 처럼 마귀들에 들린 그런 분들은 그 마귀들을 쫓아 내 십시요! 이 마귀들에 안 들리신 분들 그 마귀들의 악 영향을 받지 마십시요! 그래서 우리들은, 우리 눈에 안 보이는 악한 영의 세력, 마귀들을 이겨 가는 삶을 삽시다! 그 길은 살아서는 잘 사는 길이요, 그 길의 끝은, 천국으로 가는 길이다. 즉 마귀들에 들리든, 안 들리든, 일체 모든 분들, 이 마귀들을 이기는 삶을 삶에, 하나님과 함께, 그 길을 걷자! 그 길 끝에 천국으로 가자!

'어? 왜 이리 기분이 좋은거야!'
하나님께선 그들 각자의 영혼에게 미소를 보이실 것이다.
'어? 왜 이리 기분이 좋은 거야! 어? 여긴 천국이네!'
그 길의 끝, 죽음에서는, 하나님께서 그 우리들의 영혼을, 천국으로 인도하신 것이다. 하나님께선 그 길로 우리들을 인도 하시며 흐뭇해 하실 것이다.

4자리 5자리의 좋은 번호 고르는 방법

고등학교 2학년 상용로그표

0000. 0414. 0792. 1139. 1461. 1761. 2041. 2304. 2553. 2788.
3010. 3222. 3424. 3617. 3802. 3979. 4150. 4314. 4472. 4624.
4771. 4914. 5051. 5185. 5315. 5441. 5563. 5682. 5798. 5911.
6021. 6128. 6232. 6335. 6435. 6532. 6628. 6721. 6812. 6902.
6990. 7076. 7160. 7243. 7324. 0043. 0453. 0828. 1173. 1492.
1790. 2068. 2330. 2577. 2810. 3032. 3243. 3444. 3636. 3820.
3997. 4166. 4330. 4487. 4639. 4786. 4928. 5065. 5198. 5328.
5453. 5575. 5694. 5809. 5922. 6031. 6138. 6243. 6345. 6444.
6542. 6637. 6730. 6821. 6911. 6998. 7084. 7168. 7251. 7332.
0086. 0492. 0864. 1206. 1523. 1818. 2095. 2355. 2601. 2833.
3054. 3263. 3464. 3655. 3838. 4014. 4183. 4346. 4502. 4654.
4800. 4942. 5079. 5211. 5340. 5465. 5587. 5705. 5821. 5933.
6042. 6149. 6253. 6355. 6454. 6551. 6646. 6739. 6830. 6920.
7007. 7093. 7177. 7259. 7340. 0128. 0531. 0899. 1239. 1553.
1847. 2122. 2380. 2625. 2856. 3075. 3284. 3483. 3674. 3856.
4031. 4200. 4362. 4518. 4669. 4814. 4955. 5092. 5224. 5353.
5478. 5599. 5717. 5832. 5944. 6053. 6160. 6263. 6365. 6464.

6561. 6656. 6749. 6839. 6928. 7016. 7101. 7185. 7267. 7348.
0170. 0569. 0934. 1271. 1584. 1875. 2148. 2405. 2648. 2878.
3096. 3304. 3502. 3692. 3874. 4048. 4216. 4378. 4533. 4683.
4829. 4969. 5105. 5237. 5366. 5490. 5611. 5729. 5843. 5955.
6064. 6170. 6274. 6375. 6474. 6571. 6665. 6758. 6848. 6937.
7024. 7110. 7193. 7275. 7356. 0212. 0607. 0969. 1303. 1614.
1903. 2175. 2430. 2672. 2900. 3118. 3324. 3522. 3711. 3892.
4065. 4232. 4393. 4548. 4698. 4843. 4983. 5119. 5250. 5378.
5502. 5623. 5740. 5855. 5966. 6075. 6180. 6284. 6385. 6484.
6580. 6675. 6767. 6857. 6946. 7033. 7118. 7202. 7284. 7364.
0253. 0645. 1004. 1335. 1644. 1931. 2201. 2455. 2695. 2923.
3139. 3345. 3541. 3729. 3909. 4082. 4249. 4409. 4564. 4713.
4857. 4997. 5132. 5263. 5391. 5514. 5635. 5752. 5866. 5977.
6085. 6191. 6294. 6395. 6493. 6590. 6684. 6776. 6866. 6955.
7042. 7126. 7210. 7292. 7372. 0294. 0682. 1038. 1367. 1673.
1959. 2227. 2480. 2718. 2945. 3160. 3365. 3560. 3747. 3927.
4099. 4265. 4425. 4579. 4728. 4871. 5011. 5145. 5276. 5403.
5527. 5647. 5763. 5877. 5988. 6096. 6201. 6304. 6405. 6503.
6599. 6693. 6785. 6875. 6964. 7050. 7135. 7218. 7300. 7380.
0334. 0719. 1072. 1399. 1703. 1987. 2253. 2504. 2742. 2967.
3181. 3385. 3579. 3766. 3945. 4116. 4281. 4440. 4594. 4742.
4886. 5024. 5159. 5289. 5416. 5539. 5658. 5775. 5888. 5999.
6107. 6212. 6314. 6415. 6513. 6609. 6702. 6794. 6884. 6972.
7059. 7143. 7226. 7308. 7388. 0374. 0755. 1106. 1430. 1732.
2014. 2279. 2529. 2765. 2989. 3201. 3404. 3598. 3784. 3962.
4133. 4298. 4456. 4609. 4757. 4900. 5038. 5172. 5302. 5428.

5551. 5670. 5786. 5899. 6010. 6117. 6222. 6325. 6425. 6522.
6618. 6712. 6803. 6893. 6981. 7067. 7152. 7235. 7316. 7396.
7404. 7482. 7559. 7634. 7709. 7782. 7853. 7924. 7993. 8062.
8129. 8195. 8261. 8325. 8388. 8451. 8513. 8573. 8633. 8692.
8751. 8808. 8865. 8921. 8976. 9031. 9085. 9138. 9191. 9243.
9294. 9345. 9395. 9445. 9494. 9542. 9590. 9638. 9685. 9731.
9777. 9823. 9868. 9912. 9956. 7412. 7490. 7566. 7642. 7716.
7789. 7860. 7931. 8000. 8069. 8136. 8202. 8267. 8331. 8395.
8457. 8519. 8579. 8639. 8698. 8756. 8814. 8871. 8927. 8982.
9036. 9090. 9143. 9196. 9248. 9299. 9350. 9400. 9450. 9499.
9547. 9595. 9643. 9689. 9736. 9782. 9827. 9872. 9917. 9961.
7419. 7497. 7574. 7649. 7723. 7796. 7868. 7938. 8007. 8075.
8142. 8209. 8274. 8338. 8401. 8463. 8525. 8585. 8645. 8704.
8762. 8820. 8876. 8932. 8987. 9042. 9096. 9149. 9201. 9253.
9304. 9355. 9405. 9455. 9504. 9552. 9600. 9647. 9694. 9741.
9786. 9832. 9877. 9921. 9965. 7427. 7505. 7582. 7657. 7731.
7803. 7875. 7945. 8014. 8082. 8149. 8215. 8280. 8344. 8407.
8470. 8531. 8591. 8651. 8710. 8768. 8825. 8882. 8938. 8993.
9047. 9101. 9154. 9206. 9258. 9309. 9360. 9410. 9460. 9410.
9460. 9509. 9557. 9605. 9652. 9699. 9745. 9791. 9836. 9881.
9926. 9969. 7435. 7513. 7589. 7664. 7738. 7810. 7882. 7952.
8021. 8089. 8156. 8222. 8287. 8351. 8414. 8476. 8537. 8597.
8597. 8657. 8716. 8774. 8831. 8887. 8943. 8998. 9053. 9106.
9159. 9212. 9263. 9315. 9365. 9415. 9465. 9513. 9562. 9609.
9657. 9703. 9750. 9795. 9841. 9886. 9930. 9974. 7443. 7520.
7597. 7672. 7745. 7818. 7889. 7959. 8028. 8096. 8162. 8228.

8293. 8357. 8420. 8482. 8543. 8603. 8663. 8722. 8779. 8837.
8893. 8949. 9004. 9058. 9112. 9165. 9217. 9269. 9320. 9370.
9420. 9469. 9518. 9566. 9614. 9661. 9708. 9754. 9800. 9845.
9890. 9934. 9978. 7451. 7528. 7604. 7679. 7752. 7825. 7896.
7966. 8035. 8102. 8169. 8235. 8102. 8169. 8235. 8299. 8363.
8426. 8488. 8549. 8609. 8669. 8727. 8785. 8842. 8899. 8954.
9009. 9063. 9117. 9170. 9222. 9274. 9325. 9375. 9425. 9474.
9523. 9571. 9619. 9666. 9713. 9759. 9805. 9850. 9894. 9939.
9983. 7459. 9536. 7612. 7686. 7760. 7832. 7903. 7973. 8041.
8109. 8176. 8241. 8306. 8306. 8370. 8432. 8494. 8555. 8615.
8675. 8733. 8791. 8848. 8904. 8960. 9015. 9069. 9122. 9175.
9227. 9279. 9330. 9380. 9430. 9479. 9528. 9576. 9624. 9671.
9717. 9763. 9809. 9854. 9899. 9943. 9987. 7466. 7543. 7619.
7694. 7767. 7839. 7910. 7980. 8048. 8116. 8182. 8248. 8312.
8376. 8439. 8500. 8561. 8621. 8681. 8739. 8797. 8854. 8910.
8965. 9020. 9074. 9128. 9180. 9232. 9284. 9335. 9385. 9435.
9484. 9533. 9581. 9628. 9675. 9722. 9768. 9814. 9895. 9903.
9948. 9991. 7474. 7551. 7627. 7701. 7774. 7846. 7917. 7987.
8055. 8122. 8189. 8254. 8319. 8382. 8445. 8506. 8567. 8627.
8686. 8745. 8802. 8859. 8915. 8971. 9025. 9079. 9143. 9186.
9238. 9289. 9340. 9390. 9440. 9489. 9538. 9586. 9633. 9680.
9727. 9773. 9818. 9863. 9908. 9952. 9996.

4, 5자리들의 좋은 번호 고르는 방법을 가르쳐 드리는데, 즉 이에 각자 본인에게만 맞는 고유번호가 있습니다. 즉 이 좋은 번호를 각자 본인의 것으로 쓰는데요. 즉 이는 본인의 고유 사주에 맞는 번호 4, 5자리 까

지의 번호를 가지고 계시면, 즉 이는 본인의 주민등록상의 좋은 이름과 같은 힘이라 보시면 됩니다. 즉 본인의 이름이 좋아 진다, 그로 본인 앞에 펼쳐지는 삶이,

'어? 왜 이리 일들이 잘 풀리는 거야!'

즉 본인도 이상할 정도로 일이 잘 풀리고, 또 모든 게 호전적으로 됩니다. 즉 여기서 본인의 휴대 번호, 집 전화 번호, 가계 전화 번호, 어디 비번, 등 등, 즉 어디에 번호를 쓰시든, 즉 좋은 번호를 쓰시는 겁니다. 즉 우리들의 생활 전선에서, 즉 개인적인거나, 단체적인거나, 즉 본인의 번호 쓸 일이 있는데요. 이에 그 번호를 씀에, 좋은 번호를 씁시다. 큼! 즉 그 번호도, 본인에게만 고유적으로 맞는, 즉 번호도 본인의 사주에 맞는 번호를 씁시다. 즉 그 번호가 이 세상에 있는 번호들 중에서, 본인 각자들에게 최고 좋은 번호입니다. 즉 역시 번호를 설정 해 쓸 일이, 우리 모든 분들이 살아 가시는 길에 있죠? 즉 이에 구지 예기를 안 드려도, 독자님들 각자 좋은 번호가 역시 좋다는 걸 인정 하실 겁니다. 즉 이를 설치 완료시켜 놓으시면, 즉 본인의 고유 명사인 그 이름이 좋아진 거라, 그로 모든 일 들이, 봄이 다가와 겨울에 쌓인 눈이 녹듯이, 일 들이 하나씩 풀릴 걸로 우린 믿읍시다! 큼! 즉 그 길은, 하나님과 함께 하는 길입니다. 역시 사람은 약한 존재입니다. 그래서 우리는 하나님을 믿고, 그 분과 함께 합시다! 즉 이 세상에 존재하는 모든 4, 5자리 번호들 중, 본인 각자들에게 맞는 고유 번호, 즉 앞에 나열한 그런 번호들 중에도, 누구에게나 각자 본인에게만 맞는 번호가 있는데, 그 번호를 쓰시는데, 즉 그 번호가 본인에게만 맞는 이 세상에서 최고로 좋은 번호입니다. 즉 본인에게만 맞으니까, 본인의 사주에 맞습니다. 즉 그러나 본인에게 맞다고 해서, 남에게도 맞는 게 아닙니다. 즉 그 번호 찾는 방법을 가르쳐 드리고자 합니다. 즉 이는 수학책에서 찾습니다. 또 방법을 약간 가미를 합니다. 즉 앞 부분에, 번호 4자리들을 쫙 열거 해 놓죠? 그 번호들 중에

4자리 5자리의 좋은 번호 고르는 방법

서도 고릅니다. 이 외에, 즉 고등학교 1학년 책 맨 뒷 부분에 삼각함수표, 즉 거기에도 로그 함수표에서와 같이, 숫자들이 나열 되 있는데요. 거기 나열 된 번호들은, 로그 함수표에 있는 번호들과는 약간 다른 것입니다. 즉 거기는, 4자리 외에 5자리도 있습니다. 또 앞에 설명했듯, 즉 거기 열거 된 숫자들은, 로그 함수표에 있는 숫자들관, 약간 다른 종류들 일 것입니다. 여기서 누구에게든지, 즉 본인 각자에게만 맞는 고유번호가 있는데, 그 4, 5자리. 그러니 그 번호를 찾는 방법이고, 또 이를 아시라고. 즉 우리가 살아가면서 무슨 좋은 번호 쓸 일에, 이 앎을 이용 합시다! 즉 이 좋은 번호를 쓰는 조취를 취해 놓으시면, 즉 본인들 각자들의 이름이 좋아지는 건데요. 즉 본인의 이름이 좋아져서, 이로 알게 모르게, 즉 본인의 모든 일 들이 잘 풀릴 걸로 우린 믿고! 그 길은 하나님께서 그런 우리를 도우심을 우린 믿읖시다! 큼! 즉 이를 찾는 방법은 아주 쉽습니다. 그리고 그 앎으로, 즉 독자님들께선, 각자 본인 스스로, 이를 찾으셔야 됩니다. 참고로, 이 좋은 번호 찾는 방법은, 제가 개발한 것입니다. 즉 세계 최초로 나온 이론이라면 그런 겁니다. 즉 발명 특허라 할 수 있습니다. 즉 이 세상 일이란, 그 사람의 아는데로 간다는 세상 공식인데요. 여기에, 하나님의 조종이 있는데, 일단 사람의 행동이, 그 본인의 앎, 그 다음 그에 따른 행동이 나옵니다. 속담에, 즉 사람은 아는데로 그의 인생이 펼쳐진다고 합니다. 큼! 즉 그래서 세상 일 들이, 각자 사람들의 앎에서, 이 세상이 펼쳐 진다고도 볼 수 있습니만, 하지만 이 세상 모든 일들의 실상은 다 하나님의 꾸밈으로 됩니다. 그래서 이 세상 모든 일들은 다 하나님의 조종입니다. 그리고 본인께서, 즉 좋은 번호를 하실꺼란, 그 생각이 계시면, 이에 그 다음날 이후에, 그 일을 알아 보시면 좋음니다. 이는 왜냐면? 즉 뜻이 정해진 그 당일날 바로 일을 보시면, 준비가 안 되고, 여기서 세상 일이란, 즉 당일날 부딪친 일을, 바로 당일날 봄이, 안 좋습니다. 이는 왜냐면? 즉

"어서 와서 하세요. 빨리!"

즉 그런 그 일엔, 마귀, 하나 이상이 올라 붙습니다. 즉 이 예가, 즉 우리가 돌아 다니다, 그 전날 이전에 계획에 없던, 물건 충동구매, 등 등 의, 이 실상은 마귀가 그 일을 하라고 유혹을 한 것입니다. 즉 그래서 이 좋은 번호를 하실 거란 마음도, 바로 당일날 보단, 그 다음날 이후로 함이 바람직 하겠죠? 즉 이 일을 봄에, 내나 해당이 되는 수학책 1권이 있어야 됩니다. 이에 해당 되는, 즉 1학년 책 뒤에 있는 것은 삼각함수표, 이에는 4, 5자리의 숫자들이, 거기에 빽빽히 2바닥 정도고. 그 다음 2학년 책 뒤에 있는 로그 함수표, 이는 즉 이 주제 글 앞 부분에 있는 숫자들입니다. 큼! 즉 거기는 전부 4자리들입니다. 즉 그런 수학책을 각각 1권 이상 구해서 집에 놔 두는 게 괜찮겠죠? 큼! 여기서 본인의 주민등록번호 앞에 4자리를 맞추는데요. 즉 여기서 누구나 생년월일이 있는데, 즉 앞에 년도 2자리와, 뒤에 월 2자리가 있죠? 즉 여기서 주민등록증이 아직 발급이 안 되신 분들은, 내나 앞에 생년월일에 앞에 년도 2자리와, 뒤에 월 2자리를 맞추면 됩니다. 즉 년, 월, 까지의 앞에 4자리를 맞춤니다. 여기서 5자리 숫자를 원하신다면? 즉 년도 2자리와, 월 2자리와, 일 2자리 중, 앞에 1자리를 맞추면 됩니다. 예를 들겠습니다. 즉 2017년 1월 생이시면, 그러면 앞에 년도 번호 2자리를 맞춤에, 2017년이면, 17년을, 즉 십 몇 년, 이 까지 맞추고. 그 다음 월에 맞춤니다. 즉 월은 방금 년도 맞추는 식으로, 여기서 1월이니까, 즉 여기에 2자리를 맞추시면, 즉 01이란 수가 됩니다. 또는 다르게, 여기서 12월 생이시라면, 즉 12란 수가 되죠? 또는 9월 생이시다, 그러면 09란 수가 되죠? 즉 이런 식으로 찾습니다. 여기서 방금 예를 들어 본다면, 즉 2017년 1월 생이니까, 즉 이 날짜에 맞추면, 즉 주민번호 앞에 2자리, 즉 17까지 맞추고, 그 다음 1월 생이니까, 이에 2자리를 보면, 즉 01이란 수가 되죠? 즉 이런 식으로 맞추시면, 즉 1701, 이 숫자가 되죠? 즉 이런 식으로 하시면 됩니다. 즉 고등학교 수학 1학년 참고서나, 자습서, 그런 책들 각 각 뒷 면에, 삼각함수표, 거기엔 4자리와 5자리의 숫자들이, 2바닦 정도로 빽 빽히 나열 되 있습니다. 또 고등 수학 2학년에, 내나 참고서, 자습서, 거 기도 책 각 각 뒷 면에 로그 함수표, 이는 내나 이 주제 글, 앞에 있는 부 분 그대로입니다. 즉 그래서 고등 수학 2학년에, 참고서, 자습서에, 그 뒷 면에는, 즉 로그 함수표가 있습니다. 여기서 5자리를 원하시면, 즉 내나 앞에 년도 2자리를 맞추고, 다음 월에 2자리 맞추고, 그 다음 일 두 자리 중 앞에 1자리를 맞추는데, 이 경우의 예로, 즉 7일 생이다, 그러면 주민번호 일 2자리는, 07이 되죠? 여기서 앞에 번호를 맞춰야 겠죠? 이 예로, 즉 2017년 1월 7일 생이시다, 그러면 17010, 즉 이런 숫자가 되 죠? 이런 식으로 찾습니다! 큼! 여기서 쉽게 말씀 드려, 즉 4자리를 찾 으시면, 그 주민번호 앞에 4자리를 맞추시고, 그리고 여기서 5자리를 찾으시면, 그 주민번호 앞에 5자리를 맞추면 됩니다. 즉 삼각 함수표, 거기에 나열 된 번호들 4, 5자리들 중에서, 그 본인 고유의 번호를 고름 에, 즉 여기서 4자리를 찾으시면, 그 본인의 주민번호 앞에 4자리를 맞 추셔서, 그 나열 된 번호들 중, 최고 근소한 걸로 맞춥니다. 즉 여기서 예로, 즉 본인의 생년월일이, 81년 9월 생이다, 그러면 주민번호 앞 자 리가, 8109입니다. 그러면 아까 말씀 드린, 그 나열 된 번호들 중, 8109 란 숫자가 있으면, 그대로 맞추고, 또 다른 예로, 즉 13년 3월 생이다, 그러면 1303이란 숫자인데, 그러면 방금 설명 식에 찾는데, 여기서 1303이란 숫자가 있으면, 그 숫자 그대로 맞추고, 그런데 여기서 본인 의 생년월일과 정확히 안 맞는 경우가 있는데, 즉 이런 경우는, 최대히 근소 하게 맞춤이 좋습니다. 여기서 이 예를 들기가, 안 되는데요. 왜냐 면? 즉 어떤 그 숫자가 정확히 맞는 게, 어떤건지 모르고, 그에 따라 그 근소한 숫자가, 어떤건지 모르니까요. 즉 여기서 고등 1학년에, 즉 삼각 함수표의 정보는, 내나 앞에 설명 드린, 그런 삼각함수표에 나오는 책에서 따로 알아 보시고. 그 숫자들, 즉 삼각함수표와, 로그 함수표에 나오는 숫자들은, 어떤 수들의 모임이냐면? 즉 어떤 방식으로 숫자를 나눴는데, 그 숫자가 끝 없이 나눠 지는, 여기서 그 숫자를 반올림 처리해서, 마무리 지은 숫자들입니다. 그래서 그런가? 다들 문안한 숫자들이던데. 즉 이런 식에 4, 5자리 번호를 고르시면 되고. 여기서 속담에, 즉 무슨 일을 시작 함에, 그 시작 점에서, 이름부터 잘 지어놓고 시작을 함이 좋다고 합니다. 참고로, 즉 사람의 모든 일의 잘 되고, 못 됨의 기운이, 본인의 이름에서 의해 알게, 모르게, 그 영향이 큽니다. 그래서 역시, 좋은 이름이 좋죠. 즉 전에 어떤 1권짜리 작명 책을 보니, 즉 거기 내용 중, 즉 어느 작명학자의 주장이, 즉 사람의 모든 운명 100%가, 그가 현제 사용하고 있는 이름에 달려 있다고 하더 라구요. 큼! 그런데 그건 아니고, 즉 사람들 각자의 잘 되고, 못 되고의 모든 것은, 다 하나님의 뜻대로입니다. 큼!

이름

이름을 예기 하는데, 여기서 본인의 실명, 또 본인이 설정 해서 쓰는 번호, 등 등, 즉 이런 이름들을 좋은 것으로 써야 된다. 큼! 즉 이 세상엔 본인 고유의 호칭이 있다. 즉 이는 실명, 휴대 번호, 집 전화 번호, 가게 전화 번호, 뭔 개설 번호, 또 가게 상호, 등 등, 즉 이름의 주인 되는 사람을 예기 하는데, 즉 여기서 이 본인의 문제인, 즉 본인의 것을 예기다. 즉 남의 것이 아닌. 즉 그 이름의 주인을 예기다. 즉 그 이름의 주인은, 즉 사람, 동물, 물건, 무슨 현상, 지역 이름, 하나님, 마귀, 등 등, 즉 이 세상에 있는 뭐든, 다 이름이 있는데, 이에 각자 그 이름 주인을 예기 한다. 즉 문제는, 타인의 문제가 문제가 아니라, 즉 본인의 문제가 문제다. 이는 즉 본인의 살이 아프니까, 이에 본인의 앞을 막는, 당연 본인의 문제가 문제다. 즉 독자님들 이시면, 각자 그 당사자인 본인 독자님의 문제들이 문제고, 이 외 분들께선 그 분들 각자가 직면하신 그 문제가 문제다. 또 저도 제 문제가 문제죠? 또 보면 하나님, 동물, 마귀들, 등 등, 즉 다들 각자 각기 그가 풀 문제가 문제고, 이 해결이 문제다. 즉 이 지구 안이란 곳, 그 중 대한민국 안이란 곳에 갖혀 있는 본인들 각자의 일생의 일이 문제다. 그리고 하나님은 영원하시고, 또 이 세상에 영원히 계실 거고. 여기서 마귀들은, 저승에 가면 무조건 지옥으로 골인이다. 여기서 우리는 이 세상을 살다 죽는, 이 세상을 떠나는 것을 감안을 해서, 즉 본인이 이 세상을 떠나고 남은 뒷 세상, 즉 뒤에 남은 사람들을 생각을 해서, 이에 본인의 명예를 남겨야 된다. 그 외 다른건 이 세상에 안 남는다. 동물들은 생각이 없다. 즉 단순 먹고, 자고, 싸고, 종족 퍼주고, 즉 안 죽는데만 신경 쓰다가 죽는다. 여기서 호랑이는 가죽을 남긴다. 여기서 사람의 사후엔, 이 세상에 학문만이 남는다. 또 마귀들은, 하나님과 대적한 악의 역사가 남는다. 속담에, 즉 이 세상 그 어떤 것도, 그 있다가 떠난 그 자린, 반드시 그 흔적을 남긴단다. 즉 이 세상에 있었던건, 즉 사람이든, 동물이든, 등 등, 뭐든 다 흔적을 남긴다. 여기서 예수님에게 붙어먹다 쫓겨난 마귀, 이는 성경의 기록에 남았다. 또 석가모니의 앎을 방해 하다 쫓겨난 마귀, 이는 불경의 기록에 남았다. 즉 이런 식의 글에 남아 후세에 남아 버린, 연예인 마귀들도 있다. 즉 여기서 그 사람을 진짜 앎은, 즉 그런 그가 죽고 나서 알 수 있다는 속담이 있다. 그러면 사람의 살아 생전엔 그 사람을 알 수 없단 얘기가 된다.

관상

　사람의 얼굴 생김센데, 즉 여기서 사람의 눈에 따라 32가지의 스타일이 있습니다. 즉 이로 사람들 각 각의 얼굴 형상이 다르고, 그리고 여기서 불교에서도, 즉 부처님의 신체적 특징이 32가지가 있습니다. 여기서 석가모니의 신체적 특징이 그 32상이 다 있었답니다. 또 다음 사람의 눈에 따르는, 즉 코 형상이 몇 가지가 있고, 그리고 귀 형상 몇 가지가 있고, 그리고 입술 형상도 몇 가지가 있습니다. 큼! 그리고 얼굴 각의 분류, 즉 사각형, 계란형, 마름모형, 등 등, 즉 이런 식에 남, 녀 각자가 약간 달리, 각각 10 여 가지 정도로 분류가 됩니다. 큼! 즉 앞에 코, 귀, 입술, 얼굴 각, 다 그 32가지 각 각의 눈의 스타일에 따라 옵니다. 큼! 즉 여기서 얼굴각 스타일이, 즉 1번 스타일은 2번 스타일과 맞고, 또는 3번 스타일과는 안 맞고, 즉 여기서 남 녀, 각자의 스타일에 따라, 즉 어떤 스타일은 이런 스타일과 맞고, 반면 저런 스타일은 안 맞고, 즉 본인의 스타일에 따라, 상대 스타일의 맞고, 안 맞고가, 얼굴각 스타일 각 각에 따라 다릅니다. 큼! 즉 여기서 32가지 눈의 스타일에 따라, 각자 개성이 다릅니다. 즉 여기서 이 내용은, 과거 1990년 경, 어떤 관상책 1권을 보고 알았는데요, 즉 그 책 제목은 모르겠고, 저자가 ○ ○ ○데, 그 때 그 책을 집에서 혼자 연구로 습득해 알았습니다. 즉 여기서 부처님 32상은 불교를 믿으며, 그 공부를 해 가는 초반기에 알기 시작 했습니다. 그리고 사람들 각자의 얼굴, 신체, 이 다름의 원인이, 즉 사람들 각자가 쓰고 있는 본인의 이름에 달린 것 같습니다. 그래서 현제 본인이 쓰고 있는 그 이름이 중요합니다. 여기서 어느 성명학 책 내용 중, 즉 거기 나오는 어느 학자 분의 주장이, 즉 사람의 모든 운명은, 현제 본인이 쓰고 있는 이름에 달려 있다는데요, 여기서 그건 아니고, 그건 즉 하나님의 조종에 달렸습니다. 그로 사람들 각자의 길, 흉, 화, 복이 있습니다.

'아, 내가 이렇게 변했구나! 아 좋아, 이제 모든게 다 잘 되겠지?'

이 기분이 갈 수 록 찜찜하다. 그 성형 수술은 한지 3일이 지나고 나면, 본인의 칼덴 얼굴의 변한 모습에, 뭔가 이상하다. 또 돈도 썻는데, 액수도 많다. 여기서 빚까지 내서 한 경우는,

망막!

'아, 역시 성형수술은, 안 좋은 거였구나! 내가 어리석었다!'

이렇게 되니까. 그리고 이 성형수술 부작용에 심하겐, 그 칼덴 얼굴 형상이, 일그러지고, 그로 그 얼굴이 보기가 흉하게 되고, 심지어는 성형수술을 했다가, 목숨을 잃는 경우가 있다. 즉 잘 살자고 큰 돈 들여 했는데, 즉 전에 TV 뉴스 보도가, 즉 어느 여대생이, 몇 백만원 들여, 유방 확대 수술을 했는데, 여기서 그 수술 후 그 여자 분 생활에서 그 분 유방 안에 넣은 실리콘이 터져서, 이를 재수술 하는 과정에서, 그 여자 분이 사망을 했다. 여기서 사람의 성적 인 아름다움은, 성형수술에서 오는게 아니라, 즉 삶에서의 일을 잘 함에서 온다. 그리고 그 본인이 살아 가면서 조취를 해 놓는게 있는데, 그건 이름 짓긴데, 여기서 설정한 그 이름에서, 본인의 생김새가 따라 온다. 그래서 이름의 설정을, 잘 해 놓는 게 좋다. 그리고 이 외에는, 즉 유전인데, 그건 즉 부모님들에게 물려 받은, 즉 본인의 뜻관 달리 타고난 생김새도 있다. 즉 이 예를 인종으로 들면, 즉 백인, 황인, 흑인, 즉 이런 인종들, 즉 여기서 부모님 두 분이 다 백인들이시다, 이에 그 자식은, 내나 백인, 또는 그 부모님들이 다 황인들이다, 이에 나온 자식이, 내나 황인, 또는 그 부모님들이 다 흑인들이면,

이에 나온 자식이, 내나 흑인, 또는 그 부모 중, 한 쪽은 백인, 이에 다른 한 쪽은 황인, 이들 사이에서 나온 아기는, 내나 백인과 황인의 섞인 몸을 타고난다. 또는 그들 부모 중 한 쪽은 황인, 그리고 다른 한 쪽은 흑인, 이들 사이에서 나온 자식은, 내나 황인과 흑인의 섞인 몸을 타고 난다. 또 한국인의 부모들 사이에서는, 즉 그 부모들 각자의 생김새가 섞여 아기가 나온다. 즉 이 예로, 본인의 아버지가, 손까락 발까락이 길고 가늘다, 그러면 그 자식도 이 유전에 따라, 내나 손까락 발까락이 길고 가늘다. 또 그 아기의 어머니가, 덩치가 작고 눈이 크다, 그런면 내나 그 자식의 생김새도, 역시 덩치가 작고, 눈이 크게 생겼다. 즉 본인 의사완 달리 본인의 부모에 의해 타고난 모습이 된다. 여기서 큼! 모체가 임신 중에 태아에게 미치는 영향, 이에 물론 부체의 정자에도 약간의 그 영향이 있다. 그러나 그 영향은 작다. 여기서 태아에게 미치는 영향은, 그 태아를 임신하는 모체에게서 큰 영향을 받는다. 여기서 즉 모체가 임신 중, 담배를 핀다, 그러면 그런 그 모체는 담배 중독잔데, 이에 임신 중, 계속 흡연을 한다. 즉 한번은 어디에서 어떤 흡연자 새댁과 예기를 나눠 봤는데, 즉 그 분이 임신 중 담밸 자제 해야 됨을 아는데, 뭔진 몰라도 임신 중 담배가 더 땡겨서, 그래서 그걸 더 피웠단다. 이에 그런 흡연으로, 그 임신 중에 있던 태아에게 미치는 악영향은, 즉 모체의 혈액에 일산화탄소의 양이 많아져, 이에 혈액 속의 산소 공급이 원활히 안 되서, 여기서 그 2세가 받는 악영향은, 즉 그 아기가, 심장과 호흡기, 이런 곳이, 약한 몸을 타고 난다. 여기서 최고 안 좋은 게 마약이다. 즉 모체가 마약 중독자이면, 임신 중 반드시 마약을 하는데, 이에 그 태아가 받는 악영향은 즉 내나 태아도 같이 마약을 맞은 현상인데, 즉 이로 그 아기는 난데없이, 마약을 투약한 몸으로 타고난다. 이는 즉 마약을 하면 급속히 늙어 지는데, 즉 모체가 마약으로 급속히 늙어지듯이, 이에 그 태아도 같은 영향으로 같이 급속히 늙어 버린다. 이에 그 아기는 태어 나자 마자, 나이를 몇 살 먹은 몸으로 나온다. 여기서 그 아기는 마약 경험이 없어, 마약에 중독은 안 될 꺼다. 그리고 또 안 좋은 게, 임신 중 모체의 음주다. 즉 여기서 담배, 마약은, 중독이라 안 할 수 가 없는데, 술은 중독이 아니라, 안 먹으면 된다. 그래서 임신 중 모체는, 절대 금주를 해야 된다. 즉 여기서 여자가 임신 중에 음주를 하면, 그 알콜 분해를 그 임신 중인 모체의 간을 통해 그 모체 자체적으로 하는게 아니라, 즉 그 모체의 탯줄을 통해 그 태아가 그 알콜을 해독 하는데, 이에 그 태아가 아주 악 영향을 받는데, 그건 즉 그 아기가, 지능저하, 정신박약, 그런 인간으로 태어난다. 이 음주를 하면 할 수 록 더 그렇고, 그래서 임신 중의 모체는, 그 사랑하는 2세를 위해 절대 금주를 해야 된다. 다음은 기형아 유발 예긴데, 즉 모체는, 각종 약물, 즉 병원, 약국, 정신과, 즉 여기서 그 중, 특히 정신과 약은, 일반약품들 보다 더 기형아를 유발한다. 즉 이런 약물들은, 여자가 임신 중 많이 복용을 해 놓으면 그럴 수 록, 그 분 2세의 기형아를 유발한다. 여기서 즉 머리가 비정상적으로 크다던지, 아니면 팔이 없듯이 너무 짧다던지, 아니면 덩치가 너무 작다던지, 또는 즉 쌍둥이로 생명을 각 각 받아 태어났는데, 여기서 몸이 한 몸으로 된 샴쌍둥이란 기형아로 태어난다던지, 등 등의, 즉 이런 식으로 그 태아의 기형아를 유발 시킨다. 이 약물들 외에도 그런 식의 기형아를 유발 시키는게 초음파 검사데, 이는 즉 임신 중에 있는 그 태아의 성 감별로 주로 하는데, 즉 그 뱃속에 아기가, 남자냐, 여자냐? 즉 이를 미리 알아 본다고 엑스레이를 찍고 이런 것, 즉 이런 것이 초음파인데, 즉 이도 많이 할 수 록, 기형아를 유발한다. 여기서 한약도 그런 악영향 일 것 같은데, 여기서 임산부가 한약 복용을 하려면, 먼저 그 약 전문가에게 상담을 받고 해야 될 것 같다. 그 외에는 즉 카페인도 임신 중인 모체로 부터 그 태아에게 안 좋은 영향을 준다던데, 그래서 이도 임신 중엔 금함이 좋겠다. 즉 이 이론은, 고등학교 1학년 과학인 생물, 그 안에 있는 내용이다. 한번은 어디서 주위에 고등학교 나온 젊은 임산부가 커피를 드시는걸 보고 그 분에게, 임신 중, 카페인이 태아에게 안 좋단 가르침을 드려 보니까, 그리고 그 이후 그 분을 얼핏 보니, 한 이틀 정도는 구지 커피를 안 드시는 것 같던데, 그리고 또 한번씩 얼핏 그 분을 보니, 다시 커피를 드시는 모습이던데, 즉 그 분은 그의 2세가 염려가 되나, 역시 하고 싶은 데로 하게 마련인 모양이다.

"임신 중에, 술을 1잔씩 해도, 태아에게 영향이 없다 해서, 1잔씩 했어요!"

"임신한 여자가 술을 마시게 되면, 그 알콜 해독을 모체의 탯줄을 통해 태아가 하는데, 이로 그런 술을 많이 마실 수 록, 그 나온 아기는 지능이 저하인 아기가 나오는데, 이로 댁의 자식이 지능 저하인 애가 나왔습니다!"

이는 전에 어디 알바 하던데선데, 하루는 낮에 거기 가계 안 어느 장소에서, 그 가계 손님들 중, 어느 새댁과 잠깐 대화를 나누던 중, 방금 그런 예기가 오 갔는데.

보면 태어날 때부터 백혈병이다, 근육병이다, 등 등의, 즉 그런 죽을 병을 얻어 태어나, 고생하며 20대를 못 넘기시는, 그런 불운의 분들도, 우리들 주위엔 종종 있는데, 즉 그렇게 이 세상에 나와, 그런 죽을 병을 발견하고, 큰 병원에 입원해, 9만 주사 바늘 다 받아가며, 하루 하루를 아주 고생스럽게 사는데, 여기서 만약에 결혼을 해서 자식을 낳아 놓는데, 의외로 그런 타고난 죽을 병에 걸린 자식이 나오면, 어떨까요?

"아, 도망을 가나!"

전에 어디서 한번은, 옆에 있는 TV 보시던 어떤 분이, 방금 그런 감탄사를 내 뱉으시던데, 저는 그 방송을 안 보고 딴 일 하고 있었는데, 그 어떤 TV 방송에 방금 설한 그 내용이 나온 모양던데, 즉 방금 설한 그런 자식을 의외로 만나신 신혼 부부들 중, 여자 분이, 그의 자식과 남편을 놔두고, 도망을 갔다는 그런 보도가, 방금 그 TV 방송에 나온 모양인데. 큼! 그리고 사람의 눈의 생김에 의해 분류되는 사람들 각자의 스타일이 32가지가 있고, 그리고 그 각 각의 눈의 스타일에 따라, 각자의 스타일들이 다르다. 그리고 그 각 각의 눈에 따라, 즉 코, 귀, 입술, 얼굴 각이 따라오고, 큼! 여기서 얼굴 각은, 남, 녀 각 각의 10 여 가지 정도씩이 있는데, 이에 그 남, 녀 각 각, 약간 차이가 있다. 그건 즉 남자의 얼굴 각 형상엔, 계란형이 없고, 그런데 정사각형이 있다. 반면 여자분 경우는, 즉 정사각형이 없는데, 계란형이 있다. 또 사람이 술을 마실 수 록 미치는데, 이 외에 정신병에 잘 걸리는 사람의 얼굴 형상 3가지가 있는데, 그건 즉

1. 아래에서 위로 치켜 보는 눈.
2. 눈이 약간 뛰어 나왔으며, 사람을 볼 때 잘 째려 보는 눈.
3. 여자 분 경우는, 남들에게 지기 싫어하는 성격.

여기서 이 보충 설명이, 즉 여자 분 경우는 남자 분관 달리, 누구와 대립이 되, 그에 그 남과의 이기고 지는 문제에 직면을 하게 되면, 이에 지고 나오면, 그 상대는 싸움을 성립 시킬래야 시킬 수 없는데, 여기서 여자가 그 상대를 이기는 것이고, 반면 여기서 이기려 들면, 이에 그 상대가 싸움을 성립 시킬 수 있고, 이에 서로가 끝까지 간다면, 이에 결국 그 여자 분은 갈데가 없게 됩니다. 그리고 그 관상책에 나온 내용이, 즉 정신병은 본인 혼자 생각을 잘 못 하고, 그리고 그 다음 그런 행동으로 걸리는 거라는데. 즉 여기서 정신병이란, 즉 국어사전에서 정의 내린 내용이, 즉 사회에서 있을 곳이 없는 병이 랍니다. 큼! 즉 여기서 사람의 파멸이, 즉 외부의 적 보다, 본인 내면의 의해 패한 자멸이 더 무서운 것이, 세상의 공식입니다. 큼! 즉 그래서 결국엔 그런 자멸로서 정신병에 걸리는 거겠죠? 큼! 그리고 불교 이론 중, 즉 부처님 32상이라고, 즉 이는 사람의 신체적으로 나타나는 부처님의 형상이 32가지가 있는데, 그런

데 신기하게도, 그 32상과 관상학에서 말하는 눈의 32가지 특징이 동일합니다. 이 부처님 32상은, 즉 석가모니가 그것들이 다 있었답니다. 이는 그가 타고날 때 부터 였답니다. 이 32상의 몇 가지의 예는, 즉

1. 손까락, 발까락이 길고 가늘다.
2. 팔이 원숭이 처럼 길다.
3. 발바닥이 평발이다.
4. 머리카락이 곱슬이다.

등 등,

즉 이 32상 각 각 1가지씩은, 즉 과거 100가지 선한 일들 중, 어느 1가지 이상을 계속 함에서 나타난다고 합니다. 여기서 32가지 눈에 따르는 사람의 스타일들을 보면, 즉 이들 스타일들이 다 착하고 일이 잘 풀리고 하는 그런 스타일만 있는게 아니라, 즉 그 중 10가지 정도는, 일을 옹졸한 식에 푸는, 성격의 스타일이 있습니다. 그러나 이들 각각 스타일들도 그들 나름의 개성입니다. 그리고 보통 사람들의 생김새를 보면, 즉 방금 그런 좋고, 나쁜, 1가지의 개성이 나타나신 분이 드뭅니다. 보통 분들을 보면, 즉 밋밋하게 생기신 분들이 많으신데요. 즉 이런 1가지의 뚜렸한 개성이 나타나시는 분의 전체 확률이, 즉 100%에서 20%정도 된다고 봅니다. 큼! 즉 여기서 남, 녀 구분 없이, 전체적으로 예를 들어, 즉 1번이라는 분의 얼굴각 스타일에서, 상대의 얼굴각 스타일을, 2가지 만나고, 또는 2번이라는 얼굴각 스타일에는, 상대의 얼굴각 스타일을 4가지로 만나고, 즉 이런 식으로 각자의 얼굴각 스타일에 따라, 상대와 만나지는 얼굴각 스타일의 가짓수가 각기, 조금씩 다릅니다. 즉 여기서 최고 작게 만나지는 건, 2가지 스타일을 만나고, 보통은 4가지 정도 만나고, 많이 만나지는 건, 8가지를 만나고. 큼! 여기서 즉 1번이라는 얼굴각 스타일에서, 상대방을 7가지의 얼굴각 스타일들을 만나는 것이 있는데, 여기서 그 중 만나게 되는 서로의 스타일이, 맞고, 안 맞고, 아주

안 맞고로 분류가 됩니다. 여기서 특히 서로 아주 안 맞는 스타일 끼리는, 즉 이는 그들의 만남이, 서로 일이 안 풀리고, 그리고 서로 헤어짐이 잘 안 되고, 그리고 계속 그런 식의 만남이고, 그래서 이는, 차라리 첨부터 인연을 안 맺음이 좋다고 그 관상책은 설 합니다. 여기서 방금 1번이라는 사람의, 그 상대의 7가지를 만나는 예를 보면, 즉 여기서 맞는 성격이 2가지 정도, 또 안 맞는 성격이 4가지 정도, 또 아주 안 맞는 그런 상대가 1가지 정도 있고. 큼! 여기서 즉 서로 맞는 스타일, 즉 그들 2분 사이에는, 일이 잘 풀립니다. 또 서로 의논이 되고, 또 계획대로 일이 잘 진행 되고 이렇습니다. 그 반면, 즉 서로 안 맞는 스타일이 있고, 그리고 아주 안 맞는 경우는, 즉 그들 서로 일이 안 되면서, 서로 헤어지는 게 잘 안 되는, 즉 그런 식에 만남이, 계속 반복 되는 경우, 즉 여기서 이런 경우는, 아예 첨 부터 안 만남이 좋다고, 그 관상 책은 예기 합니다. 여기서 즉 남, 녀 불문, 모두의 10 여 가지의 얼굴각 스타일에서, 즉 어느 스타일의 상대와의 만남에, 이에 1가지가, 아주 안 좋은 얼굴각 스타일과의 만남의 경우가 1번 정도 있습니다. 보면 결혼 했다가 이혼을 함에, 즉 성격차이 문제로 이혼을 하는 비율이 높다고 합니다. 이에 결혼 들어가, 그런 성격 차이 문제로, 아주 심각하게 결혼 고민 상담소를 찾는 부부들이 많다고 합니다. 그래서 남, 녀가 결혼에 들어감에, 먼저 볼 문제 중, 이 성격이 서로 맞고, 안 맞는 문제를 무시를 못 합니다. 큼! 즉 제가 한 때 집에서 혼자 앞에 그 1권 짜리 어느 관상 책을 연구 해 봤는데요. 즉 거기서 안 것이, 즉 그 책 뒷면 쪽에, 그 책 앞 부분에 설명 된 그 눈의 32가지에 따르는 스타일의 성격을 분류해 나열해 놓던데, 그걸 보니, 즉 사람의 눈에서 따르는 32가지의 개성들 중, 착한 스타일들의 성격은 빠짐없이 다 나열 되 있던데, 희한히도 옹졸한 식의 성격 스타일은, 그 책 뒷 부분에 기제가 없던데, 이는 왜? 그런가 모를 일입니다. 그리고 착한 식으로 일을 푸는, 그런 스타일의 성격들 나열 된 걸 보면, 즉 그 성격들 각 각은, 즉 반 사회적인게 없고. 그리고 이 눈의 32가지 스타일 각 각이, 사람의 32가지 각 각의 개성입니다. 여기서 이 32가지 눈의 스타일들을 예기해 보면, 즉

  1,용안, 흰자와 검은자가 분명하게 보인다. 용안은 공부를 하여 출세를 하고, 정신력이 강하고, 상대방들에게 보이면 보일 수 록, 신망을 얻는다.

  2.봉안, 상파에 쌍꺼풀이 있고, 눈 꼬리가 위로 올라간 형상이다. 봉안은 정신력이 매우 강하고 포부가 커서, 여러 사람들이 따른다.

  3.우안, 눈이 커서 소의 눈과 같다. 우안은 참을 성이 특히 강해, 이로 실패하는 일이 별로 없다. 체격이 비대 하기 때문에, 이에 고혈압에만 주의 한다면, 장수 하게 된다.

  4.공작안, 눈동자가 검은 빛이나, 참새의 눈과 같다. 공작안은 부부의 화목으로, 자손이 부귀영화를 누리고, 성품이 깔끔하고, 출세 하는 형이다.

  5.구안, 상파에 눈꺼풀이 있고, 주름이 두 세겹 겹처져, 거북이의 눈과 같다. 구안은 무엇이든 절약하기 때문에, 입고 먹을 것이 풍족하다. 또한 장수를 하고, 자손이 부귀영화를 누리고, 말년을 편안하게 보낸다.

  6.복서안, 눈썹이 길고 숱이 많아, 엎드려 있는 물소의 눈과 같다. 복서안은 마음이 인자해, 남을 도와주는 것을 즐겨 한다. 그리고 무슨 일이든 침착히 처리를 한다.

  7.원앙안, 눈동자가 작고, 흰자와 검은 자가 분명해, 원앙새의 눈과 같다. 원앙안은 재물엔 구애가 없는데, 애정이 지나칠 정도로 강해, 외도를 걷고자 하는 마음이 강하다. 자존심과 고집이 매우 강한 편이다.

  8.후안, 검은자가 위에 메달려 있어, 원숭이의 눈과 같다. 후안이란 눈을 가지게 되면, 과일과 야채를 좋아 하게 되고, 생각이 많고, 무슨 일이든 꼼꼼하게 처리를 하기 때문에, 이로 남에게 신용을 얻어, 큰 재물

을 모아, 발전하게 되는 눈이다.

9.사자안, 눈이 크고, 눈동자도 큼직하고, 눈썹이 거칠게 나, 사자의 눈과 같다. 사자안은, 명랑 쾌활하고, 정의심이 강하고, 청렴 결백히, 최선을 다 하는 사람이다.

10.안안, 검은자가 없어, 기러기의 눈과 같다. 안안은, 공과 사가 분명하고, 사리가 밝아, 언제나 뛰어난 정신으로, 여러 사람들을 통솔 지도 하게 된다.

등 등,

이 다음은 옹졸식의 스타일을 예기 하겠습니다.

1.해안, 눈동자가 밖으로 튀어 나온 모양으로, 바다 게의 눈과 같다. 해안은 물을 좋아해, 수산업과 관련된 일을 하면, 무엇이든 좋다. 부모에게는 불효하고, 아내와 자식만 아끼지만, 결국 고독이 따르게 되고, 재물도 모아지는게 없다.

등 등,

'헉!'

남자의 입장에서 보면, 즉 우리가 결혼을 했다 가정을 해서, 즉 신혼 때에 그 신부가, 바르고 일 잘 하고 해서, 평소 그 모습이 좋습니다. 그리고 밖에서 벌이를 마치고 집에 와, 그 신부가 차려 주는 식사를 하고, 그 신부가 설거지하는 뒷 모습을 보면,

'!'

다음 장면,

짐작 가시죠? 큼!

우리 남자의 입장에서 본다면, 즉 여자 분의 외모 꾸밈, 그것이 오래 가겠습니까? 즉 결국 살아가는 생활이 문제지. 이는 여자 분이 남자 분을 볼 때도 마찬가지겠지만. 큼! 그래서 외모는, 즉 예의상 적당히 꾸며야, 그게 좋죠. 즉 외모보다 행동을 중시해야죠. 그리고 부처님 32상, 그

중 1가지 이상이 나타나시는 분이 계시고, 또 그 중 아무것도 안 나타나시는 분이 계십니다. 큼! 즉 불교는, 주로 인과응보를 중시합니다. 즉 현제의 선, 악의 행위가, 그 현제와 미래에 반드시 그 갚음을 받는다. 즉 그래서 현제와 미래에 복을 받음에, 즉 현제에 선행을 쌓는다고 합니다. 여기서 본인의 외모도 그렇고, 또 형편이나, 또 그 외의 예상 밖에 좋은 일들도 그렇고, 그래서 이는, 역시 콩 심은데 콩 나고, 팥 심은데 팥 난다는, 즉 어떤걸 심었느냐? 그리고 불교의 삼세인과경을 보면, 즉 현제 남에게 좋은 말을 한 결과, 그 이후엔 본인의 가정이 화목해 진다. 이 화목이란? 즉 가족 구성원들의 마음이, 한마음 한 뜻이다. 또 현제에 가난한 자에게, 입고 먹을 것을 베푼다면, 그 이후에 그런 본인에게 돌아 오는 그 결과는, 즉 현제 본인의 물질이 풍족해 진다. 또 남에게 좋은걸 가르쳐 주면, 이에 따라 그런 본인에게 돌아오는 그 결과는, 즉 그 본인이, 높은 지위에 오른다. 또 아픈 사람이나, 동물이나, 등 등에게, 약이나 치료를 베풀면, 이에 따라 그 이후 그런 본인에겐, 즉 본인의 몸이 건강해 진다. 또 어디 청소를 깔끔하게 해 놓는다, 그에 따라 그 이후에 그런 본인에겐, 즉 그 본인의 부부 사이가, 화목해 진다. 등 등. 그리고 불교는 본인을 믿습니다. 즉 본인의 그 앎을 믿습니다. 즉 신을 부정 하고요. 그러나 이 세상엔 신이 있죠? 즉 사람의 생김새, 그 외모가 결정 됨은, 그 본인의 행동의 결과가 쌓이고 쌓여서 되게 아니라, 큼! 즉 그 사람들 각자의 그 생김새는 다 하나님의 조종입니다. 큼! 즉 여기서 그 하나님을 우리는 인정을 해야 됩니다. 즉 이 세상 모든 건, 다 하나님 마음데로입니다. 즉 사람의 생김새, 이름, 돈, 큼! 생활, 길 흉 화 복, 등 등, 다 하나님의 뜻으로 되는 겁니다.

만족

'어? 천국!'

편한 삶, 안정 된 삶, 말 그대로 만족이다. 우리들은 다 만족을 원하는 것이다. 우리가 살아 가면서 이 길을 원하는 것이다.

'어? 왜 이리 기분이 좋은 거야!'

즉 우리는 사후, 우리들의 영혼이, 천국에 가길 원하는 것이다. 결국 그런 그 길은, 하나님을 죽을 때 까지 붙잡는 길이다. 즉 여기서 우리가 목적을 이룸에서 만족을 얻는데, 그 목적을 1개를 해결하고 나면 또 만나고, 또 그것 1개를 해결하고 나면 또 만나고, 또 그것 1개를 해결하고 나면 또 만나고, 즉 이런 식으로 죽을 때 까지. 즉 우리들의 인생은 죽을 때 까지, 마귀들과의 영적 전쟁이다. 이는 즉 마귀들에 들려 있는 나 뿐만이 아니라, 마귀들이 안 들린 사람들도 마찬 가지다. 즉 마귀들에 들린 사람은, 그 나름대로 마귀들과 싸우고, 반면 마귀들에 안 들린 사람들은, 그들 나름대로 마귀들과 싸운다. 그래서 우리들은, 매일 마귀들을 이겨 가야 된다. 여기서 마귀들에게 진다면, 그 마귀들의 노예가 되겠지? 그래서 우리들은 하나님을 믿고, 하루 하루 마귀들을 이겨 가는 삶을 살아가야 된다. 즉 이로 하나님의 나라에 한 걸음씩 조금씩 다가가는 것이다. 이 세상엔 선의 신이 있다. 그 선의 신은 하나님, 여기서 그 하나님께서 우리 인간들 각자의 모든걸 조종 하신다. 이에 그 반대 세력이 마귀들이다. 즉 이런 악의 세력도 우리들 눈엔 전혀 안 보이는데, 즉 여기서 그 하나님께서는 마귀들을 이기시고, 즉 이렇게 선과 악의 2갈레 길이 있는데, 즉 하나님의 선의 길과, 마귀들의 악의 길, 여기서 하나님 과의 길을 걸어가야 만족한 삶이 된다. 그 마귀들을 하루 하루 이겨 가는, 즉 하나님과 함께 하는 즐거운 삶을 살자! 이 세상엔 신이 있다. 그 걸 인정하고 살자! 삶에서 여러 가지의 길이 있다. 그건 즉 기술이다, 취미다, 돈 벌이다, 연애다, 무슨 실적이다, 무슨 낙찰이다, 무슨 차출 됨 이다, 등 등의, 즉 이 길들 중, 각자 본인이 원하는 걸 이뤄야 된다. 그 길 을 감에 우리들은 하나님과 손을 잡자! 마귀들과 손 잡는 악의 세계는 가지 말자! 그 길의 끝엔 우리들의 영혼이 천국에 와 있다. 삶에서는, 즉 하나님과 함께하는 즐거운 일을 이루자! 하나님께서 이 세상의 모든 일 들을 다 들어 주신다. 또 삶에서 목적을 이룸에, 여러 가지 방법이 있다. 즉 그 길들 중, 특별히 할 줄 아는게 있으면, 그 목적을 이룬 것이다. 이 런 식에 무슨 일에 일가견가가 되려면, 그 일 한 세월이 10년 이상은 되 어야 된다. 즉 그 일은, 이론과 실기로 나뉜다. 즉 공부를 함과, 그 공부 함을 실제 씀이다. 이 글 내는 것만 해도, 실기다. 또 혼자 글 읽어 가는 게 공부다. 또 이 공부에 대한 시험 칠 일도 있고, 또 그 공부에 따라 뽑 혀 갈 일도 있다. 즉 이 세상의 실상은, 마귀들이 사람들을 저주하는 것 이다. 그래서 세상이 어둡고 안 좋은 것이다. 여기서 우리들이 성공을 하는 그 일의 실상은, 즉 그 마귀들의 저주를 이겨 가는 것이다. 엑소시 스트란 영화를 아는가? 이는 씨리즈로 됐다. 즉 엑소시스트 1, 2, 3, 이 런 식에, 즉 그 내용이? 즉 마귀 들린 그 여주인공의 마귀를, 어떤 목사 가 쫓아 내 주는 내용인데, 즉 여기서 이 마귀들 들린 건, 죄가 있어서 들린게 아니라, 뭔가 재수가 없어 들린 거다. 또 마귀들은, 사람들 중, 특히 덕이 있고, 재주가 있고 한, 그런 가치 있는 사람을 잡고, 집을 잘 삼는다. 반면 덕 없고, 재주 없고, 그런 가치 없는 사람들은, 마귀들도 취급을 잘 안 한다. 즉 마귀들은, 하나님의 유력한 일꾼을 집을 삼아, 그 사람을 제거 하려는 것이다. 큼! 즉 그래서 마귀들 들린 사람들이 알고 보면, 보통 사람들 보다 더 덕이 있고, 똑똑한 사람들인 것이다. 이 사람은 목적이 있고, 즉 이에 그 목적 달성 함이 있다. 그 목적은 여러 가지다. 여기서 예기 치 않던 목적들도 많다. 여기서 각자의 그 본인 나름에 원 하는게 있다. 여기서 그 목적들 중, 크게 있고, 작은게 있고, 또 선이 있고, 악이 있고, 즉 여러 가지 길이 있는데, 여기서 하나님이 계신데, 그 길이 선의 길이고, 만족의 길이다. 즉 우리들은 그 길을 가자! 이 곳 저 곳 여러 군데에서의 각 각의 목사님들 설교에는, 즉 이 마귀들이, 결코 만만치 않은 존재로, 즉 굉장히 꾀돌이고, 부지런한 놈들이란다. 즉 이에 사람의 힘으론, 이들을 못 당 하는데, 이에 하나님께서는, 그 마귀들을 이기시는데, 이에 우리 사람들은, 그 하나님과 연합이 되어야, 그 마귀들을 이길 수 있단다. 이 방법 밖엔 없단다. 이 마귀들은, 어떤 일들을 하느냐? 그건 즉 사람들 1명 씩에게 저주를 줘, 결국 예수 안 믿고 죽게해 영원한 지옥에 보냄이 목적이다. 즉 이 마귀들의 반댓 길이, 만족의 길이다. 즉 만족이 행복의 다른 말이다. 즉 우리들은 누구나 만족을 원한다. 여기서 하나님과 동행 할 때, 진정 만족이 온다. 그래서 우리 사람들은, 하나님을 믿음에서 결코 혼자가 아니다. 즉 거기서 하나님은, 그 믿는 자와, 늘 동행을 하시니, 이에 우리들은 외롭지 않은 것이다. 즉 하나님과 함께 동행하는 길이 만족의 길이고, 또 그에 따라 살아가는 길이 여러 갈레 인데, 이에 본인이 그 목적을 이루려고 노력을 하고, 또 이에 그 본인이 하나님께 바라면, 하나님께서 그 바램을 들어 주신다. 그리고 살아가는데서는, 돈 벌이의 길이 여러 가지다. 그 중 1가지의 길로 가야 되는데, 그 1가지의 길을 알기가 어렵다. 즉 그 일에 따른 돈을 벌어야 된다. 다시 말 해, 그 할 줄 안다는 일로 해서 돈 벌기가 어려운 것이다. 여기서 기술이고, 돈이고가 쓰이게 된다. 이 돈과 기술, 이 2가지 중, 다 없는 그런 자는 그 어떤 일에서도 돈을 못 번다. 이 예로, 즉 이 글 싸이트에 글 내는 것만도, 이는 글을 쓸 줄 모르면, 여기 싸이트에서 자리 유지도 못 하듯, 즉 기술도, 돈도 없으면, 이로 이 사회에서 못 살아 남는다. 여기서 우리는 하나님의 길인 만족의 길을 걷자! 그 만족의 길을 가는 방법을 알아 보자!

  1. 종교를 믿음, 여기서 종교의 선택이 있고, 그 선택이 중요 하다.
  2. 일을 이루려는 성공 할 목표를 세우고, 그걸 이루려 한다.

  이에 학교 학생 경우는, 즉 학교에서 공부를 잘 해 가는 것이 성공 일 것이고, 또 사회인 일 경우는, 무슨 국가 자격증을 따려는 목적으로, 그 시험 준비를 하는게 좋다. 여기서 그런 자격증이 여러 가지가 있다. 즉 중, 고졸 검정고시, 즉 이는 중, 고등학교를 졸업 못 하신 분들이 시험을 쳐서, 이에 중학교 못 나오신 분은 중졸 검정고시 합격을 하시면, 국가가 그 분의 중학교 졸업을 인정하고, 또 고등학교를 못 나오신 분이 고졸 검정고시를 합격을 하시면, 국가가 그 분에게 고등학교 학력을 인정 합니다. 이 외에, 즉 자동차 정비, 미용사, 운전 면허, 소방 안전 관리사, 각 보험 회사 보험 설계사 자격증, 등 등, 즉 그 중 1개를 선택해, 그걸 합격 하겠단 목표를 세우고 공부를 함이 좋습니다. 큼! 또 이를 포기 안 하고 계속 힘 쓰다 보면, 합격을 합니다. 이 1개 이상을 합격 해야, 공부가 뭔가, 이런 감이 옵니다. 그리고 제 경우는, 고졸 검정고시에, 수학을 거의 공부를 했었는데, 이에 그 어렵다는 수학도 누구나 할 수 있는게, 즉 차분히 1단계, 1단계씩 해 가다 보면, 누구나 뚫습니다. 즉 여기서 누구나 수학을 겁을 내서 그렇치. 이 수학의 앎이, 즉 삶에서 큰 도움이 됩니다. 이 비유로, 즉 태권도, 그것이 10단의 유단자와도 같습니다. 여기서 공부는, 즉 자격증이나, 그런 식의 시험 문제 외에도, 독학도 있고, 즉 그런 공부의 길이, 올바른 길이란 건, 다들 아시죠? 이왕이면 그 길을 가시는게 좋고요. 또 그 공부하는 일이, 휴대폰 게임하는 것과 다르죠? 즉 올바른 활동이죠? 역시 본인이 책을 부지런히 읽는게 좋죠? 즉 그런 공부들을 많이 할 수 록 좋죠? 즉 그걸 못 해서 그렇지 많이 할 수 록 좋습니다. 잠은 하루에 4, 5시간 주무시고요.

3. 사람의 이런 저런, 여러 행동들 중, 좋은 행동이 고정이 되는게, 이름인데, 여기서 그런 이름을 잘 정해 쓰면 좋습니다. 이왕이면 다홍치마죠? 즉 이왕 고를 거 좋은 걸 고름이 좋은 겁니다. 즉 그래서 좋은 이름을 정해 놓으면, 그에 따라 좋은 행동도 나온다 이 말입니다.

4. 또 우리가 공부를 함에 있어, 하루 하루 체크 리스트를 씁니다. 즉 내일 숙제를 정해 놓고, 그 공부 거리도 그렇고, 또 밖에 일 볼 거리들도 그렇고, 여기서 본인 편한데로 할 만큼 정 하시고, 그리고 그 일들을, 다음날 중으로 다 해 놓습니다. 또 그 이상으로도 해 놓습니다. 그리고 그 날 또 일 거리들을 정하고, 그리고 그 다음날 그 숙제 거리들의 그 일 이상을 해 놓습니다. 또 그 날도 내일 숙제거릴 정하시고, 즉 매일 이런 식으로 공부 해 가시면 됩니다.

5. 다음은 일기를 매일 씁니다. 즉 이에 처음엔 누구나 못 씁니다. 즉 초반엔 하루에 30분 이상 하시고, 그리고 해가 갈 수 록 그 쓰는 시간을 조금씩 늘리시고, 즉 그런 식으로, 1년, 2년, 3년, 즉 여기서 제 경우는, 즉 그 일기 글을 매년 연말이 되면, 그 쓴걸 4번 반복으로 읽어 보는데, 여기서 3년 까지는, 너무 내용이 안 좋습니다. 그래도 계속 그 일을 해 가다 보니, 방법도, 요령도 생기고, 이에 4년, 5년, 그 활동 년 수 가 그 정도 되면, 또 매년 연말에 4번 반복으로 그걸 읽어 보면, 거기서 내용이 좀 읽을만 하게 잡 힙니다. 또 계속 6년, 7년, 8년, 9년, 즉 여기까지 그 쓴 것들을, 또 매년 연말마다 4번 반복으로 읽어 보면, 좀 봐도 한다 하게, 그런 글이 됩니다. 그 다음 이에 10년 이상이 되면, 여기서 어느 정도의 일기 글에는 일가견이 생긴다고, 본인 스스로 자부 하시게 될 겁니다. 즉 이 일기 글도 삼다, 즉 이 3가지를 많이 해야 됩니다.

(1) 많이 읽고.

(2) 많이 생각하고.

(3) 많이 쓰고.

그리고 일깃 글은, 즉 1주제에 육하원칙에 맞춰 씁니다. 여기서 육하원칙이란, 즉 누가, 언제, 어디서, 무엇을, 어떻게, 왜, 즉 이 6가지 이유입니다. 여기서 그 순서는, 즉 무엇을, 누가, 언제, 어디서, 어떻게, 왜, 이 순서대로 씀이 좋습니다. 큼! 그리고 주제란? 즉 이야기 거린데, 여기서 우리가 살아 가면서, 이야깃 거리가 되는, 즉 본인이 아는 일이 있죠? 그것이 주제인데. 그리고, 또 나는, 오늘, 이 글귀들은 되 도 록 안 써야 좋은 글이 나옵니다. 그리고 또 일은 있었던 순서대로 써야 되고, 그리고 또 그 일상을 적음에서, 대화, 생각, 이런 대목을 쓸 일이 있는데, 그 땐 그걸 놓치지 말고, 써 내야 됩니다. 그러나 그런 대목들도, 안 써야 될 땐 안 씀이 좋고요. 그리고 초보자는 글 정리를, 4번 까지 반복 정리로 하시면 됩니다. 큼! 또 우리가 수학을 알면 삶에서 분수를 앎이, 즉 이는 실생활에서 그 분수를 쓸 수 있다. 즉 이 비유로, 즉 우리가 태권도를 제대로 배워 놓다면, 이에 이를 실제 상대와의 완력 상황에서 쓸 수 있듯이, 즉 이와 마찬가지로, 즉 이를 설해 보자! 즉 모든 것을, 4, 4, 4, 4, 즉 4 이상으로 보면 된다. 즉 4번 이상의 반복 공부다. 즉 수학 공부를, 1번, 2번, 3번, 4번, 그 이상 반복, 즉 1단계씩, 1단계씩, 즉 4번 이상씩의 반복이다. 즉 무슨 일 1가지씩을 4번 이상 반복 해 넘기고, 그 다음 다른 단계로, 내나 4번 이상 반복 해 넘기고, 즉 이런 식에 죽을 때 까지. 즉 여기서 이 수학 식을 어떤 식으로 하느냐면, 그건 즉 우리들이 수입을 뚫는 문제를 풀어 보자! 그러면 60만원 부터가, 맨 기초라 치고, 이 비유가? 즉 초등 수학 1학년 1학기, 그 중 맨 첫 과 부터 공부를 시작함과 같다. 즉 이런 식으로 우리들의 삶에서의 수입을, 즉 수학의 공부 맨 기초 부터 시작을 하는 식의, 즉 60만원 부터 뚫는다. 즉 이 설명이, 즉 1년에 12달이다. 또 1년에 4계절이다. 여기서 4계절이 각각 3개월

씩으로, 즉 봄, 여름, 가을, 겨울, 즉 12, 1, 2월이 겨울이다. 또 3, 4, 5월은 봄이다. 또 6, 7, 8월은 여름이다. 또 9, 10, 11월은 가을이다. 즉 이렇게 4계절이다. 즉 여기서 수입을 3개월 씩에 10만원씩 뚫는다 보고, 그 시작 점은 각자 본인들 편한데로 잡는다. 즉 여기서 12월 부터 시작을 한다고 가정 하자! 여기서 그 12월 부터의 시작 점에서 60만원 부터의 벌이로 살아 간다. 즉 12, 1, 2월, 즉 이 기간이 겨울인데, 즉 여기서 이 3개월 동안 60만원으로 생활한다. 다음 3월 부터 5월까지, 이 때가 봄인데, 이 3개월간 10만원 더 올려서, 70만원으로 생활한다. 다음 6월 부터 8월까지, 이 때가 여름인데, 이 3개월간 10만원 더 올려, 80만원으로 생활한다. 다음 9월 부터 11월까지, 이 3개월간이 가을이다. 여기서 10만원 더 올려, 이 기간 동안 90만원으로 생활한다. 이 다음은 겨울, 또 10만원 더 올리는데, 즉 12월 부터 2월까지, 이 3개월 기간은 100원으로 생활한다. 즉 이런 식으로 수입을 60만원 부터 시작해서 100만원 까지 알았다 치자! 여기서 즉 수학 공부를 초등 1학년 1학기 맨 처음부터 시작해서, 초등 3학년 까지 공부 해 안 식에, 즉 그런 수학 공부를 4번 이상 반복으로, 단계, 단계, 알아 올라 온거와 같다. 즉 이런 식의 100만원의 앎! 즉 이런 식으로 뚫은 그 100만원의 수입은, 밑에 기초가 되서 망하지가 않는다. 왜냐면? 그 수입 그 이하의 일을 아니까. 즉 방금 그런 식으로 수입을 120만원 까지 뚫어도 되고, 또는 150만원 까지 뚫어도 되고, 또는 200만원까지 뚫어도 된다. 즉 본인의 뜻대로. 즉 이런 식으로 돈을 뚫어 놓으면, 그 뚫어 놓은 돈 문제 그 이하로는, 즉 90만원 수입으로 살아도 되고, 또는 100만원의 수입으로 살아도 된다. 즉 이런 식으로 이룬 그 수입은, 그 이하로의 그 일을 아니까, 그로 안 망한다. 또 우리가 각자 타고 다니는 본인의 차 뚫는 문제를 풀어 보자! 즉 여기서 이 예를 들어 보자! 즉 먼저 운전면허를, 맨 밑 단계 운전면허인, 2종 보통 부터 따야지, 1종 보통 부터 땀은 안 된다. 즉 이를 수

만족 217

학 공부에서의 비유는, 즉 수학을 초등 1학년 1학기 맨 처음 것부터 시작을 안 하고, 즉 밑에 기초 없이, 바로 초등 3학년 것부터 시작을 함과 같다. 그래서 우리가 운전 면허를 땀에서 보면, 2종 보통 다음에, 1종 보통 면허를, 즉 밑에서 부터 순서대로 따야 되는 것이다. 그런데 곧바로 1종 보통 부터 따 버림은, 그 일에 기초가 안 맞다. 그래서 보통 운전 면허를 예로, 즉 1종 보통 부터 바로 땀은, 그 일이 망하게 되어 있다. 즉 그런 식으로 이룬 일은, 즉 가도 얼마 못가 망한다. 즉 이런 식으로, 즉 밑에 일이 있으면, 항상 그 밑에서 부터 뚫어 알고 올라 가야 된다. 그리고 우리가 차를 뽑는 문제를 풀어 보자! 그건 즉 포터를 뽑든, 승용차를 뽑든, 이도 내나 4단계 이상으로, 그건 즉 1단계, 2단계, 3단계, 4단계 그리고 4단계 그 이상, 즉 여기서 1단계, 즉 1천 만원 짜리, 2, 3년, 타고 다니고, 그 다음 2단계, 즉 1천 5백 만원 짜리, 이도 내나 2, 3년, 타고 다니고, 그 다음 3단계, 즉 2천 만원 짜리, 이도 2, 3년, 타고 다니고, 그 다음 4단계, 즉 2천 5백 만원 짜리, 이도 2, 3년, 타고 다닌다. 그 다음 또 그 이상. 또 우리가 색깔을 뚫는 문제를 보자! 여기서 색을 보면, 즉 빨강색과 노랑색은, 마귀들이 싫어 하는 색이다. 그래서 중국에서는, 마귀들을 쫓는단 이유로, 주로 빨강색을 선호 한다. 여기서 마귀들이, 빨강색 보다 덜 싫어하는 색깔이, 노랑색이다. 이 다음 다른 색깔들은, 마귀들이 싫어하는 색이 없다. 여기서 내나 색도 4단계 이상으로 뚫기, 즉 1단계 검은색, 2단계 흰색, 3단계 노랑색, 4단계 빨강색, 그리고 그 이상. 그러나 이는 내가 선호하는 색인데, 이에 독자님들께선, 각자 나름대로의 색 선호가 있기에, 이에 색은, 즉 본인의 선택이 옳겠고, 그래도 3, 4단계 색들은, 이왕이면 그대로 선택 하심이 좋을 것 같습니다. 왜냐면? 그 색들은 마귀들을 이기는 색이니까요. 즉 이 다음은 우리가 살아가는 집을 공부해 알아 간다고 치자! 즉 여기서 1단계 월세 부터 뚫기, 이는 한 1년 정도 살고, 또 이 월세 값도, 즉 4번 이상 반복 식으로 뚫는게 그 중 좋겠다. 그 다음 2단계 전세 뚫기, 이는 한 2년 정도 살면 되겠고, 그 다음 내 집 완성! 이도 한 2년 살면 되겠고, 그 다음 단계는 없다. 이 다음은 우리가 장사를 한다고 가정을 해서, 즉 본인의 가계 뚫기를 알아보자! 여기서 노점 장사부터 뚫기, 이는 한 1년 정도 하면 적당 하겠고, 그 다음 포터 짐차에 장착해서 하는, 노점 장사 뚫기, 이도 한 1년이나 뚫는게 좋겠다. 즉 이도 넉넉 잡아서. 그 다음 월세 가계 얻어 들어 가기 뚫기, 이는 한 1년 정도가 적당 하겠고. 그 다음 전세 뚫기, 이는 한 1년이나, 2년이나 하면 되겠고. 그 다음 드디어 본인 사장님 가계 뚫기, 이 기간도 한 2년 정도 거치면 적당 하겠고, 그 넘어는 없다. 그 다음 옷 뚫기를 알아 봅시다! 즉 여기서 옷은 철마다 따로 입어야 된다. 여기서 옷은 좀 골라야 된다. 왜냐면? 옷은 남들에게 보이니까. 여기서 즉 색깔, 디자인, 크기, 즉 이런 조건들을 다 조합을 해야 된다. 이 다음은 가격, 즉 1단계 최고로 싼 것, 2단계 2번 째로 싼 것, 3단계 3번 째로 싼 것, 4단계 4번 째의 가격, 그 다음 4단계 그 이상. 여기서 디자인을 너무 튀는 건, 안 고름이 좋다. 이는 왜냐면? 즉 꾸밈을 일부러라도 못 생겨 보이게 하기 위해서다. 즉 여기서 남, 녀, 노, 소, 중, 특히 여자 분들 중, 젊고, 외모가 깔끔하게 생기신 분이 더 그렇다. 이는 왜냐면? 즉 깔끔하게 생기신 그런 분 일 수록, 그 상대에게 성욕 자극을 주는데, 여기서 외모가 그렇다고, 즉 어딜가나 사람들이 반기고, 또 그로 사람들의 도움 받고, 또 그로 하는 일들이 다 잘 풀리는게 아니라, 방금 그런 분들은, 즉 어딜 가나 몸이 피곤하고, 불이익이 많고, 고생이 많고, 그런 본인이 있는 곳에서 잘 쫓겨 나고, 남들에게 시달림 잘 당한다. 그래서 일부러라도 못나 보이는 디자인의 옷을 고름이 좋다. 제 경우 한번은, 그런 식으로 어디 면접 보는데서 면접을 보면, 거기서 뽑히는게 아니라, 오히려 짤린다. 즉 여기서 그런 자리에, 다른 면접 보러 오신 분들에 비해, 내가 유독 깔끔히, 단정히, 그렇게 잘 보이니까, 그런 결과 였는데, 또 그런 분들이, 성질이 표독 하고, 독살 스럽다. 즉 방금 그런 분들 중엔, 그 중 성질이, 좀 유순한 분이 계신데, 여기서 그런 분은, 즉 남이 그런 본인을 안 건들면 조용한데, 여기서 사람이 화를 내면 이 2가지의 반응을 보이는데, 그건 즉

  1. 물건을 부수는 사람, 이런 분 경운 성질이 순한 편이다.

  2. 상대를 구타 하는 사람, 꼭 화가 나면, 상대를 패는 사람이 있다. 즉 이런 분이 성질이, 나쁜 분이다.

  여기서 외모가 깔끔하고, 그리고 방금 폭력 식으로 성질까지 안 좋다면, 즉 그런 분은, 아마도 성질이 아주 안 좋을 것이다. 즉 그러니까 누구나, 지나치게 남에게 성적으로 끌어 들임이나, 그런 성욕 유혹! 이런 걸 과하게 하면 할 수 록, 잘 못 하면 큰 화를 만난다. 그래서 꾸며도 적당히 꾸며야 된다. 또 아니면 호감 받을거라고, 너무 겉을 꾸미고 다녀도 안 된다. 즉 여기서 사람들 중엔, 그 중, 특히 상대의 성욕이 자극 되게, 깔끔하게 생기신 분이 계신데, 즉 그런 분들의 외모는, 즉 쌩으로 삼켜도 비릿내 하나 안 나게 생기셨는데, 특히나 그런 분들은 더 하다. 그래서 꾸밈이 지나칠 수 록 안 되고, 그렇다고 너무 안 꾸며 보기가 흉해도 안 되고, 그래서 꾸밈이란? 즉 예의에 안 어긋나게, 즉 그 상대방에게 실례 안 되게의 꾸밈이, 최고로 잘 꾸민거다. 즉 이 세상의 공식이란, 즉 뭐든지, 너무 지나쳐도 안 좋고, 반면 너무 모지라도 안 좋다. 그래서 뭐든, 적당히 하는게 좋은 것이다. 큼!

  '여기가 어디야? 어, 천국!'

  이 세상엔 신이 있습니다. 그 신은 하나님이 신데요. 여기서 그 하나님을 끝까지 따라 다니시면 천국이고, 반면 이 세상엔 사람들 눈엔 안 보이는 마귀들이 있습니다. 즉 이 마귀들의 세계는 악의 길이죠? 또 자멸이고, 또 불만의 길이고, 결국 영원한 지옥이고요.

돈

　우리가 살아 가면서 꼭 필요한게 돈이다. 이에 사람의 생활에는, 이 돈 유지가 되야 살아 남는다. 여기서 정신병원을 설하자면, 즉 거기는 환자들을 평생 수용을 해서, 거기서 안 고쳐지는 정신병을, 그 병 발작 억제를 목적으로 그 증상 완화란 약을 평생 먹여가며, 거기서 주는 밥이나 먹다가 생을 마감 하란 식이다. 큼! 즉 거기 정신병원 입, 퇴원 문제를 보면, 즉 환자가 스스로 입원을 함을 자위입원이라고 한다. 즉 그런 식으로 환자가 입원을 하면, 그 다음 그 환자 본인 스스로 언제든 퇴원을 할 수 있다. 또 다른 입원은, 즉 보호자 동의 입원, 즉 이는 환자 직계 가족만이 그 환자의 보호자가 되서 그 환자를 퇴원 시킬 수 있다. 그리고 행정 입원이라고, 즉 그 환자가 범죄를 짓거나, 아니면 어떤 이유로, 즉 공무기관 그런 곳 사람들이, 그 환자를 입원 시키는게 있다. 이렇게 되면 그 환자 퇴원이, 그 환자 직계 보호자의 의해서만 퇴원이 될 수 있다. 국어사전에 보면, 즉 정신병이란 단어의 정의가? 즉 이 사회에 못 있게 되는 그런 사람의 처지가, 병으로 취급이 되는 병이다. 여기서 정신병원에 대해 보면, 즉 거긴 일부의 사회적 블랙리스트, 그들 만이 가는데, 여기서 보면 즉 그런 정신병원이 없는 국가들이 있다. 여기서 즉 후진국들엔 정신병원이 없다. 여기서 그런 그 곳들은, 즉 동남 아시아의 여러 국가들, 또 아프리카의 여러 국가들, 또 남 아메리카의 여러 국가들, 즉 그런 나라들은, 경제가 약한 나라들인데, 여기서 대한민국을 보면, 즉 정신병원이 없던 시절에도, 나라가 얼마든지 잘만 돌아 갔다. 그리고 요즘도 정신병원 없는 나라들도, 그 나라들이 잘 돌아 가고 있다. 즉 이 정신병원이 왜? 생겼느냐면, 즉 우리 나라는 선진국을 따라 간다고 생겼다는데, 즉 그 생긴 이유는, 거리청소 때문이란다. 즉 이 정신병원이 생기기 전엔, 거리에서 나체로 돌아다니는 사람들이 종종 있었단다. 그래도 그런 그들을 이해를 하고 같이 지내도 되지. 큼! 즉 정신과 약을 보면, 즉 정신병원에 수용이 된 환자들이나, 아니면 사회에 나온 정신과 환자가, 통원 치료로 그 약을 먹는데, 보면 그들 정신과 학계에도 그들 나름의 이론이 있다. 그건 즉 정신과 환자가 왜? 그런 병에 걸렸느냐, 그건 즉 그 환자들은, 즉 그들 각 개인이 타고 날 때 부터 그들의 뇌가 약하게 타고나서 정신병에 걸렸단다. 또 정신과 약 복용 목적이, 즉 그 정신과 환자의 정신병 발작을 억제하기 위해서, 그 약을 평생 계속 먹이는 거란다. 즉 정신과 환자가 그 약을 안 먹으면 정신병이 발작 한다고. 요즘 우리 나라에 정신병원 법이 없게 되면, 아마도 거리에서 나체로 돌아다니는 그런 사람들이 종종 보일 것 같다. 이는 왜냐면? 즉 그런 그들의 풍경이 우리 나라에 정신병원이 생기기 전에, 종종 있었다 하니까, 또 그 때는 국가가 그런 사람들을 대응 못 했을 것 같다. 그래도 그런 건 죄가 아니다. 그냥 넘어가도 된다. 그래서 정신병원이 그런 나체로 거릴 돌아 다니는 식의 사람들의 대응으로 있는가? 실제적으로 그런 정신병원에 직업을 가지신 분과 정신병원에 대해 이야길 나눠 보면, 즉 정신병원이 있는 그 목적이, 즉 거리 청소 이유다. 또 경제가 약한 나라들엔, 정신병원이 없다. 또 정신병원이 생기기 전엔, 거리에서 나체로 돌아 다니는 사람들이 종종 있었다. 또 정신과 환자들의 정신병원 재입원 확률이 아주 높다. 그리고 돈이 막힘에 돈을 구함에서, 범죄로 교도소 가는 경우가 있다. 즉 이런 죄를 보면 거의 절돈데, 즉 3일을 굶어 성인군자가 없고, 또 3일을 굶어 남의 집 담 안 넘는 사람이 없다고, 즉 여기서 너무 궁하다가 짓는 죄가 절도인데, 속담에, 즉 도둑이 왜? 있게 되냐면, 즉 그 도둑의 주위와 그 사회가 그 사람을 물질로 꽉 졸라서, 그런 절도를 저지른다는 것이다. 교도소 안에 풍경을 보면, 즉 아무것 아닌 절도로 징역을 사시는 분이 좀 된다. 물론 일분데. 그리고 돈이란 이 사회를 살아 감에 필수인데, 보면 이 유지로 사회를 살아 남는다. 여기서 세상이란, 즉 각자 본인들 이익에 따라서, 인정이 없고, 인내심이 없고, 냉정하게 돌아 간다. 여기서 돈이 본인을 지킨다. 여기서 돈이 정 없으면 길거에 나 앉는데, 이 땐 본인 혼자 때도 고생이 말이 아닌데, 만약에 그런 상황에, 본인 밑에 딸린 식구가 1명 이상 있다면, 그 땐 독신 일 때 보다 더 고생이 란다. 여기서 결혼을 하면 막혀 왔던 돈 문제가, 절로 풀리는게 아니라, 즉 결혼과 동시에 본격적인 돈 벌이 생활 전선이란다. 즉 이에 부부 2분 중 어느 1분 이상의 일정한 벌이가 안 되면, 그에 그 부부 2분 이상의 가족들이, 다 비참히 죽는단다. 즉 이에 결국 결혼 생활엔, 그 부부 2분 중 어느 1분 이상이, 그 가정을 지키는 일정한 수입원이 있어야 된단다. 돈이 무시를 못 하는 힘인데, 즉 사회는 금력이 사람들을 지배를 하고, 또 이 돈의 힘이 쎄다. 즉 이 금력이? 많이 가진자, 가난한자, 파산자, 즉 이런 부류 들인데, 또 보면 오복 중 1가지가, 즉 삶에서 재물이 부유한게 있다. 또 속담에, 즉 살아선 부귀가 최고고, 죽어선 학문이 최고라는 말이 있는데, 즉 이는 삶에서는 어딜가나 부하고 귀한 대접을 받으며 사는 삶이, 최고 먹어주는 길이다. 그런데 그 죽음 후에는 그런 부귀가 안 남는데, 이에 본인이 살아 생전, 이 세상에 학문을 내 놓은 것이 있으면, 여기서 본인 사후 이 세상에 그 학문이 남는다. 이는 본인 사후에 본인의 이름을 남기는게 학문 뿐이란다. 즉 여기서 학문이란, 즉 글, 학계가 인정하는 어떤 이론, 예술 작품, 등등. 즉 그리고 사람이 삶에 있어서는 다 돈 문젠데, 이 문제에 연결이 된, 여러 가지 삶의 방법이 있고, 그래서 이 돈 줄 뚫는 문제가, 즉 사회적인 성공의 주요 문제다. 즉 여기에 딸려 모든 일들이 연결이 된다. 즉 결혼 부터가 그렇다. 또 사람들 각자가, 이 돈을 보는 관점이 다른것 같다. 이에 그런 타인들의 속은 알 순 없다. 큼! 원래 사람 속이란, 즉 상대방이 말을 안 하고 있으면, 그 속을 누구도 모른다. 이 반면 돈에 대한 안 좋은 점을 풀어 보자! 보면 즉 돈과 사람의 대한 나쁜 감정은, 쌓아 두면 쌓아 둘 수 록 안 좋단다. 또 돈이란, 가진 자들이 더 인색 하단다. 즉 여기서 돈이란, 있으면 무조건 좋은 것만은 아니라, 즉 그 돈이 의외로, 큰 화를 부를 수 있다. 이 예가, 즉 만약에 본인이 성형 수술을 할거란 마음을 먹던 중, 그런 본인의 수중에 성형 수술비 몇 백만원을, 은행 대출이라도 받아 구할 수 있다고 가정을 한다면, 이는 마치 밤에 불 피운걸 빛인줄 알고, 그 불 속에 들어가 타 죽는 날 벌래들처럼, 즉 돈이 본인을 크게 망쳐 놓는 자살 도구로 쓰인다.

"야, 이거 피로 회복젠데, 이게 1번씩 하면 몸에 좋아!"

또는

"ㅇㅇ씨, 우리 서로 통하는 것 같은데, 우리 따로 만나 식사라도 합시다!"

즉 주위에 마약 중독자가 있으면, 이런 식으로 접근을 한다. 이럴 땐 이런 접근을 피함에, 그런 식이 도가 지나면, 경찰에 신고를 해서, 경찰의 도움을 받아라!

즉 마약을 보면, 이도 장사라, 그 약을 팔거라고 돈 있는 사람에게 그 약의 유혹이 잘 온다. 그래서 좀 부유한 사람들이, 그 약의 유혹을 특히 경계를 해야 된다. 문제는, 즉 그 약의 심각성을 모름에서, 그 마약의 유혹에 그 약을 1번 경험을 해 보는 수 가 있다. 그렇게 되면 그 1번 경험에, 그 가르친 마약 중독자와 같이, 마약 좀비가 된다. 여기서 마약을 처음에 함엔, 그 값이 공짜고, 또 그 약을 함에 이것 저것 여러 것을 써비스로 줄거다. 거기에 넘어가서, 딱 1대 마약 경험을 하면, 그 이후론 그 약이 공짜가 아니라, 그 앞으론 계속 돈을 주고 사서 맞아야 된다. 요즘 17년대 초인데, 요즘 이 마약 1회 투약 비가 20만원 이란다. 90년대엔 10만원 했단다. 즉 이는 암암리에 거래가 된다. 이 마약은 전 세계적 각 국가가 법으로 금진데, 이 마약은 투약만으로도 구속이 된다. 이 마약을 했나, 안 했나는? 즉 경찰이 그 혐의자를 잡아, 그 혐의자의 모발을 1개 채취 해, 그 모발 검사에서도, 마약을 했나, 안 했나가? 나온다.

'이게 뭔지? 이게 남들도 하는 사람은 하는데, 이게 그렇게 기분이 좋다는데!'

내 경우, 즉 과거 마귀들 들리고 이를 모름에서 자멸로 폐인이었는데, 그 때 돈이 너무 없어, 마약의 유혹이 1번도 안 왔는데, 그 때 가난이, 그 중 다행이었다. 그 때도 물론 마약이란 안 좋단건 상식으로 아는데, 이에 그 마약의 심각성을, 요즘처럼 몰랐다. 그래서 그 때 돈이 좀 있었으면, 그 돈 때문에, 어디선가에서 마약의 유혹이 왔거나, 아니면 내 자신이 극도의 자멸감과, 외로움, 또 쾌락 추구, 이런 감정들에 의해, 내가 먼저 그 약을 구하러 찾아 다녔고, 이에 어찌 그 약을 구해, 그 약 경험을 1번 해 봤을지도 모른다. 그 폐인 생활 할 때, 그 외에도 성형 수술을 하려고 했고, 또 문신도 파려고 했는데, 그 때 그 비용들 몇 백만원 가량이 있었으면, 아마도 요즘 내 얼굴 여기 저기에 칼 댄 흔적이 있고, 또 내 몸에 문신이 크게 되 있을 거다. 그 때 돈이 없어, 그 화들을 넘긴게 다행었이다. 그리고 처음 정신병원에 골인이 되고, 거기 입원 1일 후, 정신병원 망상이 깨여, 거기서 부터 정신병원을 안 믿었다. 그리고 그 병원에 직계가족 누군가의 의해 3년만에 사회에 나와, 이제 믿을 게 종교인데, 여기서 종교 선택을 불교로 하고, 그리고 공부를 시작했다. 그 처음 입원하고 나왔을 때, 내 이마에다 점 문신을 1개 새길라 했는데, 그 때 생각에, 즉 내가 불교를 믿으니까, 그로 불교 나라 인도 식으로, 즉 인도 사람들이 주로 하는 이마에 점 찍는거, 나도 그걸 함에, 이를 영구적으로 한다고, 그래서 이마에다가 점 문신을 작은걸 1개 새길라 했는데, 이 재료로 색소를 구해야 되는데, 이는 문방구에 팔고, 그 값이 1000원인데, 이 돈을 한 몇 일을 못 구했다. 그래서 그 일도 생각만 간절하지. 이렇게 한 몇 일 가다가, 얹혀 지내는 집, 즉 거기 주인인 어느 직계가족들에 의해, 또 난데 없이, 강제로 정신병원에 골인이 됬는데,

'앗 따 다행이다 다행! 밖에서 돈 1000원이 있었으면, 큰일 날뻔 했구나! 이 들어오길 어찌보면 잘 됬구나!'

거기 생활 1달이 가까이 되니까, 여기서 사람의 생각이란 정지 된게 아닌, 흐르는 물처럼 끊임없이 변하는 법이라고, 그래서 그런가? 역시 그 문신 한다는 생각이 변했는데, 여기서 문신을 갖다가 몸에도 아닌 이마에다 점 문신을 해 놓으면, 살아 가면서 얼마나 천대 받는 식에 안 좋겠는가? 여기서 이마에 점 문신 판다는, 그 고비를 마지막으로 넘기고, 그리고 공부 해 가면 갈 수록, 안 좋은 사고 치는 그런 망상에서, 갈 수록 더 멀어져 갔다. 여기서 나쁜 길로 안 빠지게 잡아 주는 3가지가 있는데, 그건 즉

1. 공부.
2. 마귀를 알고! 그 마귀들을 이기려 달라 드는 것.
3. 종교를 믿음, 여기서 종교 선택이 중요 하다.

여기서 앞에 내 경우를 보면, 즉 돈이란, 망상에 쌓여, 어떤 안 좋은 일에 돈을 쓸 수 가 있고, 거기서 큰 화를 만날 수 있다. 또 보면 잘못 된데 쓰는 비용을, 은행 같은데 빚 내서, 쓸 수 있다. 여기서 보통 주위의 분들을 보면, 즉 대출 조건이 되고, 본인이 좀 깝깝해 하시면, 대출을 하시는 분이 많으신 모양인데, 여기서 돈이란, 있다고 무조건 좋은 게 아니라, 즉 돈 보단 사람이 스스로 자멸 안 하는 그런 올바른 정신을 가짐이, 살아 가는데 있어 더 중요한 것 같다. 큼! 이 다음 문제로, 그가 하는 일에 돈이 필요 한데, 즉 여기에 사용하는 돈이, 진짜 쓰이는 돈인 것 같

다. 즉 여기서 돈을,

1. 사람에게 투자.
2. 어디 일에 투자.
3. 미래에 무슨 일에 대비한 저금에 투자.
4. 무슨 일 처리나, 무슨 물건 씀에나, 그 구입비로 투자.
5. 좋은 일에 투자.
6. 나쁜 일에 돈 안 쓰기.

즉 여기서

1. 즉 사람에게의 투자를 보면, 즉 사람을 알아두고, 이에 그 상대에게 기댈 걸고, 그로 그 상대에게 본인의 일을 시킴에, 그 투자를 알아 보면, 즉

(1) 배우자, 즉 결혼 상대자에 대해서.

(2) 무슨 본인의 일에 있어, 그 쓰이는 일꾼이나.

(3) 상대 사업체에 무슨 일을 하시는 분을, 무슨 필요한 일에 따라.

(4) 본인 주위에서, 본인 일을 도와 주시는 분이시나.

(5) 혹시나 미래에, 그 상대 분과의 무슨 좋은 일을 바라고, 그 상대에게 베푸는.

즉 상대를 이용 함에, 이에 본인의 일 푸는데 도움이 되겠고, 이에 그 상대에게 기대를 걸고, 그 상대에게 투자를 하게 된다. 즉 그런데 여기서 사기를 먹는 경우가 많다. 즉 무슨 일에 그 상대를 믿고, 무슨 법적인 계약을 안 걸고, 돈을 막 줘 놓는데, 그 상대는 그 믿음을 져 버리고, 돈만 싹 가지고, 잠적을 하는 경우가 있다. 주로 이런 믿음의 경우는, 즉 결혼 일에, 그 상대 이성에게 그런 식에 투자를 많이 한다. 즉 돈을 걸어 놓는 것이다. 즉 그 결혼 상대자가 그 연애 기간 중, 딴데 못 가게. 즉 그 길 끝엔, 그 상대와 결혼을 이룰 거란 희망에 하는거다. 그래도 믿는 도끼에 발등 찍히고, 결국 사람은 믿을 수 없는 존재라고, 그래서 결국 믿

을 분은, 하나님 1분 뿐이다. 큼!

2. 본인의 일에 투자, 즉 이는, 본인의 무슨 일 이룸에, 그에 따른 계획에서 씀인데, 즉 어떤 자격증 취득 시험 공부라든지, 결혼 일이라든지, 등 등의, 다 일 진행에 무슨 목적이 있다. 그 목적을 달성하려고 쓰는 돈이다. 즉 그 일의 성공의 목적으로 씀도, 즉 사람에게 주로 쓰이는 것 같다. 그런데 여기서, 즉 사람 자체를 믿고 투자를 들어 갔다가, 몇 천 만원이다, 전 재산인 억이다, 사기를 당하는 사래가, 우리들 주위엔 많다. 즉 그래서 사람이 사람을 믿으면 안 된다. 그래서 사람은 누굴 믿느냐? 그건 즉 하나님 1분 만을 믿어야 된다. 여기서 부모 자식도 사람끼리라, 서로 믿음의 존재가 아니다.

3. 은행이나, 보험 회사나, 이런 금융권에 투자 함을 알아보자! 큼! 즉 요즘은 통장 개설을 각 은행들 마다 잘 안 해 준다. 즉 요즘은 사는 곳이나, 신분이 부정확 하면, 또 그 일 함에, 특별히 돈 거래 할 이유가 서류상에 입증이 안 되면 그렇다. 여기서 본인의 일을 풂에 있어, 필히 상대방과의 돈 거래가 있다. 그 상대방에게 줄 일도 있고, 받을 일도 있고. 보통 일 풀리기 전에는, 각 각의 상대방 여기 저기에 돈 줄 일이 많은 것 같다. 이 외에도 달달이 나갈 돈이 있다. 그건 즉 각종 보험료다, 또 미래의 예기치 않은 위험한 일에 대비한, 각종 적금에 투자. 또 각종 인터넷 사용료다 이런데도 나가고.

4. 뭔 물건 구입에 투자를 알아보자! 즉 여기서 사람의 일에, 생필품이나, 뭔 물건 구입이, 살아 가는데 필요하다.

5. 좋은 일에 투자. 이도 중요하다. 즉 이 투자가, 뭔가 모를 미래의 복을 받을 수 있는 씨앗을 심는 거다. 여기서 불교 이론을 보면, 즉 남에게 베풂에 이 3가지가 있다. 그건 즉

(1) 가르침을 베풂.

(2) 병든 상대를 치료 해 주거나, 남을 안 괴롭히고 가만 놔두는 베풂.

(3) 돈, 물건, 이런 재물을 베풂.

여기서

(2)를 보면, 즉 우리가 남을 안 괴롭힘, 이도 베풂이라는데, 이는 상대의 마음을 편안 하게 해 준단다. 또는 그 상대방에게 친절한 태도, 이도 내나 남을 안 건듦 베풂일 것이다.

이 앎이란 게, 즉 사람의 행동을 크게 결정 짓게 한다. 즉 그 앎이 인생의 큰 전환점이 될 수 있다. 그래서 가르쳐 놓으면, 나중에 본인 혼자 있을 때, 그 본인 혼자서 편한데로 판단을 해서 움직인다. 즉 본인이 살기 위해서. 여기서 나쁜 앎이 있다. 그 길은 가지 말자!

6. 나쁜 일에 돈을 쓰지 말자! 여기서 나쁜 일이란, 즉 도가 지나치게 놀러 다니기, 낭비, 범죄, 나쁜 음모, 등 등, 그리고 사람이 활동을 안 하면, 하나님 밖에 구원을 할 수 밖에 없는, 폐인이 되는데, 이런 폐인이 안 되게 부지런히 활동을 하고. 그리고 진짜 경쟁에는, 형식은 실력에게 지게 되어 있다. 보면, 이 글 싸이트에 글을 내는 일을 보면, 여긴 즉 글을 쓸 줄 알아야 되지, 다른 조건은 아무 필요가 없다. 큼! 즉 그래서 어떤 분야의 일이든지, 즉 실력이 최고 우선이다. 즉 돈과 형식은 실력 다음이다. 그래서 우리가 일을 함에, 즉 아무리 돈에 막히고, 형식에 막혀도, 그래도 계속 본인의 하는 그 일의 성공을 목표로 보고, 남이야 별 말을 하든지, 말든지, 그져 묵묵히 본인의 실력을 쌓아갈 일이다. 즉 결국엔 하나님께선 인재인 능력자를 찾아 내 큰 일에 쓰신다. 즉 그 일을 당장 할 수 있느냐, 못 하느냐? 이게 근본 문제지, 그래서 본인 일 부지런히 실력을 갈고 닦아 가다보면, 결국 막혔던 일들과 돈도 풀린다. 즉 하나님께선 그런 본인의 수고를 결코 져버리지 않으신다. 또 본인의 돈과, 기술이 쓰이는데, 이에 본인의 돈이 있으면, 장사를 할 수 있다. 그로 생계 유지. 이는 본인의 일이라, 남 눈치를 안 본다. 여기서 이런 일은 본인의 관리가 중요하다. 이 관리에 머릴 써야 된다. 여기서 그 장사 일은,

즉 분수껏 함이 좋다. 이 외에는, 기술이 있으면, 또 그 할 일이 있다. 그건 즉 그가 할 줄 아는 일로 해서, 그 일의 벌이를 목적으로, 조금의 자본을 들여, 본인의 아는 그 일에 대한 장사를 한다던지, 아니면 나처럼 인터넷 글 싸이트에서 글을 계속 써 올린 다던지, 즉 이로써 돈을 뚫어 살아 갈 수 도 있는데. 그리고 즉 돈만 있으면 개도 멍첨지 라고, 즉 이는 아무리 하찮은 사람도, 돈만 있으면 귀한을 대접 받는다. 또 아무리 못난 남자도, 밥 벌이와 여자는 반드시 거른다 한다. 그리고 또 밖에 한 몇 일 노숙을 해 보니까, 여기서 살아 갈 집이 절실한데, 이에 정보지에 살아 갈 집을 봐 보니, 즉 최소 살 집이, 달에 30만원, 이 유지가 되야 살지. 또 보통 살 만한 집은 보증금으로 5000만원 이상은 있고, 또 이에 따라 달달이 집세로 사용 되는 비용이, 40만원 정도는 있어야, 그 사는 집이 유지가 되는 모양이다. 이에 사람들이, 진짜 그렇게들 부자들인가? 살아가는데 돈 들고, 또 그 돈 유지 시키는게, 보통 문제가 아닌 어려운 문제다. 내가 능력이 안 되는 거지인가 모르겠다. 또 보면, 돈과 나쁜 감정은, 쌓아 두면 쌓아 둘 수 록 안 좋단다. 즉 사람들 사이에서, 나쁜 감정은, 이게 누적이 되면 될 수 록, 이로 그 감정을 폭팔로 화를 낸다. 이 식에 돈도 그렇단다.

'아, 이 돈 많은 남자 때문에, 앞으로 돈은 실컷 쓰게 생겼구나!'

즉 어떤 예쁘게 생긴 과부가, 이번엔 어느 부잣집 남자에게 재혼을 하게 됐는데, 여기서 막상 결혼을 하고 보니까, 남편이 의외로 돈을 안 쓴다. 그 과부에게 생활비를 너무 안 주더란다. 이게 심해서, 참다, 참다가, 그 남편과 합의 보고, 서로 이혼을 했단다. 즉 이를 보면, 돈이란, 약간 쪼달리고 한 사람이, 오히려 쓸 돈은 쓰고 한단다.

힘

    사람이 힘을 써야 몸을 움직이는데, 여기서 그 힘을 선하게 쓸 수 있고, 악하게 쓸 수 있다. 즉 여기서 힘은 크게 3가지다. 그건 즉 돈, 권력, 명예, 보면, 즉 사람들 눈엔 안 보이는 영의 세계가 있다. 거기도 선과 악이 있고, 그들은 서로 대립한다. 여기서 선의 목적과, 악의 목적이 다르다. 즉 여기서 선의 힘이 하나님 군대다. 이 진영엔 천사들이 주둔 해있고, 여기서 우리 사람들을, 하나님께서 하나님의 군대에 쓰시려고 하신다. 내나 하나님의 편을 만드시려는 거다. 여기서 하나님께선, 선이시고, 삶이시고, 희망이시고, 등 등의 길이고, 결국 그 하나님께선 그들을 천국으로 데려 가시련다. 이 반면 마귀들도, 사람들을 그들의 편으로 데려 가려고 한다. 이 마귀들은, 즉 절망, 좌절, 게으름, 등 등의 그런 죽음의 길이다. 여기서 사람들의 영혼을 1영혼이라도 더 영원한 지옥에 보냄이 목적이다. 이에 마귀들이 머릴 쓴다. 여기서 그들도 포기를 모른다. 즉 이들도 군대가 있고, 그 군대는, 하나님의 군대와 전시 상태다. 즉 영의 세계의 실상이 이것이다. 이 마귀들은, 다 때가 되면, 지옥으로 간다. 하나님께 대적한 그 죄들로다. 큼! 여기서 하나님께선 그 마귀들을 이기신다. 이 세상의 마귀들이 하나님을 이긴다면, 이 세상은 망할 건데, 여기서 그게 아니니 이 세상이 이렇게 유지가 된다. 이 마귀들이, 혹시 사람들 각자에게 좋은 영향을 주지 않을까? 해도 그게 아니라, 즉 마귀들이 사람에게 좋게 하는건, 그건 그 사람에게 가하는 속임수다. 즉 여기서 사람이 삶에 있어서 본인의 일이 있는데, 그 일에 본인의 힘을 안 들이면 이루어지는 일이 아무 것도 없다. 즉 그 길은 여러 갈레다. 즉 여기서 그 길에, 선과 악, 이 2길로 나뉜다. 그리고 일 성공의 목적이란, 즉 여러 가지다. 여기서 크든, 작든, 즉 성공 이뤄 놓으면, 그 성공이, 그 걸로 끝이 아니라, 또 딴 성공을 이룬다. 즉 끝없이. 즉 일 성공이, 본인의 그 다음 성공의 에너지로 쓰인다. 즉 식사를 1끼 먹었다고 해서, 그 1끼 식사의 영양으로 평생을 못 살 듯이. 즉 여기서 사람은 본인의 육체와 정신의 힘을 쓴다. 이 연료는, 즉 본인의 식사 영양으로고, 또 성공이 더 큰 성공을 해 가는게 아니라, 즉 사람이 식사를 하고, 또 식사 하고 살듯이, 내나 본인 일도, 그 일 계속 성공해 가는 식이다. 즉 1번의 성공이 끝이 아니라, 또 성공하고, 또 성공 하고, 이런 식의 반복적으로 사는 것이다. 즉 앞에 성공이, 뒤의 성공의 영양가라고 할 수 있다. 즉 여기서 마귀들도 먹어야 산다. 그들은 정신만 있는데, 내나 그 정신이 영양가를 섭취한다. 여기서 사람의 육체를 사용 함에 힘이 쓰이는, 즉 거기에 따른 에너지 쓰임을 알아보자! 큼! 즉 독서, 이 독서는 머리의 힘을 쓰는데, 이에 본인의 영양섭취 한데서 쓰이는 에너지가, 40%정도 쓰인다. 다음 가벼운 산책, 이는 그 본인의 에너지가, 55%정도 쓰인다. 다음 격렬한 운동, 이는 한 80% 이상 쓰인다. 다음 수면, 이는 한 20% 이하로 쓰인다. 등 등. 그리고 마귀들을 퇴마사 쪽에선, 악귀라고 이름 한다. 즉 퇴마사 쪽엔, 그 악귀들이 여러 종류란다. 이 악귀들이 힘을 써서 사람들에게, 약간 물리적으로 자극을 가 할 수 있다. 또 이 악귀들도, 내나 사람들과 마찬가지로, 약점들이 있고, 강점들이 있다. 여기서 마귀들의 약점을 몇 가지 보자면, 즉 노랑색, 빨강색, 팥, 통북어, 돈, 칼 싫어하기, 반면 마귀들이 좋아하는 것들 몇가지는, 즉 된장, 자극 없는 싱거운 음식 맛, 각종 향 냄새. 즉 여기서 집안에 그런 향 피워 놓고 있으면 그 집안에 있던 마귀들은 힘을 쓰고, 그리고 밖에 돌아 다니던 마귀들도 그

향 냄새가 좋아, 그 냄새 나는 집안으로 잘 들어간다. 그러니 집안에서 일체 향은 안 피움이 좋다. 큼! 그리고 정신과에서 말하는 환각 현상의 5감, 즉 환청, 환시, 환미, 환후, 환촉, 즉 이런 일체의 환각 현상들이, 내나 마귀들의 소행이다. 그 다음은 흔히 말하는 악마, 귀신, 등 등, 이런 것들이 다 이름만 다를 뿐이지 마귀들을 말한다. 여기서 퇴마사들이 말하는 마귀들은 왜? 마귀들이 됐느냐, 그건 즉 사람이 이 세상에 태어나, 이 세상을 살다가 그런 그가 죄를 많이 지어서 그로 죽고 나서 이 세상에 남은 그 영혼이, 그 지은 죄 때문에 그로 저승에 가면 지옥에 가는게 겁이나, 저승에 안 가고 이 세상에 떠도는 영혼들이, 마귀들이라고 한다. 즉 여기서 사람의 세계와 사람 사후 영혼의 세계, 이 2세계 있다.

"어차피 지옥에 간다!"

또는

"하나님만 믿으면 천국에 간다!"

또는

"목성, 아! 목성에 지옥이 있다던데!"

여기서 즉 내 붙어먹는 마귀들 말이, 즉 우주의 태양계 중, 목성이란 행성이 있는데, 즉 거기에 말로만 듣던 지옥이 위치 한단다. 이 마귀들이 밖에 돌아다니면서, 내나 사람들이 밖에 돌아 다니다가 그들이 서로 만나 정보를 교환 하듯이, 즉 그들도 그런 식으로 정보를 교환 하는데, 즉 여기서 목성에 지옥이 있단다. 여기서 태양계에 9개 행이 있다는데, 즉 거기 목성의 위치가, 즉 이 지구 다음번 행성이 화성, 그 다음번 행성이 목성이다. 여기서 그 목성의 크기는 이 지구의 1000배란다. 즉 태양계 중 최고 큰 행성이다. 즉 거기 거리가 이 지구에서, 상상을 초월 할 정도의 먼 거릴 것이다. 이에 너무 멀어서, 이 지구에서 그 목성으로 1번 가 놓으면 다신 돌아오지 못 할 것 같다. 즉 이 지구에서 화성까지 가는 거리만도, 상상을 초월하는 먼 거리 일 것이다. 그래서 인류가, 아무리 과학이 발달해도 그 화성을 갔다 오는건, 거리가 너무 멀어 안 될 것 같다. 얼마 전에 돌아 가신 미래 학자 앨빈 토플러, 즉 그는 이 학설을 주장 했는데, 그건 즉 제 1의 물결 농업의 시대, 제 2의 물결 상업의 시대, 제 3의 물결 지식과 정보의 시대, 제 4의 물결 인간 진화와 우주 항공 시대. 즉 여기서 요즘이 제 3의 물결, 지식과 정보의 시대다. 과학은, 계속 새로운 걸 만들고 만들고 하는데, 이런 과학의 발달로, 드디어 제 4의 시대가 와도, 그 시대의 인류들도, 화성까지는 다녀올 수 있을지? 의문이다. 여기서 그 제 4의 시대에도, 관광으로 우주선 타고, 달 까지만 왔다 갔다 할 것 같다. 여기서 그 목성 모양을 보면, 즉 나무를 가로로 잘라서 보이는 모양인데, 즉 거기 무늬를 보면, 동글 동글한 나이테 무늬가 여러 군데 있는데, 즉 그 나무의 나이테 무늬가, 이 지구에서 태풍으로 바람이 불 때, 구름들이 둥글 둥글하게 모이듯, 그 식이다. 그래서 거기 안의 사정이, 즉 이 지구에서 태풍이 불 때 바람이 심하듯, 거기에 아주 심한 바람에 휩싸인 곳이라, 과학자들은 예상 한다. 그리고 그 목성의 나이테들 중, 크기가 약간 작으면서, 빨강색으로 된 곳이 1곳 있는데, 학자들은 거기엔, 시속 300Km 이상의, 아주 심한 바람이 분다고 예상한다. 그리고 거기 목성도 생명체가 살 수 없는 곳이다, 이렇게 학계가 인정을 했다. 나한테 붙어먹는 이 마귀들이, 나와 직통으로 말을 못 나눈다. 보면 내가 동물원 우리에 갖힌 원숭이 입장이고, 마귀들은 거기 구경꾼 같은 입장으로, 즉 관찰 당하는 자와, 관찰하는 무리, 즉 이런 식으로 되서, 서로 말을 못 섞는 식이다. 그리고 이 마귀들이 성질이, 잔인하고, 정이 없고, 파괴적이다. 즉 이들은 사람들과 감정이 섞이는게 아니라, 사람들의 그 몸이, 단지 그들이 머물 수 있는 집으로 보인다. 그러니까 마귀들 눈엔, 나 뿐만이 아니라, 일체의 사람들이, 단지 그들이 머물 수 있는 집으로만 보인다. 즉 사람이 마귀들 빼고, 영혼에게 감정이 섞이지, 물건에다 감정이 안 섞이듯. 큼! 그리고 나도 한 때는, 즉 사람이 사는 이 한 세상이 이 세상의 다고, 또 사람이 죽으면 아무것도 없는 끝인 세상인 줄 알았다. 즉 사람의 몸에 영혼을 인정 안 하고, 이에 세상의 그런 이론은, 그냥 근거 없는, 즉 세상에 떠도는 거짓말 인 줄 알았다. 그래서 종교 쪽으로는 잘 안 가고, 특히 기독교가 세상에 없는 하나님을 믿는, 완전 거짓말인 줄 알았다. 그래도 종교 중에, 불교가 앎을 추구 하니까, 그로 그 앎이 이 세상을 살아감에, 실생활에 쓰이니까, 그로 불교를 추구 했다.

"아이고 형님, 참 잘 생기셨습니다!"

내 붙은 마귀들 중, 남자 마귀.

"내 생전 같이 살던, 남편 생각이 납니다!"

내 붙은 마귀들 중, 여자 마귀.

"우린 형님이, 진정 잘 되길 빕니다!"

내 붙은 보편적으로 나오는 마귀들의 아첨 식.

"형님을 가르쳐 드리고, 이끌어 드리겠습니다!"

이런 식으로 내 붙은 마귀들이 아첨 하는 말도 내 뱉는다.

이 마귀들이, 그 집 삼은 사람에게 좋게 아첨하고, 살 속여 넘기기 작전도 쓴다. 이는 왜? 그러냐면, 즉 그 집 된 사람 중, 돈, 명예, 권력, 이 3대 힘 중, 어느 1가지 이상의 힘이 있는 사람이 있는데, 여기서 그 힘을 못 이기겠으니까 그렇다. 이 마귀들이 알고 보면, 아주 머리가 좋고, 부지런 하단다. 즉 아이큐가, 지능이 높은 사람보다 더 높은데, 그래서 사람이, 재아무리 똑똑해도, 이 마귀들 한테 안 된단다. 또 생활력이 강한 부지런한 사람보다, 그 마귀들이 더 부지런 하단다. 즉 이 부지런 함도, 사람들이 마귀들을 못 이긴단다. 알고 보면 그 놈들이, 그 집 된 사람이 있는 밖에 외출을 하는데, 온 동네 온 시내를 싸 돌아 다닌단다. 그래서 마귀들을 만만하게 보면 안 된단다. 즉 여기서 하나님께선 마귀들보다 힘이 쎄시다. 즉 하나님께선 마귀들을 이기시니까, 그래서 사람은 약한

힘 235

존재로, 마귀들에게 지니까, 이에 사람들은 하나님과 연합을 해야 된다. 즉 한국이 북한을 대응해서, 미국과 연합을 했듯이. 여기서 기독교의 마귀들을 보는 관점은, 즉 마귀들이, 원래 이 세상의 악으로, 즉 이 사람 저 사람에게 붙어서, 결국 예수 안 믿고 죽게해 그의 영혼을 영원한 지옥으로 보내는걸 이루려 한다. 여기서 1영혼이라도 더 지옥으로 끌어 시킴인데, 여기서 그 붙은 사람에게 패해서 쫓겨나는 경우도 있다. 즉 붙은 사람들 마다 다 지옥 보내는게 아니라. 여기서 예수님에게도 마귀 1놈이 붙어 먹다가 쫓겨났고, 이는 성경에 기록이 됐다. 또 퇴마사, 그들 직업이, 즉 사람 몸에 붙은 마귀들을 쫓아 내 주는 직업인데, 여기서 사람 몸에 붙은 마귀들을 진짜 쫓아 주기도 한단다. 여기서 쫓겨나간 마귀는, 한동안 거리의 노숙 마귀가 된다. 그리고 어디 새로 들어갈 집을 찾는다. 여기서 만만한 1명을 골라, 그 정한 사람의 몸으로 들어간다. 여기서 새집 된 그 사람에게 다시 같은 식에 마귀 짓이 시작 된다. 여기서 하나님이 사람들의 영혼을 영원한 천국으로 보내시는 세력과, 반면 마귀들이 사람들의 영혼을 저주 주고, 영원한 지옥으로 보내는 세력, 이 2세력이 대립이 된다. 즉 영의 세계가 이 전쟁이 치열한 것이다. 큼! 여기서 마귀들이 사람들을 지옥 보내는 이유가, 즉 원래 마귀들의 근본이 그렇다. 이 비유가, 즉 사람이 팔이 2개가 있고, 발 2개가 있듯이, 또 고양이가 야옹 하고 소리 내듯이, 또 개가 멍멍하고 짖듯이. 즉 여기서 퇴마사들 예기로는, 한번씩 저승에서 이 세상에 있는 마귀들 잡아 지옥에 데려 가려고, 저승사자들이 이 세상에 파견을 나온단다. 여기서 그 저승사자들에게 마귀들이 잡히면, 그 잡힌 마귀들을 지옥으로 끌려 간단다. 그래서 마귀들은 그 저승사자들에게 안 잡혀 가려고, 숨곤 한단다.

"배 째라!"

이 마귀들은 안 죽는다. 그래서 마귀들이 사람 몸에 붙으면 쫓아내는 수 밖에 없다. 그래서 마귀들은 그걸 믿고, 이 세상에서 막 나가는 것이다. 기독교의 마귀들 탄생이론은, 즉 원랜 마귀들이, 하늘 나라의 천사들이었단다. 여기서 그 하늘 나라가 천국인지 모르는데? 여기서 그 하늘 나라에 있던 그 천사들 중, 무슨 죄를 짓고, 이 지구로 쫓겨 났는데, 여기서 그 쫓겨난 천사들이 마귀들이라고 한다. 그리고 우리들 삶에 영향을 미치는 힘은 3가지다. 그건 즉 돈, 권력, 명예, 이 3대 힘 중, 돈을 보면, 즉 항상 살아가다 보면 절감을 하지만, 즉 돈이 사람의 가치보다 더 중시가 된다. 이는 가면 갈 수 록 더 해 진다. 즉 인류의 과학은, 이 지구가 멸망 할 때 하더라도 끝없이 발달을 한다. 이 앎의 세계란 끝이 없다. 또 요즘도 과학이 많이 발달 했다. 즉 요즘은 과거에 비해, 물질로 인해 살기가 삭막해졌다고들 하는데, 여기서 그런 그것은 앞으로 가면 갈 수 록 더 하다. 여기서 사회가, 즉 돈이 있는 사람, 없는 사람, 이 2부류의 그 본인의 처한 상황에 크게 차이가 난다. 특히 자본주의 사회가 빈부격차가 심하다는데. 그리고 마귀들은, 즉 그들의 집 된 1사람만을 두고 그 사람이 있는 그 주위 곳 곳 마다에서, 그 집 된 사람이 쫓겨 나게 만든다. 그리고 갈데가 없게 만든다. 즉 여기서 주로 그 주위의 금전 차단을 시킨다. 그리고 돈이 아예 없게 되거나 하면, 그 원수, 마귀들, 이 적들에게 본인의 땅을 침범 당한다. 여기서 본인의 땅, 그 영역을 보면, 즉 본인의 소유들이다. 즉 가정의 가족들, 재산, 등 등, 즉 여기서 본인의 땅 지키는 문제가, 돈, 권력, 명예, 이 3대 힘 어느 1가지 이상으로 지킨다. 큼! 즉 여기서 사람이 노력을 하다가, 막상 돈이 풀려 버리면, 이런 사람들 경우엔, 그 주위의 사람들이 다들 칭찬하고, 반겨주고, 또 남자는 여자들이 줄을 서고, 여자는 남자들이 줄을 서고 하는게 아니라, 외로워 진다. 즉 여기서 시간이 추가로 있게 되면, 그 외로움이 무서울 정도로 심해진다. 즉 이런 사람들이 혼자 사는 경우는, 그 혼자 있는 집에 들어가기가 싫단다. 왜냐면? 그 집에 들어가면, 그 집에 혼자 있는 외로움 때문에. 이에 그 외로움이 무서울 정도란다. 그래서 그런 분들 중, 그 외로움을 방어한다고, 그 집 안에 자동 라디오를 해 놓는 분이 있단다. 즉 본인이 그 집 안에 들어가면, 자동으로 라디오가 켜지게. 즉 이는 돈이 있음에서, 그 본인의 땅을 지킨다. 여기서 이 돈 있는 사람을 누가 함부로 못 건든다. 여기서 누구도 그 돈 있는 사람의 그 땅을 못 뺏는 거다. 이럴 땐 누가 구지 안 건든다. 여기서 돈 있는 사람들을 괜히 건들였다가, 그 본인이 손해를 볼까봐? 이 비유가 즉 속담에, 자는 범 콧침 주기, 즉 이는, 가만히 놔두면 될 걸, 괜히 건드려 화를 입는 경우, 또 계란으로 바위치기, 즉 이는 강자에게 덤빈 약자는 그 패함에서 화를 입는단 뜻이다. 이 예로, 즉 삼국지에, 촉나라의 맹장 조자룡, 즉 그에게 싸움에 덤벼든 상대 장수는, 그 조자룡과의 싸움이 붙은 상태에서는, 이미 목이 나간거나 마찬가지듯이. 즉 그런 식으로 남을 건드려 이길 승산이 없는 싸움은, 바보, 마귀, 원수들도, 첨부터 안 건든다. 여기서 본인의 체면 유지로, 즉 본인의 인간성 좋게 서로 그 상대와의 관계를 유지한다. 즉 이런 사람에게 마귀들이 들렸다면 그 마귀들은 쫓겨나기가 쉽다. 큼! 즉 여기서 그 돈 있는 사람의 입장엔, 즉 그 사람 주위엔 본인을 건드는 사람들이 없다. 이에 그 돈의 힘이 쎌 수록 더 그렇다. 이 때 돈 있는 사람은 외로움을 느낀다. 여기서 따로 일 되는 이성을 찾는다. 그 외엔 그 외로움에 해결책이 없다. 즉 그 다음이 가정이고, 또 그 가정 안에도 딴 문젯거리가 있을 거다. 즉 이런 따로 일 되는 사람이, 동성은 모르겠고, 여기서 보통 결혼을 이루려 한다. 그리고 인터넷 글 내는 이 일도, 즉 잘 하면 잘 할 수 록, 그 주위에 사람이 없는 것 같다. 이게 명예의 힘인 모양이다. 즉 이런 식으로 잘 해도, 내나 혼자고, 그리고 주위에 건드는 사람이 없고, 여기서 외로운 것 같다. 이에 따로 일 되는 이성이 없으면, 그 외로움의 해결책이 없는 것 같다. 그리고 금력, 이 금력이 개인당 능력이 다르다. 이에 인테넷에서 조사한, 즉 대한민국 전체 국민의 재산 분포를 100%에서 보면, 즉 빚이 3000만원 이상 되는 파산자가 어느 정도, 그리고 빚이 아예 없고, 그리고 재산도 없거나, 또는 500만원 까지의 재산 보유자가 어느 정도, 그리고 3000만원 이상의 재산 보유자가 어느 정도, 그리고 5000만원 이상에서, 억 이상을 가지신 분들이 어느 정도, 여기서 가난한 사람의 재산이, 즉 500만원 그 이하 까지 일 것이다. 큼! 또 깡패 세계를 보면, 즉 이는 여자들도 있는가 모르는데, 여기서 싸움의 명예라고, 즉 이 사람, 저 사람, 패고 다니고 해서 명성이라고 올리면, 이는 처음엔, 좀 재미가 있고 남들이 알아 주는데, 이 다음 단계가 외로움다. 이는 왜냐면? 즉 그 깡패 주위에 사람이 없어 그렇다. 이는 왜냐면? 즉 혹시 그 깡패 주위에 있다가 그 본인도 그 깡패에게 얻어 맞을까봐? 여기서 그 주위에 사람들이, 그를 피하기에, 이에 그 깡패란 사람 주위에 사람이 없다. 이에 외로움이 밀려온다. 여기서 본인의 양심에 찔리게, 남에게 안 좋게 했다. 즉 그 상황에서 남에게 죄를 지은게 있다. 그러면 그 외로움에, 그 죄책감, 자멸감, 이런게 함께 엄습을 한다. 안 그래도 외로운데, 거기다가 죄까지 있으면 더 외롭다. 큼! 즉 여기서 그 해결책을 찾는다. 여기서 결혼을 하는 것이다. 그리고 무직자, 즉 이런 분에게도 100만원 정도의 목돈이 생길 수 있다. 그러나 막상 그런 돈이 생기면, 여기서 유흥비가 있다고 안 외로운 것이 아니라, 내나 외롭다. 즉 이 때도 특별히 따로 일 되는 이성이 없으면, 아무리 유흥비가 있어도 외롭다. 혹시 그 유흥비로, 술이다, 이성이다, 하룻 저녁 노는데 가서 놀면, 하루 정도는 재밋 있을 수 있는데, 이에 비용이 많이 들고, 또 그 놀던 후유증이, 그런 본인을 더 외롭게 만든다. 또 그런 생활은 마귀들이 바라는 생활이다. 즉 여기서 무직자가 유흥비로 쓸 수 있는 100만원 이런 목돈이 생겨도, 그 본인에게 따로 일 되는 이성이 없다면 외롭다. 여기서 그 외로움 달램에 음주를 하면 할 수 록, 그것이 그런 본인을 더 외롭게 만든다. 그리고 공무원, 그들은 권세의 힘인데, 그 지위가 높을 수 록, 그 주위에 건드는 사람이 없다. 큼! 즉 거기서 그들 각자는 외롭다. 여기서 따로 일 되는 이성을 찾는데, 여기서 그런 일 되는 사람을 못 구하면, 그 외로움에서 못 벗어날 것이다. 이렇게 되면 첫째, 그 외로움 때문에 배우자가 절실히 필요해 지고, 그로 그걸 찾게 된다. 큼! 그리고 그들의 업무가 바쁠 땐, 그 외로움이 덜한데, 이는 왜냐면? 즉 그 하는 일에 집중한다고. 그리고 권력이 있고, 돈이 있고, 시간이 있고 하면, 그 외로움이 더 엄습해 온다. 큼! 그리고 이런 권력자들에겐 뇌물이 많이 들어온다. 즉 이런 권력자들 중엔, 그런 뇌물을 유독 좋아하는 사람이 있고, 반면 뇌물이 안 먹히는 권력자도 있는데, 이런 식의 권력자는, 강직한 경우, 상대의 뇌물이 안 통한다. 그래서 그런 권력자가 담당 된 곳에서, 상대의 그 일이 막히는 경우, 이에 그 권력자 상대방들은 이런 예길 나눈다.

"저 사람은 강직해서 도저히 뇌물이 안 통합니다!"

"그렇다면 어떤 방법을 쓰지?"

여기서 속담에, 즉 상대에게 뇌물을 먹이면, 그 뇌물의 효과가 반드시 있단다. 그래서 그 권력자들에게 뇌물을 먹이면, 그 본인의 일이 쉽게 된다 이거다. 그래서 권력자들의 세계는 뇌물이 많다. 이 뇌물은, 밑으로 해서 그 위로 올라 갈 수록 더 있고. 그리고 뇌물을 받으면, 이런 죄를 물으러 쫓아 오곤 하고, 여기서 뇌물 먹은 오리발을 내밀기도 한다. 여기서 그 뇌물 먹걸로, 처벌을 받기도 한다. 즉 이들 권력자 직업 생활이, 좀 자리가 잡힐 만 하면 어디선가에서 일 봐 달란 청탁과 함께 뇌물이 들어오기 시작한다. 여기서 그 권력자들 서로 각자가, 그 상대의 평을 내리길,

'누구는 뇌물 누구의 것 얼마를 받고, 그 사람 일을 봐줬다! 그리고 누구도 그렇게 했다!'

여기서 깡패들의 세계가, 결국 누굴 죽여, 법의 냉정한 심판으로, 사형을 당하기 쉽듯이, 권력자들의 세계는, 뇌물로 망하기 쉽다. 아마도

그런 권력자들 중, 뇌물을 수령 하는 분들 중, 개인당 뇌물 받는 껀수가, 즉 1년 중, 작게는 몇 건, 많게는 10건 정도, 될 것 같다. 여기서 금액을 보면, 즉 작게는 10만원 정도 부터, 많겐 500만원 이상 일 것이다. 다음 3대 힘 중, 명예를 보자! 여기서 명예의 정의는, 즉 남들에게 본인의 칭찬이나, 자랑거리가, 알려진 것이다. 여기서 명예는, 즉 돈이나, 권력으로, 억지로 못 가 진다. 여기서 명예란, 즉 공부한 것이, 쌓이고, 쌓여, 나중에 그 본인이 해 오던 일을 이룸이다. 즉 이에 그 학문 이룸을 보면, 즉 글, 무슨 학계의 이론, 예술 작품, 등 등, 즉 이런 일들 중, 어느 1가지를 할 줄 아는데서 얻어지는 것인데, 즉 명불허전이라고, 즉 모든 명예는, 즉 과거에 그 명예를 얻은 만큼의 노력이 있었단다. 여기서 돈으로 명예를 억지로 가지려는 것도 있는데, 이를 보면, 즉 이런 식의 글 싸이트 이런 일은 안 되고, 그 중 돈으로 살 수 있게 책인데, 여기서 그 책의 내용은, 즉 특정 이론도 되고, 또는 지금 이 글처럼 이런 읽는 글의 종류들인데, 여기서 과거에 공부를 안 해 왔으면, 글을 쓸 줄 모른다. 즉 이론이고 읽히는 글이고, 즉 글을 쓸 줄을 몰라, 본인이 작문을 못 한다. 즉 글은 내용이 생명인데, 여기서 내용이 안 좋다. 여기서 누구 쓸 줄 아는 사람에게 대필료를 주고 그 작가에게 대필을 받을 수 있다. 그러나 여기서 막상 그런 식으로 작가를 찾아도 쓸만한 작가를 찾기 어려울 거고, 그러나 막상 그렇게 작갈 찾아 돈을 들여 해도, 그 글의 내용은, 그 일을 맡은 작가의 실력에 달렸다. 여기서 과거에 공부를 안 하고 책을 낸다 해서, 억지로 돈을 들여 책을 출판 하시는 분들이 주위엔 많다. 여기서 이런 분들이 출판을 많이 했다. 그래서 시중에 나온 책들이 내용이 안 좋다. 보통 10종류의 책들 중, 1권 정도는 아닌데, 나머지 9권은 다 내용이 안 좋다. 즉 이런 내용이 안 좋은 책은, 역시 안 팔린다. 즉 이런 책들은 어디 책 창고에 많이 쌓여져 있다. 이 책 내는 게 자본이 백 만원 이상이란 돈이 있으면, 누구나 낼 수 있다. 즉 출판사 측에선, 책을 찍어

판매를 시켜주고, 그 책 찍어 출판 내 주는데서, 거기서 돈을 받으면 된다. 즉 책 내용을 보고 책을 출판 하는게 아니라, 돈을 보고 출판을 한다. 즉 출판사 측은 그런 식으로 장사를 하는 곳이다. 그래서 출판하는 데서 작가의 실력이 아무리 있어도 책을 못 내고, 즉 본인의 돈 백 만원 이상이 있어야 책을 찍어준다. 즉 이런 식으로 이익을 얻는 사업이 출판사다. 즉 여기서 내용이 안 좋은 책은 역시 안 팔린단다. 그리고 여기서 그런 작가 입장에선, 일단 투자비를 썻고, 그리고 책이 안 팔려 수입이 없다. 또 책도 내용이 안 좋아, 그 작가를 안 알아주지, 거기서 명예는 없다. 즉 그래서 명예란, 이 글 싸아트 일을 봐도, 즉 과거에 공부를 많이 해 온 데서 생긴다. 즉 실력이 없는데, 돈으로 억지로 재주를 못 산다. 즉 책을 출판 하는 일을 보면, 즉 실력이 없으면 큰 돈을 들여 책을 내도, 내용이 안 좋아 명예가 없지? 즉 책은 내용이 좋아야 알아주니까. 즉 글이란, 본인이 아는 걸 본인이 남과 대화를 하듯, 본인의 그 앎을 어떤 종류별로, 글로 표현하는 능력인데, 여기서 보면, 즉 글을 씀에, 글에 종류가 있고, 또 그 쓰는 방법이 종류별로 다르다. 그리고 역시 글 일은, 잘 쓸 수 록, 인정을 받는다. 여기서 사람이, 즉 놀러 다니기, 게임 하기, 게으르기, 등 등, 즉 이런 식에 하루하루 세월아 네월아 하는 폐인 하는 게 아니라, 즉 활동을 안 하면, 명예고 뭐고, 아무것도 안 생긴다. 여기서 무슨 일이든, 그 활동의 그 과정도 중요하고, 즉 그 활동 기간이, 10년 이상은 누적이 되야, 그 하는 일을 알기 시작한다. 즉 그 어떤 일을 10년 이상은 해 갈 수 록, 그 일의 실력이 쌓여 간다. 즉 여기서 그 하는 일에는 여러 가진데, 그건 즉 혼자 독학 하기, 무슨 자격증 따기, 큰 것이나, 작은 것이나, 즉 여기서 이 자격증을 따는 목적은, 즉 본인의 밥벌이를 좋게 하기 위해서다. 즉 공무원 시험도 같은 식이고. 그리고 본인 장사하기, 아니면 어떻게 들어간 직장에서, 근속하기, 여기서 독학은, 당장 누가 안 알아 주는, 혼자 일인데, 이도 꾸준히 하다보면, 그 활동도 쌓이고, 이도 무시를 못 한다. 즉 과거 10년 넘게 독학이 쌓이고 쌓여, 기술이 되고, 결국 그 기술을 그 분야에 써먹을 수 있다. 즉 이 싸이트 글 일을 보면, 내나 독학 활동 쌓인 걸로 이 일을 할 수 있다. 여기서 보통 독학을 하면서 목적이 있다. 그건 본인도 책을 출판을 해 보잔건데, 큼! 그런데 이는 자본이 든다. 그리고 이 외에도 이런 싸이트 일 경우도, 내나 자본이 좀 든다. 즉 그런 자본은, 본인의 방과 컴퓨터가 있어야 된다. 큼! 그리고, 즉 글을 잘 써서 남들에게 읽히는게, 이에 독자님들이 읽어 보시고, 그 글 쓴이를 칭찬하고 좋아하고, 또 남자에게는 여자들이 줄을 서고, 여자에겐 남자들이 줄을 서고, 또 사람들이 다들 도와주기만 하고 하는게 아니라, 일단 주위에 건드는 사람들이 없다. 이도 돈과 권력 처럼의 힘의 외로움인가? 여기서 돈이 없으면, 아직은 안 외로운데, 여기서 돈 까지 있으면 외롭다. 여기서 그 주위에, 따로 일 되는 이성이 없으면, 그 외로움이 엄습한다. 여기서 명예자를 건듦의 결과를 본다면, 즉 여기서 그런 명예자로 인해, 그 명예자를 지지하는 대중들에게 욕을 먹는 모양이다. 여기서 그 명예자의 칭찬거리가 남들에게 알려졌기 때문에. 그리고 글 일을 하는 사람들이 가난한 사람이 많단다. 그래서 그런 생계유지로, 2중으로 그 일 하는 경우가 많단다. 즉 글 내는 일에서만 생계 유지를 시키는 작가들이 드물단다. 즉 여기서 작가들 중, 많이 버는 사람이, 매달 1000만원 이상 번단다. 즉 이런 경운 아주 소수다. 보통 이런 글 싸이트 경운, 이 글 싸이트 측에, 작가들 보유가, 보통 드나드는 작가들이, 대략 5000명 추산, 그 중 붙어 있는 작가가, 3000명 추산, 그 중 이 싸이트 측에서 수입을 받아 생계 유지를 하는 작가가 150명 추산, 즉 이들이, 매달 100만원에서 200만원 정도의 수입이다, 또 이들 중 50명 추산 들이 달에 수입이, 1000만원 이상이다. 돈, 권력, 명예, 이 3가지 중, 그 3가지 다 있는 분이 계시고, 그 3가지 중, 다 없는 분이 계시고, 그 3가지 중, 어느 1가지가 있는 분, 그 3가지 중, 어느 2

가지가 있는 분, 즉 사람들 마다, 이런 식에 힘을 가지신 분포도가 다른 것 같다. 큼! 보면 사람이 사는데서 최고 기본이 되는게 돈이다. 즉 이 돈이 없어져 버리면, 어딜가나 비굴해진다. 또 괜히 남들에게 엎신 여김을 받게 된다. 그래서 본인의 뜻인, 그 떳떳한 주장을 펴고, 또 비굴하지 않게 살아 가려면, 이에 따른 최소한의 본인을 지킬 수 있는, 돈이 있어야 된다. 즉 그래서 돈이, 이 세상살이에 최고 문제시 된다. 그리고 힘이란? 즉 본인의 밥 벌이나, 혼자 공부, 즉 이런 활동에서 오는것 같다. 즉 이런 활동 방향에 따라, 즉 돈, 권력, 명예, 이 3갈레의 길이, 각 각 달라지는 것 같다. 이 3대 힘 중, 어느 1가지 이상의 힘으로, 즉 안정된, 조용 조용한 삶을 살 수 있게 되면, 이 땐 평화로운데, 그런데 이 땐, 시시하고 재미가 없는 삶이 된다. 왜냐면? 즉 이야기 거리가 없어서다. 즉 아무 문제가 없으니, 그렇다. 즉 이 땐 심심하고, 재미가 없는 삶이 되는데, 즉 글 주젤 얻음에 있어, 즉 평화로운 삶일 땐, 주제가 안 떠오른다. 이게 심하겐 1주일에, 1, 2개 떠오른다. 이로 하루 하루 일기를 씀에, 이야깃 거리가 없어, 이로 글 일을 놀리는 날도 있다. 반면 사람이 살아 가다가 어려울 때가 있다. 즉 고난을 만났을 때, 즉 이럴 때 이야깃 거리가 많이 떠오른다. 즉 많은 문제에 부딛쳤다. 즉 이럴 때 본인은 아주 힘든데, 사실 이 때가 본인의 인생에서, 아주 재밋는 장면이다. 또 의미가 있고 안 심심할 때다. 즉 이 때 주제가 많이 떠오르는데, 이럴 땐 하루만에 100개 넘게도 떠오른다. 즉 사람이 어려울 땐, 즉 머리가 복잡해 지고, 오만 잡생각들이 떠오르는게, 그 떠오르는 잡생각들이, 다 본인이 풀어야 될 문젯거리들이다. 즉 그 문제가 많이 주어진 것 부터가, 그런 그의 인생에서, 재밋을 때다. 또 그 문젯 거리를 풀어 낸다면, 그 성취와 쾌감에 더 재밋다. 큼! 여기서 사회적 약자가 정해져 있는데, 그런 그들은, 즉

   1. 정신병자 낙인 찍힌 사람들, 즉 이들이 사회생활에 최고 지장이다.

왜냐면? 즉 본인의 의사와는 상관이 없이, 본인의 직계 가족이나, 아니면 본인이 있는 그 지역의 공무 기관이나, 아니면 범죄를 저지른다던지, 여기서 정신병원에 입원이 되어져서 그렇다.

2. 전과자들, 즉 그들은 죄니까, 반면 진짜 억울한 누명도 있다. 여기서 그 전과 기록, 이는 어느 정도 본인의 사회생활에 지장을 줄 수 있는데, 그러나 타인들이 그런 기록을 알 필요는 있는 것 같다. 그로 그 전과 기록을 보고, 남들이 그 상대를 대처를 하게. 큼!

3. 파산자.

4. 불명예자, 즉 큰 범죄 짓고, 메스컴에 그의 이름이 알려진 경운데, 이로 알게 모르게 본인이 사횔 살아 가는데, 악영향을 받을 것이다. 큼!

"단테의 신곡에서, 지옥의 입구에, 이런 간판이 걸려 있다고 합니다. 일체 희망을 버려라!"

즉 이는 어느 기독교 방송에서 들었는데, 즉 어느 작가의 그 책 내용 안에 있는 모양이다.

즉 사람의 사후 세계, 어딘가에 지옥이 있다는데, 우리들은 언젠간 다들 죽어서, 천국과 지옥 중 어딘가로 가야 되는데, 여기서 하나님께선 그를 믿는자는, 살아서나, 죽어서나, 천국으로 인도 하신다. 큼! 즉 우리는 그 분을 의지하자! 이와 반대로 사람들 1명 씩의 몸에 붙어먹는 마귀들을 보면, 즉 여기서 마귀들이 사람들을 지옥으로 끌고 간다는 걸 알고, 이에 대처를 하자! 이 마귀들은, 사람들을 못 되게, 안 좋게 하고, 결국 그들의 목적은, 사람들 1명 이라도, 더 예수 안 믿고 죽게 해, 영원한 지옥으로 보내려고 하는거다. 이 마귀들은, 사람들 눈에 안 보이는데, 마귀들 눈엔 사람들이 보인다. 또 세상에 사람들이 퍼져 살아가고 있듯이, 마귀들도 그 식으로, 세상 곧 곧에 퍼져 존재 한다. 여기서 사람들 중, 악인이란 원수가, 즉 마귀들의 이용을 받고 있는거다. 즉 마귀들이 목표된 사람을 제거함에, 이에 사람들을 이용하고, 이에 그 제거자 제거가 되고 나면, 마귀들이 그들 일이 잘 됐으니, 그로 그들끼리 모여 회의를 하고 해서, 그 제일 악용 당한 사람에게, 훈장을 준다. 그리고 그 제거자 다음 제일 이용 되었던 그 사람부터 잡는다. 여기서 원수라는 악인이란, 즉 마귀들이, 어느 사람을 저주 줌에 이용이 된 거다. 즉 좌절, 절망, 시기, 미움, 이간, 거만, 폭력, 음탕, 등 등, 즉 이런 것들의 실상은, 즉 마귀들에게 저주를 받은 것이다. 그러니까 사람들이, 알게, 모르게, 마귀들의 악용을 받아, 안 좋게 살고, 파멸 살고, 죄 짓고 한다. 여기서 사람이, 마귀들 손에 놀아 나느냐, 아니냐? 즉 이것이 문제다. 그리고 그들은, 이미 지옥이 판결이 났다. 이 예를 들면, 즉 마귀들은, 월드컵 출전국들 중, 16강 탈락이 확정이 된, 월드컵 출전국과 같다. 여기서 우리 사람들 각자는 그 월드컵 출전국들 중, 어느 한 나라 씩이고, 여기서 그들 각자는 16강 진출 가능성을 다 보유를 하고 있다. 우리는 즉 16강에 올라가야 된다. 여기서 마귀들과 사람들이 경쟁 상대는 아니고, 즉 마귀들은 원래 지옥행이고, 그런데 우리 사람들 중엔 마귀들 같이 16강 탈락자가 생길 수 있다는 것이다. 즉 그 16강 탈락이, 어디로 빠지느냐? 그건 즉 지옥으로 빠진다. 즉 우리 사람들이 그 16강에 진출을 하면 천국, 16강 탈락을 하면, 즉 마귀들과 함께 영원한 지옥. 즉 그 영의 세계의 실상은, 즉 하나님의 천국의 군대들과 마귀들의 지옥의 군대들이, 사람들을 사이에 두고, 쟁탈전이 벌어지고 있는 중이다. 여기서 하나님의 군대엔, 천사들이 주둔해 있다. 즉 그들은 사람들을 살게 하고, 착하게 하고, 또 그 길 끝엔 천국으로 인도 하신다. 반면 마귀들은, 사람들을 못 살게 하고, 죄 짓게 한다. 방금 예 처럼, 즉 월드컵 16강에 탈락을 시킴으로, 같이 지옥에 가자고다. 여기서 마귀들의 어떤 달콤한 유혹에도 속지 말고, 정신 차리며 살자! 여기서 호랑이에게 물려가도 정신만 차리면 산다고, 즉 사람이란 그 어떤 어려움이 닦쳐도, 정신을 바짝 차리고 살아 간다면, 능히 이 세상의 어려운 삶을 뚫을 수 있다. 즉 이런 식으로 마귀들의 저주 방해를 이겨가며 살자! 즉 죄 짓지 말고 착하게 살자! 즉 바르게 살아 가자! 그러나 그런 바른 삶을 살아도, 그 길이 하나님과 함께가 아니면 안 된다. 즉 하나님과 함께라면, 마귀들을 이기는 길이다. 여기서 사람들이, 하나님의 천국으로 감을 가만 못 보고 있는 무리들이, 마귀들의 세력이다. 이들도 포기를 모르고, 또 집요 하게 사람들 중 1명씩을 영원한 지옥으로 데려 가려고 한다. 이 마귀들도 군대가 있고, 전략이 있다. 여기서 하나님의 군대와 대치 중이다. 그런데 이 마귀들의 세력은, 하나님의 힘 보다 약하다. 큼! 여기서 이 세상의 죄들이, 다 마귀들이 사람들을 죄로 끌어 들이는 거니까, 여기서 그 길로 가면 갈 수록, 마귀들이 뭐라고 하면서 훈장을 준다. 그래서 마귀들이 훈장 주는 길은 가지 말자! 그리고 너무 과한 세상의 유혹에 빠지지 말자! 그리고 나쁜 중독 되는 경험은 절대 하지 말자! 여기서 나쁜 중독이란, 즉 마약, 담배, 대마, 본드, 까스, 등 등, 즉 여기서 특히 마약은 옆에도 가지 말자! 돈, 권력, 명예, 이 3대 힘을 씀에, 여기에 연결 된 힘이, 즉 선과 악의 힘, 여기서 하나님 편의 힘과 마귀들 편의 힘이, 사람들 1명이라도 자기들이 데려 가려고 영적 전쟁의 힘의 대결을 벌인다. 여기서 선과 악의 힘의 대결에서, 즉 결국은 선이 이긴다. 여기서 보면, 즉 선과 악의 힘의 대결 초반부에, 악의 세력이 힘을 떨칠 수 있는데, 여기서 이런 악의 잘못 된 무리들이, 결국은 바른 길로 가야 되는데, 여기서 사람들이 마귀들한테 집니다. 여기서 하나님께선, 마귀들 보다 힘이 쎄시고, 그리고 그 분께선, 즉 사람들을 해치지 않고 살려 줍니다. 여기서 하나님의 세력은, 삶이고, 빛이고, 등 등, 결국 그 분의 사후에 천국이고, 반면 마귀들의 세력은, 즉 죽음, 죄, 등 등, 결국 그 분의 사후에 지옥입니다. 즉 이는, 우리들 눈엔 안 보이는, 영적 세계의 실상입니다. 여기서 우리들이 천국으로 가느냐, 지옥으로 가느냐의 선택은, 각자 개개인들에게 달려 있는데, 여기서 우리들이, 천국으로 가기 위해선, 하나님의 세력으로 가야 되고, 그러려면 하나님을 믿어야 됩니다. 여기서 사람들은 약한 존재로, 죽음, 죄, 지옥, 등 등, 즉 이런 악의 세력들에게, 사람들 각자의 힘으로는 패 하니까, 이에 선으로, 삶으로, 천국, 등 등으로, 가기 위해서는, 하나님께 의지 할 수 밖에, 다른 길은 없습니다. 즉 여기서 사람이, 본인을 저주를 주는 마귀들을 알고, 이에 대처를 해 간다면, 이에 그 사람이, 자멸엔 안 빠집니다. 즉 여기서 속담에, 즉 칼자루를 쥔 자는 못 당하는 법이라고, 또 사람이란, 아무리 못 나고 멍청해도, 즉 외부에서의 적의 침입에, 이에 본인 자신을 지키기엔, 누구나가 그들 나름대로의 수 가 상당히 뛰어나서, 왠만해선 그런 그를 못 당합니다. 그리고 손님은 주인을 못 이기게 되 있습니다. 이는 왜냐면?

"나가세요!"

주인이 손님보고.

이렇게 되면, 그 손님은 억지로 그 집에 못 있으니까. 그래서 제 아무리 강하고, 많은 머릿수를 자랑하는 마귀들이라지만, 이들이 어느 한 사람에게 집을 삼아 강제로 붙어먹는게, 이에 그 마귀놈들 집 된 사람이, 그 마귀놈들을 일단 알면, 여기서 그들을 이겨 갑니다. 여기서 세상이, 이 마귀들에게 집 된 걸, 아는 것과, 모르는 것, 이 2가지의 세상이, 아주 크게 다른데, 즉 여기서 마귀들의 집 된 사람이, 그 본인을 집 삼은 그 마귀놈들을 안다면, 여기서 성립이 되는 것이, 내나 속담에, 즉 칼자루를 쥔 자를 못 당하는 법이라고, 이 뜻은, 즉 무슨 일이든, 그 일에 주장이 되는 사람은 못 이긴답니다. 즉 여기서 마귀들의 집 된 사람은, 특히 마귀들을 대적 함에 있어, 그 첫째 조건이, 그 상대 마귀들을 아느냐, 모르느냐? 즉 여기서 그 상대 마귀들을 알아야 승리를 할 수 있습니다. 즉 여기서 그 마귀들 집 된 사람도, 얼마든지 세상을 살아갈 수 있는데, 즉 여기서 그 본인이, 그 마귀들에게 집 된, 그 본인의 상태를 모른다면, 무슨 이 세상에, 즉 마귀들이고, 뭐고, 즉 이 세상이고 간에, 즉 여기서 본인 스스로 자멸에 빠짐니다. 이는 왜냐면? 즉 마귀들이 본인에게 저주를 주는데, 본인이 그 원인을 몰라 그렇습니다. 이 때가 아주 위험 한 때 입니다. 즉 그럴 때, 마약의 유혹에 마약 경험이나, 아니면 살인 같은 범죄를 짓거나, 성형 수술, 장기매매, 등 등의, 즉 이런 죽음의 길에 잘 빠짐니다. 그리고 어느 퇴마사의 글을 보면, 즉 본인이 장담을 하는데, 즉 마귀들의 집 된 사람이 사회에 있게 되면, 그 마귀들 들린 증상이 심해지는 이유가? 즉 그 마귀들이 그들 집 된 사람의 몸에서 불리가 되려니, 이에 그들이 그 사람에게서 안 떨어 지려고, 이에 그 사람의 몸에 치고 들어오려고 그런 현상이 생긴다는데, 즉 이에 그 마귀들의 집 된 사람은, 그 마귀들 말하는 소리에 섞이지 말고, 또 본인의 계획대로, 본인 일 부지런히 하고, 그리고 집에 들어오면 창문 같은 걸 열어 환기를 시키고, 그렇게 계속 해 가다 보면, 그 붙어 먹던 마귀들이 간답니다. 그리고 3대 힘, 즉 이에 연결이 된 좋은 일들, 나쁜 일들을 만나는데, 여기서 그 나쁜 일들이란, 즉 밖에 다니다가 교통사고를 당한 다던지, 아니면 강도, 강간을 만난 다던지, 아니면 누구에게 폭행을 당한 다던지, 또는 누구에게 살인을 당한 다던지, 아니면 무슨 죽을 병에 걸린 다던지, 등 등, 즉 반면 좋은 일 경운, 즉 본인이 노력을 해 가다, 드디어 본인이 바라던 일을 얻는 경우, 또는 가다가 의외로 본인 일의 허가를 받을 일에, 그 상대를 잘 만나 그의 허가를 받는 다던지, 등 등, 즉 여기서 누구나 힘을 안 쓰고는 못 산다. 즉 숨 쉬기도 힘이 쓰인다. 즉 여기서 그 힘의 태초는 어디서 생겨 났는가? 그건 즉 아주 오래 전, 하나님께서 만들어 놓으셨는데, 여기서 그 하나님의 태초의 그 힘은, 어디서 나왔을까? 이도 의문이다. 여기서 90년대 발표 된 학설인, 즉 지놈 게놈 프로젝트가 있었는데, 그 이론을 보면, 즉 일체의 몸 있는 생명의 근원을 밝힌 건데, 즉 이를 보면, 이는 마약과 일체의 몸 있는 그들과 크게 연관이 됐다. 즉 여기서 그들 일체는 체내 마약 성분을 각기 보유를 하고 있다. 여기서 그들 중, 사람을 대표로 예를 든다면, 즉 여기서 사람이 착한 일을 했다, 그러면 그 분의 몸 속에서 그 사람이 살게 되는 체내 마약이, 물 분무기에서 물이 분사 되듯, 분비가 된다. 여기서 그 물질을 받으면, 곧 기분이 좋아 진다. 그리고 몸 상태도 좋아지고, 그리고 현제 이후의 그 미래에, 즉 그런 본인이 이 세상을 살 수 있게 된다. 큼! 반면 사람이 나쁜 일을 하면, 그의 몸 속엔, 그가 살지 못 하게 되는 체내 마약이 분비가 된다. 큼! 그래서 그 현제 그 이후엔, 기분이 안 좋아지고, 건강도 안 좋아지고, 또 현제 이후 미래에 본인에게 처해진 환경이, 그 본인이 살지 못 하게, 그런 식으로 세상이 돌아간다. 여기서 동의보감의 허준, 즉 한국의 전통 의학인 침술, 즉 병자의 몸에 바늘을 여기저기 꽂고, 즉 이런 식으로 몇 일이나, 치료하는 식인데, 즉 그런 식에 침을 꽂는 걸 알고 보면, 즉 그 환자 몸 속에, 살 수 있게 되는 체내 마약 분비를 촉진 시키는 것이다. 그리고 그 침술로, 옛날 허준 경우는, 위암도 고친적이 있다. 즉 이 외에 불교의 석가모니, 즉 이 분 경우는, 즉 그 분이 연구하는 앎을 구함에, 좌선을 계속 하다가, 드디어 본인이 연구하던 것을, 그 좌선 중에 알고, 다음 그 좌선 중에 눈을 뜨는데, 그 때 하늘에서 한 줄기 별이 그 새벽 하늘에서 떨어지는 것이 보는데, 그 때 기분이 좋은데, 즉 그 때 그 기분이 좋은 이유가? 즉 석가모니 그 분 몸 속에서 살게 되는 체내 마약이 분비가 되서 그런 거다. 즉 이런 식으로 사람이 삶에서, 각자 본인의 일이 살만하게 풀려 지면 기분이 좋은 이유가, 즉 그 개인의 몸 속에서 살 수 있게 되는 체내 마약이 분비가 되서 그렇다. 즉 보통 눈 앞에 물질의 욕심에, 남에게 함부러 하고, 즉 그런 분들이 종종 계신데, 이에 세월이 좀 지나, 우연히 그들 사는 처지를 지나가다 보게 되면, 즉 그런 사람들 치고, 잘 된 분을 거의 못 봤다. 큼! 즉 그래서 보면, 즉 남에게 범죄 짓고 부자가 된 사람 없고, 또 남에게 악하게 해서 그 가진 재물로 부자가 된 사람 없고, 또 이 재물 외에도 남에게나 본인 스스로에게나,

즉 죄를 지어서 잘 된 사람이 거의 없다. 즉 그래서 그 죄 이후엔 그 사람 몸 속에서 살지 못 하게 되는 체내마약이 분비가 되서 그렇다. 여기서 불교 이론에, 즉 인과응보를 보면, 즉 현제의 선 악의 행위가, 그 현제 이후 미래에 반드시 그 갚음을 받는단 법칙인데, 즉 이를 보면 콩 심은데 콩이 나고, 팥 심은데는 팥이 난다. 즉 뭐든 심은 대로 거둔다. 즉 행한 그 원인대로 그 결과가 나타난다. 즉 결과가 그 원인을 따라온다. 즉 선을 행하면, 악을 행하면, 뭘 많이 행하면, 작게 행하면, 그 결과가 그 원인을 따라 온다는 법칙이다. 이를 인과관계의 법칙이라고 한다. 그리고 이 세상이 어렵고 이런게 다 본인이 못 나서 그렇게 된 걸로만 보이지만, 이 실상은, 즉 우리들 눈에 안 보이는 마귀들의 소행이다.

"이 세상엔 신이 있다. 난 그 신을 믿고 착하게 살다 죽겠다!"

90년대 지놈 게놈 학설을 발표한 그 학자의 말.

즉 심은 그대로의 피할 수 없는 댓가를 받는다. 즉 이는 하나님께서 선을 심으면 좋은 걸 주고, 반면 악을 심으면 벌을 준다. 이 지놈 게놈, 학문을 발견한 학자가, 즉 본인이 이 세상에 신이 있단 걸 확신 했다. 즉 그 학자 분이 생명체 연구 대상을, 사람으로 하고 이를 자세히 연구 해 보니, 즉 그 사람이 착한 일을 해 놓고 나면, 그 사람의 신체 안에서, 그가 살 수 있게 되는 체내 마약이, 쫙 쫙 분비가 된다. 이로써 그 사람이 현제 기분이 좋아 지고, 또 몸도 건강해 지고, 또 그 사람 그 현제 이후 미래에도, 그가 안 죽고 살아 갈 수 있게 된다.

"아, 신기하다!"

그 학자.

또 계속 되는 자세한 연구, 즉 사람이 나쁜 행동을 한 이후, 여기서는 그 사람 몸 안엔, 그 사람이 건강하지 않는 체내마약이 분비가 된다.

'아, 신기하다! 뭔가? 사람을 조종하는 것이 있는 것 같다!'

그 학자.

즉 사람의 악행 이후, 그 사람의 몸 속에서 분비가 되는 체내 마약 물질은, 그 본인의 기분에 불쾌감을 유발 하고, 또 건간 상태도 안 좋아지고, 또 그 현제 이후, 본인이 살 수 없게 이 세상이 펼쳐 진다. 즉 여기서 이 지놈 게놈 프로젝트, 이 이론이 그 체내 마약 성분과, 그리고 이 세상에 있는 마약과도 연관이 된다. 큼! 즉 마약은, 체내 마약 성분과 비슷한 작용을 한다. 즉 이는 사람의 잠재력이 100% 까지가 있는데서, 평소의 사람은 그 잠재력을 20%로 쓴다. 여기서 누구나 평소 상태에서, 그 잠재력이 100% 까지 쓰는, 즉 본인 힘의 5배의 괴력이 나올 수 있다. 그래서 누구나 5배의 잠재력을 보유하고 있다. 여기서 사람이 100%의 잠재력이 발휘가 되면, 엄청난 괴력을 발휘 한다. 이 예로, 즉 이는 실제 외국에서 있었던 사례인데, 그건 즉 찻길에서 지나가던 차가, 그 길가에 조그만 아기를 발견을 못 했는가? 그 차가 계속 가다가 그 아기를 들이 받기 일보 직전이다. 이에 그 아기 엄마가 이를 발견하고, 급히 뛰어가, 그 다가오는 차 앞 부분을 본인의 양 손으로 잡고 번쩍 들어 올렸다. 그리고 그 차가 들리고, 그 엄마는 그 차에 치일 뻔 한 아기를 구했다. 이 위기를 넘기고, 나중에 그 아기 엄마가 그 차를 들어 봤는데, 그 차가 도저히 안 들린다. 또 다른 예는, 즉 사람들 끼리, 시비가 붙어, 서로 몸 싸움을 할 때, 이는 즉 서로 각자 본인이 옳고, 상대가 틀렸다, 이를 서로 따지고 하다가, 서로 치고 받는 몸 싸움으로 가는 경우, 즉 여기서 그 싸우는 사람들 중, 본인이 잘 못이 없는, 그 사람 몸에서는 살만하게 되는 체내 마약이 분비 된다. 이로 그 본인이 살만한 형편이 된다. 여기서 평소 쓰던 잠재력 20%의 힘에서, 100%까지 쓸 수 있는 괴력이 나온다. 이 땐 본인이 덩치가 작고 약한 사람도, 그 발휘 된 괴력으로 그 본인 보다 덩치가 크고, 또 싸움 기술이 있는 상대라도, 능히 재압을 한다. 반면 그런 몸 싸움에, 본인에게 죄가 있으면, 여기서 그런 본인의 몸에서는, 그 본인이 못 살게 되는 체내 마약이 분비가 된다. 이로써 그 본인에겐 잠재적 괴력이 안 나온다. 그래서 그런 그 본인이, 덩치가 크고, 싸움 기술이 있어도, 앞에 그런 죄 없는 상대가 치고 달라드는 상대에게는, 쉽게 재압을 당한다. 즉 이런 식으로, 죄 없이 무슨 일이든 함에는, 본인의 잠재력 100% 까지의 괴력이 발휘 되곤 한다. 여기서 사람이 마약을 맞는 경운, 즉 인간의 능력 20% 사용에서, 100%의 잠재력을 쓸 수 있다. 그래서 마약을 맞으면 기분이 아주 좋은 것이다. 여기서 그 현상은 뭔가? 그건 즉 그 사람의 물리적인 힘이 5배로 쎄진다. 여기서 사람이 하루 식사를 안 하면 배가 고프고 힘이 빠지는데, 그 약을 맞아, 그런 잠재력이 발휘 된 때는, 3일 동안 식사 일체를 안 해도, 배가 안 고프고 안 죽는다. 큼! 여기서 그 약을 먹어도 그 약효가 난다. 즉 먹으면 서서히 효과가 난다. 그리고 그 약을 물에 희석을 시킨 걸 1회용 주사기에 넣어 그걸 혈관에다 투약을 하면, 그 약효가 직통으로 온다. 그리고 그 약효가 날 때, 그 몸 속에 혈액이 급속히 순환이 된다. 이 1회 투약 약효 시간이, 5시간이다. 그리고 이 마약을 맞다 깨고 나면, 원상태로 돌아오는데, 그 땐 기분이 진짜 따운이 된다. 여기서 이 마약을 해서 본인의 그런 잠재력을 쓴 것은 공짜인가, 어떤 댓가를 치뤘는가? 그건 즉 공짜가 아니라, 즉 본인의 남은 수명에서 가불을 해서 쓴거다, 즉 본인이 그 잠재력을 쓴 만큼 늙어진다. 그러니까 이 마약을 하면, 즉 5시간×5 = 25시간, 즉 5시간 동안 헌꺼번에 25시간을 보내 버렸다. 이런 식으로 늙어버린 몸은, 원상태로 못 돌이킨다. 즉 한번 늙어진건 원상태로 안 된다. 또 그 약을 함이, 거기서 그치는게 아니라, 그 약은 중독성이 아주 강하기 때문에, 그로 그 약을 1번 경험 해 놓으면, 평생을 마약에서 못 빠져 나온다. 여기서 평생을 마약을 맞으러 다닌다. 이 마약 중독자들 예길로는, 즉 이 마약의 중독성이, 담배의 10배 이상이란다.

"씩 — !"

마약 마귀 한 놈 이상이, 그 처음 마약을 한 사람 보고, 걸렸다 하고 웃는다.

　여기서 부터 마약 마귀들의 종이 된다. 즉 담배는 끊었단 사람이 종종 있다. 나도 십 몇년 피우다 끊은지 10년 되 간다. 큼! 그러나 이 마약은 끊은 사람이 이 세상에 없다. 즉 마약은, 정 없어 한동안 못 할 수는 있는데, 그러다가 옆에 마약이 보이면, 또 한다. 그리고 이 마약을 하면, 주로 이성과 섹스에 꽂힌다. 주로 그런 섹스를, 계속 그 약 맞고, 보통 3일 동안 한다. 즉 사정 하고 사정 하고. 그리고 마약이 주로 있는 곳은, 즉 나이트 클럽, 술집, 노름을 전문적으로 하는 곳, 즉 여기서 도박을 계속 하러 다니다 보면, 거기 도박장에서 본인도 모르게 마약을 배우게 된다. 그리고 이 마약은 투약 자체가 구속이기 때문에, 이에 마약 중독자들은, 본인들이 그 약을 한단 걸, 절대 남들에게 비밀로 한다. 혹시나 남에게 알리다, 마약 투약 신고를 당하면, 경찰들이 잡으러 오기 때문에. 그리고 마약 중독자들이, 즉 의사, 변호사, 회사원, 가정 주부, 또 부부들 끼리도 하고, 등 등. 그리고 교도소 안에 들어 앉아 있어보면, 즉 거기 절도 방에, 한 10명 정도가 있는데, 여기서 그들이 하는 이야길 옆에서 들어 보면, 즉 그 수용자들 중, 마약 경험자가 10명 중, 1, 2명은 있다. 즉 교도소 그 중, 경상도, 이 소도시 쪽은 10명 중 2명 꼴이고, 서울, 즉 대도시 쪽엔 10명 중 3명 꼴이다. 여기서 범죄 하다 들어온 사람들이라 그런가? 몰라도, 여기서 이 마약범들은, 따로 수용이고, 또 그 범죄자 외에, 범죄자들은 각기 그 죄명 따라, 따로 분리 수용을 하는데, 여기서 마약범들 방이 아닌, 예를 들어 절도방이면, 즉 그 도둑질 하다 들어온 사람들, 그들 중에, 내나 앞에 설명식에, 그런 마약 중독자가 분포 되 있다. 그래서 사회도, 내나 교도소 안 절도방 처럼, 마약 중독자의 분포율이 그 비율로 되 있을 것이다. 이 마약을 안 함의 첫째 조건은, 그 약을 알아야 된다. 그리고 이 마약 중독자들이, 마약을 맞고 급속히 늙어짐의 반복이, 계속 되기 때문에, 그로 그 약 중독자들의 수명이, 보통 40

대를 못 넘긴다. 이 마약을 맞으면, 다른 장기도 급속히 파손이 되고, 늙어 지는데, 그 중, 특히 3군데의 장기 그렇게 되는데, 그건 즉 간, 췌장, 신경계. 즉 여기서 동물의 대표인 사람의 그 힘의 근원은 어디서 나오는가? 그건 즉 하나님께서 그 사람에게 주신 것이다. 이에 앞에서 예기 했듯, 즉 인간 개인이 그 행동의 결과에 따라, 그 본인의 몸 속에서, 선과 악의 체내 마약이 각 각 분비가 된다. 이 체내 마약 분비가, 마치 알람시계를 맞춰 놓고, 그 시간이 되면 그 알람이 울 듯이, 즉 이 세상이 그렇게 설정이 된 것이 아니다. 즉 이 세상은 운명이 아니다. 즉 이 세상은, 뭔가 담당하는 어떤 힘의 의해, 사람들 각자의 몸 속에서, 선과 악의 체내 마약이 분비가 된다. 즉 이는 어떤 신이, 우리 사람들의 냉엄하고, 냉정한 재판관이라 볼 수 있다. 즉 칭찬과 벌의 그 냉엄한 결과를, 본인이 행동한 그 원인에 따라서 준다. 즉 여기서 그 신은 누구냐? 그건 즉 하나님이시다. 큼! 그래서 우리는 하나님을 인정하자! 그리고 하나님을 믿자! 이 세상에 하나님이 있다. 여기서 그 하나님이, 사람들 개개인의 행위의 원인에 따라, 그 사람들 각자에게 그 결과를 주신다.

삶

사람들 사는 모습들이 다양한데, 여기서 문제는, 즉 사는 문제도 문젠데, 또 어찌 살다 죽는 것도 문제다. 즉 여기서 누구나 죽음이 겁을 내는데, 여기서 사람이 사는 건, 누구나 편하고, 또 본인이 살기 좋게 살려고 한다. 큼! 그런데 문제는, 죽는 것도 문젠데, 여기서 살다 죽어도 예고가 없이 죽지? 즉 사람이 사는 문제는, 어떻게든 안 죽고 살아 가는 게 문젠데, 즉 이런 식으로 본인은 안 죽을지를 안다. 혹시 1000년을 살지 안다. 즉 100년도 못 살면서, 1000년을 걱정하는 거다. 즉 앞으로의 희망에 힘을 얻어서 사는데, 즉 여기서 사람은 누구나, 이 희망이 없으면 못 산다. 이 희망으로, 즉 앞으로의 뭘 계획을 하고, 바라고, 생각을 하고, 몸을 움직이고, 등 등을, 한다. 즉 여기서 하나님께서, 사람들 각자에게 천국에 보내 주신단 그 약속이 지켜짐을 바라는게, 소망이다. 즉 여기서 이미 사람들은, 천국이 결단이 났으니, 그 따 놓은 천국의 당상을 놓치는 길을 가지 말자! 즉 여기서 마귀들이, 사람들을 지옥으로 보내려고 한다. 이에 하나님께 대적이다. 이 마귀들은, 이미 지옥이 결단 났다. 또 보면 사람들 각자 빈부격차가 난다. 여기서 부가, 즉 돈의 부 외에도, 삶의 질의 부가 있는 것 같다. 여기서 돈과 삶의 질의 부, 즉 이 2가지의 부가 있는데, 여기서 삶의 질이란, 즉 지식, 지나온 활동 경력, 등 등, 즉 이들에 연결이 되서, 기술 일 것이다. 즉 이 기술의 축척도, 부가 쌓이듯이 쌓일 것이다. 여기서 이 돈과 기술이 부인데, 즉 사람들 사이에, 이런 빈부격차는 있다. 여기서 사람이 사는데서, 사람들은 본인의 노력에 의해서 어떻게든 살 수 있으니까, 그로 그런 사람들은, 관섭을 할 문제가 아니다. 여기서 그들이 문제를 일으키지 않는 이상은. 여기서 건들 일 문제의 사람들은 누구인가? 그건 즉 가만 놔두면, 스스로 못 살아가는 사람들, 즉 이들은 가서 살려 주는 일이 문제다. 즉 죄는 심판을 받게 되는데, 이 반면 선행도 그 갚음을 받는다. 즉 선과 악의 그 각 각의 그 지음의 원인에 따라, 그 결과를 받는다. 큼! 즉 여기서 사람들의 삶에서, 함부러 죄를 짓는 그 이유가, 즉 그 본인의 눈 앞에 보이는, 이 세상의 쾌락 욕심들, 즉 그런 세상 욕심들 때문에, 즉 본인의 눈 앞에 뭔가가 가려져, 멀릴 못 본다. 큼! 즉 여기서 세상 어둠의 원인이, 마귀들 때문이다. 즉 여기서 문제는, 사람이 살아가는 데서, 하나님을 안 믿는 그 길은, 마귀들과 함께 하는 길이고, 결국 그 길은 사후 그의 영혼이, 영원한 지옥으로 골인인데, 이건 마귀들이 보낸다. 즉 여기서 우리들은, 사나, 죽으나, 살아 가야 되니까, 이에 하나님을 믿어야 된다. 여기서 그 마귀들의 지옥 보내는 것에 보호를 받고, 또 구원을 받는다.

'어? 왜 이리 기분이 좋은 거야!'

하나님께선 삶에서 복을 주셨다.

'어? 천국!'

결국 하나님께선 그의 사후, 그의 영혼을, 천국으로 데려다 주셨다.

여기서 하나님의 삶의 길인 천국의 길과, 마귀들의 죄와 죽음의 지옥의 길이 있다. 이 삶과 죽음의 2갈레 길이다. 여기서 사람은 근본적으로 삶이고 천국이다. 여기서 사람이 살려고 하면, 어떻게 해야 되는가? 여기서 하나님을 믿는 방법 뿐이다. 여기서 사람들은, 마귀들에게 지는데, 하나님은 마귀들을 이기신다. 여기서 마귀들은, 그 마귀들의 힘의 의해, 하나님을 안 믿고 죽는, 지옥으로 떨어질 그 가능성이 사람들 누구나에게 있다. 이 마귀들은 이 가능성을 노리고 사람들을 건든다. 이에 하나님을 믿자! 여기서 우리들 삶의 요점은, 즉 그 하나님을 믿는 그 삶을 살며, 그 원수, 마귀들에게서 보호를 받고, 그리고 그 하나님께서 사람들에게 약속하신, 그 천국으로 감을 믿자!

큼!

보면 이 세상에, 이 하나님의 길만이 있는 게 아니라, 여러 갈래의 길들이 있는데, 그리고 우리 삶에서, 즉 알게 모르게, 우후죽순처럼, 우리 주위에 퍼져 있는, 우리들의 눈에 안 보이는, 마귀들이 있고, 또 그런 마귀들과 손 잡은 원수들이 있다. 여기서 사람들 사이에서, 하나님 편, 마귀들 편, 이들 각 각이 있다. 여기서 사람은 왜? 사느냐, 그건 죽기 싫어서 산다. 여기서 정 죽고 싶으면 어려워도 자살 해 죽는다. 또 사후 세계에서도, 즉 죽어도 살 수 있는 길인 천국이 있다. 즉 천국의 길이, 죽어서도 영원히 사는 길이니까, 그래서 우리가 천국에 가려고 한다. 그래서 하나님을 믿는자는 하나님을 믿는다. 즉 살아서도 죽기 싫어 어떻게 살아가려고 하고, 이에 살아 가기도 좋게 한다. 또 죽어서 영혼이 되도 그 영혼이, 살아 가기를 바란다. 즉 지옥에 가면 그 영혼이 영원히 죽으니까, 반면 천국 가면 그 영혼이 영원히 사니까, 그래서 지옥에 안 가고 천국에 가려고 한다. 즉 여기서 사람이 먹기 위해 사느냐, 살기 위해 먹느냐? 그건 즉 살기 위해 먹는다. 여기서 사랑과 영혼 이란 서양 영화가 있다. 여기서 그 영화의 내용이? 즉 결혼이 예약이 된, 어느 청춘 남, 녀가, 그들이 하루는 밖에 다정히 길을 가다가, 갑자기 주위에 남자 노숙자가, 그 남자 주인공 배에 칼을 1대 주고, 곧 그 남자 주인공은, 그 자리에서 죽는다. 거기서 그 남자 주인공이 영혼이 됐다. 그리고 그 본 영혼 주위에, 그 영혼과 같은 다른 영혼들이 곳 곳에 보인다. 내나 사람들이 분포해서 살 듯이. 또 그 영혼의 눈엔 사람들이 보인다. 그런데 사람들 눈엔, 그 영혼들이 안 보인다. 여기서 본 영혼의 시력, 청력, 후각, 미각, 촉각, 이런 감각들이, 몸이 살았을 때 처럼, 그대로 있다. 내나 본인의 몸이 있을 때 처럼이다. 즉 여기서 몸이 없으니, 물체를 못 만진다. 즉 물체를 만지면, 그 물체에 통과가 된다. 심지언 벽도 뚫고 지나간다. 그 영혼이 공중에 떠 다니기도 한다. 여기서 그 남자 주인공 영혼이, 그가 생전에 연인이었던, 그 상대 여자가 보고 싶어, 이에 그 상대 여자 분에게 찾아가, 본인이 영혼 됐단걸 알리고, 그 다음 작업으로, 그 남자 주인공 몸을 죽였던, 그 남자 노숙자를 찾아가, 그 남자 주인공 영혼이 그 남자 노숙자를 물리적인 힘으로 그 남자 노숙자가 차에 치이게 해서 죽인다. 그리고 그 남자는 곧 몸이 죽고, 이에 내나 그도 마찬가지로, 영혼이 뜬다. 거기서 그 남자의 영혼은, 그 영혼이 죽은 그 몸을 보고 그리고 그 본 영혼 자신을 보고, 그리고 주위에 다른 영혼들을 보고, 그리고 본인이 죽었단 걸 인식을 한다. 그리고 곧바로 그 영혼에겐, 저승 사자들인지? 무슨 영혼들 몇이가 와서, 그 영혼을 어디론가? 강제로 끌고 가버린다. 그 남자 영혼은 괴로운 비명을 지르며 끌려 간다. 그리고 곧 이 장면이 사라진다. 아마도 그 남자 영혼은, 지옥으로 곧바로 끌려간 모양이다. 이 다음 장면이, 즉 그 남자 주인공 영혼이, 생전 연인이었던, 그 상대 여자에게 다시 찾아가, 그 주인공 영혼이, 그 상대 여자에게 다시 왔음을 알리고, 그 주인공 영혼이, 그 상대 여자 분과의 작별을 알린다. 이에 그 상대 여자가, 그 헤어짐을 아쉬워 하며, 살짝 눈물을 흘리고, 곧 그 남자 영혼은 천국으로 간다. 이 다음 장면이, 잔잔한 영화 주제 음악이 흐르며, 영화가 끝난다. 그리고 영화가 끝 날 때, 빽빽한 자막 글이 서서히 올라 오는데, 이는 서양 영화라, 자막 글이 영어다. 이 영화를 보면, 즉 사후에 영혼이 존재한단 내용이다. 여기서 마귀들을 보면, 내나 사람처럼 먹는다. 여기서 마귀들은 음식의 영양만을 섭취 한다. 이로 그 영혼도, 마귀들처럼, 먹어야 살 것이다. 그리고 하나님께서도 마귀들처럼, 식사를 하시고 사실 것이다. 여기서 이 세상에 몸이 있는 존재만이 생명체가 아니라, 영혼도 생명첸데, 즉 사람은 몸이 죽음에서 그 생명이

삶 259

완전 끝나는게 아니라, 즉 몸이 아닌, 영혼 생명의 세계가 있다. 세상에 몸 있는 일체의 생명체의 몸은, 언젠간 죽는다. 그런데 여기서, 동물은 몸을 움직이고 돌아다니고, 식물은 땅에 박혀 가만히 있고, 여기서 특히 사람이 죽으면, 그 정신이 어떻게 될까? 그 안 가본 세계가 겁이 난다. 동물들을 보면, 즉 동물의 시체는, 사람이 고기를 해서 먹을 수 있다. 그런데 여기서, 그 동물의 시체도 보면 신기 한게? 그 살아서 움직이던 그 정신은 어디로 갔을까? 그러니까 이런 것들을 보면 겁이 나는 거다! 즉 이렇게 안 죽는 몸 있는 생명체가 없다. 큼! 그러니까 사람들은 결국 다 죽는데, 그 하루하루 죽음이 다가온다. 이는 암만 잘 나도 죽는다. 여기서 하나님을 굳게 믿자! 유일한 죽음의 해결책이 하나님이시다. 큼! 여기서 하나님께선 마귀들을 이기신다. 이 세상에서 몸이 있는 생명체들의 하나님의 구원 사업에, 마귀들과의 영적 전쟁인데, 이 마귀들이 사람들의 하나님 안 믿게 하는 어떤 계략에 속거나 해서, 결국 마귀들의 계략에 넘어 갈 수 있다. 여기서 사람들이, 알게, 모르게, 마귀들과 손 잡게 되고, 결국 마귀들의 종이 된다. 즉 이런 식으로 사람이 살다가 죽게 되면, 내나 하나님의 심판을 받는데, 여기서 그 사람의 영혼이 지옥에 간다. 큼! 그래서 그런 마귀들을 아무리 하나님께서 막는다지만, 하나님께서 사람들 중 스스로 하나님 안 믿음은 어쩌지 못 하시니, 이에 그 히나님의 약점을 마귀들은 노린다. 이에 마귀들이 이 일에 아주 기술이다. 그래서 사람들이, 이런 마귀들이 이 세상에 존재하고, 이에 하나님도 알고, 그래서 이런 마귀들을, 심히 경계를 해야 된다. 큼! 여기서 사람이 살아가는 문제는, 즉 보이는 세계가 문제다. 즉 사람이 태어나서 본인이 죽을 때 까지. 즉 여기서 현제 이후인 앞으로 살아 남을 일이 문제다. 즉 여기서 사람이 사는데서 주로 당장 부딛치는 문제가 돈이다. 여기서 사람이 삶을 사는데 있어서, 그 본인의 생각과 다르게, 천차만별의 사람들이 있다. 여기서 우리들은 살아가야 되고, 이에 과거엔 어떻게 살아왔고, 또 현제와 미래는 어떻게 살아 갈 것이고, 그리고 앞으로의 일을 예상한다.

"하나님이 뭐야? 하나님이 어딧어, 마귀가 어딧어?"

또는

"세상에 하나님이 어딧어? 흥, 껌 씹는 소리하고 있네!"

이 세상엔 영의 세계가 있는데, 여기서 하나님과 마귀들이 있는데, 이 마귀들은, 이 세상 사람들, 한꺼번에는 못 잡아먹고, 1명씩, 1명씩, 사람들을 지옥으로 보냅니다. 즉 이런 마귀들에게 사람들을 보호하시는 이 세상에 하나님이 계십니다. 즉 여기서 동물의 사후에도 영의 세계가 존재한다. 여기서 무슨 일이든, 먼저 그 일을 알고 나서, 그 다음 본인이 그 일을 생각하게 되고, 그리고 행동을 한다. 즉 사람이란, 계속 아는데로 뻗어 간다. 즉 여기서 기독교를 믿음에, 먼저 이런 영적 세계를 알고, 그 다음 이 영의 세계를 인정을 하고, 그 다음 하나님이 계시니까, 또 본인의 영혼이 구원을 받음에, 그런 마귀들의 저주 파멸에 보호 받을 곳이 있다는 걸 알자! 그 길이, 즉 우리들 주위에 흔히 있는, 하나님의 길이다. 그 영적 세계, 즉 신의 세계의 하나님을 인정하면, 그런 본인의 그 영혼이 구원을 받을 수 있다. 여기서 본인의 영혼을 구원 받으려면, 먼저 하나님을 인정하는 길이고, 또 여기서 우리의 삶에서, 즉 우리의 주위를 둘러보면, 즉 우리는 뭘 추구 하는가? 잘 먹고, 좋은 것 쓰고, 편히 사는 것, 여기서 그것들은 결국 허무하다! 이렇게 살다가 본인이 허무하게 죽을 것만 같다. 그러면 종교를 믿어야 삶의 방향이 잡히는데, 그 종교 선택이 아주 중요하다.

금연 하는 방법
·
·
·

담배 피울 줄 모를 땐, 담뱃 가루가, 나뭇잎 말린 걸로 만든 줄 알았고, 그리고 흡연은, 즉 그 연기를 입 안에 머금었다가, 그냥 내 뱉는 것인 줄 알았습니다. 큼!

* * *

그러던 어느날.

'후 —, 에이, 아무 느낌 없네!'

하루는 낮에 담배를 피워 본다고, 집 근처로 나와, 그 길가에 떨어져 있는 마른 나뭇잎 아무거나 몇 개를 주워, 그걸 가루 내어, 그걸 얇은 종이에 싸 말아서, 그리고 그 한 쪽 끝에 불을 붙여 그 반대쪽 끝을 입술에 말아 대고, 큼! 그 연기를 입으로 빨아서, 큼! 그리고 그 연기를 입 안에 머금고, 그리고 내 뱉고, 그리고 그걸 몇 번 반복 했습니다. 큼!

* * *

초등학교 5, 6학년 때, 하루는 집을 무단 장기 가출 하던 중, 또래 정도 되는 어느 친구들, 즉 그들 중 어느 친구들의 자취 방 안에서의 밤에, 큼! 즉 그 방에 침대 하나가 놓여져 있었고, 그리고 나와 그 친구들 중, 어느 한 친구와 둘이, 그 침대에 누워 있던 중.

"흡, 후 —, 흡, 후 — !"

옆에 친구를 보니, 담배를 피우고 있습니다. 큼!

'?'

그런데 신기 한게, 그 친구의 입에서 연기가, 계속 나옵니다.

큼!

"그걸 어떻게 하는데?"

"어, 그건!"

평소 담배를 어떻게 피는지 궁금 하던 중, 마침 옆에서 담배를 피고 있던 그 친구에게, 그 담배 피우는 방법을 물었더니, 큼! 그 친구는 아주 흔쾌히, 그 방법을 가르쳐 줍니다.

큼!

"이 담배를 입에 물고, 흐 읍 ―, 그리고 그 연기를 빨아 들였다가 그걸 드리 마시고, 그리고 다시 내 뱉고!"

그는 시범을 보이며 가르쳐 줍니다.

"흐 윽, 큼!"

그가 가르친 대로 그 연기를 입 안에 머금고 숨을 드리 마시니까, 숨이 꽉! 막 힙니다.

"첨부터 많이 마시지 말고, 조금씩, 그리고 천천히!"

"흐, 읍 ― !"

그가 시킨 대로, 그 연기를 조금 머금고, 그리고 천천히 그 숨을 드리 마시니까, 됩니다.

큼!

그리고 그 자리에서, 그 담배 1개피를 다 피운 것 같습니다. 큼! 그리고 그 친구들과 같이 다니면서, 매일 담배를 몇 개피 씩 피운 것 같습니다.

큼!

* * *

집에 돌아 와 있었을 때, 어디서 구해온 담배를 그 집 어느 방 안에서, 그 방 방문을 닫고, 혼자 그걸 피우고 있었을 때,

덜 컥!

'!'

급히 피우던 담배를 숨겨 비벼 끄며, 누군가? 보니, 아버지 셨습니다. 큼!

덜 컥!

아버지 께서, 그 문 밖에서 그런 나를 보며 서 계시곤, 곧 아무 말 없이, 그 문을 닫고 사라 지셨습니다.

'담배 냄새가 났을 것 같은데, 내가 담배 피운 걸 모르셨나?'

나의 생각.

그리고 다른 담배 1개피를 꺼내, 거기에 불 붙여, 다시 부족한 담배를 배불리 피웠습니다.

'아, 애들 하고 같이 있었을 때 피우던 것을 혼자 있을 때 해 보니, 되는구나!'

여기서 부터, 담배 중독자가 된 느낌이 왔습니다.

금연엔 3가지 부류가 있다. 즉

1. 살아가는 일생 동안 담배를, 아예 안 피는 사람.

2. 살아 가면서 담배를 배우고, 그 배운 담배가, 평생을 가는 사람. 그리고 살아 가다가 흡연을 배우고, 그리고 그 흡연을 하다가 금연을 하고, 다시 흡연을 하는 사람이 있는데, 즉 이런 분도, 내나 담배를 평생 못 끊은 사람이다.

3. 살아 가다가 담배를 배우고, 이에 한동안 피우다가, 어느 때부터 그걸 끊고, 그리고 끊음이 평생을 가는 사람.

보면 즉 일생 동안 담배를 모르는 분이 계시다. 이런 분은 잘 하신 거다. 여기서 이런 분은, 즉 엑스레이 폐 사진을 찍어보면 깨끗하게 나온다. 또 이런 분들의 시체를 해부 해서 그 폐를 보면, 그 폐가 정상적인 폐인데, 여기서 그 폐의 색깔이, 핑크색이고, 그리고 깨끗한 모양이다.

즉 그런 분들은, 흡연 자체를 모른다. 즉 여기서 그런 비흡연자 분들이, 흡연자들에 비해 성격이, 뒷 끝이 깔끔하고, 단정하고 이렇다. 즉 우리가 살아가다가, 담배의 유혹에 넘어가, 이게 뭔지 싶어? 혹시 하다가 담배를 배우는, 즉 그 흡연자들이 뭔가? 잘나 보이고, 또 그렇게 안 나쁘게 보이고, 이로 그 흡연이 괜찮다 싶어! 그래서 담배를 배우는, 즉 호기심에 한번 피워 보고, 그 길로 담배에 중독이 되서, 평생 담배를 못 끊는, 즉 그런 식으로 흡연을 하다가 그 흡연이 누적이 되서 나중에, 담배로 인한 각종 죽을 병이 올 수 도 있다. 여기서 담배로 인해 여러 죽을 병들 중, 버거병, 이 버거병이란? 즉 오랜 흡연으로 인해 혈액순환 장애로, 손, 발, 그리고 몸 어느 부위 부터 시작을 해서, 몸 전체로 퍼져, 살이 썩어 들어가는 죽는 병이다. 그 다음 폐암, 즉 폐암은, 담배를 피우다가 그 악영향이 오래 누적이 되다가 나중에 암이 온게 폐로 와서, 그로 폐암 말기로 사형선고 받고 죽는 경우도 있다. 즉 여기서 어떤 부위의 암도, 즉 말기에 발견이 되면, 그 암이 퍼진 장기 하나를, 아예 떼 내야 되서, 그래서 그 장기 하나가 몸 속에 없어져서, 그로 사람이 장기 1개가 없어져 죽는다. 즉 여기서 모든 암은, 즉 1, 2, 3기, 이런 초기에 발견이 되면, 여기서 그 병원에서 거기 의사가 하쟌 데로 암 수술 날짜를 받아서, 그 상담대로 그 병원에 가서, 하루에 그 수술을 받고, 그리고 그 병원 회복실에서 얼마간 요양을 하고 나오면 끝이다. 그런데 여기서도, 그 암 수술비가 있어야 될꺼다. 만약 여기서 돈이 없어, 진짜 그 돈을 못 구한다면, 그 암 초기 수술을 못 받다가, 죽을 수 도 있다. 그러니 돈이란 게, 없으면 겁난 물건이다. 여기서 담배를 오래 피우다가 폐암에 걸린 사람들이, 그 암으로 살 수 도 있고, 죽을 수 도 있는데,

'아, 이 담배 때문에, 결국 폐암으로 까지 왔는데, 아, 이젠 이 지긋지긋한 담배를 이 참에 끊자!'

일단 오랜 흡연으로 말기 폐암에 걸린 그런 흡연자가, 그 폐암으로 그

수술을 받는다고, 그 병원에 입원해 있는 그 환자가, 이런 식으로 그 담배를 끊는게 아니라, 즉 그런 분들이 의외로 담배를 더 피운단다.

'혹시 내가 담배 피우는게 몇 십년 되서, 그러다 결국 담배로 인해 죽을 병에 걸려 다시 살아나게 되면, 그 때 부터 담배를 끊고, 금연자가 되는 것 아닌가?'

담배를 피우는 사람들은 이런 생각을 한다.

물론 그 흡연으로 인해 그런 죽을 병에 걸려, 그로 죽을 뻔한 생사를 오간, 아주 절실한 경험으로, 이에 아주 독한 맘 먹고, 죽기 살기로 해서, 담배를 끊고, 그 길로 평생 비흡연자로 사시는 분들도 있다. 즉 이는 담배로 인해 죽을 병에 걸렸다가 겨우 살아난 사람들, 즉 그들 중, 다는 아니고, 그 중 어느 정도의 비율이, 그런 계기로 비흡연자가 된 경우가 있다. 여기서 물론 담배로 인해 죽을 병 걸렸다가 살아 난 것 같으면, 그 담배로 인해 죽다 살아난 그 일이, 아주 강한 자극이 되서, 이에 금연의 아주 독한 결심을 품고! 그 담배를 끊고, 금연자로 이 세상을 사는 경우도 있다. 여기서 한번 흡연을 경험을 해 버리면, 거기서 부터 흡연자가 된다. 즉 니코틴 중독자가 된다. 내 경우, 내가 담배 필 땐, 그 땐 담뱃 값이, 90년대 그 이 전 땐, 최고 싼게, 한 갑에 200원 했고, 2000년 정도 땐 한 값에, 보통 2000원 했다. 그로 흡연 비용 문제론, 별 어려움이 없었다. 그런데 요즘은 2017년인데, 즉 요즘은 담뱃값이 1갑에 5000원이다. 이는 소주 1병이 4000원 정도인데, 그 담배 1갑이 술 1병값 보다 비싸졌다. 요즘은 사람의 가치보다 물질에 더 가치를 두는 세상으로 변했기에, 즉 이는 앞으로 가면 갈 수 록 더 할 건데, 그런 요즘의 세상이, 즉 인터넷 발달과 이 보급이 원인으로 보는데, 이로 물질이 편리해 지니까, 그로 그런 물질에 가치를 사람보다 더 두고, 그래서 요즘이 물질이 구하기가 더 어려워졌다. 큼! 즉 벌이가 더 치열해졌다. 또 세상이 각박해졌단 말이, 여기 저기서 많다. 또 사람의 평가도 경제력에 가치를 둔다. 즉 이런 물질만능주의 세상에서, 그 중 담뱃값이 비싸지니, 이에 흡연자들이 이 담뱃값 부담이 커서, 이에 흡연을 하는데 겁이 날 것이다! 이에 본인의 마음은 금연인데, 그러나 본인의 내면 속, 담배 마귀들이, 그걸 허락 안 한다. 또 이 사회에서 부터가, 이 담배를 팔고, 이로 국가 안 여기저기에 담배가 보이고, 여기서 흡연자 본인의 마음은 금연인데, 방금 예기처럼, 그 흡연자 본인 내면 안에 있는 담배 마귀들이 그런 본인의 금연을 허락 안 한다. 즉 본인의 물리적인 몸 상태도 그렇고, 이로써 어떤 어려움이 와도 할 수 없이 흡연을 계속 하게 된다. 여기서 문제는, 즉 담배로 인한 각종 안 좋음이 많다. 그리고 이 흡연이 계속 된다. 특히 담배로 인해 건강이 안 좋아지는 문제는, 날이 갈 수 록 더 가중이 된다. 여기서 당장 흡연을 하고 나면 식욕이 떨어진다. 그리고 기분이고 텁텁하고, 또 뱃속, 즉 위가 소화가 잘 안 되고, 그로 속이 더부룩 하고, 또 대장도 더부룩 하게 까스가 잘 찬다. 그런데 흡연자들이 비흡연자들에 비해 물은 많이 마신다. 이는 왜냐면? 즉 1대 피우고 나면 목이 마르다. 그래서 그럴 때 마다 물을 1, 2컵 씩 마신다. 보통 담배를 2시간마다 1대씩 핀다. 즉 그 1대 피우고 나서, 앞에 설명처럼 물을 마신다. 즉 여기서 2시간마다 1, 2컵 이상씩 물을 마신다고 봐야 된다. 큼! 즉 여기서 비흡연자는, 즉 담배를 안 피우기 때문에, 그로 그런 흡연 지후에 그런 목마른 현상이 없다. 여기서 즉 몸 움직이다가 목이 말라서나, 아니면 물이 생각 나던지, 아니면 벼르고 있던가, 아니면 누가 옆에서 주던가 해서, 물을 마시는 경우들이 있다. 즉 이런 식에 물 마심이, 그렇게 많이는 안 마셔진다. 즉 그래서 물 마시는 양이, 그 흡연자가 비흡연자 보다 더 마신다. 여기서 물을 많이 마시는 점이, 유일한 흡연자들의 장점이다. 그리고 그 흡연자들을 보면, 즉 본인의 옷이나, 방안이나, 즉 본인이 있는 곳 어딜 가나, 담배 냄새가 난다. 즉 여기서 그 냄새를, 아예 없게 하질 못 한다. 그러나 그걸 줄이는 건 가능하다.

금연 하는 방법

"니 마누라 들랄 때, 여자가 담배 피면, 그것 허락 하긋나?"
"용서 못 해!"
"큼!"

본인이 담배 피우면서, 상대방 신부는 담배 피우는 걸 용서 못 한단다. 즉 하루는 내가 금연자 되고, 그리고 내 주위에 있던 어떤 흡연자, 즉 그가 나보다 2살 정도 어린 남잔데, 하루는 그 친구에게.

즉 흡연자들이 성격적으로 무기력하다. 즉 본인이 담배의 중독으로, 그로 이 세상에 낙오가 된 기분에, 즉 이런 심리로, 흡연자들이, 같은 흡연자 보다 비흡연자를 더 선호한다. 이왕이면 다홍치마라고.

'이 술을 마실까, 말까?'

또 흡연자가 비흡연자 보다, 술이 더 땡긴다.

여기서 비흡연자에게도 마찬가지인데, 즉 누구에게나 그 분 주위에 분들을 알고 지내다 보면, 그 알고 지내던 그 분이 의외로, 술을 가끔씩 드시는 분이 있다. 여기서 그 분들 옆에 있어 보면, 그런 그 분에게 그 분과 같이, 술 먹자는 권유가 들어온다.

'이 술을 마실까, 말까?'

이 외에도 본인이 혼자 있을 때, 즉 본인 혼자 스스로가, 즉 이런 술 생각이 날 때가 있다.

'이 술을 마실까, 말까?'

또 사회에서는 술을 판다. 즉 술은 기호식품이라면서. 즉 술이 즐기는 음식이다 이거다. 그러니까 돈만 있으면, 손만 뻣어서 술을 사 마실 수 있는데, 여기서 본인의 판단이다.

'이 술을 마실까, 말까?'

고민인데, 여기서 술이 땡기는게, 즉 흡연자가 비흡연자 보다 더 땡긴다. 즉 이런 식에 술에, 완전 정신없이 미친 수준에 이른, 폐인이 된 분들 중엔, 흡연자들이 많다. 또 흡연자들이, 비흡연자들 보다, 뒷 끝이 안 좋은데, 그 이유가? 즉 본인의 담뱃값에서, 즉 본인의 담뱃값이 본인에게 있으면, 이에 물론 본인 스스로 해결인데, 그러나 가다 보면, 즉 본인 스스로가, 그 담뱃값을 해결 못 하는 경우가 있다. 즉 이럴 땐 남들에게 아쉬운 말을 해야 된다. 그래서 담배의 노예가 되서, 할 수 없이, 남들에게 아쉬운 말 하는게 있기 때문에, 즉 이런 식으로 담배를 피우는게, 이에 본인의 그 기분이 찝찝하고, 이런 게 누적이 되서, 그로 흡연자들의 뒷 끝이, 흐지 브지 안 좋다. 또 흡연자들이 비흡연자들 보다 더 호색하다. 이는 왜냐면? 즉 그들이 담배의 노예가 된 그 몸 상태가, 정상이 아니란 걸, 그들 본인이 잘 안다. 그리고 그걸 그들의 운명이라 받아 들이는데, 즉 여기서 담배를 안 피우고 사는 게 도저히 안 되기 때문에, 그래서 그 흡연을 본인의 운명으로 인정하며 산다. 여기서 비흡연자들과의 세계와 그 흡연자들의 세계가 각기 다름을 안다. 여기서 담배가 안 좋고, 또 이 담배에 중독 된 게 정상이 아니란 걸, 그 흡연자 본인들이 누구보다도 잘 알기 때문에, 또 이 세상에 그들과 다른 비흡연자들이 존재한다. 또 흡연자 그들은, 흡연을 안 하지 못 하기 때문에, 이에 쓸데 없이, 이 세상에 있는 담배란 놈의 노예가 된 느낌! 이에 따르는 무기력감! 즉 이런 정신도 그렇고, 또 본인의 건강이 날이 갈 수 록 안 좋아진다. 또 속이 더부룩 하고, 즉 이런 식에 주로 밥 맛이 없다. 또 흡연자들 본인 스스로가, 즉 누구보다도, 본인의 흡연이 정상이 아니란 걸 알고, 이에 비흡연자들에게 열등감이나, 또 본인 스스로의 무력감이나, 나태감! 즉 이로 비흡연자들에 대한 열들감! 즉 이런 심리가, 특히 비흡연자들을, 흡연자들 보다, 더 소유 하고픈 심리가 있어서, 즉 이런 식으로 비흡연자인 상대를, 이왕이면 가진다, 그래서 그 비흡연자의 종족을 낸다, 즉 이런 심리와 여기서 본인의 흡연이 비정상적이다, 이로 비흡연자들에 대해 열등감이 생긴다. 즉 이런 식에 심리로, 흡연자들이 비흡연자들에 비해 호색한게 강하고, 여기서 변태적인 성욕이 강하다.

'아, 나도 이젠 담배를 끊고 싶다!'

한번씩 본인 스스로에게 이런 생각을 내 뱉곤 한다.

여기서 문제는, 이 흡연이 본인 스스로가 안 좋단 걸 누구보다도 잘 알고 있다. 즉 알면서도 운명적으로 타고난, 그런 본인의 흡연 인생이다 하고, 본인 스스로가 받아 들이고, 즉 운명적으로 계속 담배를 피우는 거다. 즉 항상 담배를 피우면서도 문제는, 즉 당장 본인의 영혼, 또 본인의 생활, 또 건강, 경제, 즉 이런 것들이, 당장 담배를 피우면서도 안 좋다. 또 담배가, 담배로 인한, 폐암, 버거병, 중풍, 등 등, 즉 그런 죽을 병의 죽음의 공포가 점 점 다가온다.

'아이고 포기 했다! 그 놈의 담배를 죽는 날 까지 피우다, 완전 담배에 패해서 저승 갈란다!'

즉 이런 식으로 담배 끊기를, 아예 포기를 하신 분이, 주로 담배를 피우시다가,

켁, 켁!

결국 폐암 말기, 버거병, 등 등, 즉 담배로 인한 죽을 병에 걸려, 그로 죽을 날이 얼마 안 남아 있는 중에도, 담배 피우면서 숨이 끊어지곤 한다. 즉 이런 분들은 담배에 패하고, 그리고 마지막으로 담배 마귀가 주는 사형선고 얼마간 받고 살다가, 그 담배 마귀가 휘두르는 방망이질에, 말루 홈런 1방 맞고! 완전 담배 마귀들에게 패배한, 그런 담배 마귀들과의 야구 게임이 됐다. 즉 여기서 누구나 담배를, 첨부터 경험을 하면 안 되고, 또 여기서 그 담배 경험자는 담밸 끊어야 되는데, 여기서 담배를 경험해 놓으면, 그 처음 배운지 5년 정도가 지나면, 그 담배 중독이 된 그런 본인 스스로가 싫어지고 한심 해 지는데, 여기서 담배를 피우면서 못 끊는데, 즉 역시 본인의 인생에서 담배를 언젠간 끊어야 된다는, 그런 큰 인생 숙제가 주어진다. 여기서 사람에게 숙제란 것이 맡겨진 건, 꼭 해 내야 된다. 즉 그 일이 해야 될 일이라면 그렇다. 즉 여기서 그런

숙제 맡겨진 걸 안 해 낸다면, 즉 그 다음 아무 얻을 것이 없다. 반면 그 맡겨진 숙젤 해내면, 그 다음엔 일이 있고, 또 발전도 있고, 즉 이런 식의 본인에게 뭔가 얻을 것이 있다. 여기서 사람이 잘 살고, 잘 되는 기본 조건이, 즉 본인에게 주어진 문제인 숙제를 해 내 가는 길이다. 즉 우리가 학교에 학생으로 학교에 다닐 때 보면, 즉 반에서 선생이 내 주신 숙제를 꼬박 꼬박 해 내 가야, 그 선생이 가르치는 공부가 유지가 되듯이, 즉 여기서 학교 공부를 잘 하고, 못 하고의 첫째 조건이, 즉 그 선생이 내 주시는 숙제를 꼬박 꼬박 해 내 가느냐, 안 해 가느냐? 여기에 그런 학교 공부가 달렸는데, 즉 그 숙제를 해 가야 기본 공부가 되듯이, 이와 마찬가지로 우리가 어딜 가나 기본적으로, 즉 본인이 하는 그 일을 하려면, 최고 기본이, 즉 본인에게 주어진 숙제를 꼬박꼬박 해 가야 된다. 즉 이것이 본인 일 하는데 기본이다. 여기서 즉 본인에게 주어진 무슨 약속이나, 아니면 크게나, 작거나 일이나, 아니면 크게는 인생의 숙제나, 즉 그 본인의 그 숙제를 해 내 가야, 그럼으로써 그 다음 일이 있고, 또 본인이나, 또 본인 주위의 발전이 있고, 즉 이로써 본인에서, 뭔가 얻을 게 있다. 큼! 여기서 담배도 처음부터 안 배우면, 그 끊어야 되는 숙제가 안 주어지고, 이것이 좋은데, 여기서 이 담배를 호기심에 1번 경험에, 그 담배 중독자가 되 버렸는데, 이젠 그 담배 연기 내는 사람이 된 것을 그만 하잖 것을 본인도 성공 해 내 보잔 것이다. 방금 예기했듯, 즉 사람에게 숙제가 주어지면, 그걸 해야지, 방금 설명처럼, 그 본인에게 맡겨진 일을 해냄으로써, 그런 얻을 것들을 얻을 수 있다. 여기서 중간이나, 그 자리 유지만 하려면, 즉 피곤하면, 비 오면, 뭔 일 있으면 쉬는, 즉 그런 대충 대충의 이런 사람은, 역시 상위권은 못 한다. 즉 상위권에 있는 사람들은, 즉 피곤하나, 뭔 일 있으나, 비가 오나, 눈이 오나, 바람이 부나, 즉 그 어떤 일을 만나도, 그 본인에게 맡겨진 숙제를 잘 하고, 또 해 내고, 즉 이런 사람들이 상위권 자리를 다투는 사람들이다. 즉 그래서 숙제란, 즉 이를 하거나, 안 하거나는, 그 본인의 선택인데, 그런데 여기서, 그 숙제를 안 해 놓으면, 하나님의 쓰임을 못 받는다. 반면 본인에게 주어진 일거리인, 그 숙제를 해 감으로써, 이는 직통으로 하나님의 쓰임을 받는다. 여기서 그 숙제를 누가 구지 안 내 줘도, 그걸 본인이 스스로 정해서 할 수 도 있다. 여기서 본인이 맡은 그 숙제를 해 내고, 하나님의 쓰임을 받을꺼냐, 아니면 그 숙제를 안 하고 하나님의 쓰임을 안 받을 꺼냐? 여기서 숙제를 해 내고 하나님의 쓰임을 받아야 된다. 큼! 여기서 우리 주위에 담밸 끊으신 분들이, 종종 계시다. 즉 그 분들의 본을 받길 바란다! 즉 그런 금연자들처럼 본인도 담배를 끊을 꺼란 목표를 세우고, 그리고 방금 예기 했듯, 즉 그 하나님의 쓰임 받고, 하나님께서 주시는, 뭔가 좋은 것을 얻을려면, 하나님께서 내 주신 금연 숙제를 해 내야 된다. 그리고 그 하나님께 그 숙제 검사를 받아가야 된다. 여기서 담배를 끊는데서 통계적 확률이 있다. 그건 즉, 주위에 아무 도움을 안 받고, 본인의 정신력과 의지만으로 담배를 끊을 확률이 5%다. 또 보건소에 금연 클리닉, 그런 주위 타인의 도움으로 끊을 확률이 30%다. 여기서 이 30%의 금연 성공률로써 금연을 시도 해야 된다. 여기서 각 도, 시, 면, 읍, 즉 이런 해당 관활의 보건소 내에 금연 클리닉, 즉 거기가 흡연자들 담배를 끊게 해 주는 기관인데, 거기 가서 도움을 받으면 된다. 아마도 이 시회에서 유일하게 흡연자들 금연을 시키는 단체가 그 곳 일 것이다. 이 담배를 끊는 일이 꿈과 같은 일이 아닌게, 이는 누구나 가능하다. 우리들 주위에 담배 끊은 분들이, 흡연자들 10분 중, 2분 정도는 계시다. 즉 속담에, 소가 지나 간 길은 말도 지나 간다고, 즉 이는, 남이 이룬 일은, 본인도 노력을 하면, 본인도 그처럼 그 일을 이룰 수 있단 뜻이다. 그런데 여기서 짚어볼게, 즉 마약의 중독성이 담배의 10배 이상 쎄단다. 그래서 마약은, 그 중독성이 너무 강해서, 그로 그 1번의 경험에, 마약은 살아 생전엔 못 끊고, 몸이 죽어야, 거기서 마약을 그친단 것이다.

우리들 주월 둘러보면, 누가 마약을 했다가 그 약을 끊었단 사람이 있단 말을, 누구도 1번도 못 들어 봤을 것이다. 이는 실제적으로 이 세상에서 아무도 마약을 끊은 사람은 존재를 안 한단 것이다. 여기서 예수님께서 살아 돌아오셔서, 예수님도 그 마약을 1번 경험을 하시면, 예수님도 마약을 평생을 못 끊으시니까. 그리고 이 담배, 마약, 이 외에도 나쁜 중독 되는 것들을 보면, 즉 대마, 까스, 본드, 등 등, 즉 이런 중독 되는 것들도 각 각, 1번 경험을 하면, 그 길로 계속 해야 되니까, 그로 그걸 경험을 하면 안 된다. 즉 여기서 이 담배를 1번 경험을 해서, 이 세상에 담배가 있단 걸 알게 된다면, 거기서부터 그런 본인의 인생에서, 이 담배를 끊어야 된다는 어려운 인생의 숙제가 주어지기 때문에, 그로 처음부터 담배를 경험 하면 안 된다. 큼!

"식후 담배 1대 불로 장생이라!"

또는

"야, 식후 담배 1대가, 소화가 그렇게 잘 되고 몸에도 좋아, 이거 1번 해 봐라!"

즉 흡연 한지 3년 까지는, 본인이 담배를 배운걸, 별 후회를 안 한다.

그리고 흡연을 한지 5년 정도가 지나면, 할 수 없이, 계속 담배를 피우는 본인이 싫어진다. 여기서 담배를 끊고 싶은 마음이 생겨진다. 큼! 그런데 이 담배 끊는 문제가, 생각보다 어려운 것이다. 여기서 흡연 경력이 10년 이상이 되면, 본인의 건강이 안 좋아졌다. 또 흡연이 20년 이상이 되면, 각종 담배로 인한 죽을 병 걸릴 위협이 있고, 또 흡연 경력이 30년 이상이 되면, 담배로 인한 죽을병 걸릴 위험이 높다. 또 흡연 경력이 40년 이상이 되면, 이런 분들 경우는, 실제적으로 담배로 인한 죽을 병에 걸렸다. 큼! 또 담배를 구매 해 보면, 그 담뱃갑에 경고 문구가, 즉 이 담배를 청소년에겐 안 팔며, 또 이를 피우면 폐암에 걸리며, 또 그 흡연이 여러모로 안 좋단 경고의 문구를 써 놓는데, 즉 이는 그 담배를 사서 피우면, 그 담배가 본인 몸에 여러모로 안 좋으니까, 이로 그런 폐암 같은 죽을병 걸려도, 그 담배 회사가 법적 책임을 안 진다고, 그 회사에서 미리 걸어 놓은 한 수다. 여기서 담배 중독자들 입장엔, 그 담배에 중독이 됐고, 여기서 대한민국 어딜가나 담배를 파니까, 이에 담배를 안 피울 수 가 없어, 이에 어찌하든 간에 담배를 사서 피운다. 이 담배는, 즉 2시간 이하로 1대 흡연을 안 해 주면, 즉 본인 혼자, 불안, 초조, 허무, 증상이 나타나고, 이에 담밸 1대 하면, 그 금단 증상이 사라지며, 담배연기를 폐로 흡입한, 포만감이 온다. 즉 그런 담배를 피우는 날이, 누적 되면 될 수 록, 즉 본인의 영혼과 생활에 안 좋은 영향을 끼친다. 여기서 영적으로 흡연 문제를 보면, 즉 이는 담배 마귀 1놈 이상이 씌여서, 그로 그 담배 마귀들의 노예가 된 길이, 그 흡연의 길이다. 즉 흡연자가 된 것의 실상은, 즉 흡연자의 몸에 담배 마귀 1놈 이상이 달라 붙어 있는 것이다. 또 현실적으로 요즘이 17년 돈데, 요즘 담뱃값이 너무 비싸, 그로 더욱이 경제력이 약한 편인 흡연자분 경우는, 그 담뱃값 부담이 커서, 그로 남에게 본인의 아쉬운 말을 꺼내며, 남에게 손 벌리고, 남에게 의지하고, 즉 이런게 참 못 할 짓이지? 그래도 할 수 없이 피워야 되는데, 즉 이는 본인의 담뱃값이 없게 되면 그렇게 된다. 원래가 담배를 안 피우는데서도 살아가는 데서 입에 풀칠하기가 어렵다. 여기서 이런 식에 가난한 분 입장엔, 그 담뱃값, 하루, 이틀 각 각의 5000원이, 즉 그런 분들의 하루 생활비다. 이 세상을 사는데서, 담배를 안 피는 정상적인 사람들도 살아가는 데서 돈이 도저히 힘든데, 이 담배 중독자들 경우는, 즉 이 담배에 중독이 된 비정상적인 몸에다, 거기다가 하루, 이틀 각 각의 담뱃값 5000원씩이란 돈 드는게 문제고, 이에 그런 본인이 얼마나 이 세상 살이에 모순이겠나? 이 어찌 보면, 담배 중독자들을 현대의 의학에서 그런 그들을 정신병 걸린 상태라고 해 놔도, 그 흡연자들은 할 말 없을 것이다.

'아, 나도 이젠 끊고 싶다!'

이런 생각 하면서 피운다. 즉 담배에 중독이 되서, 그 담배에 중독이 된 맛으로 피운다. 어차피 안 피우는 그 기능이 안 되서 피운다. 물론 본인의 뜻은 금연인데, 그렇게 담배로 인한 안 좋은 문제가, 즉 담배를 피우면 피울 수 록, 본인의 건강이 안 좋아지는 것이다. 여기서 이 흡연이 가면 갈 수 록, 본인의 그 몸에서, 담배로 인해 생기는, 무슨 골병이라든지, 아니면 무슨 죽을 병이라든지, 즉 담배를 피우다가, 결국 그런 병 만 날까 봐? 이에 본인이 담배 피우면서 겁이 난다! 이 담배를 끊는 첫째 조건은, 먼저 본인이 담배를 앞으로 안 피우고, 본인도 금연자가 되겠다는, 그런 살려는 독한 마음을 품음이 중요하다. 즉 본인도 다시 금연자의 삶으로 되 돌아 가겠다는. 즉 여기서 흡연자, 그분들 개개인들의 주위를 둘러보면, 즉 본인은 담배에 저주 받은 흡연자로 그런 비정상적인 사람으로 고정이 됬는데, 그분들 각자 주위를 둘러보면, 즉 담배 안 피우는 정상적인 건강한, 남, 녀, 노, 소의 사람들이 부럽지? 즉 그들 비흡연자들이, 흡연자들 보다 일단은 담배에 중독이 안 된 정상인들이다. 즉 담배에 중독이 된 비정상인들 보다 1수 위의 사람들이다. 여기서 담밸 끊는데의 첫째 조건이, 즉 이 담배를 끊겠다는 본인의 강한 의지의 그 금연 결심과, 또 이에 그 금연 성공의 도전이다. 이 금연 성공률이, 즉 앞에 금연 도전에 실패한 경험이, 많은 사람 일 수 록 금연 성공률이 높다. 아까 예기 처럼, 즉 100%의 금연 성공률에서, 본인 스스로의 힘으로 금연 성공률은, 5%다. 또 금연 클리닉 가서, 타인의 도움으로는 30%의 금연 성공률이다. 이 실패는 성공의 어머니란 말이 있듯이, 즉 실패 후엔, 반드시 성공이 온다. 이 세상에 실패 없는 성공은 존재하지 않는다. 즉 이 금연 성공뿐만이 아니라, 즉 이 세상 모든 일들이, 즉 그 일에서의 실패 한 경험이 많으면 많을 수 록, 그 일의 성공률이 높고, 그리고 그 성공을 이룸도, 더 야무지게 된다. 즉 금연 성공의 첫째 조건이,

즉 금연을 실패 하더라도, 그 금연을 시도 해 봄이다. 일단 무슨 일들이 나, 그 일 성공의 첫째 원인은, 두드림이다. 먼저 금연을 시도해야 된다. 여기서 금연을 성공하면 좋은 거고, 실패하면 다음 기회고. 여기서 이 금연 성공 일이, 즉 사법고시 시험이나, 또는 무슨 공무원 시험이나, 또는 대학입학 시험이나, 즉 그런 어렵다는 시험들, 그 중, 어느 1가지 시험에 합격을 하는 일 처럼, 즉 금연 성공도, 그런 일과 같이 어려운 일이라 보면 된다. 즉 방금 설명한, 그런 류들의 시험들 각 각은, 즉 외부와의 싸움들인데, 이 금연은 본인의 내면 속, 즉 본인 자신과의 싸움이다. 즉 그 싸움의 대상이, 즉 본인에게 붙어 먹는 담배 마귀들과 담배에 맛들인 본인의 그 몸과의, 즉 본인 안에 선과 악의 싸움이다. 즉 방금 설명한, 즉 그런 무슨 시험들 중, 어느 1가지 시험에 합격을 한다던지, 즉 그런 일들은, 즉 본인 자신과의 싸움이 아닌, 본인 외부와의 싸움이다. 즉 이런 외부의 일들도 성공하기가, 아주 어렵다. 즉 이런 외부적인 일들 성공하는 것과, 즉 본인 내면 안의 본인과의 싸움인 금연, 즉 앞에 설명한 외부적인 일들과, 금연 성공의 즉 본인의 내면의 싸움, 이 일들이 각 각, 거의 동일한 힘과 노력이 든다. 여기서 철이 스스로의 녹으로 멸망해 자멸하듯, 인간도 본인 스스로의 내면 안에서의 마귀들에게 져서, 그 마귀들의 종이 되는 것, 즉 여기서 외부의 적보다 더 무서운 적은, 본인 스스로 자멸 하려는, 그 본인 안의 적이다. 여기서 사람의 눈에 보이는 원수란 적과, 즉 사람의 생각 속에 살아 먹는, 즉 우리들의 눈에 안 보이는, 즉 마귀놈들이란 악령의 적이 있다. 이 마귀들의 목소리가 환청인데, 여기서 즉 환청이란? 즉 정신과에서 말하는 내용인데, 여기서 그 환각 현상들이란? 즉 환시, 환청, 환미, 환후, 환촉, 즉 이런 환각 현상의 5감들이, 다 마귀들이, 그들 집 된 사람에게 나타내는 현상이다. 즉 이런 마귀들이, 그 놈들 집 된 사람 생각 속에서 살아 먹는, 즉 우리들의 눈에 안 보이는 외부의 적이다. 여기서 우리들 눈에 안 보이는 외부의 적인 마귀들이, 원수란 적보다 더 무섭고, 위험하다. 이는 왜냐면? 즉 사람들 끼리의 적은, 그 상대가 우리들 눈에는 보인다. 그래서 그런 상대가 정 꽉 막히게 나오면, 뚜두려 잡을 수 도 있는데, 그런데 이 마귀놈들은 우리들 눈에 전혀 안 보인다. 여기서 즉 몸 덩어리가 있으면, 그 자리에서 직통으로 패서 쫓아낼 껀데, 그런데 그 놈들은 우리들 눈에 전혀 안 보이니까, 그래서 그 놈들을 물리적으론 못 쫓는다. 여기서 우리들 눈에 보이는 원수란 외부의 적보다, 즉 우리들 눈에 안 보이는 외부의 적인, 마귀들이란 적이 더 무섭다. 여기서 마귀들이라고 해서, 즉 신비하게 즉 본인의 내면 속 본인 스스로의 적이 아니라, 즉 본인의 생각 속에서 살아 따로 존재하는, 그런 다른 생명체인, 즉 우리들 눈에 안 보이는, 몸이 없는 생명체들이다. 여기서 우리들 눈에 보이는 외부의 적인 원수들이 있다. 여기서 우리들 눈에 안 보이는 외부의 적인 마귀들이 있다. 여기서 기독교의 가르침을 보면, 즉 사람들의 진짜 싸움의 대상은, 본인이나, 남인 사람들 끼리가 아닌, 즉 일체의 마귀들이다. 여기서 사람들 중, 남에게 악의로 나오는, 즉 우리들 주위에 원수들이 있는 이유가? 즉 이 마귀들이 그 원수란 그 사람 당사자에게, 알게, 모르게, 어떤 식으로 꾀를 쓰고, 방법을 써서, 원랜 조용히 가만 있는 사람을 악한 마음을 품게 해서, 그 마귀들이 그런 원수로 만든 것이다. 그래서 사람들끼리 싸움을 붙이는 거다. 즉 그 마귀들 집 된 사람과 싸우게, 그래서 그 마귀놈들 집 된 사람과 흩어지게 이간질을 시키는거다. 여기서 이 마귀놈들이, 여러 사람들을 한꺼번엔 지옥으로 못 보낸다. 여기서 1사람씩 1사람씩 지옥으로 보낸다. 즉 그 1사람 지옥으로 보내 놓고 나서, 여기서 그 일을 확실히 마무리 짓고, 또 딴 사람 1명 정해서 그 찍은 그 사람만을 지옥 보내기 작전으로, 즉 이 식으로 1사람씩 1사람씩 지옥 보낸다. 그러니까 누구나 할 것 없이, 이 마귀놈들의 지옥 보내기 저주 작전의 대상이 될 수 있다. 즉 인터넷에 퇴마사들 글을 보면, 즉 그들은 마귀들을 악귀들이라 하는데, 즉 사람에게 마귀들이 들리는 이유가? 즉 재수가 없기 때문에 들린 거란다. 즉 무슨 특별히 죄를 져서가 아니고. 이 비유가? 즉 우리가 밖에 나돌아 다니다 왠? 이상한 살인마를 예기치 않게 만나, 그 살인자에게 난데없이 묻지마 살인을 당해 죽듯이. 여기서 우리들 눈에 보이는 외부의 적들인 원수들도, 따지고 보면, 우리들 눈에 안 보이는 외부의 적인, 그 마귀들의 조종을 당하는, 즉 그 마귀들의 소스를 받은 것이다. 그래서 근본적인 사람들 일체들의 적은, 사람들을 악하게 하고 원수로 만드는, 그 마귀놈들이, 진짜 사람들의 적들이다. 즉 이런 식의 앎이, 사람들이 마귀들을 대적 삼을 수 있는 것이다. 그래서 이 세상의 모든 외부의 적, 즉 우리들 눈에 보이는 적과, 우리들의 눈에 안 보이는 적이 있는데, 여기서 우리들 눈에 보이는 외부의 적은 악한 원수들, 또 우리들의 눈에 안 보이는 외부의 적은 마귀들, 즉 이렇게 사람들 일체의 외부의 적은, 이들 2가지가 있다. 여기서 이 금연을 하는데 있어서, 즉 방금 설명한 그런 본인의 외부의 적들이 문제가 아니라, 본인 안에 내면의 적인, 즉 본인 스스로가, 바로 금연란 적이다. 즉 본인 스스로를 이기는 것이 금연 성공의 키 포인트다. 큼! 즉 그 흡연 욕구를 참아 넘기기, 자제하기, 즉 어떻게든, 하루 24시간 금연을 이루어 내기, 즉 하루 24시간 동안 담배를 아예 안 피우기를 성공하기 위한, 즉 본인 자신괴의 싸움인데, 즉 본인 안의 본인을 이기기, 이 싸움이 바로 금연과의 싸움이다. 즉 담배를 피려는 본인 스스로와, 반면 이 담밸 안 피우려는 본인, 이 2가지의, 즉 본인의 마음 속에, 즉 본인이 본인 자신과의 싸움이다. 즉 본인 스스로 담배를 피우려고 하는 담배 마귀와, 반면 본인 스스로 담배를 안 피려는, 즉 금연이란 하나님과의, 이 각기 2편의 힘의 대결인데, 즉 이 삶과 죽음, 즉 하나님의 금연의 선과, 담배 마귀들의 흡연의 악의 싸움, 즉 본인 스스로 본인과의, 선과 악의 싸움이다. 여기서 흡연이란 담배 마귀의 악의 힘이, 아주 강하다. 그런데 내 경우는, 즉 이런 내면 속의 담배 마귀들을 이겨냈고, 또 나 외에 우리들 주위에서도, 나 처럼 담밸 끊으신 분들이, 중간 중간에 계시니까, 이에 흡연자들은, 이렇게 담밸 끊으신 분들의 본을 받아, 본인도 담배를 끊을 수 있다는 희망을 가지고 노력을 해야 된다. 즉 담배를 끊겠단 싸움은, 즉 외부의 적이 아닌, 담배를 안 피우겠단 본인 자신과와의 싸움이다. 이 본인을 이기는 거다. 여기서 누구나 금연을 성공해서, 비흡연자로 살 수 있다. 여기서 이 금연의 적이, 공허, 허무, 초조, 이 증상들인데, 이 금단 증상의 상대는 누구인가? 즉 그 적은, 본인 스스로 자멸하려는, 이 흡연의 금단 증상인데, 이는 본인 안의 본인 스스로인, 담배 마귀들이다. 이 반대 세력이, 즉 본인 스스로 담배를 안 피려는, 금연의 하나님이다. 이 2 힘, 즉 금단 증상인 담배 마귀들, 이와 대적이, 즉 본인이 금연을 하려는, 즉 본인 자신의 하나님, 즉 이 담배 마귀와 하나님과의 싸움이다. 여기서 이 담배 마귀의 힘이, 아주 쎄다. 여기서 담배 마귀들에게, 본인 혼자만의 힘으론, 95 : 5, 즉 금단 증상인 본인 자신의 담배 마귀가 본인을 이길 확률이 95%다. 여기서 본인이 타인의 도움을 받아 금연을 한다면 그 금연 성공률, 즉 금단 증상인 본인 스스로의 담배 마귀들이 본인을 이길 확률이 70%다. 즉 본인 혼자 금연 시도는, 본인이 금단 증상을 이길 확률이 5%다. 여기서 타인의 도움은 무엇인가? 그건 즉 보건소 안에 금연 클리닉인데, 거기 찾아가서 금연 시도 땐, 30%의 금연 성공률이다. 그러니까 금연 도전에서, 타인의 도움을 받는게 낮다. 여기서 이 확률들을 다른 일들에 비교를 해 본다면, 즉 우리가 사회적으로 성공 하는 일들 중, 30%의 성공하는 일들이 뭐가 있나를 알아 보자! 큼! 즉 어디 왠만한 공무원 시험 합격률이, 30%정도인, 3 : 1의 경쟁률이다. 즉 이런 식의 사회적인 일 성공률과 그리고 본인이 흡연을, 타인의 도움으로 해서의 금연 성공률이 30%, 즉 이들 2경우가, 다 같은 강도로 힘이 드는 일이라 볼 수 있다. 그래도 금연 성공이, 즉 금연 클리닉 가서도,

본인의 담배 끊겠단 강한 의지로 금연을 시도도, 그 금연 도전의 실패할 확률이, 70%다. 즉 여기서 본인 스스로의 금연 성공률 5%의 사회에서 일 이루는게, 어떤 일들이 있나를 살펴보자! 큼! 즉 여기서 사법고시 합격률이, 5%의 성공률 일 꺼다. 또는 한국 최고의 대학이라는 서울대 학격률이, 5%정도 일꺼다. 여기서 담배는 본인의 의지로 끊는데, 이는 타인을 이김이 아닌, 본인 자신을 이김이다. 즉 본인 외부의 적인, 즉 원수, 마귀들이 아니다. 진짜 금연의 적은, 즉 본인 자신의 금단 증상인, 담배 마귀들이다. 그 담배 마귀들을 이겨야 된다. 즉 담배를 피우자! 하는 그런 담배 마귀들. 또 이 반대 세력이, 담배를 안 피우려는, 즉 본인 내면 안의 하나님이시다. 즉 본인의 하나님은, 담배를 안 피우려는 삶으로 가려고 한다. 즉 여기서 본인의 하나님이 이길 확률이 5%, 타인의 도움인, 본인 자신의 하나님이 담배 마귀들을 이길 확률이, 30%다. 그래서 담배를 끊음에, 즉 본인 스스로 할 게 아니라, 보건소 금연 클리닉에 찾아가서 도움을 받는게 낫다. 여기서 담배 마귀들을, 하루 24시간만 이겨내면 된다. 즉 하루 24시간 동안 금연을 해야 되고, 이게 성공을 하면, 돌아오는 다음날부터 하루 24시간 동안, 또 새로 맞서 담배 피우고 싶은 욕구가, 50% 이상이 떨어져 있다. 이 담배 안 피우는걸, 다음 날로도, 계속 그 유지를 시켜, 그날 하루도 24시간을 금연을 해 내야 된다. 그러나 그날은, 담배 피우고 싶은 욕구가, 50%이상 떨어져 있다. 여기서 담밸 계속 안 피우려는, 본인의 고집이 아주 중요하다. 즉 하루 24시간을 참아 넘기면, 그 다음날 부턴 계속 그 담배를 안 핀다는 그 고집이 중요하다. 큼! 즉 금연을 유지 시키려는 그 본인의 금연 고집. 여기서 담배 끊은 사람이 되려면, 하루 하루, 평생 금연 성공의 그런 고집으로 사는 거다. 그런데 그렇게 금연하는 삶이, 해가 갈 수 록, 그 담배 땡기는게 덜 해진다. 전에 내가 담배를 24시간 끊고, 그 다음날도 금연 성공, 또 다음날도 금연 성공, 또 그 다음날도 금연 성공, 또 그 다음날도 금연 성공, 즉 이런 식으로 하루 하루 금연을 성공 해 가면서, 즉 이런 와중에, 그 보건소 금연 클리닉에서 주신 30페이지 가량의 금연을 성공하는데 도움이 되는 책자, 즉 그 책자를 받아 정신병원 그 안 내 자리로 돌아와서, 그 책을 300번 정도 반복적 읽기를 목표로 정하고, 그 금연 도움 책자를 반복적으로 계속 읽고, 또 그런 금연 책 1권 짜리로 된 책자들 3가지 정도 볼만한 걸 누구의 부탁으로 구해서, 그걸 4번 이상씩 각 각 반복 해 읽곤 했는데, 즉 그런 금연 책자들을 금연 시작점에서는 그런 식으로 읽어 가면, 그 금연의 앎이 굳어져, 그로 금연의 의지가 강해지고, 또 그 금연 성공자 주위에 재흡연의 유혹에 흔들지 않는, 그런 본인의 금연 의지가 강해진다. 즉 그래서 담배를 끊는 시작점에선, 꼭 그런 금연 책자를 읽어야 되는데, 아마도 그런 금연 책자도, 보건소 금연 클리닉 가면, 공짜로 줄 꺼다. 그 금연 책자나, 또 그 추가로, 즉 아까 예기처럼, 다른 금연 책자들, 즉 그런 책자들은, 본인이 알아서 어디서 구해서, 그 책자들을 반복 해 읽는게, 그 금연 24시간 초과로의 그 금연 성공, 그 이후의 재흡연 유혹에 안 흔들리는, 즉 그런 본인의 금연의 뜻을 굳히기 위해, 꼭 필요하다. 여기서 내 경우는, 즉 그 때 본 책자가, 그 금연 클리닉에서 주시던 그 금연 책자엔, 즉 금연 성공 하루 초과를 이룬 바로 그 다음날 부터 3일간, 재흡연 위험기간이란다. 그런데 이는 내가 실제 금연을 성공해, 2, 3, 4일, 그 금연이 계속 되도, 이에 대해 특별한 건 모르겠는데, 또 금연 클리닉에서 주시던 그 금연 책자엔, 즉 금연 성공 초과 일 그 이후, 2주를 금연 성공을 유지 해 넘기면, 그 금연 성공자 본인의 흡연 할 때의 그 본인의 몸 속에 쌓여있던 니코틴이나, 그 외에 담배로 인한 각종 독소들이, 그 금연 성공자의 몸 속에서, 거의 다 빠져 나간단다. 또 이에 대한 특별한 것도 모르겠다. 큼! 여기서 금연을 하루 24시간 성공을 함에 도움 되는게, 즉 약국에서 파는 금연 보조제들, 이게 그 금연에 큰 도움이 되는데, 즉 이런 물품들이, 뭐, 뭐가 있냐면? 그건 즉 금연 파이프, 금연 펫취, 금연 껌, 즉 여기서 레모나도 있다. 이 레모나도 도움이 되는가? 즉 보건소 금연 클리닉 가면, 이 레모나도 줄 것이다. 전에 내 경우는 과립 말고, 딱 딱 하게 된, 알약 같이 된 걸로 주더라. 또는 손바닥에 쥐락 펴락 하는 손바닥 지압기, 즉 골프공 모양의 우둘 투둘 한 것, 그런 손바닥 지압기도 있고, 이 외에 특별한 금연 보조제 약품은, 뭐가 있나 모르겠다. 이 외에는, 즉 금연 방법을 가미를 하는데, 여기서 그건 즉 물을 많이 마시란다. 이는 왜냐면? 즉 24시간 하루 종일 금연을 성공 하는데서나, 또 금연 성공 초과를 이룬 후에도 물을 많이 마셔, 그 본인의 몸 속에 니코틴이나, 각종 몸 속에 쌓여 있던 담배의 유해 물질들이, 그 몸 속에서 빠져 나가라고다. 그리고 그 보건소 금연 클리닉 직원인 공무원, 그 분들 중, 나이가 많은 아줌마께서 하시는 말씀이, 즉 금연의 정신적인 자세인 그 앎은, 즉 그 도전자 본인의 생각을, 즉 본인은 태어나서 부터 지금껏, 단 한번도 담배를 안 피워 와서, 이로 담배를 모르고, 또 앞으로도 계속 담배를 모르고, 즉 그런 식에 담배엔 옆에도 안 간다는 정신적 자세를 가지란다. 즉 앞에 그 분 경우는, 즉 태어나서 그 때 껏 담배를, 1번도 안 피우신 분이다. 여기서 금연 보조제 부터 하나씩 설명해 보자! 즉 금연 파이프, 이게 금연 성공에 아주 도움이 된다. 내 경우는 금연 파이프로 담뱉 끊었다. 이 금연 파이프란? 즉 담배가 피우고 싶을 때, 그 담배를 안 피우는 대신에, 그 흡연 대리만족으로 피우라는 것이다. 즉 흡연자들을 보면, 그 담배 피운지 2시간 정도 경과 하면, 다시 재흡연을 해야 되는데, 즉 그 재흡연의 대리만족으로 피우라고 만든 것이다. 즉 그로 그 24시간 초과로의 금연 성공을 하라고 만든, 금연 보조제다. 이는 어떻게 사용하느냐면? 그건 즉, 내나 담배를 흡연 하듯, 그 금연 파이프를 1모금 빨아, 폐로 넘긴다. 여기서 이 금연 파이프를 폐로 넘기면, 박하향의 시원한 느낌이 나면서! 내나 담배연기를 폐로 넘기면 약간 가슴이 답답해 지듯, 내나 그 식으로 약간 가슴이 답답하고 텁텁한 느낌을 주는데, 즉 그건 마치 흡연할 때와 같은 느낌이다. 이 금연 파이프가, 향은 솔 향기가 난다. 여기서 1모금 머금고 폐로 넘기면, 솔 향기가 나면서, 박하의 시원한 느낌이! 입속과 폐 속으로 전해진다. 그러면서 흡연할 때와 같은 폐 속이, 약간 답답하고 텁텁한 느낌을 준다. 이 식으로 금연 파이프가, 금연을 함에 있어, 그 금단 증상의 흡연의 대리만족을 준다. 내 경우는, 금연 보조제들 중, 금연 파이프 1개로만 담뱃 끊었다. 그리고 즉 그 금연 클리닉 참석 첫날에, 거기 교육을 받고, 계속 흡연 안 하다가, 그 상태에서 내 자리로 돌아와, 그 길로 지금까지 담배를 끊어버렸다. 즉 거기 금연 클리닉 교육 풍경은, 즉 그 흡연자들이 20명 정도가 모였다. 또 거기 금연 클리닉 기관의 공무원 2분이 오셨고, 즉 그 2분 다 여자분이시고, 그 중 1분은 젊은 분인데, 치열 교정기를 치아에 차고 오셨던데, 큼! 그리고 거기 교육이, 즉 그 공무원들께서 강의 하기, 또 금연하는 비디오 보여주기, 그 시청 시간은 1시간 정도인데, 그 내용이, 즉 담배를 오래 피우다가, 그로 인해 이런저런 몸의 병으로, 안 좋게 된 모습들인데, 싫고, 혐오스럽다! 또 일산화탄소 측정기 불기, 또 각각 흡연자들 1명씩, 그 기관 직원분들에게 상담받기, 여기서 그 상담 내용은, 즉 그 흡연자 본인 개인의 흡연 경력 등의 상담이다. 그리고 거기 금연 클리닉 공무원 2분 중, 1분은 30대 초반의 처녀분인 모양이시던데, 큼! 보니 짧은 커트 머리에, 키는 여자분 평균키 보다 약간 작은 키요, 날씬하시던데, 그건 그렇고. 또 금연 보조제들과 금연 책자 나눠 주기. 그 교육이 2시간 가량 하고 끝난다. 여기서 금연 성공함의 싸움이, 즉 하루 24시간의 흡연과의 싸움인데, 즉 그 날만 흡연을 하라는 그 흡연 욕구가 심한데, 즉 1시간이, 좀 못 되서 마다, 계속 주기적으로 그 금단 증상이 생기고, 그리고 그 증상의 강도가 심하다. 이런 식에 흡연 욕구의 이 금단 증상의 적이, 금연 성공 도전 하루 24시간, 그 하루만 힘이 쎄다. 즉 그 하루 24시간 금연을 성공하고 나면, 그 다음날 부턴 그 금단 증상이 50% 이상, 그 힘이 약화 된다. 이 금단 증상, 이게 사라진지 1시간이 못 되서 정도 마다, 다시 오고! 이에 담배를 안 피면, 아주 불안, 초조, 허무해 진다! 즉 이런 강한 금단 증상과의 하루, 24시간 동안의 싸움이다. 그 금단 증상과의 싸움에서, 그 금단 증상이 30번 정도 강하게 찾아 온다. 즉 아무래도 그 금단 증상인 그 담배 마귀, 그 놈들도 이 싸움에서 그 놈들의 최선을 다한 싸움이고, 이로 그 놈들도 힘을 다한 싸움이다. 그런데 그 금단 증상을, 30번 정도만 줄 수 있다. 그 담배 마귀놈들도 힘이 한계가 있어, 그 30번 넘어서는, 더 금단 증상을 못 준다. 여기서 그 금단 증상, 10, 20분, 그 정돌 넘길 때 마다, 이 다음 정상적인 몸 상태인데, 그 금단 증상이 사라진 시간, 한 30, 40분 정도 경과 후, 또 그 금단 증상이 찾아 온다! 이 다음 그 금단 증상이, 10, 20분 정도 오고, 그 다음, 또 그 금단 증상이 사라지고, 그리고 몸이 정상화 되는 그 시간이, 30, 40분 정도가, 되 진다. 즉 이런 식에 주기적으로 금단 증상이, 30, 40분간 사라졌다가, 10, 20분씩 해서, 또 찾아온다. 즉 그 금단 증상이 사라지면, 다시 정상적인 몸 상태가 된, 그 시간이, 30, 40분 정도가 된다. 이 식으로 금연하는 데서, 그 금단 증상과 싸우는 시간이, 즉 하루 24시간 동안의 싸움이다. 여기서 1주일, 1달, 1년, 10년, 평생, 즉 이런 길고 긴 싸움이 아니다. 여기서 하루 24시간 동안, 그 담배를 피느냐, 안 피느냐? 즉 여기서 이기느냐, 지느냐의? 그 금연 성공의 승, 패가 달렸는데, 즉 하루 24시간만 담밸 안 피면, 여기서 금연에 성공한 거다. 그러나 여기서, 즉 그 담배에 완승을 해야 된다. 즉 그 하루에 1대라도 피우면, 그 담배 마귀들에게 진다. 내 경우는, 즉 그 금단 증상에, 금연 파이프로, 그 흡연의 대리만족을 하고, 그리고 그 금단 증상, 10, 20분간의 30, 40분마다 주기적으로 오는, 그 고통을 이겨 넘긴다! 이 다음 금단 증상이 사라진, 별 담배 안 피고 싶은 상태가 된다. 즉 금단 증상이 올 때 마다, 그 금연 파이프로 흡연 대리만족을 하고, 그 다음 30, 40분 정도간의 그 흡연 욕구가 사라진, 정상적 몸 상태가 되고, 또 계속 이런 식에 주기적으로 돌아오는 그 금단 증상의 그 10, 20분을, 금연 파이프로 넘긴다. 즉 금연 파이프가 니코틴이란, 즉 흡연의 중독 되는 성분이, 일체 없다. 그런데 이 앞에 설명 했듯, 즉 그 금연 파이프를, 담배 피우듯 피우면, 즉 여기서 담배 피울 때와 같은 느낌이 온다! 즉 폐, 가슴 부분이 답답하고, 텁텁한 느낌! 즉 내나 담배를 피울 때와 같은 느낌이다. 즉 약간의 가슴 부위, 즉 폐가 약간 답답하고, 텁텁한 느낌이다! 즉 그 금연 파이프를 담배 피우듯 흡입을 하면, 그 담배 중독 성분인 니코틴인, 그 담배 중독 성분은, 일체 없는데, 그 사용한 느낌은, 즉 방금 설명처럼, 흡연 할 때와 같은 느낌을 준다. 여기서 담배의 중독 성분인 니코틴, 그런 담배 중독 성분은 없다. 앞에 설명처럼, 즉 금연 파이프가, 그런 흡연의 대리만족 효과가 있으니까, 그래서 금단 증상이 나타날 때는, 금연 파이프를 흡입 해서, 그 금연 시도를 해야 되는데, 이로 그 금단 증상을 완화 시키는 비율이, 즉 금단 증상 100%의 비율에서, 그 금단 증상을 60% 이상을 완화 시킨다. 그래서 금단 증상엔, 금연 파이프를 흡입하면, 그 60% 이상의 흡연한 것과 마찬가지 작용이니까, 여기서 금단 증상을 이길 확률이, 60% 이상이 된다. 그리고 그 금단 증상과의 싸움이, 즉 30 : 0 으로, 금연이 완승을 해야 된다. 여기서 그 금단 증상이, 즉 29 : 1 로, 그 금단 증상이 1승만 해도, 이로 그 하루 흡연과의 싸움에서, 그 흡연에게 진거다. 즉 여기서 그 흡연과의 싸움은, 하루 24시간의 싸움인데, 즉 여기서 그 금단 증상의 힘이 강하다. 즉 그 흡연자를 재흡연 시키는 그 힘이. 여기서 그 금단 증상이 나타났다면, 이에 재흡연을 안 하면 그런 본인이, 즉 불안, 초조, 허무해 진다. 즉 그런 그 금단 증상이 강하기에, 이에 그 금단 증상, 하루를 못 이겨내서, 계속 담배를 못 끊는거다. 평생토록. 즉 그래서 앞에 누누이 얘기 했듯, 그 금연 성공 시도에, 그 금연 파이프를 흡입하면, 그 금단 증상을, 60% 이상 완화를 시킨다. 즉 그로 그 금단 증상을 60% 이상 이겨 낸다. 그래서 그 금연 도전 시엔, 그 금연 파이프가, 아주 도움이 된다. 즉 그 금연과의 싸움을, 즉 오후 12시 부터 도전을 했다면, 그 다음날 오후 12시가 넘을 때 까지, 담배를 1대도 안 피워야 된다. 즉 하루 24시간 그 초과로 담배를 1대도 안 피워야, 그 금연에 성공이다. 이에 이어서 또 다음날 하루 24시간도, 담배를 1대도 안 피워야 되고. 매일. 즉 아까 예기 했듯, 그 금연 성공은, 즉 하루 24시간 동안, 즉 30 : 0으로, 그 금연이 금단 증상에게 완승을 해야 된다. 즉 그 하룻 동안 담배를 1대도 안 피워야 된다. 즉 여기서 그 본인 혼자선, 절대 그 금단 증상을 못 이겨, 이에 또 담밸 피우니까, 이에 금연 파이프를 이용하면, 그 금단 증상을 60% 이상 이길 수 있는데, 그래서 그 금연 도전엔, 그 금연 파이프를 사용해야 그 금연을 이룰 수 있다. 여기서 큼! 그 금연 성공 초과가 된 날부터, 그 금연 파이프를 한 한달 정도 더 사용을 해야 될꺼다. 이는 왜냐면? 즉 그 재흡연 방지 때문에. 여기서 그 금연 파이프는, 그 금연 클리닉 가면 공짜로 줄꺼다. 그 외엔 약국 가면 판다. 즉 1통에 2000원 정도 하는데, 그 한 꽉에 낱개로 3, 4개가 들어 있다. 그래서 그 금연 도전이, 즉 하루 24시간 동안, 담밸 1대도 안 피우기 싸움인데, 이에 그 금연 파이프를 이용하면, 그 금단 증상을 이길 확률이, 60% 이상이 된다. 내 경우는, 금연 파이프만 이용해 담배를 끊었는데. 여기서 다른 금연 보조젠, 즉 금연 펫취, 금연 껌, 등 등, 즉 이런 건데, 여기서 이것들은, 약간 니코틴이 들어 있다. 그로 금연 24시간 초과를 이루고 나면, 방금 그런 류들의 금연 보조제들은, 사용을 하면 안 된다. 여기서 그런 본인이 앞으로, 큼! 절대 재흡연 안 하겠단, 그런 그 의지를 굳게 가지고, 그리고 그 담밸 계속 안 피겠단, 그런 본인의 고집으로 나가고, 즉 그 24시간 금연 초과를 이루고, 그로 50% 이상의 재흡연 욕구를 떨어트린 것과, 또 그 금연을 계속 유지 시키겠단, 그런 본인의 의지와, 또 그런 본인 주위에, 본인 수중에 가지고 있던, 담배, 담배 라이타들은, 다 폐기 처분하고, 또 본인 주위 분들 중, 담배 피우는 분 옆에 가서, 담배 냄새 맡지 말고, 즉 그로 재흡연 유혹을 최대한 없애는 게 좋다. 또 계속 금연을 유지해서, 그로 하루 하루 계속 가야 된다. 여기서 이 금연이, 해가 가면 갈 수 록, 그 재흡연 욕구가, 50%에서 조금씩 더 떨어진다. 그리고 그 금연 클리닉 첫 교육 때, 즉 일산화탄소 측정기를, 거기 참석 흡연자들이, 다들 불어 보는데, 즉 그 흡연자가 일산화탄소 측정기를 불면, 40몇이란 숫자가 뜬다. 여기서 비흡연자가 그 일산화탄소 측정기를 불면, 3이나, 4가 뜬다. 그래서 흡연자인가, 아닌가를? 알아 보려면, 그 일산화탄소 측정기를 불어보면, 방금 설명처럼 확인이 된다. 여기서 내 경우는, 즉 앞에 금연을 시도 했다 실패한 경험이 너무 많았다. 그 금연에 도전을 했다 실패를 하면, 그 좌절감, 상실감이, 좀 있다. 여기서 내 경우는, 즉 혼자 금연에 도전을 했었다. 물론 그런 금연에 도전을 했다 성공한 케이스가, 내 주위에 몇 분 계시다. 즉 그 분들 경우는, 즉 무슨 폐병 같은 병 걸렸다가 끊었단 분, 또는 혼자서 참기로, 하루 아침에 끊었단 분. 여기서 그 금연 클리닉 교육 하시던, 거기 공무원들 얼굴도 있고, 또 거기 교육에 참석한 그 의도가, 이젠 진짜 담배를 끊고 싶었고, 그래서 혹시 그 금연에 성공을 할까? 싶어, 거기에 참석을 했고, 그리고 거기 금연 교육장에서 금연 보조제 물건들을, 뭐, 뭘, 공짜로 얻어 왔냐면, 그건 즉 금연 파이프, 레모나 알약으로 된 것, 또 손바닥 지압기, 골프공 만 하고 우둘 투둘 한 것, 또 작은 금연 책자 30페이지 정도 되는 것. 여기서 내 경우는, 즉 담밸 끊겠단 강한 의지로, 그 금연 작업 들어간 첫날 부터, 그 금연 교육장에서 받은 금연 책자를, 300번 이상, 반복적으로 읽겠단 목푤 정하고, 그 책자를 하루 4번 이상씩, 매일 반복적으로 읽었다. 그리고 여기서 그 금연 교육장에 다녀와, 다시 금단 증상이 온다!

'아, 안 피워야지!'

이에 안 폈다. 그 흡연 쾌감을 참았다.

그리고 거기 교육장에서 얻어 온, 여러 가지의 금연 보조 약품들 중, 금연 파이프가 보이고, 그 포장을 깟다. 그리고 그 내용물들 중 1갤 꺼내, 그것을 담배 피우듯 흡입을 해 봤다.

'이게 과연 효과가 있을까? 흡, 후―!'

'!'

내나 폐 속, 즉 가슴 부분이 답답한 느낌이 온다! 마치 담배 필 때와 같은 느낌이다.

'이게 니코틴은 없는데, 내나 담배를 필 때와 같은 느낌을 줘서, 흡연 대리만족에 담밸 끊으라고 만든 모양이네!'

마치 담배 피울 때 처럼의 금단 증상 완화가, 60% 이상은 되는 것 같다. 그 금연 파이프 흡입에, 그 금단 증상을, 60% 이상 완화를 시킴과, 또 나의 담밸 끊겠단 강력한 의지로, 그 다가 온 금단 증상을 물리쳐 보냈다.

"야, 빨리 피아라! ○○야!"

우리들 귀에 안 들리는 담배 마귀 놈들 중, 어느 하나의.

그 금단 증상이 물러가서 흡연 욕구가 사라진 그 시간, 30, 40분 정도가 경과 되고, 그 이후, 또 살, 재흡연이 살아난다.

'아, 또 피우고 싶구나! 또 금연 파이프로!'

빽, 흡, 후 ― !

'아, 역시 효과가 있구나!'

금연 파이프를 담배 피우듯 핀다. 역시 담배 피우고 싶은 그 욕구가, 60% 이상은 감소가 된다. 그리고 그 금단 증상이 잠깐 오더니, 또 사라졌다. 그리고 그 금단 증상이, 30, 40분 정도, 또 안 보인다.

"야, 이 ○○, 이것 봐라? 니가 이기나, 내가 이기나 한번 해 보자, 자

먹어라!"

또 담배 마귀놈들 중, 어느 한 놈이 우리들 귀에 안 들리는, 이런 말을 하며, 또 금단 증상을 줘서, 재흡연을 시킨다.

'아, 역시 또 피우고 싶구나! 또 금연 파이프로!'

뻑, 흡, 후 ― !

'아, 역시 효과가 있구나!'

금연 파이프가 그 금단 증상을 물리치는데, 큰 도움이 된다. 내나 금단 증상을 60% 이상 완화를 시킨다. 그리고 그 금단 증상이 오더니, 이에 금연 파이프 흡입으로, 이에 마치 담배를 피운 것 같은 60% 이상의 느낌으로 그 금단 증상을 쫓아 보냈다. 그리고 다시 금단 증상이 사라지고 재흡연의 욕구가 사라진다. 그리고 또 이 경과가 30, 40분 정도 간다. 이 식으로 주거니 받거니로, 그 금단 증상의 담배 마귀들의 재흡연을 하라는, 그 금단 증상을 30, 40분 주기적으로, 계속 준다. 여기서 금연 파이프와 나 자신의 금연을 이루겠단 그 의지로, 그 금단 증상에 대응을 하고, 이 2측이 서로 이기려는 싸움에서, 그 금연 파이프의 도움으로, 그 금단 증상을 계속 이겨 간다. 즉 30, 40분 마다, 계속 생기는 그 금단 증상을 이겨 간다. 즉 이런 식으로 흡연과의 30 전 무패 행진으로, 계속 담배 마귀들을 이겨 가며,

"이제 담밸 끊었습니다. 내 담배 1보루 정도 있는 것, 담배 없는 사람, 누구 다 주이소!"

"쓸데 없는 소리!"

거기 간호사가 내 말에.

큼!

"그래 한 번 해 봐라! 다 나눠 줄께!"

거기 어느 보호사가 내 담배 가진걸 딴 환자 다 나눠주란 내 말에.

그날 잠 자리 까지, 1대도 안 폈다.

금연 하는 방법

'아, 내일도 피지 말자!'
* * *
다음날 아침.

그날도, 새벽 5시 경에, 또 잠이 깨여, 아침 6시 기상 까지 부지런히 책 보다가, 또 담배 생각이 난다.

'아, 피우지 말자!'

또 금연 파이프로, 그 금단 증상을 방어다. 아침에 담배 탈 때, 내 담배를, 어제 그 보호사 분과의 언약 처럼, 그 담밸 안 타고, 그 담밸 내 주위에 담배 피우는 어느 환자분께, 다 드렸다. 이로써, 이제 내 수중에 담배가, 아예 없어졌다. 이에 그 금연 성공에서, 금연 파이프를 믿었다. 그 담배 나눠 주던 시간이 아침 9시 경이다. 큼! 그 금단 증상이, 보통 30, 40분 정도 지나 다시 와서, 10, 20분 정도 있다 물러 나고, 이런 주기로 시간이 흐른다. 이에 계속 금연 파이프로, 그 금단 증상의 고비 마다 이겨 간다. 그리고 계속 시간이 흐르고, 드디어 다음날 오후 4시가 다가 온다.

'아, 어제 오후 4시에 시도한 것 같은데?'

이젠 됐다 싶어 시곌 보니, 오후 4시가 넘어 있다. 오후 4시 넘어 까지 담밸 안 폈다.

'아, 하루 24시간, 담밸 안 펴 보긴 처음이네! 이 금연 파이프의 도움이 컷다!'

드디어 하루 24시간 초과로, 금연을 성공 했다. 내가 담배 마귀들을 이겼다. 이 성취감에 기분이 좋다. 그리고 앞에 설명처럼, 담밸 끊음에서 금연 책자를 읽음이 좋다 했는데, 즉 이는 본인의 담밸 끊겠단, 그 의지를 굳히고, 또 그런 그 금연의 적인, 금단 증상인 그 담배 마귀를 알아야 되기 때문이다. 즉 적을 알고 나를 알면, 백전 백승이라고 하지? 그리고 금연 성공 다음 날부터, 그 금연 책자 외에도, 시중에 유통 중인,

다른 금연 책자 1권 짜리 몇 권을, 누구 부탁으로 구해서, 그 책자들 각각 4번 이상 반복으로 읽어 갔다. 즉 그 상대방 적인 재흡연을 알고, 그리고 금연의 뜻을 굳히기 위해.

'어!'

그리고 그 날 저녁 6시 경 부터, 주위의 분들 개개인에게서 받는 느낌이, 즉 내가 그 기간 까지 흡연을, 아예 안 하고, 그 금연에 성공한 걸 그들에게 예길 하니까, 그들이 속으로 놀래 하는 느낌이다.

'어, 진짜!'

그젠가 저녁, 나의 금연을 장담하고, 내가 뱉은 말대로 내 담배를 다 없애버린 그 보호사 분도 그렇고. 그리고 이런 식으로 하루 하루 금연을 성공 해 가며 나갔다. 그 금연 파이프와 금연 책자들과 나의 금연의 의지로다. 그리고 그 금연 클리닉 교육 첫 참석 이후, 3일 있다, 2차 교육 시간이 다가왔다. 거기 교육에 참석에, 마치 전쟁에서 승리하고 돌아온 개선장군처럼, 즉 거기 여자 공무원 분들에게 칭찬 받을꺼라 생각을 하며, 그 금연 클리닉에 참석 했다. 거기 가니, 내나 앞에 참석 하셨던 흡연자 분들, 거의 대부분들이, 다시 오셨다.

"전에 교육 이후, 지금 까지 담밸, 1대도 안 피우신 분?"

그 중 젊은 여자 공무원분이, 그 첫 참석 이후 지금 껏, 금연을 성공하신 분은, 본인 처럼 손을 들어 보라면서, 본인의 오른 손을 들어 보이며, 말씀 하신다. 내개 오른 소을, 번쩍 들었다.

"공구씨가 지금까지 담배를, 1대도 안 피우셨어요!"

의자에 앉은, 내 뒤에 서 있던, 평소 친절 하시고 미인이신 여자 목사사, 그 분이 그 강의 하시던 그 분에게, 말씀해 주신다. 이 일 방금 전에, 그 복지사분에게 내가 담밸 끊었단 설명을, 그 분에게 좀 알려 드렸었다.

"우리가 교육을 하며, 금연자가 생기면, 아주 보람을 느끼는데!"

이에 그 공무원분이, 일산화탄소 측정기를 들고 다가오며 웃으면서, 그 측정기를 불어 보란다, 진짜 끊었는가?

후 — 우 — 우 — 우 — !

입술을 그 측정기 부는 작은 파이프에 말아 밀착시켜 불었다.

기곌 보니,

4!

4가 깜빡 거린다.

4가 나왔다!

그 2차 교육 때도, 그 교육 마칠 때 쯤 되서, 그 교육 참석자들에게, 금연 보조제 이것 저것들을, 공짜로 나눠 주시는데, 이에 다른 참석자들 관 달리, 나에게만, 금연 펫취와 금연 껌, 그런 건 안 주신다. 큼! 그 젊은 여자 공무원 분이, 쿠키 안 주시던데, 이는 왜냐면? 즉 그 금연 펫취와 금연 껌엔, 니코틴이 약간 들어 있어서. 이에 담밸 안 피는 사람이 그걸 사용하면, 오히려 안 좋단다. 그래서 나한테만 데모나, 그 알약으로 된 것, 그것 1통만 주신다.

큼!

이 교육 다음, 내 주위 다른 환자들 사이에서, 금연 유행이 불어, 거의 대부분 환자들도 나처럼 담밸 끊는다고들 하신다. 그 금연 교육은, 총 4회 차로 하다기 그쳤는데, 원랜 몇 회 더 하기로 했는데, 그런데 어떤 사정상, 예정관 달리 짧게 끝났는데, 그 3, 4회 교육 가니까, 특별한 건 없고, 즉 거기 서류에 대충 체크를 받고, 그리고 거기 자리에 앉아 있다가, 시간이 되면 돌아오곤 했다. 그 3회차 교육 가니까, 그 금연 교육 공무원들이, 왠? 젊은 미인인 여자 1분을 데려오셨던데, 그 분은, 그 금연 교육 받는 참석자들 사이에 한 쪽에 앉아 계시다가 돌아 가시고. 그 마지막 4차 교육 가니까, 나 말고도 그 교육 참석자들 중, 1분이 더 끊으셨다던데, 즉 그 분은 40대의 여자 분이시고, 덩치가 크고, 생긴 건 강씨 처럼, 고집이 쎄게 생기셨는데, 실제 강씨가 아닌, 다른 성이고. 평소 나와 앞면이 있는 분이고, 그리고 거기 병원 1층에 입원 중인 환자 분이다. 그 4차 교육에 가니까, 거기서 그 여자 분이 담뱃 끊었단 예기를 듣고, 또 그 소문이, 그 병원에 좀 돈다. 여기서 그 교육에서 금연 성공자가, 총 2명이 나왔다. 그 교육 참석 흡연자들 수가, 총 20명 정도고, 그 중 보호사라는 거기 남자 직원들도, 3분 정도 있다. 그 4차 교육 끝나고, 그 공무원 분들, 짐 챙겨 가시는 길이고, 나도, 또 다른 환자들도, 거기 직원인 보호사에게 통솔이 되, 병실 돌아 가는 길에, 그 젊은 여자 공무원 분이 나와 3m 정도 떨어진 거리에서,

"공구씨 앞으로 담배 피우시면 안 되요!"

"예, 알겠습니다. 들어 가십시요!"

그 여자 공무원 분에게 내가.

내 경우는, 즉 금연 클리닉이란 국가 기관에서 금연에 성공을 한 케이스다. 즉 앞에 설명 식에 끊은 담배가, 지금껏 1대도 안 폈고, 그 식으로 안 펴 온지, 10년이 됐다. 여기서 담뱃 끊는 정리를 해 보자!

1. 담뱃 끊음에, 실패 할 값에, 금연 클리닉에 찾아 가 보자!
2. 금연 도전에, 금연 파이프를 잘 이용하자!
3. 금연 책자들을 읽자!
4. 금연에 체크리스트를 씀이 좋다. 즉 금연 책자를, 매일 얼마씩 읽었다, 즉 이런 일을 얼마만큼 했단, 그 체크 해 가기.

이 금연 성공 후, 한 1년 좀 더 있다, 그 병원을 퇴원 해 밖에 나와서, 한 2년이나 있다가, 하룬 새벽 중, 가만 생각 해 보니, 그 젊은 여자 공무원, 아마도 꼬시면 가능할 것 같아서, 그 분 휴대 번호를 전화로 누구에게 물어 쉽게 알아내고, 이에 그 분에게 직통으로 전화를 걸어 알아 보니, 그 분 경우는 그 전화 최근에 시집을 간 모양이데.

'흠?'

비흡연자인, 남, 녀, 노, 소 의분들, 즉 이들은 태어나서 현제 껏, 흡연 경험이 1번도 없는 분들로, 즉 한마디로 담배 맛을, 전혀 모르는 분들이다. 즉 이 분들은, 지식 선에선 담밸 알 순 있다. 즉 담배는 니코틴 중독이고, 또 일단 한 번 중독이 되 버리면, 끊기가 아주 어렵고, 또 흡연자가 되 버리면, 그 담배값이 들며, 또 그 흡연자들에겐, 항상 담배 냄새가 나고, 또 지저분 하고, 게으르고, 즉 이런 식에 담배가 안 좋단 지식을 가진 분도 계시다. 즉 이는, 마치 내가 마약 경험이 없어, 마약 맛을 전혀 모르지만, 이 마약이 어떻단 그런 지식을 알고 있듯이. 큼! 그런데 담배 맛을 모르는 분들 중, 다들 담배에 대한 지식이 있는 분만 계신게 아니라, 방금 설명한 그런 지식을 까맣게 모르는 분들이 많다. 여기서 그런 분들이 담밸 배운다. 즉 마약을 모르니까, 마약을 배우고, 또 담밸 모르니까, 담밸 배우고, 즉 그래서 담배 맛이나, 마약 맛이나, 그걸 1번 경험을 하면, 평생을 달고 살아 가야 된다. 또 모르면 죽는 예를 들어 보자! 즉 우리가 밤에 불을 피워 놓으면, 그 불 속으로 들어가서 타 죽는 날벌레들 있지? 즉 그 벌레들이, 그 불이 빛인지 알고, 다들 그리로 갔다가 타 죽지? 즉 그 벌레들도, 그곳에 가면, 그들이 죽을지 알면, 자살을 안 하겠지? 또 우리가 사기 당하는 사람들이 왜? 1억이고 사기를 당하느냐? 그건 즉 그 상대가 사길 칠지 모르니까 사기를 당해 전 재산도 날리지? 즉 여기서 본인이 사기를 당해, 전재산을 날릴 줄 알면, 그렇게 사기 당할 사람이 누가 있겠나? 또 보면 우리가 죽음을 보면, 즉 대문 밖이 저승이라고, 즉 사람이 죽으려면 우숩게 죽는다는데, 즉 여기서 이 예들을 보면, 즉 돌아 다니다 차에 치여 죽기, 또는 막노동 나갔다가, 3층에서 작업 하다 실수로 미끌 하다, 1층으로 추락 해 죽기, 또는 갯뻘에 조개를 파러 가서, 혼자서 저 한 쪽에 갔다가, 그 뻘 속에, 계속 몸이 빨려 들어가, 그 뻘에 빠져 죽기, 즉 그러니까 어디 사람이 앞에 설명 식에, 본인이 우숩게 죽고 싶어서, 그렇게 죽는 사람이 어딧겠나? 다 모르고 그 쪽으로 가면 되겠다 해서 발 디디다가 그렇게 우습게 죽었지? 그러니까 앞에 설명식에, 즉 담배 배우기, 마약 배우기, 남에게 사기를 당해 큰 금전적 손해를 보기, 또는 예기치 않게 우습게 죽기, 즉 이런 화들이, 첨엔 모르고 발 디뎠다가, 그런 일을 만났지? 그래서 이런 화를 만남의 근본이, 즉 본인이 그 일을 몰라서 그렇다. 여기서 사람이란, 즉 본인이 그 길로 가면 죽는단 걸 알면, 그 죽으러 갈 사람이, 이 세상에 아무도 없다. 즉 속는 것도, 그 속히는 그 일을 알게 되면, 일부러 속을 사람이 아무도 없다. 그 속히면 그런 본인이 손햌 보니까. 즉 여기서 남, 녀, 노, 소, 개개인분들이, 즉 살고 있는 그 길에서, 즉 담배 맛을 모르는 분들이 계시고, 이 분들 중엔, 담배란 어떻단 지식이 없는 분들이 계신데, 여기서 그런 분들이, 보통 청소년 이하의 분들인데, 반면 이 담배 맛을 모르는 비흡연자들 중, 나이 드신 분들이 담배 유혹에 잘 안 빠지는 이유가, 즉 그런 분들은, 담배란 안 좋단 지식이 있어서 그렇다. 그리고 살아 가면서 담배를 배운 분들이 있다. 여기서 일단 담배 맛을 알아버려, 그 담배에 중독이 되 버리면, 그 담배를 못 끊는다. 여기서 그런 흡연자 본인에게, 어떤 일들이 펼쳐 지냐면? 그건 즉 큼! 당장 닥치는 문제가, 본인의 담뱃값이다. 17년 요즘은, 1갑에 5000원이다. 보통 흡연자들이, 하루 10개피 피우는데, 이는 2일에 1갑이고, 그러면 1달 30일이고, 이 1갑에 20개피고, 그러면 30일÷2=15일, 15×5000원=75000원, 즉 2일에 1갑씩 사 피우면, 달달이 7만 5천원씩 돈이 든다. 여기서 돈이 원만히 들어오시는 분은, 구지 돈에 구애를 안 받는데, 반면 돈이 막힌 분들 경우는, 달에 1000원도 못 버는데, 여기서 그런 분들 경운, 즉 어디서 꽁초를 주워 피운다던지, 아니면 남에게 아쉬운 말을 한다던지 한다. 즉 여기서 비흡연자가 되면, 매달 담뱃값이 10원도 안 든다. 그리고 담배를 피우다 끊으신 그런 분들은, 이 흡연 경험이 없는 분들의 세곌 잘 안다. 또 담배 맛을 아는, 그 흡연자들의 세계도 잘 안다. 이는 즉 본인이 비흡연자로 살다가, 흡연자가 됐다가, 다시 비흡연자가 됐기 때문이다. 그리고 담배를 끊은 사람의 세계는, 즉 담배를 경계한다. 이는 다시 1번 담배 맛을 들이면, 본인이 다시 그 담배에 중독이 된단 걸 잘 알기 때문에. 그리고 우리 한국 사회가, 즉 부탄이란 나라처럼, 흡연을 법으로 금지 시켜도 될건데, 여기서 우리 대한민국이, 담배를 팔면서 국가 기관인 금연 클리닉이 있고, 그리고 거기서는, 국민들 중, 흡연자들 보고, 담뱁 끊으라 하고, 또 실제 담뱁 끊게 도와 주고, 이는 국가가 국민들 보고 담뱁, 피우란 건지, 마라란 건지?

섹스

섹스란, 즉 몸 있는 생명체들 각 각의 종족을 생산하기 위해 있는 건데, 즉 이 섹스가 이 세상에 없게 되면, 즉 그들 각 각의 종족 내 놓는 것이 안 되, 이 지구의 몸 있는 생명체들이 다 멸망을 한다. 그러니까 이 섹스란, 즉 하나님께서 그들 종족을 생산 하라고, 그 종족 생산 하는 일 끝 부분에, 쾌락인 쾌감을 주셔 놓다. 그래서 섹스란, 즉 하나님께서 본인의 자식을 낳으라고 만들어 주신 것이다. 그러니까 이 섹스의 최종 목적은, 즉 결국 본인의 자식 낳는 일을 이루려는 것이다. 또 결혼이란, 즉 본인의 부족한 점을 채우려는 심리로, 본인이 결혼을 하고픈 상태가 되는데. 그리고 17년 요즘은, 즉 결혼률, 출산률이, 세계 최저률이란다. 즉 이로 요즘 3, 40대의 남, 녀 미혼자들이 많다는데, 그리고 길을 걷다 보면, 즉 행인들 중, 여자 분 2분 이상에서, 서로 팔짱을 끼고 다정히 다니는 모습을 종종 본다. 큼! 아마도 그런 분들은, 레즈를 하시는 분들이지 싶은데, 또 남편 있는 여자 분이나, 부인이 있는 남자 분, 즉 이런 어느 분과의 성관계를 가지면, 간통죄가 성립이 된다. 여기서 보면 십계명 중 몇 번 째에, 간음을 하지 마란 법이 있다. 즉 여기서 간음이란, 즉 간통죄를 말하는 것이다. 또 한방에서는, 너무 성관곌 안 하면, 몸에서 열병이 생긴단다. 그런데 그런 해결이, 역시 자주는 안 좋다. 여기서 보면, 즉 옛날 조선시대 왕들을 보면, 보통 4, 50대에 자연사를 했다. 또 징기스칸, 즉 테무친, 그 분도 나이가 50대에 자연사를 했다. 여기서 왜? 이 분들이 그 젊은 나이에 죽었느냐면, 그건 즉 섹스를 많이 해서 그렇다. 즉 옛날 조선시대 왕들 경우는, 그 본인이 생각이 나는데로, 맘껏 섹스를 했고, 그리고 징기스칸 그는, 즉 본인의 첩으로 삼은 여자들이 50명이 넘었다. 또 징기스칸 그 분은, 여자들 중, 특히 처녀를 좋아 했다. 여기서 원래 섹스에서 그 사정이란 걸 하면 할 수 록, 그 몸에서 기운이 약간씩 빠져 나가, 그로 수명이 단축이 된다. 그러니까 조선시대 왕들이나, 징기스칸이나, 즉 그런 분들이, 보통 사람의 2배 이상으로 성관곌 했다는 예기가 된다. 즉 여기서 보면, 성관계를 안 할 수 록 오래 산다는 예기가 되는데, 그러나 모든 일은 중간이 좋다고, 그래서 적당히 섹스를 함이 좋은 것 같다. 즉 여기서 아까 예기한 간음 예기로 돌아가 보자! 여기서 본인이 상대 이성과 성관곌 가지던가, 아니면 그걸 어떻게 해결 하던 간에, 여기서 보면, 즉 성욕 분출 이런 건, 도덕적 이런 게 아주 예민하게 물려 있다. 그래서 이 성욕 분출을 조심히 해서 해결을 해야 탈이 없는 것 같다. 즉 아동과의 성관계, 근친과 성관계, 수음, 동물과의 성관계, 동성, 강간, 즉 여기서 강간이란, 주로 남자 분이 여자 분에게, 폭력, 살인의 위협, 즉 이런 것들로 그 상대 이성의 몸을 억지로 뺏는 것인데. 즉 여기서 방금 설명한 그런 류들 쪽으론, 아무래도 성욕 분출을 안 함이 좋겠다. 즉 정상적인 남, 녀 성관곌 가진다던지, 아니면 부부끼리나, 즉 그런 정상적인 성관계가, 죄가 없고, 삶의 활력이고, 또 어찌 보면 아름답기도 하다. 아까 예기한, 10계명 중에 있다는, 즉 간음 하지 마란 예길 다시 짚어 보자! 큼! 즉 여기서 간음 하지 마라는, 즉 기혼자인, 남의 여자, 남자와는 관계를 하지 마란 것이다. 즉 간음, 즉 이것이 죄가 되는 모양이다. 여기서 간통은, 우리 나라 법에서 금지 됐듯이, 그래서 그 간통 외엔, 어떤 식으로든 성욕 분출을 해도 된다. 그래서 보면, 즉 결혼을 하면 그 부부들 끼리의 성관계는, 그들 맘껏 하는데, 그런데 여기서, 그 부부들끼리만의 관계를 할 수 있고, 그 외에 다른 사람과는, 일체 성관계가 금지가 됐다. 그리고, 즉 신혼 초에 있는 부부들을 보면, 그런 그들의 애가 몇 살 때 까지는, 즉 어떤 신혼 부부들이나, 그들 대부분들이, 부럽게 보이던데, 즉 대부분의 그런 부부들은, 별 어려움 없는, 즉 그들의 미래가 희망적으로 보이던데, 즉 이는 그들의 성적인 문제나, 또 그들의 자녀 문제나, 또 그들의 돈 버는 문제나, 즉 이런 것들이. 그런데 보면, 보통 부부들이, 그들의 애가 중학교나 들어가면, 그 때 그 집이, 잘 사는 집인가, 못 사는 집인가? 살 드러나기 시작을 한다. 또 그 해가 거듭 될 수 록, 그런 그들 집안이, 잘 사는 집인가, 못 사는 집인가? 그 윤곽이 짙어진다. 또 보면 어느 학자가 연구한 결과가, 즉 사람의 성 쾌감이 처음 언제부터 오는가? 그건 즉 애기가 그 모체의 모유를 먹음에서 그 모체의 젓 꼭지를 빨 때, 약간 온다고 한다. 여기서 보통 나이가 6, 7살 까지는, 섹스란 걸 모른다. 큼! 그리고 보통 사춘기가, 여자가 남자 보다, 1, 2년이 더 빠르다. 즉 여기서 여자들의 사춘기가, 12, 13살 부터 오고, 남자들 사춘기가, 13, 14살 부터 시작이 된다. 여기서 이 사춘기 때부터 20대 까지, 이 때가 성욕이 가장 왕성 할 때다. 즉 남자는 정자가, 여자는 난자가, 각 각 그들의 몸에서 생산 되는 그 수가, 최고로 많고, 또 최고로 건강할 때다. 또 그 때, 신체적 변화가 오는데, 그런데 그 청소년 시기가 위험기 인데 이는 왜냐면? 즉 그 청소년들은, 철이 없고, 또 정신적, 육체적으로 안정이 안 되 있기 때문에, 그로 그런 청소년 시기에, 나쁜 세계에 잘 빠진다. 여기서 마귀들은, 그 마귀들을 알고, 그리고 강한 사람에게 잘 못 들어오고, 여기서 마귀들을 모르고, 그 중 약자에게 잘 들어 온다. 여기서 마귀들이, 이 청소년들, 그 중 어둡고, 약한, 그런 분에게, 집을 잘 삼는다. 그래서 청소년들이, 약하다고 볼 수 있다. 보면 20대 부터는 마귀들 들림이, 10대 때 보다 덜 하고, 또 30대는 20대 때 보다 덜 하고, 또 40대도 30대 때 보다 덜 하고, 다음 50대 그 이상 때 부턴, 내나 마귀들이, 그런 사람은 집을 잘 안 삼는다. 큼! 이 마귀들에게 집을 한 번 삼겨지면, 절대 안 간다. 그러니까, 이 세상에, 이런 마귀들이 있단걸 알고, 그로 이 마귀들에 안 들리게, 주윌 해야 된다. 여기서 이 마귀들이 사람의 몸에 집을 삼으면, 그 마귀들을 쫓아 낼 수 밖에 없는데. 그리고 즉 청소년기엔, 그 섹스를 해 볼 수 가 없다. 여기서 어른인 미혼자들도 마찬가지다. 그래서 그 청소년들 입장을 보면, 즉 그들은, 이 세상 어느 이성과도 섹슬 할 수 없다. 그렇다고 결혼은 못한다. 여기서 할 수 없이, 그 성욕을 자위행위로 밖에 풀 수 없다. 여기서 너무 그런 해결은, 실제적인 섹슬 하고픈 욕구가 더 생긴다. 여기서 10대 청소년들, 그들의 몸이고, 정신이고가, 성적으로 가장 왕성하고, 또 그 만큼의 그들의 일상의 대인관계에서, 그런 섹스 상대자로는 최고의 대우를 받는다. 여기서 법에서는 어른 대우를 안 받는데, 여기서 이 세상이 섹스로 돌아 가기 때문에, 그래서 이 섹스에게 이 세상의 관심은 집중이 되 있다. 즉 섹스의 유혹이, 아주 화려하다. 여기서 그 유혹을 보면, 즉 아주 친절할 것 같고, 또 화끈할 것 같고, 등 등, 즉 이런 식으로 본인의 성고민인 그 섹스를 해결 해 줄 것 같만 같다. 여기서 그런 유혹은, 주로 돈을 요구 한다. 보면 그들도 다들 장사다. 큼! 즉 섹스를 함이, 동물의 본능인데, 그런데 그 인간의 동물적인 걸 이용한, 이 사회를 보면, 즉 그런 섹스의 유혹을 이용해, 장사들을 많이 펼친다. 여기서 그런 장삿집들은, 즉 술집, 사창가, 인터넷 성매매, 등 등. 즉 여기서 우리 사회에서, 섹스 하는 곳들을 보면, 즉

1. 여친, 남친 끼리 섹스 하기.
2. 성매매로 섹스하기.
3. 간통으로 섹스하기.
4. 기혼자들끼리 섹스하기.

즉 여기서 처음이 좋으면, 반드시 그 끝이 안 좋고, 반면 처음이 안 좋으면, 반드시 그 끝이 좋다. 즉 이는 어떤 식으로 설명이 되느냐면, 그건

즉 우리가 수학을 배움에서, 즉 초등학교 과정과, 중학교 과정이 있다고 치고, 즉 여기서 우리가 중학교 까지를 마스타 해야 겠다고 정했다 하자! 즉 여기서 초등학교 그 과정을 아는 것이, 쓴 것이다. 그 다음 중학교 과정을 아는 것이, 즉 끝이 좋은 것이다. 즉 여기서 우리가, 중학교 과정의 단 것을 알려면, 여기서 그 초등학교 과정의 쓴것을 먼저 알아야 된다. 여기서 바로 중학교 것 부터 알려 하면, 여기서 곧바로 그 좋은 걸 누리다가, 그 처음 단계인, 끝이 안 좋은 것으로 밀려나는 것과 같다. 즉 여기서 실제적으로, 즉 기초 없이 바로 중학교 과정을 안다는 건, 있을 수 가 없는 일이다. 즉 여기서 혹 그런 분 주위에서 어느 아는 분에게 거기 안 과정 중, 어느 1가지 정도는, 억지로 알 수 있는데, 그런데 이는 일시적인 앎이고, 여기서 그런 앎은, 실제적으로 못 쓴다. 그래서 그것이 안 되니까, 그로 중학 수학을 알려면, 내나 초등 처음으로 돌아 가게 된다. 내나 이와 같은 식으로, 즉 처음 좋을 걸 취하면, 나중 그 끝이 반드시 안 좋게 된다. 즉 여기에 해당 되는 성어가, 즉 쓴 것이 다 하면, 반드시 단 것이 온단 것이다. 즉 그래서 앞에 수학의 공부 예를 들어 설명 했듯이, 즉 기초가 없는, 그런 즐거움을 누림은, 즉 그것이 크면 클 수 록, 반드시 그 처음으로 밀려나는, 그 끝이 안 좋단 것이다. 여기서 우리들이 알 수 있는 건, 즉 섹스도, 내나 마찬가지로, 즉 곧바로 즐거움을 누림은, 즉 그런 그 일이 처음 부터도 잘 되지 않고, 혹 억지로 그 일이 된다 해도, 즉 그 분수 없이 즐거움을 누린 만큼의 밀려 나는 식의, 반드시 그 끝이 안 좋다. 그리고 우리가 중학 3학년 어느 과에 있는 루트, 이 루트를 알려면, 그 밑에 걸 모르면 안 된다. 여기서 어디 아는 사람에게 개인 과외로, 그 루트 1과를 알았다 치자, 그럼 그 앎은, 진짜 그 루트를 아는게 아니다. 즉 그 루트를 방금 예기처럼, 즉 곧바로 알면 그 앎이, 잠깐은 알았다가 그 앎은 써먹을 수 가 없다. 내나 이와 같은 식으로, 섹스를 곧바로 즐거움을 누리는 현상은, 즉 이 수학의 밑에 기초를 모르고 곧바로 중학 3학년에 루트를 바로 아려는 것과 같은 현상이다. 또 이 섹스와 마찬가지로, 이 세상 모든 일들이, 방금 수학의 예와 같은 식으로, 즉 쾌감, 즐거움, 이것들의, 곧바로 얻어진 그 즐거움이, 평생 갈 것 만 같다. 아니면 평생은 아니더라도, 1년은 갈 것 같다. 여기서 우리들 주위에는, 섹스 뿐만이 아니라, 여러 일들이 있다. 여기서 그런 일들도, 다 방금 설명 식에, 그런 수학의 분수와 같은 룰이다. 그래서 이 세상의 모든 일들이, 곧바로의 즐거움을 얻는다는 건, 이는 안 되는 일이고, 혹시 억지로 그 일이 되더라도, 즉 그렇게 얻은 그 즐거움이, 적어도 1년은 갈 줄 아는데, 그런데 그런 분수 없는 직통의 섹스 쾌감이란, 즉 이는 아무리 길어 봐야 3일 안에 사라질 것이다. 즉 이는 분수가 없이 처음 락을 누린 만큼의, 그 끝이 안 좋은 것이다. 여기서 이와 반대로, 즉 처음엔 안 좋다가, 그 과정을 어느 정도 거치고 나서, 그 다음 좋은게 나타난다는 것, 즉 옛말에, 쓴것이 다 하면, 반드시 단것이 온다고 하지? 큼!

퇴마일기 1

2025년 8월 5일 인쇄
2025년 8월 8일 발행

지은이 | 공 구
펴낸이 | 박중열
펴낸곳 | 다솜출판사
　　　　부산광역시 중구 대청로 135번길 10-1
　　　　TEL.(051)462-7207~8 FAX. 465-0646
등록번호 1994년 4월 22일 제325-2001-000001호

정가 22,000원

* 저자와 협의에 의해 인지를 생략합니다.

ISBN 978-89-5562-819-7 04810
ISBN 978-89-5562-818-0 04810 (세트)